国家社会科学基金项目(14BGL204)资助

居民能源消费行为低碳化的政策工具选择与优化

Choice and Optimization of Policy Instruments for Residents' Low-carbon Oriented Energy Consumption Behavior

芈凌云 著

科 学 出 版 社

北 京

内 容 简 介

本书以如何通过政策工具促进居民能源消费行为低碳化为研究目标，按照“政策现状评估—行为驱动机理建模—政策-行为作用机制仿真—政策工具优化”的研究思路，逐层推进。首先对国内外与居民能源消费相关的政策进行系统梳理和政策工具分类；然后运用扎根理论发展的质性研究技术，构建我国居民能源消费行为低碳化的驱动机理理论模型；进而运用多元统计分析和结构方程模型等定量研究方法对理论模型进行实证检验与修正，从而确定外部政策对个体行为的可干预路径。在此基础上，运用基于主体的计算机仿真技术建立不同政策工具对居民能源消费行为低碳化作用效果的计算机动态仿真模型，形成虚拟的“政策-行为”实验室，对不同政策工具的调控效果进行比较分析和预测，为政府部门的政策选择与优化提供更科学的决策依据。

本书可为政府部门制定能源与环境管理相关政策提供依据，并可作为相关领域的研究者、高校教师、研究生、高年级本科生的研究参考书和学习用书。

图书在版编目(CIP)数据

居民能源消费行为低碳化的政策工具选择与优化 = Choice and Optimization of Policy Instruments for Residents' Low-carbon Oriented Energy Consumption Behavior / 芈凌云著. —北京：科学出版社，2018.10

ISBN 978-7-03-059089-3

Ⅰ. ①居… Ⅱ. ①芈… Ⅲ. ①居民消费–能源消费–低碳经济–消费政策–研究–中国 Ⅳ. ①F426.2

中国版本图书馆CIP数据核字(2018)第231057号

责任编辑：李 雪 / 责任校对：彭 涛
责任印制：张 伟 / 封面设计：无极书装

科 学 出 版 社 出版
北京东黄城根北街16号
邮政编码：100717
http://www.sciencep.com

北京凌奇印刷有限责任公司 印刷
科学出版社发行 各地新华书店经销

*

2018年10月第 一 版 开本：720×1000 1/16
2019年 2 月第二次印刷 印张：17 1/2
字数：350 000

定价：128.00 元

(如有印装质量问题，我社负责调换)

前　言

2017年，党的十九大报告在加快生态文明建设、推进绿色发展中提出要“倡导简约适度、绿色低碳的生活方式”。因此，如何引导居民能源消费行为向低碳化转变就成为生活方式绿色化、低碳化的重要方面。

居民能源消费行为低碳化是指居民在能源消费行为中不断减少二氧化碳排放的过程，是生态文明的个体化和具体化。居民能源消费行为是否低碳，一方面可以出自个体内在动机的主动行为，另一方面也可以体现为由外部动机诱发的引致行为。无论哪种行为，都可以通过政策工具的引导来激发、促成和强化。因此，研究不同政策工具对居民能源消费行为低碳化的作用机理，可以为引导民众低碳消费的政策开发与优化提供理论依据，从生活方式上推进我国的生态文明建设。

本书的研究目标包括：①发展引导居民能源消费行为低碳化的政策干预理论，探索不同类型政策约束下微观主体(居民)的行为决策过程和效果；②建立居民能源消费行为低碳化的驱动因素作用机理模型，解析不同类型政策工具对居民行为的可干预路径，为干预政策的优化提供更明确的理论依据；③运用基于 Agent 的计算机仿真建模技术，建立不同政策工具对居民能源消费行为低碳化作用效果的计算机动态仿真模型，形成虚拟的“政策-行为”实验室，以更低的成本和更高的效率对不同政策工具的调控效果进行比较分析，为政府部门的政策选择与优化提供更科学的决策依据。

本书关于对居民能源消费行为低碳化的政策工具选择与优化研究，按照“政策现状评估—行为驱动机理建模—政策-行为作用机制仿真—政策工具优化”的研究思路，逐层推进。具体研究内容主要包括六个方面。

(1)居民能源消费相关的政策工具分类与发达国家政策工具现状分析。

首先基于公共政策分类理论，建立指标，将与居民能源消费相关的政策工具分为命令控制型、经济激励型、信息型和自愿参与型四类；然后分别对这四类政策工具主要表现形式和作用机制进行剖析，为后文实证研究中的政策工具调节效应分析和“政策-行为”仿真研究中不同政策工具的干预效果模拟提供理论基础；在此基础上，分别对欧盟、美国和日本等发达国家引导居民能源消费行为的四类政策工具进行系统梳理和特征分析，提炼政策经验与启示，为后续的政策优化研究提供经验借鉴。

(2)我国引导居民低碳节能相关政策工具现状与政策效力量化评估。

在政策工具分类的基础上，对我国政府已发布的居民生活领域低碳节能引导政策进行全面整理，并根据政策评估的基础理论和基本思路，运用文本定量分析法，从政策力度、政策目标、政策措施、政策反馈四个维度建构政策效力量化评估模型，对我国政府 1996～2015 年发布的与居民生活领域低碳节能相关的 65 项政策文件进行政策效力评估，分析我国现有政策工具的政策效力的特征及变化趋势，进而对这四类政策工具的节能效果进行定量评估，发现了政策偏好与节能效果之间的偏差，为后续的政策优化提供了现状依据。

(3) 基于扎根理论的居民能源消费行为低碳化的驱动因素理论模型构建。

在确定居民能源消费行为低碳化的研究范畴的基础上，针对居民能源消费行为低碳化的内外部驱动因素和障碍因素，开发出深度访谈提纲和开放式调查问卷。通过面对面深度访谈、网络在线访谈和开放式问卷调查等方法，采集第一手原始资料；然后采用扎根理论发展的探索性质化研究范式，通过开放式编码、主轴编码、选择性编码和逻辑结构分析，构建居民能源消费行为低碳化驱动因素理论模型，并进行理论饱和度检验。结果发现：居民的低碳消费行为受低碳行为意愿、低碳行为能力、政策工具、政策感知、产品因素的影响。其中，低碳行为意愿和低碳行为能力是决定能源消费行为低碳化的直接前因；政策工具、政策感知和产品因素是意愿向行为转化过程中的情境调节因素。居民低碳行为意愿又是由个体心理、群体心理、低碳知识、社会因素四个主范畴共同激发产生。此外，行为结果感知会对行为意愿具有回调效应，会强化或弱化后续行为的发生。

(4) 居民能源消费行为低碳化驱动因素作用机理模型的实证研究。

首先以扎根理论构建的居民能源消费行为低碳化驱动因素的理论模型构建的变量间逻辑关系为基础，提出研究假设；然后在均值分析、方差分析和 Pearson 相关分析的基础上，运用结构方程模型和分层回归分析等方法，对理论模型进行实证检验，分别对内因型变量和外因型变量对居民能源消费行为的作用机理、政策因素和其他情境因素的调节效应进行检验，对行为效果感知对行为意愿的回调效应进行检验。根据实证检验结果对理论模型进行修正，形成最终模型。在此基础上，系统分析并判断不同政策工具在引导居民能源消费行为低碳化的过程中可能担当的角色和作用，提炼出不同政策工具在促进居民能源消费行为低碳化的主要可干预路径。

(5) 不同政策工具对居民能源消费行为低碳化作用效果的仿真研究。

运用基于 Agent 的计算机仿真建模技术，建立不同政策工具对居民能源消费行为低碳化作用效果的仿真模型。首先根据仿真目标和实证结果，对居民能源消费行为低碳化的真实系统进行描述，设计了仿真模型中各类 Agent 的属性与行为规则，然后运用 BP 人工神经网络确定居民 Agent 的行为选择函数和行为效果感知函数及相关因素间的计算关系；最后选择 Netlogo 仿真平台对不同政策工具对居民能源消费行为低碳化的作用模型进行系统仿真。模拟在无政策干预和有不同政策工具干预情景下，居民能源消费行为的群体涌现特征与动态变化趋势，分析对比不同政策工具和同一政策工具在不同强度情景下对促进居民能源消费行为低碳化的作用效果，为政策选择和优化提供依据。

(6)引导居民能源消费行为低碳化的政策优化策略。

在居民能源消费行为低碳化驱动因素模型研究和不同政策工具对居民低碳消费行为作用机理的仿真建模研究的基础上，根据上述研究中不同政策的可干预路径、干预效果、不同政策情景下的“政策-行为”仿真结果，分别对四类政策工具的优化要点进行归纳总结，然后借鉴欧盟、美国和日本等发达国家引导居民能源消费行为的政策经验，结合对我国政府已发布的四类政策工具现状的量化评估结果，分别提出四类政策工具的具体优化建议。

本书的学术价值主要体现在以下四个方面。

第一，从环境行为学、社会心理学、公共政策学、行为经济学、计算机科学等多学科交叉的研究视角，研究不同政策工具对居民能源消费行为低碳化的作用机理及优化策略，将我国关于低碳发展和节能减排问题的政策研究，从产业层面、企业和技术领域，延伸到居民生活消费行为领域，拓展了资源环境政策管理的研究领域和内容。

第二，运用文本量化分析法建立政策效力评估模型，对近 20 年来我国政府发布的引导居民低碳节能政策的效力和节能效果开展量化评估，拓展了节能减排管理政策研究的领域与方法。

第三，将扎根理论发展的探索性质化研究和多元统计分析等量化实证研究方法相结合，建立居民能源消费行为低碳化驱动因素作用机理模型。这一模型可以系统地揭示我国居民能源消费行为低碳化过程中的主动行为和引致行为，解析不同驱动因素对微观主体行为的作用路径、方向和强度，增强了行为模型研究中变量选择的理论依据，厘清了不同政策工具对微观行为决策的可行干预路径，可以填补国内关于低碳消费行为的研究中侧重研究行为影响因素，而对不同政策工具对个体行为的作用机理缺乏系统性量化研究的空白。

第四，运用 Agent 仿真技术，基于 Netlogo 仿真平台建立不同政策工具对居民能源消费行为低碳化的作用效果的计算机动态仿真模型，模拟并预测在不同政策工具情景下和同一政策工具不同强度情景下，居民能源消费行为的群体涌现特征和变化趋势，形成虚拟的“政策-行为”实验室。弥补了国内外关于公众政策作用效果的研究中，缺乏针对微观主体居民消费行为的“政策-行为”仿真建模研究的不足，充实了公共政策研究的理论与方法。

本书的应用价值主要体现在以下三个方面。

第一，关于居民能源消费行为低碳化的驱动机理模型研究和四类政策工具的可干预路径分析，可以帮助政府部门更明确地认识不同政策工具在行为激励中的角色和作用差异，为政策选择和优化提供了决策的理论依据。

第二，关于不同政策工具对居民能源消费行为低碳化作用效果的仿真研究，形成了虚拟的“政策-行为”实验室，可以以更低的成本和更高的效率对不同政策工具的调控效果进行模拟和预测，有助于政府部门更有针对性地调整政策类型和政策强度，促进政策的不断优化，从低碳生活的角度，有效地推进绿色发展和生态文明建设。

第三，关于引导居民能源消费行为低碳化的政策优化策略的研究，可以为政府部门设计和调整现有政策提供参考。

本书是国家社会科学基金项目“不同政策工具对居民能源消费行为低碳化的作用机理和优化策略研究”(14BGL204)的最终成果。课题研究历时三年，感谢中国矿业大学管理学院的谢守祥教授、吕涛教授、张磊教授、刘玥副教授在课题研究过程中给予的帮助和支持；感谢能源经济与管理研究所全体同仁的帮助；感谢我的研究生俞学燕、杨洁、顾曼、丁超琼、芦金文、朱翰霖、丛金秋、房娅、史炳炜、乔丽洁、许婷、甘晓莉、韩乃旭等在课题研究和书稿校对中的辛勤付出；感谢我的父母、爱人和儿子在课题研究、书稿撰写过程中给予的无微不至的关心、爱护和支持；感谢科学出版社各位编校老师在本书出版过程中付出的大量辛勤劳动。本书在研究过程中参阅了大量的国内外文献，在此向这些文献的作者表示感谢。

芈凌云

2018年9月

目　录

第1章 绪　论

1.1 研究背景

气候变化问题已成为人类21世纪面临的严峻挑战之一，以化石能源为主的世界能源结构在带动世界经济持续发展、不断改善民众生活的便利性与舒适性的同时，也带来了日益严重的环境问题。大量化石能源的消耗使大气中二氧化碳等温室气体的浓度不断上升。来自中国大气本地基准观象台——瓦里关山基地的数据显示，2015年大气中二氧化碳的平均浓度达到401.17ppm（1ppm=1μg/g），而在1994年，这一数值仅为360ppm，大气中二氧化碳浓度年均上升2ppm[1]。由此可见，全球温室气体排放形势依然严峻，全球变暖趋势不变，各国面临的节能减排的任务依然艰巨。1992年5月联合国总部通过的《联合国气候变化框架公约》是世界上第一个为全面控制二氧化碳等温室气体排放，以应对全球气候变暖给人类经济和社会带来不利影响的国际公约，也是国际社会在应对全球气候变化问题上进行国际合作的一个基本框架。1997年通过的《京都议定书》是《联合国气候变化框架公约》框架下的第一份具有法律约束力的文件，也是人类历史上首次以法规的形式限制温室气体排放的文件，于2005年2月正式生效。然而《京都协定书》的执行过程非常曲折，面临很多重点排放国家相继退出协定的局面。美国、加拿大相继退出该协定，俄罗斯、日本也不再承担《京都议定书》第二承诺期的责任，国际社会亟须达成一个可以获得全球共识的新的协议，以应对愈加严重的气候变化问题。在此背景下，巴黎气候大会筹划召开，经过多轮艰难磋商，最终达成对2020年后全球应对气候变化行动做出安排的法律文件——《巴黎协定》。《巴黎协定》明确了全球共同追求的应对气候变化威胁的“硬指标”：平均气温较工业化前水平升高控制在2℃之内，并为把升温控制在1.5℃之内努力。在这一目标下，最新的IPCC（Intergovernmental Panel on Climate Change）减排方案提出，需要在2100年之前将大气CO_2当量浓度控制在450ppm之内。这就要求在2050年人类活动排放的温室气体比2010年减少40%～70%，到2100年实现零排放或负排放[2]。

我国目前正处于国民经济和社会发展的关键时期。经济的持续快速增长，工业化、城市化进程的不断加快，使能源需求大幅上升。从2006年超越美国成为世界排放第一大国后，我国又相继成了世界能源消费第一大国、世界第二大经济体、二氧化碳排放总量第一大国，人均排放量也超过了欧盟，煤炭、水泥、钢铁、铝、铜等重要高耗能产品的消费量均超过世界一半。据BP世界能源统计年鉴（BP

Statistical Review of World Energy）的数据显示，2016年美国、加拿大等发达国家一次能源消费量开始出现负增长，我国仍然是世界上最大的能源消费国，占全球消费量的23%，这一比例较2015的22.9%稍有增加，2016年我国能源消费增长1.3%。增速不到过去10年平均水平5.3%的三分之一，并且是自1998年以来的最低值[3]。根据国际能源署（International Energy Statistics, IEA）的统计数据，2007年我国的碳排放总量达到60.3亿吨，在排放总量上我国成为碳排放第一大国。2016年我国的碳排放量占全球总量的27.3%，受我国以煤炭为主的能源结构的影响，这一比例高于一次能源消费量在全球所占的比重，其次依次是美国（16%），欧盟（10.4%）和印度（6.8%）[4]。2016年全球主要国家一次能源消费和二氧化碳排放如表1-1所示。

表1-1 2016年全球主要国家一次能源消费和二氧化碳排放

国家或地区	一次能源消费量		二氧化碳排放量	
	数量/亿吨油当量	百分比/%	数量/亿吨	百分比/%
中国	30.53	23	91.23	27.30
美国	22.72	17.1	53.5	16
欧盟	16.42	12.4	34.85	10.4
俄罗斯	6.73	5.1	14.90	4.5
印度	7.23	5.5	22.71	6.8
日本	4.45	3.4	11.91	3.6
加拿大	3.29	2.5	5.27	1.6
巴西	2.97	2.2	4.58	1.4

资料来源：BP世界能源统计年鉴2017版，国际能源署统计数据。

作为一个负责任的发展中大国，我国对气候变化问题给予了高度重视。1998年5月，我国签署并于2002年8月核准了《京都议定书》。2006年，在我国政府的“十一五”规划纲要中明确提出要建立“资源节约型、环境友好型”社会，并设置了相应的约束性指标[5]。同年，我国发布了第一部《气候变化国家评估报告》。2007年6月，我国正式发布了《中国应对气候变化国家方案》，对应对气候变化指导思想、原则、目标、相关政策与措施、基本立场和国际合作需求等方面作了明确而详细的阐述。2016年9月3日，全国人大常委会批准我国加入《巴黎气候变化协定》，成为第23个完成批准协定的缔约方。由于我国目前正处于工业化和城市化加速发展的中期阶段，处在对能源需求比较旺盛的发展阶段，与西方国家已经走向工业化后的发达阶段不同，加之我国以煤电为主的能源结构短期内还难以改变。因此，要实现承诺的减排目标压力巨大。

在我国能源消费总量中，工业生产领域耗能占70%左右，2015年能源统计数据显示，居民生活能耗占总能耗的 11.65%[6]。一直以来，我国都将能源问题和节能减排的政策措施集中于工业领域，对居民生活能源消费问题则关注较少。随着我国工业领域各项节能减排措施的强力推进，直接节能潜力已得到较大程度的挖掘，单位能耗基数不断降低，工业节能的边际效应递减，节能减排的空间在收窄，难度在不断加大。而居民作为生活能源消费的主体和工业品的终端消费者，其能源消费行为所蕴含的节能减排的潜力就成为一个需要密切关注和深入发掘的领域。

在欧美等发达国家，居民能耗占总能耗的比例都在 20%以上，而且随着经济社会的发展，居民对能够提高生活的舒适、快捷、便利的耗能设备与设施的需求有所增加。居民能耗的增长速度超过工业能耗，成为能源消耗的主要增长点，同时居民生活用能导致的二氧化碳排放比例高于能源消耗所占的比例。Shui 和 Dowlatabadi[7]指出，美国 80%以上的能源使用和二氧化碳排放是消费者需求导致的结果。美国消费者活动的直接影响(家庭能源使用和个人旅行)占美国能源消费总量的 28%，占美国二氧化碳排放总量的 41%。因此，为了减少二氧化碳排放，欧美等发达国家已从传统的对能源供给的管理转向对能源需求的管理。而需求管理的关键就是在充分了解居民能源消费行为特征与规律的基础上，通过外在措施引导居民消费行为向低碳化转变，要认识并管理好能源消费主体的需求行为，把握能源消费行为的特征与规律，进行有效的行为引导和行为修正。

对我国而言，一方面我国是世界上人口最多的发展中国家，随着经济的持续增长和人民生活的不断改善，家电、住宅、家用汽车、休闲消费等都将不断增加，进而带来居民生活用能需求量的不断增长和二氧化碳排放量的增加，我国将面临与发达国家同样的问题。表 1-2 表明，2005～2015 年我国居民人均能源消费呈现显著的上升趋势。另一方面，我国目前尚处于城市化发展的中期阶段，每年大量农民进入城市转变为市民，其生活用能的结构也将改善。一般认为，人口城镇化对碳排放的影响表现为正、负两种效应：一方面，能源的生产性消费以城镇为主，与人口城镇化进程相伴的居民消费水平的提高也会驱动生活性能源消耗的增长，因此在以煤炭为主的能源结构条件下，城镇化进程直接促进了碳排放的增长；另一方面，人口城镇化对资源环境压力也有一定的缓解作用。城镇化本身是一种集约化的发展方式，其集聚效应和规模效应表现为能源利用效率的提高、清洁能源技术的推广及排放物集中治理的便利，从而有助于控制和减缓碳排放量[8]。

居民消费的碳排放是指消费行为引发的直接或间接碳排放。消费行为对碳排放的影响一般体现在两个方面：一是消费者日常生活中因直接使用“高碳型”的化石能源(电力、天然气、汽油、煤炭等)而产生的碳排放，即直接消费碳排放，如住房供暖制冷、家电使用、燃气使用、交通出行等直接能源消耗而产生的二氧化碳排放；二是消费者消费的所有产品和服务(食品、衣服、住房等消费)在其开发、生产、交换、使用和回收的整个生命周期过程中所产生的碳排放，或者说支持消费者产品和服务消费的相应产业由于能源消耗而产生的碳排放，即间接消费碳排放[9]；从最终的结果来看，我国居民消费需求增加导致的碳排放量占总排放增长量的 55.6%[10]。因此，居民能源消费行为是我国未来能源需求增长和二氧化碳排放增长的主要来源，也是我国要兑现节能减排国际承诺，实现低碳经济与建设生态文明需要重点关注的领域。

表 1-2 我国居民生活能源消费的情况及城乡分布

年份	全国人均能源消费量/标准煤	全国人均生活用能量/千克标准煤	全国人均生活用能量占全国人均能源消费量比例/%	城镇人均生活用能量/千克标准煤	农村人均生活用能量/千克标准煤
2005	1810.2	211	11.66	288	155
2006	1973.1	230	11.66	248	169
2007	2128.5	250	11.75	327	186
2008	2200.2	254	11.54	324	194
2009	2303.2	264	11.46	328	206
2010	2429.1	273	11.24	320	227
2011	2589	294	11.36	331	257
2012	2678	313	11.69	344	280
2013	3071	335	10.91	357	311
2014	3121	346.1	11.09	364	325
2015	3135	365	11.64	377	351

资料来源：中国能源统计年鉴 2016。

自 20 世纪 80 年代以来，我国就开始逐渐重视提高能源使用效率与节约能源。已有的节能政策更多地体现为宏观经济政策和产业政策，重点关注生产领域，包括抑制高耗能产业发展，淘汰落后产能，整合行业资源，提高能源利用效率，鼓励高科技产业发展，提高能源价格等措施[11]。在政策工具的运用上属于以命令控制型为主，经济型政策为辅的发展阶段，对消费需求侧的管控尚有欠缺。从欧美等国家节能减排政策的发展历程中积累的经验来看，我国目前的节能减排政策措施尚处于初级阶段，需要逐渐由命令控制型政策为主向经济激励型政策为主，信息宣传型政策为辅，综合使用多种政策工具的阶段发展[12]，同时我国的节能减排政策也将经历从仅仅重点关注工业领域节能减排到工业领域和居民私人领域节能减排并重的政策完善过程。

居民能源消费行为低碳化是指居民在能源消费行为中不断减少二氧化碳排放的过程，是生态文明在居民消费行为上的具体化，也是绿色消费的直接体现。2017 年 10 月 18 日，中国共产党的第十九次代表大会的报告中进一步提出“加快生态文明体制改革，建设美丽中国”的发展目标，并把“推进绿色发展，倡导简约适度、绿色低碳的生活方式”作为实现生态文明的重要方面[13]。因此，如何引导居民能源消费行为低碳化就成为实现绿色低碳生活方式的一条关键路径。

居民的能源消费行为是否低碳，一方面可以出自个体的责任意识和价值观等而产生的主动行为，另一方面也可以体现为受到外部情境因素诱导而产生的引致行为。无论哪种行为都可以通过政策工具的引导来激发、促成和强化。因此，研究不同政策工具对居民能源消费行为低碳化的作用机理，将为行为引导政策的开发与优化提供理论依据，是从生活方式上推进生态文明建设的重要课题。

1.2 研究对象与概念界定

1.2.1 “政策”与“政策工具”

关于“政策”，《辞海》[14]将其定义为“国家政党为实现一定历史时期的路线和任务而规定的行为准则”；伍启元[15]认为“政策”是政府所采取的对公私行动的指引；桑玉成[16]将“政策”定义为“为了达到某一特定时期目标的一种行动方案或行动依据”；陈庆云[17]指出“政策”显示的是一种国家的管理行为；张金马[18]则认为“政策”是党和政府用以规范、引导有关机构团体和个人行动的准则或指南；美国政治学家、政治行为主义的倡导人戴维·伊斯顿[19]认为“政策”是对全社会价值做的一种有权威分配；托马斯·戴伊[20]认为“政策”代表着政府做或不做的事情。

尽管国内外学者对“政策”的界定不一而足，但也存在一些共同的出发点，即都指出“政策”是由国家或是有立法权的行为主体制定的，是政府管理行为的一种体现，带有明确的目的性，是引导被管理者行为的准则或依据。本书参照辞海中定义，将“政策”定义为“政府部门为了实现一定时期或某一领域的路线、任务和目标而制定的行动方案或行为准则”。

关于“政策工具(policy instruments)”，在现有的研究中常与“政府工具(government instruments & tools of government)”概念交叉使用。最早提出“政策工具”概念的是英国学者Hood[21]。1983年，Hood出版了《政策工具》一书，由此带动了政策工具研究的兴起，他指出“政策工具”可以分为“客体”和“活动”两个方面来理解，“工具”是“客体”，如法律和行政法规，而“政策工具”则是指形成法律和法规的一整套命令和规则。Peters和van Nispen[22]共同主编的《公共政策工具》一书是公共政策领域一部有影响力的著作，他们将“政策工具”界定为“是政策活动的一种集合，它表明了一些类似的特征，关注的是对社会过程的影响和治理”。

自Hood提出“政策工具”概念以来，多数的研究者都将研究重心集中在“政策工具”的内涵、分类及选择、评估等方面，也在这些方面取得了很多成果，但对于“政策”和“政策工具”的区分却很少关注。不少研究甚至存在将“政策”和“政策工具”混同使用的现象。周英男[23]指出：具体的“政策”和“政策工具”

是有区别的，"'政策工具'可理解为'政策'目标下的第一层次政策手段，是具体政策的集合"。他采用林格林和 Peters 等的观点将"政策工具"定义为："政策主体为实现政策目标所采取的一系列具有共同特性的政策措施的集合"。本书采用这一概念作为本研究中对"政策工具"的内涵界定。

1.2.2 居民能源消费行为低碳化

居民能源消费行为低碳化(low-carbon oriented energy consumption behavior)是指居民生活能源消费行为中主动减少二氧化碳排放的行为过程。

由于化石能源消耗排放的二氧化碳是导致全球气候变暖的主要原因，而我国和世界的能源结构都是以化石能源为主，因此居民减少二氧化碳排放的行为就与居民的能源消费行为息息相关。已有的文献对居民能源消费行为(residential energy consumption behavior)概念的界定主要以居民能源消费的表现方式来体现，常与家庭能源使用(household energy use)、居民节能行为(residents energy conservation behavior)等概念交叉。Raaij 和 Verhallen[24]把居民能源使用行为(residential energy use)定义为与购买、维持和使用相关的能源消费行为；Van Diepen[25]把家庭能源使用行为(household energy use)界定为住宅能源使用(home energy use)和交通能源使用(transport energy use)的行为；Scott 等[26]认为家庭能源行为是指由投资行为(investment)、管理行为(management)和缩减行为(curtailment)共同组成的用能行为；Lindén 等[27]通过对瑞典 600 个家庭进行的调查问卷和面谈，把居民能源行为(residential energy behavior)界定为居民在家庭取暖和照明、清洁、食物供应、娱乐和信息五大方面的用能行为；Barr 等[28]在总结以往文献研究的基础上，把居民节能行为(residents conservation behaviours)界定为习惯相关节能行为(habitual-related conservation behaviours)和购买相关节能行为(purchase-related conservation behaviours)两个方面。习惯相关行为，如自动调温器的设置、关掉不用的房间、改变房间的使用、供暖时关闭窗户、使用晾衣绳而不是滚筒烘干机等，这些行为与日常习惯及个体的生活方式相关。这些习惯性行为是人们根据以往经验而作的判断，是"没有思考而做的"行为。与购买相关的行为一般与能效改进的选择相关，是家庭通过资金和技术实现的产品用能量和用能方式的长期改变，如为后门安装双层玻璃、购买节能的炊具、购买高能效的洗衣机等，是"思考后才做"的行为。

由上述研究可以看出，居民的能源消费行为低碳化主要可以体现在两类消费行为上：一类是通过购买高能效设备设施、节能产品或绿色能源产品等来实现节能减排的能效投资行为，这类购买行为影响居民的能源消费水平、用能结构和用能效率，是居民消费能力和支付意愿的体现；另一类是通过日常生活中主动减少能源消耗量和改善耗能产品使用方式来实现节能减排的日常节能行为，这类行为决定了家庭实际的能源消耗量和由此带来的碳排放，也决定了家庭已经投资购买的有利于低碳节能的电器、设备、设施等是否真正起到节能减排的作用，是居民消费观念和日常消费习惯的体现。

因此，本研究将居民低碳化的能源消费行为分为能效投资行为（energy efficiency investment behavior，EEIB）和日常节能行为（habitual energy conservation behavior，HECB）两个维度。前者具有一次性、相对理性和购买性的特点，后者具有重复性、有限理性和习惯性的特点。

1.3　研究目的与意义

1.3.1　研究目的

在系统地梳理、分析国内外相关政策的基础上，进行政策工具分类，了解不同政策工具在国内外的使用现状和主要作用途径。通过文献资料分析，运用扎根理论发展的探索性质化研究技术，构建我国居民能源消费行为低碳化的驱动因素理论模型；然后开发一套有效的变量测量工具，通过大样本问卷调查获取数据，运用结构方程模型和多元统计分析等量化研究方法，对理论模型进行实证检验与修正。解析居民能源消费行为低碳化的前因、后果与作用机理，确定不同类型政策工具在促进居民能源消费行为低碳化过程中的角色和主要可干预路径；在此基础上基于 Agent 的计算机仿真技术，运用 Netlogo 仿真平台建立不同政策情境下的“政策-行为”作用机理动态仿真模型，模拟并预测不同政策情境下居民能源消费行为低碳化的变化效果；最后结合我国居民能源消费行为的主要特征，以及不同政策工具对行为的调节效应和仿真结果，提出促进居民能源消费行为低碳化的政策优化策略与建议。从制度层面推进我国生态文明建设，为政府相关管理部门制定引导公众低碳消费的政策措施提供决策参考，促进公众践行绿色低碳的生活方式。

1.3.2　研究意义

1. 理论意义

(1) 从环境行为学、社会心理学、公共政策学、行为经济学、计算机科学等多学科交叉的研究视角，研究不同政策工具对居民能源消费行为低碳化的作用机理及优化策略，将我国关于低碳发展和节能减排问题的政策研究从产业层面、企业和技术领域，延伸到居民生活消费行为领域，拓展环境政策、资源管理政策的研究领域和内容。

(2) 运用基于 Agent 的计算机仿真技术及 Netlogo 仿真平台建立不同政策工具对居民能源消费行为低碳化的作用机理动态仿真模型，模拟并预测不同政策情境下居民能源消费行为低碳化的变化效果，将弥补国内外关于不同政策工具对微观主体(居民)消费行为作用效果的研究中缺乏系统化仿真模型研究的不足，充实公共政策研究的理论与方法。

2. 实践意义

(1)建立居民能源消费行为低碳化的驱动因素模型，可以有效地揭示我国居民能源消费行为低碳化过程中的主动行为和引致行为，系统地解析不同驱动因素对行为的作用路径、作用方向和强度，明确不同政策工具对促进居民能源消费行为低碳化的可干预路径，为各级政府部门相关政策的制定提供决策的事实依据。

(2)通过建立不同政策工具对居民能源消费行为作用机理的计算机仿真模型，可以预测不同政策情景下居民能源消费行为的动态变化，有助于政府部门更有针对性地选择政策优化策略，从低碳生活的角度推进社会化的生态文明建设。

1.4 理论基础

居民能源消费行为不仅是经济现象，也是社会现象和心理现象。要通过政策工具的外在干预引导居民能源消费行为向低碳化转变，需要回顾行为形成及行为干预、政策系统相关的理论，为建立居民能源消费行为低碳化驱动因素模型和不同政策工具对居民能源消费行为低碳化作用机理的研究提供理论基础。

1.4.1 行为干预相关理论基础

1. 前置-进行理论

Green[29]于 2001 年提出前置-进行模型(precede-proceed)。该模型最初用于健康教育与健康促进计划，后来扩展到更多的行为领域。在前置-进行理论中，该前置变量(precede)是指在教育或环境的识别、评价中应用前倾、促成及强化因素。具体而言：前倾要素(predisposing factor)是生成特定行为的动机或愿望的要素，包括个体或群体的态度、知识、信念、价值观等，它通过影响个体对行为的偏好进而促进行为的发生，是个体行为的内在驱动因素；促成要素(reinforcing factor)是个体的行为动机和愿望得以实现的要素，包括节能和各种资源(财政、经济、技术等)的可获得性、可利用性等，是个体行为的外在前提和实施基础；强化要素(enabling factor)是行为的后继决定要素，属于增强或减弱个体特定行为的要素，它通过行为反应结果对行为决策起强化作用，包括其他个体或群体的态度、行为及各种反馈信息等。进行变量(proceed)是指在执行教育或环境干预中应用的政策、管制等手段。

在前置-进行模型中，前置变量考虑了影响公众行为的三类要素(前倾要素、促成要素和强化要素)，并提示政策制定者在选择配套政策工具时要评估前置变量的因素。前置-进行模型为政策制定、实施和评价提供了连续的步骤，为更有效地制定引导行为的政策措施提供了思路和理论基础(图 1-1)。

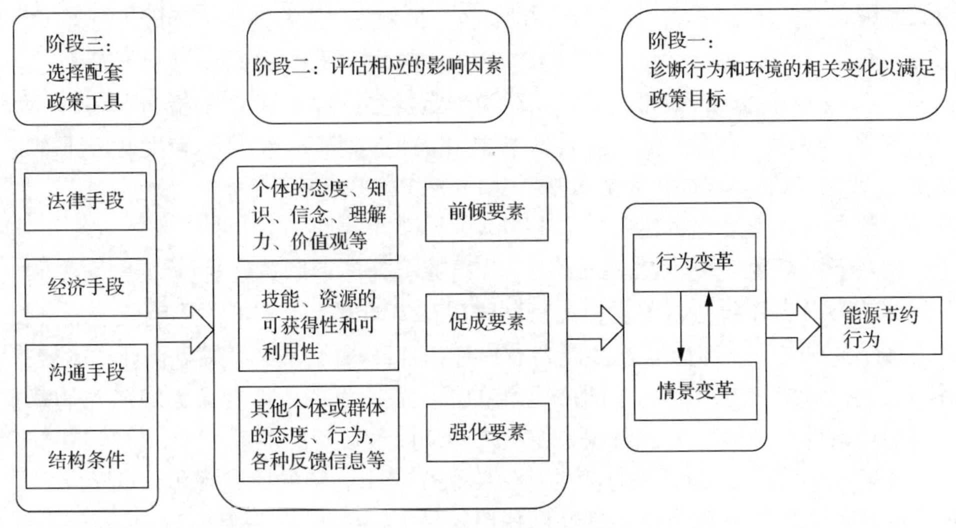

图 1-1 前置-进行模型[30]

2. ABC 理论

ABC 理论是 Guagnano 等[31]于 1991 年对弗吉尼亚州的 257 个居民生活垃圾回收行为的研究中提出的。该研究指出，对居民的垃圾回收行为而言，垃圾箱是一个重要的影响因素，有无垃圾箱会对个人的成本意识、回收后果意识及回收行为产生影响，从而指出居民的垃圾回收行为(behavior，B)不仅与个人对回收持有的态度(attitudes，A)相关，还受到外部条件(condition，C)的影响(图 1-2)。

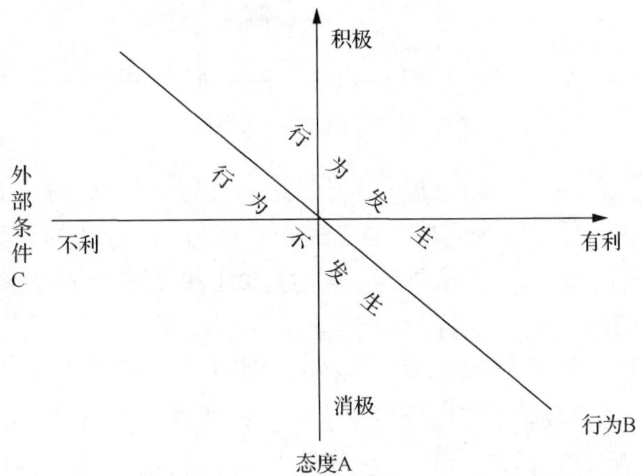

图 1-2 ABC 理论模型

ABC 理论模型中提出的一个比较重要的原理是：态度(A)和环境(C)对于行为(B)的作用依赖于它们相对于彼此的价值而非各自本身的价值。如图 1-2 所示，第二象限和第四象限的对角线(A+C=0)是区分行为发生与不发生的界限，当 A+C＞0(在对角线之上)时，行为发生；当 A+C＜0(在对角线之下)时，行为不发生。当 A 和 C 都极为有利时，如第一象限，行为一定发生；当 A 和 C 都极为不利时，如第三象限，行为一定不发生。当 A 与 C 之和的绝对值(|A+C|)比较大时，适度地改变 A 或 C 都不会导致行为的改变；当|A+C|非常接近于 0 时，任何 A 或 C 的改变都将导致行为发生变化。

相对于前期的研究，Guagnano 等[31]更突出外部情境条件对行为作用的重要性。他认为，当外部情境条件极为有利时，行为的发生受态度的影响就较弱；反之，当行为发生的外部情境条件极为不利时(即实施行为非常困难、需要付出较昂贵的金钱代价或实施极为不方便)，行为的发生受态度的影响会大大增加。态度与外部情境条件对个体行为的影响是相互依赖，此消彼长的关系。

ABC 理论的提出为环境行为的研究提供了一个独特的研究视角，即行为的发生是个体的态度与外部情境条件共同作用的结果，强调了外部情境条件对给个体行为的调控作用。

3. 知-信-行理论

知-信-行是知识、态度、信念和行为(knowledge attitude belief practice，KABP 或 KAP)的简称。知-信-行模型(KAP model)最初用于解释和干预个体的健康管理行为，后来被引申用于解释和干预个体的一般行为[29, 32, 33]。在知-信-行理论中，教育(健康教育或环境教育等)的目的是使人们发生行为改变，但行为改变是一个过程，分为知识、信念和行为改变三个过程(图 1-3)。

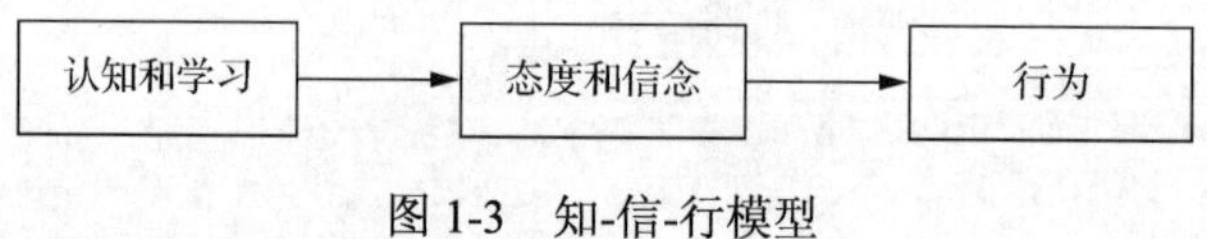

图 1-3　知-信-行模型

在知-信-行模型中，知是认知和学习，是个体行为的基础；信是态度和信念，是个体行为的动力；行是行为(如产生促进好的行为，消除坏的行为等行为改变的过程)，是最终目标。个体具备了知识，同时对知识进行积极的思考，上升为信念，才可能采取积极的态度去改变行为。

知-信-行理论被很多国家的政府和非营利组织广泛应用于公众健康管理、水供应、公共卫生、教育、心理和行为科学等领域。一些学者也将知-信-行理论应用于居民资源节约问题[34-37]。在环境行为管制或干预项目里，知-信-行模型阐释了个人对环境污染问题如何认知，对环境保护问题如何产生想法与信念，进而如何做出行动的行为生成过程。总体来说，知-信-行理论将行为改变分为获取知识、产生信念和形成行为三个连续的过程，是一个得到普遍认同的通用行为理论模型，在教育学、心理学等领域中得到较为广泛的推崇和应用。但知-信-行理论将情感因素的作用抽象掉了，这使得其现实性、应用性受到一定程度的质疑。对此，一些学者对知-信-行理论进行了改进，提出知-情-意-行理论模型。

卢献和郑岩滨[38]指出，人是生物有机体，具有自然性，人又是社会的一员，具有社会性。作为社会性的人，其行为趋向精神性。按照精神性道的高低，可以把个体行为分为低级行为、中级行为与高级行为。个体高级行为是由复杂的心理活动所支配的。一般来说，个体行为大多属于高级行为，对于个体高级行为来说，知、情、意构成三个基本要素(知+情+意——➤行)。其中，知是认知，即知道怎么做及做的目的；情是情感，是对行为及行为环境、行为条件的态度体验，即行为的心理环境；意是意志，是对行为的意图(决定)与对行为遇到困难时的态度(决心)，即决定做与决心做。知道怎么做与做的目的，具备做的心理环境，同时又愿意做，且能克服做的各种困难，个体高级行为就能开始并持续进行。因此，知-情-意-行模型形成了个体行为机理的一般模型(图1-4)。知-情-意-行模型在心理辅导、行为科学等领域有广泛的影响和应用。特别是知-情-意-行模型揭示了情感和意志因素对行为的中介作用，这对于居民节电行为内在机理模型的构建和干预措施的设计具有一定的启示意义。

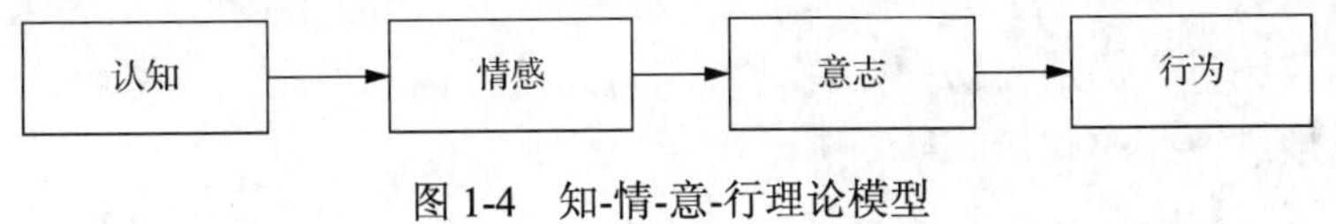

图1-4　知-情-意-行理论模型

4. 规范焦点理论

美国社会心理学家Cialdimi等[39]提出的规范焦点理论(the focus theory of normative conduct)是一个反常识的理论，它指出人们做出很多好行为(包括环保行为)的原因并不是像他们所说的那样，是因为有一个好的意识、好的态度或目的，而是主要受到社会规范的强大影响。例如，当问及一个人为什么会节约用电时，获得的答案可能是节约资源，保护环境，也可能是有利于社会发展，还可能是节省开支。然而，基于规范焦点理论的研究发现，人们的节能行为更多地受到其他人节能行为的影响，而诸如环保、有益社会和省钱这样表面的理由对实际节能行为的影响并不大[40, 41]。社会规范是指群体成员理解的弱于法律效力的指导或限制行为的规则和准则[42]。规范焦点理论将社会规范区分为描述性规范(descriptive norms)和命令型规范(injunctive norms)。描述性规范指大多数人的典型做法，命令性规范指某文化下大多数人赞成或反对的行为标准。描述性规范对行为的影响类似于从众行为的产生，大多数人怎么做，我就怎么做，这种行为的发生往往出于对周围情景的适应。命令性规范对行为的影响与社会评价联系在一起，人们倾向于对符合规范的行为给予认可或奖励，对不符合规范的行为给予否定或惩罚，因此个体遵从命令性规范时会更多地考虑他人和社会的评价[43]。

规范焦点理论指出，行为成为注意焦点是社会规范发生作用的前提条件[39]。尽管规范焦点理论早期侧重于通过现场试验证明使用规范信息对个体行为进行干预的应用价值，但最新的研究揭示了不同类型社会规范的作用机制，一系列基于规范焦点理论的实证研究指出，要想影响和改变人的行为，仅仅通过向其宣传或反馈一些有关该行为的规范信息就能奏效。例如，将一个社区的家庭平均用电量告诉那些用电量超出平均水平的用户，他们在接下来的时间里会减少用电量[44]。相对经济、技术等费时费力的措施，使用规范信息干预环保行为是一种非常节约成本的环保措施，而这种方法却在环保实践中被低估甚至不用。究其原因，主要是决策者和管理者习惯性地相信自己的常识和简单的民意调查。虽然规范焦点理论产生于二十多年前，但它的重要性尤其是在促进环保行为方面的应用，直到最近几年才受到广泛关注。

1.4.2 政策系统相关理论基础

1. 政策网络模型

政策网络可视为“利害关系者与国家机关各部门之间建立例行化的互动模式，对关心的议题进行沟通与协商，使得参与者的政策偏好被满足或是政策诉求获得重视，以增进彼此的政策利益”[45]。

政策网络模型是在吸收多重理论成果的基础上融合而成的一种综合性分析框架。该分析框架将各个行动者的利益表达与政策制定及效果有机地联系起来，突出了行动者与政策制定之间的动态关系。在政策网络中，公共政策制定和治理是由各种行动者(微观个体、联盟、官僚、组织等)的网络共同决定的。该理论认为，公共政策制定与公共治理过程实际上是一个由宏观层面的正式政治结构、中观层面的网络结构和微观层面的非正式结构连接在一起的多层结构。政策网络研究注意到政策过程中各种性质、处于各种位置、拥有不同资源的个人或组织行动者，并强调他们之间互动对政策结果的重要性。特别是政策网络分析，进一步用量化和图形工具探究网络行动者之间的关系形式及其互动导致的结构变化，乃至整个网络的变化。政策网络模型将宏观与微观个体有效地连接起来，解决了传统理论模型中宏观与微观层面断裂的问题。

目前，政策网络分析学派正在尝试将复杂性理论运用于政策领域的研究[46]，其中包括运用“基于行动个体 Agent 的建模”(Agent-based modeling，ABM)的理论观点和技术方法来构建政策仿真模型。这种方法集成了复杂适应系统理论、人工生命及分布式人工智能等各种技术和方法，采用自下而上的模型策略，在计算机中通过模拟具有智能性和主动性的微观主体的行为过程来体现系统宏观层面的作用结果。在现实世界中，政策越来越呈现一个复杂系统的特性。传统政策方案采用的是自上而下的思路，恰恰忽略了政策对象(即行动个体)之间的互动，以及这些互动对政策过程和结果的影响。因此政策网络研究与复杂性理论交融，通过更具体的譬如复杂适应系统理论的思想和方法的结合，使政策仿真模拟具备了从思想到技术的可能性，不仅为政策科学研究带来全新的思想视角，也为探究和掌握由大量行动个体构成的政策动态过程提供新的方法变革。

2. 复杂系统适应理论

复杂适应系统(complex adaptive system，CAS)理论是美国学者约翰州霍兰[47]在多年研究复杂系统的基础上提出的。CAS 理论突破了把系统元素看成静态的、被动的对象的观念，引进具有适应能力的主体概念，从主体和环境的互动作用来认识和描述复杂系统行为，开辟了系统研究的新领域。

CAS 理论的核心观点是系统的适应性是造成复杂性的主要因素。其基本思想是：系统的成员被认为是具有适应性的主体，简称主体。主体的适应性是指其能够与环境及其他主体进行交互作用，并在交互过程中主体不断地“学习”或“积累经验”，并根据学习的经验改变自身的结构和行为方式，在此基础上，新层次不断地产生、分化，多样性涌现，新的、聚合而成的更大的主体出现，整个宏观系统处于逐渐演变或进化的过程[48]。在微观层面，CAS 中的主体与环境的交互作用遵循刺激—反应模式，主体能够在个体最优的原则下，根据行为效果修改自己的行为规则，不断适应环境变化，促使微观个体始终处于进化过程中。相应地在宏观层面，个体组成的系统会不断涌现出非线性、分化性和非周期性等复杂现象[49]。

CAS 理论认为，系统中的成员具有自主行为能力和明确个体目标的实体，个体间主动的、反复的交互作用及适应能力是系统发展和进化的基本动因。宏观的变化和个体的分化都可以从个体行为中找到根源。谭跃进和邓宏钟[50]把个体与环境之间这种主动的、反复的交互作用用“适应”一词加以概括，即理论的基本思想——适应性造就复杂性。

复杂适应系统中有七个主要的相关概念，分别是：聚集、非线性、流、多样性、标识、内部模型及构筑块。其中，前四个是表示个体的某种特性，它们在适应和进化中发挥作用，后三个则是个体与环境交流的机制。它们之间的相互作用对其进行排列，这七个概念一次又一次地反复出现，从而引出一系列机制和方向。这些机制和特性能够使整个系统在缺乏中央指挥和规划时，通过熟练、自觉地快速学习，依然能够保持协调运行以适应外界环境的变化，并且随着时间的推移，系统将会更好地利用环境以达到自己的目的，这便是复杂适应系统的经验引导、自觉学习的结果[51]。

“适应性造就复杂性”这一基本思想是人们认识系统运动和演化规律的一个飞跃[52]。首先，CAS 理论区别于其他建模方法的关键之处是其认为主体是主动的、活的实体，而一般系统理论中的“元素”是一个被动的局部概念。个体的主动性是系统进化的基本动因，这也是该理论能够有效地应用于经济、社会、生态等复杂系统的原因。其次，系统演变进化的主要动力是系统中的交互作用，这些交互作用包括主体与主体间的，以及主体与环境间的交互。而在以往的建模方法中，个体的内部属性是建模的着重点，忽视了个体之间，以及个体与环境之间的相互作用。即使是在个体属性极不相同但相互关系却存在诸多共同点的不同领域，CAS 方法也是适用的。第三，主体和环境的相互作用将宏观和微观有机地联系起来，微观个体的变化是整个宏观系统变化的基础。第四，系统中随机因素的作用使 CAS 理论建模方法有更强的描述和表达能力。该理论运用遗传算法(genetic algorithm，GA)来处理随机因素的作用。遗传算法的基本思想则在于随机因素的影响不仅影响状态，而且影响组织结构和行为方式[53]。“活”的，具有主动性的个体会接受教训，总结经验，并且以某种方式把“经历”记住，使之“固化”在自己以后的行为方式中。正因为这样，理论提供了模拟生物、生态、经济、社会等复杂系统的巨大潜力，明显地超越了以往一般的随机方法。

1.5　国内外相关研究综述

1.5.1　居民能源消费行为影响因素研究

要有效引导居民能源消费行为向低碳化转变，首先需要探究其影响因素，有关居民能源消费行为影响因素的研究主要是通过对某国某地区的居民开展调查，采集第一手数据，通过实证研究完成的。也有少数是运用实验和宏观数据分析来完成的。这些研究积累了一定的研究成果，也发现了不少逻辑上可行而实证却难以支持的结论。已有的对居民能源消费行为影响因素的研究主要集中在人口统计特征因素、个体心理因素和群体心理因素几大方面。

1. 人口统计特征因素

有关人口统计特征的研究主要体现在家庭收入、居住情况和家庭结构(人口数量、性别、年龄)，具体来说：家庭收入与家庭能源消耗量正相关，高收入家庭消耗更多的能源，但同时也更愿意进行技术节能投资。Anker-Nilssen[54]对挪威奥斯陆地区家庭的能源消费研究指出：对于家庭能源消费而言，可支配收入的数量、能源和技术的成本及对生活品质的主观选择是决定性的。随着收入的增加，家庭渴望更多的时间节省、更多的便利性、舒适性和机动性，这使得能源需求不断上升，不受居民对经济和环境关注的影响。随着实际收入的增长，非基本需求的能源使用不断增加。Poortinga 等[55]对荷兰 2000 户家庭的节能措施偏好开展了一项联合分析，研究发现，高收入人群比低收入和平均收入人群更容易接受技术措施节能而不是改变行为的节能。Han 等[56]对 5572 个中国城镇家庭碳排放的决定因素的研究中发现，家庭收入较高的居民会消耗更多的能源，产生更多的碳排放。Zhang 等[57]基于 69 篇家庭碳排放的文献回顾也发现，收入越高的居民，其对更大的房子、更豪华的车及更加舒适的环境的追求越高，碳排放会随之增加。

有关住宅面积(住宅类型)对居民能源消费行为的影响也有不同的研究结论。居住情况一般包括家庭住宅的面积大小，住房结构(公寓或独栋)及是否有住宅所有权等。He 和 Kua[58]研究认为，在人口统计特征中，只有住房面积可以很好地预测能耗的节约行为，住房面积较大的居民更热衷于减少能源消耗，因为这些家庭有更高的用能消费，同样出于节约资金的目的会去关注如何更有效地节能。Martinsson 等[59]通过实证调查发现年龄、住房类型(公寓、独栋)、收入是解释家庭节能程度的最重要的人口特征，其中住房类型是影响家庭供暖消费行为方面的主要影响因素。在研究中将被调查者分为高收入、中等收入和低收入人群，这三类人群在独立式住宅中要比在公寓式住宅中具有更高的节能行为的可能性，年龄和收入带来的节能差距也主要依托于房屋的类型。陈晶和张真[60]对上海市 601 户居民的调查研究显示，上海居民生活用电受到人口规模、收入水平、居住面积、低碳态度和用能习惯的显著影响，且不同用电量家庭的用电影响因素的种类和作用效果都不同：在低、中、高三种不同用电量的家庭中，只有高用电家庭的生活用电受到居住面积的影响。高然和张真[61]在对上海居民能源消费碳锁定的研究中发现，家庭收入和居住面积是形成居民能耗差异的重要因素。

有关家庭结构特征对能源消费行为的影响，性别、年龄的差异对能源消费行为的影响程度和影响方式在不同学者的研究中存在差异，而大家普遍认可的是人口规模的增加会带来一定程度能耗的增加，但单位能耗会相对减少。Thøgersen 和 Grønhøj[62]在丹麦的实证研究却表明：男性比女性节电行为更多地受到其他人的影响，通常男性节电想法的实施产生于他的妻子。男性节电多少和他们配偶感知到不必要的电力消耗程度之间是很强的负相关关系。Shimokawa 和 Tezuka[63]研究了家庭成员的性别和年能耗量之间的关系，结果表明：家庭主要成员是男性的要比女性多消耗 15.6GJ 的能源。年龄方面，30～50 岁的家庭成员的能源需求明显增加，原因可能是受到孩子或不同时代的成长环境的影响。在数量方面，一个人和两个人的家庭能源消耗总量基本是一样的，三个或四个人的家庭能耗也是基本相同的，一般来说，家庭成员的增加会带来能耗总量的增加，单位能耗相对减少。Sardianou[64]在对希腊 586 个家庭的实证研究中发现，家庭成员数目较多的家庭虽然消费更多的能源，但也更可能进行节能改进，家庭是否采取节能活动与家庭规模相关，与住宅大小无关。Mills 和 Schleich[65]以欧洲 10 个国家近 5000 户家庭为样本，认为家庭的年龄结构对家庭用能行为有直接的影响，以年轻人为主的家庭更愿意依赖提高能效的技术，节能的出发点主要是对环境问题的关注，而以年长者为主的家庭则是更多地关注资金的节约，不依托于技术节能，关于用能的知识也比较少。Huebner 等[66]对 854 个英国家庭的数据分析中指出，家庭规模对居民的电力消费具有显著的影响，而家庭的组成结构则无显著差异。童泉格等[67]在居民建筑能耗的研究中也发现，家庭成员数目对于居民人均能耗的影响最大，家庭成员越多，其人均能耗也越低；而年龄则呈现反向结果，居民的年龄越大，人均能源消耗也越大。相反的是，Lillemo[68]的研究结论认为年轻人对各种类型的节能行为表现出更低的兴趣，与之类似的是 Barr 等[28]在英国的一项家庭研究的观点，年龄大的分组更支持节能行为并乐于实施，平均年龄小的分组则表现得比较消极，造成这一现状的一个原因是年轻人资金不足以投资节能，但与此同时应该更有动力减少能耗来节约能源消耗成本，没有相应的节约措施的原因很可能是因为比起年长者阅历不足，导致利益感知短浅，一味追求主观舒适度。

2. 个体心理因素

社会心理学对于环境行为的诸多研究认为，态度、价值观、主观规范等心理变量是影响居民环境行为的重要因素。现有研究对个体心理因素关注较多，但研究结果也出现差异，其中对态度、价值观的影响争议较大，而对主观规范的影响较为认可。已有研究中环境态度常常与环境意识、环境关注等概念交叉使用，Abrahamse 和 Steg[69]通过对荷兰 189 户家庭电力消费情况的跟踪监控发现，家庭能源使用行为和能源节约行为的影响变量不同。能源节约行为与大多数心理因素有关，态度和感知行为的控制可以解释家庭的能源节约行为。Gatersleben 等[70]通过对荷兰居民做的家庭能源使用行为的调查的对比研究后发现，影响和决定不同类型的环境行为的变量是不同的。当人们采取某种环境行为所付出的代价不昂贵，不需要太多努力的时候，一般的环境态度就能对行为产生显著影响。反之，环境态度与行为的相关性会弱化。王建国和杜伟强[71]的研究认为，居民的环境态度是影响行为意愿的重要因素，但良好的环境态度并不能有效地转化为实际行为，还需要外部情境因素的调节，才能有效地提高居民的实际节能行为。价值观可以被看作是一种理想或重要的生活目标或水平，从而为人们的日常行为提供一种指导性的原则，是人们形成态度和选择行为方式的基础。Gärling 等[72]将价值观分为利己价值观、利他价值观、生态价值观三种类型，通过实证研究发现：这三种价值观与居民的环境行为意愿都存在显著相关性，价值观通过责任归因和个人规范间接作用于环境行为意愿。Ohler 和 Billger[73]认为消耗能源产生的是个人的商品或服务，如家庭的供暖等，但影响的却是公共的环境，比如干净的空气和水资源。在这种情况下，价值观的不同会带来不同的行为和观点，以自我为中心的居民会不加限制地消耗能源来满足自己的需求，而以社会为导向的居民会关注全球气候变化等社会环境问题，调整对能源消费的态度和行为。肖轶楠[74]以计划行为理论为基础，对酒店顾客的绿色消费行为进行研究发现，消费者的自我效能、环境忧虑程度是影响其积极实施绿色消费行为的重要因素。Craig[75]和 Prete 等[76]采用扩展的计划行为理论对意大利家庭实施能效行为的研究也证实，态度是实施节能行为的主要决定因素，主观规范、感知到的行为控制和环境关注也具有积极的影响作用。与之相反的是，Kua 和 Wong[77]认为居民的价值观与环境行为方面的关系很微弱，当被调查者表现出很高的自然倾向时并没有相应的实际行动。石洪景[78]在对福州居民的低碳行为意愿的研究中则发现，居民对自我的价值感知负向作用于行为，居民的价值感知越高，其实施低碳消费行为的意愿越弱，说明价值感知的提升可能并没有带来高能耗行为的降低。

Thøgersen 和 Grønhøj[62]基于 Bandura[79]的社会认知理论研究丹麦家庭的电力消费行为，通过研究得出结论：家庭电力消费受社会结构和动机两大因素的作用，家庭成员在节能努力上是相互影响的，主观规范对家庭节能行为有显著影响，通过社会规范传递社会期望和其他人的节电成效对于促进家庭节能是有效的。芈凌云等[80]以“计划行为理论”和“价值-信念-规范理论”为基础，建立了城市居民能源消费行为低碳化的心理动因理论模型，以江苏省徐州市的城市居民为调查对象，进行了实证检验。结果表明，主观规范能够通过影响低碳行为意愿进而促进低碳消费行为的形成，且在各个心理因素中作用强度最大。Anthony 和 Sarkis[81]比较了“计划行为理论”和“价值-信念-规范理论”认为，“计划行为理论”对能效行为的预测作用更好，而“价值-信念-规范”理论则对家庭用电显示出了较好的适用性。吕荣胜等[82]基于规范激活理论对节能行为的影响因素研究发现，个人规范、责任归属、自我效能感等均正向促进居民的节能行为。Azar 等[83]对阿联酋的 227 名居住者的调查研究显示，主观规范、态度、价值观和信仰等因素是当前实施节能行为的关键驱动因素。

3. 群体心理因素

消费者具有典型的社会人属性，需要参照群体对自身进行评判，也需要通过消费行为来表现自我，因而群体心理的影响也不容忽视。已有研究中的群体心理主要有社会规范、参照群体、社会地位、面子意识等，近年来有关群体心理对居民能源消费行为的研究取得了较大的进展，拓宽了居民能源消费行为研究的视角和思路，群体心理对局居民能源消费行为有不容忽视的影响。Peschiera 和 Taylor[84]、Mizobuch 和 Takeuchi[85]的研究表明：利用社会结构和社会互动等产生的参照心理能有效地促进节能行为。Ramayah 等[86]研究回收行为发现，社会规范对回收行为有显著的影响，且在各类影响因素中扮演最重要的角色，但这个作用可能仅仅是临时的，在行为的早期阶段，人们可能会因为社会规范而加入回收行为，但后期真正行为的改变还是主要依靠全球经济的发展及教育和生活水平的提高。王建明[87]选择重庆、武汉、杭州进行大样本现场调查，对中国文化背景下的意识-情景-行为模型进行了实证检验，结果证实社会参照规范是影响行为的外部情境因素，它对于意识-行为路径关系起着增强或减弱作用，是资源节约行为的强化或促进因子。Ek 和 Söderholm[88]认为，能源消费行为的社会交互影响是指，他人试图减少能源消耗的行为可以在潜意识触发个体同样的节能意愿，在生活中经常与周围人讨论电力使用和节约措施的居民，有更强烈的意愿去努力实施节电行为，同时真实存在的身边人的节电行为比普遍意义上的社会规范行为具有更显著的影响力。Hori 等[89]对亚洲五个国家节能行为的调查研究发现，社会微观环境影响与节能行为有很强的相关性，尤其是在中国的两个城市(大连和重庆)，人们经常会和邻居交流，彼此信任，并会向群体的行为特征自觉靠拢，在亚洲地区社会环境影响需要受到重视，基于社区的一些活动可以有效地促进节能行为。Jaeger 和 Schultz[90]的现场实验研究也显示了社会规范信息对节能的积极作用。

参照群体是指个人在形成其购买或消费决策时用以作为参照、比较的群体，能够对个体消费的态度、信念、决策及行为产生影响。Young 等[91]深度访谈了 81 位英国绿色消费者购买技术产品的具体过程，发现消费者对产品近期相关信息及之前消费者购买经历的了解程度能够影响购买产品的动机大小。在关于居民低碳消费行为的研究中，参照群体也被时常提及。Peschiera 等[92]通过实验干预的研究发现，居民的节能行为会受社会参照的影响，提供个人能耗信息的同时提供周围群体的能耗信息可以有效地促进节能行为；Goldstein 等[93]发现比起单纯地告知宾馆的顾客“重复使用毛巾能够减少环境消耗，是低碳绿色的行为”，使用群体规范强调“大多数的顾客都能够做到重复使用毛巾”具有更好地引导顾客实施该行为的效果。Gupta 和 Ogden[94]运用社会困境和参照群体理论，研究了参照群体对消费者绿色购买行为的影响，结果发现，如果个体所依据的参照群体绿色购买行为与态度保持一致，那么个体就会有压力去遵从该行为，如果参照群体的行为与意愿表现不一致，那么个体不会转变自身行为。清华大学建筑节能研究课题组[95]在上海、沈阳、武汉、银川四个城市回收了 5345 份调查问卷，数据分析结果显示，个体日常生活中的能耗高低与人们主观的节能意识和节能需求并没有多大关系；个体的能源消费更多地受到他们自身的社会经济地位的影响，或者说社会地位结构和资源分配方式决定了人们在日常生活中的能耗高低。Kim 等[96]对韩国 1113 名 19～59 岁年龄段的人群进行实证调研，结果发现参照群体的消费行为更加友好亲环境的消费者，实施绿色消费行为的意愿强烈。王建明[97]以 1330 个中国消费者为样本，调查公众资源节约行为时发现，群体-致意识与面子意识对资源问题情感、节约知识、个体责任意识与资源节约行为之间的关系具有显著调节作用。石洪景[98]对福建省470个居民的实证研究中也发现，从众心理对居民低碳能源消费行为具有积极的正向作用。芈凌云等[99]运用元分析技术检验社会影响方式对公众节能行为的干预效果发现，社会影响方式对居民的节能行为具有较好的引导作用，其中公开承诺与社会对比反馈对居民的节能行为的影响效果要显著优于榜样示范和社会规范的作用。

1.5.2 居民能源消费行为政策干预研究

与居民节能减排行为相关的政策干预研究，主要可以归纳为两类研究：一类是关于单一类型政策对居民节能行为影响的研究，这类研究关注较多的是经济型政策和信息型政策两个方面；另一类是关于不同类型政策对居民节能行为作用效果的对比研究。

1. 经济型政策的干预研究

20世纪70年代西方国家发生“能源危机”，学者们开始关注外部的政策干预对促进居民节能的影响。早期的研究，学者们基于“理性经济人”的假设，重点关注经济型政策对居民节能行为的激励机制，因此经济型政策是西方国家政府在引导居民能源消费行为，促进居民节能减排中普遍使用的一个工具。政府主要通过采取补贴、减免税收、提高价格、征收能源税等政策推动居民能源消费行为向节约能源、提高能效、采用清洁能源的方向转变。其中，税收优惠和补贴属于正向激励政策，通过成本的节约激发居民进行节能投资和节能活动，而提高能源价格和征收能源税属于反向激励政策，旨在通过增加能源消费成本来限制居民的能源需求。政府希望通过经济政策的激励与约束来影响居民能源消费的成本和收益，进而达到引导行为符合可持续发展的目标。

尽管经济型政策在激励居民节能中受到政府部门的高度重视，但经济政策的效果在现有研究中并没有得到一致的支持性结论。关于经济政策对居民能源消费行为作用的研究目前存在较大的争议，主要可以归纳为两类不同的观点。

一类观点肯定了经济政策的激励和约束功能，认为税收优惠和补贴政策与居民的节能行为存在显著的正相关关系，价格政策和能源税政策对居民能源需求有明显的抑制作用。Revelt 和 Train[100]的研究指出高额的投资成本是推行高能效产品的主要障碍，比起节能意识，居民更注重的是财政激励带来的可用价值。Cameron[101]对美国 1761 户家庭样本对家装节能改进的仿真实验表明，政府的补贴达到改进成本的15%时，会使3%的居民实施改装行为，且政府每提高1%的补助，会增加0.2%的居民实施该行为。Amstalden 等[102]从家庭户主的角度对瑞典家庭住宅领域的能效改造投资进行了研究，采用经济学模型探索预期能源价格，财政政策工具如补贴、税收减免、碳税等对于能效投资的影响。研究结果发现，预期的能源价格和财政政策都显著影响到居民的家庭能效改造投资行为。Scarpa 和 Willis[103]研究了英国家庭对可再生能源的支付意愿，家庭用户对相关产品价值的认可度较高，但不足以匹配高额的初始投资，补贴政策对于可再生能源在家庭中的推广扮演着十分重要的角色。Winett 等[104]以随机对照实验的方式对比了不同程度的奖励对居民节电行为的影响，发现在同样条件下，提供高额奖励的实验组相对减少了 7.6%的电力，证明了奖励政策对于节电行为的有效性。Su 和 Zhou[105]对华盛顿居民上下班交通方式选择行为的研究发现：更高的停车费用、多座客车停车费折扣、直接财政补贴等政策能有效地降低居民上下班单独驾车的比率。Sun 和 Yan[106]基于家庭微观层面的调查显示，减少税收会显著促进居民节约电力，居民对价格政策的敏感性则取决于家庭的收入水平。

另一类观点认为特定的税收优惠或补贴政策不会诱发节能活动。Pitts 和 Wittenbach[107]以美国 146 个家庭为样本进行调查研究后发现，地方承办的节能活动与联邦税收优惠之间没有直接的关系。Walsh[108]通过对加利福尼亚 2911 户家庭的调查，研究国家和州的税收抵免政策能否激励家庭对他们的住宅进行节能改进活动，结果发现，能源税收抵免政策并不能导致更广泛或更大量的能源消费改进活动；Egmond 等[109]对荷兰 234 个家庭协会节能投资行为的研究发现，税收优惠作为一种激励手段，其作用远没有想象的有效。对环境问题的态度、同行组织的反馈和官方反馈强烈地影响家庭协会的能源消费行为，而政策的作用却很微弱；Brenčič 和 Young[110]研究了家庭拥有节能产品对家庭空闲时间分配和能源使用的影响，结果发现，随着家庭越来越多地采用体现节能技术的电器用具，居民能源使用量不仅没有下降，反而增加了。一方面是由于居民认为设备节能，因而增加了使用的频率；另一方面是省时的节能家电的增加导致家庭的空闲时间增加，使居民有更多的时间用于其他能源密集型的娱乐休闲活动，如更多地看电视、驾车出游等。这些活动可能抵消掉了使用节能电器节约的能源。Brenčič 和 Young[110]指出，通过税收、补贴等引导居民购买节能设备，促进居民节能减排的政策效果取决于居民使用节能省时设备后对空闲时间的分配方式。而吕荣胜等[111]对 472 个居民的实证研究发现，经济因素对节能意愿向节能行为的转化过程存在显著的负向调节。

分析关于经济型政策干预效果产生争议的原因。第一，源于研究者大多没有对节能行为的诱因源进行区分。按照 Cameron[101]的观点，节能行为根据动机来源可分为两种：一种是自觉节能行为，一种是引致节能行为。自觉节能行为来源于居民的内在动机，不需要外部的经济刺激也会发生的，而引致节能行为是外部激励的结果。经济政策作用的是引致节能行为，对自觉节能行为作用不大。如果对节能行为不进行区分，经济政策的作用就会出现争议，当然，这个原因还有待进一步证明。第二由于不同国家或同一国家不同时期的税收政策、补贴政策等因素的内容和力度不同，导致这些经济政策对居民能源消费带来的成本变化在消费者认知上存在差异。Allcott[112]指出，虽然目前在美国使用最广泛的节能政策是补贴这样的经济型政策，但受到政府财政压力、能源价格弹性低等因素的影响，其政策效果并不明显。加上信息宣传差异导致的居民对税收政策的熟悉程度不同，不同国家的税收申报程序和征管条件等存在差异，这些也会导致经济型政策的干预效果出现争议。第三，一些学者的进一步研究表明，调节变量的存在使经济型政策的效果存在差异。居民的能源消费行为受能源产品特征、人口特征、心理、情境等多重因素的综合作用，政策工具的引入也会因这些因素的调节作用而体现出不同的政策效果。这种调节作用主要体现在能源产品自身的经济属性和居民的人口统计特征两个方面。Baker 等[113]的研究发现，油气的价格弹性比电力低，油气为–0.311，电力为–0.758，即居民对电力的价格敏感程度要大于石油和天然气，研究还发现家庭对电力的需求可以通过价格被很好地修正，而对石油和天然气的需求更多地依赖其他的变量而不是价格。Berkhout 等[114]对荷兰 1000 个家庭的天然气和 1500 个家庭电力使用的对比研究，支持了征收能源税和能源提价对居民能源消费的抑制作用，具体来说电力的年消耗量下降了 8%，天然气的年消耗量下降了 4.4%，能源税和提价对电力消费的抑制作用要大于天然气。Zhao 等[115]在研究六种能效产品的推广发现，在同一税收抵免水平下，居民对昂贵产品(如太阳能电池板)的购买意愿更低，而平均家庭年收入水平低于 50000 美元的低收入家庭响应度更低；Ironmonger 等[116]研究了澳大利亚家庭能源消费后发现，受到年龄的影响，年龄较大的居民更容易受到能源价格上涨的影响而减少能源消费，年轻人和中年人的反应则不那么明显。Fischer 等[117]对五个欧洲国家 202 位居民的深度访谈发现，价格的改变是引导人们改变能源消费行为的一种途径，然而对于富裕的人来说，这种方法并不奏效，社会规范等道德约束对这类群体更有效。Nesbakken[118]研究了挪威居民能源消费对能源价格的敏感性，他基于 1993～1995 年的微观数据，研究了加热设备的选择和居民能源消费之间关系，以及收入对能源价格的敏感性。结果发现，在家庭能源消费上，高收入家庭的长期收入弹性稍高于低收入家庭。高收入家庭对能源价格上升表现出比低收入家庭更高的价格敏感度。这是由于高收入家庭非必需品的能耗较多，可调整空间较大，而低收入家庭的能源消耗大多是为必需品能耗，可调整空间较小。随着能源价格的上涨，高收入家庭能够采取措施重新选择能效更高的加热设备，同时可以关掉不重要的用能设备。低收入家庭只有最基本的能源使用，他们继续节能的可能性是很小的。因此对于家庭预算而言，电力成本的大量增加将首先冲击低收入家庭的生活。高收入家庭虽然表现出对价格变化更敏感，但总体能源消费量的减少确是很有限的；Belaïd[119]对法国家庭的研究发现，能源价格是决定国内能源消费的决定性因素。Khanna 等[120]对中国 27 个省 1450 户家庭的能源消费的实证研究中也指出，家庭用电的分级政策有助于减缓家庭的电力消费。

Sidiras 和 Koukios[121]在希腊家庭中调查太阳能供应热水的普及状况，发现经济因素、技术条件及社会文化都会影响家庭的能源消费决策行为，即消费者的行为具有更大的变异性。在同样的政策条件下，没有土地所有权的消费群体接受度更低。Cansino 等[122]研究发现尽管有政府补贴，但在实现集中供暖的地区推广生物能这种新能源的使用还是很困难的，尤其是在人口密度小和家庭住房面积小的地区。Han 等[123]对荷兰 Eindhoven 地区 1500 个家庭的实证调查中，根据居民对干预措施偏好的不同将该地区居民划分为成本驱动型、意识驱动型、环境驱动型和效果驱动型。样本中约有 20%的居民是成本驱动型的消费者，这类群体的特征是年轻、收入水平较低，居住在租用的房屋中，能耗水平较低。因此这类消费者对财政政策比较敏感，经济型政策可以成为其改善家庭用能行为有效的刺激因素。

2. 信息反馈

信息反馈主要是通过对居民能源消费结果的记录、反馈和提示来帮助居民更明确地认识自己能源消费的具体情况，从而起到提醒、引导居民减少能耗、提高用能效率的作用。反馈可以通过外部有意识、有目的地提供与个体或群体行为相关的信息活动，诱发其内部动因，从而影响个体或群体的行为，促进节能行为的发生[124]。Fischer[125]指出反馈干预是否真正有效取决于以下三个因素：①反馈能否成功引起个体注意；②反馈能否展示个体行为与效果之间的关系；③反馈能否激发个体改变行为的动机。回顾已有的研究，无论是来自于居民调查的实证研究还是专门的实验研究，得到了比较肯定和较为一致的结论，认为增加用能信息的反馈可以有效地促进居民采取节约能源的行为。尽管早期关于引导居民节能减排的政策研究主要是围绕经济型政策展开的，但随着研究的深入，研究者们发现虽然经济型政策能有效地刺激居民购买节能产品，却不一定能减少居民实际能耗总量。因而学者们越来越关注信息型策略对节能行为的作用。

环境教育领域的知-信-行理论表明个体行为与其知识和信念有关。行为的改变包括获取知识、产生信念、形成行为三个阶段。信息干预政策（information intervention policy）就是通过宣传教育、社会学习、用能信息提示与反馈、节能目标管理等方式来帮助居民获取节能知识，激发节能信念，形成节能行为的外部干预策略。Schwartz[126]的规范激活理论（norm activation theory）认为，当个体认识到实施某种行为会给他人造成不良后果，并感到对这种不良后果负有责任时，个人规范就会被激活，个体就会采取亲环境行为。这些研究为信息型政策的提出、发展与关注提供了理论依据，因为个体行为的复杂性，信息型政策逐渐受到研究者的重视。

宣传教育是促进居民节能低碳的一个常用策略，有助于提高家庭对能源和碳排放问题的感知和减少这些问题发生可能性的知识。Parker[127]对加拿大居民能源使用行为的研究发现，“节能型”家庭掌握更多的节能信息和资料，94%的“节能型”家庭了解或阅读过有关节能方面的信息资料；Gyberg 和 Palm[128]通过对瑞典家庭能源行为的研究发现，能源使用知识的短缺是影响家庭能源使用行为改善的重要因素之一，通过宣传教育增加能源知识对于改善家庭能源使用行为是重要的。申嫦娥等[129]在实证研究中发现，政府宣传与示范对低碳消费行为的改善有十分显著的正向效应。

宣传教育的信息内容可以是碳排放和环境危机等相关问题的一般信息，或者是关于可能解决办法的具体信息，如家庭可以采用的具体能源节约措施的行为指南，以及节能对于环境的重要意义等。Carlsson-Kanyama 等[130]基于 600 个瑞典家庭的样本的研究发现，尽管有时候居民有很强的环境意识，但落实到具体的行为上可能会无效，这是由于居民缺乏具体行为的相关知识。一般性的环境态度对具体行为的影响不大，而关于如何节能的知识宣传对改变行为很重要。能源信息宣传活动对家庭能源的使用行为影响很大。而 Heberlein[131]分别给受试者三种信息宣传资料，第一种是电力公司提供的有关节能技巧的小册子；第二种宣传资料告诉人们浪费能源无论对于个人还是社会来说代价都是巨大的；第三种宣传资料则实际上鼓励人们多使用能源。研究结果表明，这几种宣传内容的节能效果都不明显。Steg[132]在研究中指出，对于节能政策的接受性而言，规范和对环境问题的认知起到很重要的作用。当个人重视环境，意识到能源使用所造成的问题时，节能政策是比较容易被接受的。Steg 指出，影响家庭能源消费行为的因素主要包括三个方面：首先，个体需要意识到需求和减少家庭能源使用的可能的方式；第二，他们需要有节能动机；第三，他们应该有采取相关行为的技能。Steg 发现人们对能源和环境相关问题的关注与了解存在知识上的偏差。比如很多人认为全球变暖是臭氧层减少导致的，但很少有人认为这种减少是由于家庭供暖和制冷导致的；人们关注能源使用设备的尺寸大小，以为设备越大越耗能，而忽略了设备使用方式的节能；虽然人们意识到环境问题，但对具体怎么做却往往并不清楚。因此宣传教育是重要的手段，尤其是关于家庭能源使用的具体知识和技能的宣传教育更重要。

宣传教育的信息可以通过多种方式传递给居民，如电视、报纸等大众传播媒介或宣传单等小众传播媒介。Staats 等[133]对荷兰环保部开展的针对气候变化的大众传媒运动进行了实证分析，这一大众传媒运动旨在使公众具有自然意识，了解温室效应的原因、结果和应对环境问题的可能办法。测试结果显示，公众知识有小幅度增长，但对问题的感知水平并没有变化，居民亲环境行为的意愿增强了，但仅局限于环境运动之前就已经存在的亲环境行为。环境感知、环境知识和自我报告亲环境行为之间并不相关。可见，大众的信息传播很难改变居民目前的认知和行为。Ouyang 和 Hokao[134]通过对杭州居民节能潜力的对比实验，研究电力消费和家庭生活方式之间的关系和节能教育的效果。他们以杭州三类典型住宅建筑的 124 户居民为研究对象，对其中一半的居民进行节能教育，并提供给他们详细的家电节电小贴士，另外一组没有进行任何干预作为对照组。记录他们 2007 年 3 月到 2008 年 7 月之间每个月的用电情况并调查所有家庭 2008 年 8 月初的综合生活方式，结果发现居民的电力消费量与日常的生活习惯有很大的关系，通过节能教育能够促进居民日常的节电行为，节约超过 10%的用电量。从已有研究可以看出，受到宣传内容、宣传途径等因素的影响，宣传教育对居民节能行为的效果有较大争议，然而值得一提的是，在宣传教育的信息内容中，规范信息被认为是减少能源消费最有效的干预策略，且相对其他信息来说，使用规范信息干预节能行为是一种非常节约成本的措施[135]。

3. 不同类型政策干预效果的对比研究

关于不同类型政策对居民低碳节能行为作用效果的对比研究，主要通过调查访谈、案例研究对比及文献综述等方法来对比分析不同政策工具的干预效果，以寻找更加有效的政策干预路径或政策组合。如 Lindén 等[27]通过对瑞典的 600 个居民的访谈调查，研究不同的政策工具对居民能源行为和改变可能性的影响。他把政策工具分为信息手段、经济手段、行政手段和物理手段四类。信息手段代表能源消费相关知识的传播，如在小册子或广告中的手写信息，可以改变居民的态度；经济工具包含税收、定价、排放交易、津贴、折扣等；行政手段从宣布之日起生效，如环境质量规范、二氧化碳排放限制、交易的限制、许可、禁止和立法的条例等，违者要受惩罚；物理手段是一种立即的反馈，如在烤箱上设置的计量表，常与其他的方法结合使用。Lindén 等[27]指出，政策工具的意图是影响居民的能源消费进程，导致其更谨慎地使用资源、实施更多的环境友好行为。不同的政策工具在影响力和政策效果方面是不一样的，具体如表 1-3 所示。

表 1-3 不同政策工具的影响和效果[27]

政策工具	影响	效果
信息工具	自愿的	慢
经济工具	催化的	短期
行政工具	直接的、强制的	中期
物理改进	提醒、重复	改变习惯

通过实证研究，Lindén 等[27]指出，信息工具被证明是有效的，但它的影响需要较长的时间，经济手段的功能像催化剂一样发挥作用。但与信息政策一样，随着时间的增长，需要不断地更新来引发关注。行政工具的效果立竿见影，但政府既要宣传介绍这些法律还需要对法规的执行监管承担责任。物理改进是通过推进能源设备和建筑能效的改进来实现的，如果和惩罚性工具保持同一方向，效果会很显著。此外，Lindén 等[27]的研究还指出，生活方式的最新趋势，如节省时间的行为、最新的节能技术和舒适的环境与节能目标保持一致，那么节能行为将更容易发生。因此政策工具加强对生活方式的引导是很重要的。

Sovacool[136]通过 3 年时间对 181 位居民进行深度访谈和案例分析，研究了推动居民使用可再生能源和提高能效的政策后发现，取消电力技术补贴、准确定价、推行全国上网电价补贴等政策较受欢迎，这些政策必须综合实施才有效果。Sovacool[136]同时也指出，管制政策对调节居民能源消费行为的作用明显，且在一定时间内持续有效；Coad 等[137]在对信息政策、激励政策与消费者绿色汽车购买行为的研究中发现，信息政策能够有效地激发个体内在的购买动机，而经济型政策对其购买行为的外在动机更有说服力；Kelly[138]借鉴发达国家的经验，对比信息传播、财政补贴、行政监管三类政策对促进家庭能效产品购买和使用的作用发现，行政监管政策是最有效的；Cools 等[139]在采用 Q 值法研究 42 项交通政策对 33 名汽车使用者的影响时指出，政策措施有强硬型和温和型之差，强硬型的政策主要通过技术设备、强制规定、显著的价格差异等方式改变行为发生的外在环境，温和型政策主要通过提供信息、教育和说服性广告等方式改变个体的感知、规范和动机等。Cools 等[139]同时指出，政策制定者需要组合不同类型的交通政策，才能够有效改变个体的出行行为。石洪景[98]的实证研究中发现，强制型低碳政策对居民的低碳消费行为的作用最强，其次为经济激励型政策，社会型低碳政策的促进作用最弱。芈凌云和杨洁[140]对居民节能政策的效力与效果的评估中指出，中国政府关于居民节能政策的颁布一直以命令控制型政策为主，其他政策工具为辅，但在政策工具节能效果检验却显示命令控制型政策的节能效果并不显著，经济激励型政策和信息型政策的节能效果更好。

从这些不同政策工具对居民节能行为的对比研究中可以看出，学者们对不同政策工具的作用效果、作用路径、影响方式等持有不同的观点，因此不同特征和作用机理的政策的优化和政策组合将成为未来研究的重点之一。

1.6　研究内容与技术路线

1.6.1　研究内容

本书共九章，各章的主要内容安排如下。

第 1 章是绪论。确定本书的整体框架，包括阐释研究背景，提出研究问题，确定研究对象并界定核心概念，说明本研究的目的与意义，阐述研究的理论基础，综述国内外相关研究现状，确定研究方法与技术路线。

第 2 章是政策工具分类与发达国家相关政策工具现状分析。本章首先将引导居民生活领域节能减排的政策进行工具性分类，分为四种政策工具并对其作用机理进行剖析，在此基础上对欧盟、美国和日本等主要发达国家引导居民能源消费行为的四类政策工具进行了梳理、归类和特征分析，总结其对中国的启示与借鉴。

第 3 章是我国居民生活节能引导政策现状与量化评估。在第 2 章的政策工具分类的基础上，从命令控制型、经济激励型、信息型、自愿参与型四类政策工具角度对中国政府已发布的居民生活领域低碳节能引导政策进行了全面的整理，并根据政策评估的基础理论和基本思路，构建了政策效力量化评估模型，对我国政府近 20 年发布的与居民生活领域低碳节能相关政策文件的政策效力进行了量化评估，分析了现有政策工具的政策效力特征及其变化情况，并对四类政策工具的节能效果进行了量化评估，为后续的政策优化提供现状依据。

第 4 章是基于扎根理论居民能源消费行为低碳化的驱动因素理论模型构建。在确定居民能源消费行为低碳化的研究范畴的基础上，针对居民能源消费行为低碳化的内外部驱动因素和障碍因素，开发出深度访谈提纲和开放式调查问卷。通过面对面深度访谈、网络在线访谈和开放式问卷调查等方法采集第一手原始资料；然后采用扎根理论发展的探索性质化研究技术，通过开放式编码、主轴编码、选择性编码和逻辑结构分析，构建了居民能源消费行为低碳化驱动因素理论模型并进行理论饱和度检验。

第 5 章是变量测量工具的开发和量表检验。以第 4 章扎根理论构建的居民能源消费行为低碳化的驱动因素理论模型为基础，根据实证研究中变量测量工具的开发步骤对理论模型中的研究变量进行变量操作化，开发出各个研究变量的测量量表，设计形成初始调查问卷。通过预调查采集数据，对初始量表进行检验与修订，形成正式调查问卷。然后开展大样本问卷调查，对收集到的有效数据进行信度、效度和正态性检验，为第 6 章理论模型的实证检验提供数据基础。

第 6 章是居民能源消费行为低碳化驱动因素理论模型的实证检验。首先以第 4 章扎根理论构建的居民能源消费行为低碳化驱动因素的理论模型为基础，提出研究假设。然后对模型中的研究变量进行均值分析、方差分析和 Pearson 相关分析，分析变量的分布特征和相关关系；进而运用结构方程模型和分层回归分析对理论模型进行实证检验，分别对内因型变量和外因型变量对居民能源消费行为的作用机理、政策因素和其他情境因素的调节效应进行检验。根据实证检验结果对理论模型进行修正，形成最终模型。在此基础上，分析并判断不同政策工具在引导居民能源消费行为低碳化过程中可能担当的角色和作用，提炼出不同政策工具在促进居民能源消费行为低碳化的主要可干预路径。

第 7 章是不同政策工具对居民能源消费行为低碳化作用效果的仿真研究。运用基于 Agent 的计算机仿真建模技术，构建不同政策工具对居民能源消费行为低碳化作用效果的仿真模型。首先根据仿真目标和实证模型，对居民能源消费行为低碳化的真实系统进行描述，设计了仿真模型中各类主体的属性与行为规则，然后运用 BP 人工神经网络确定居民 Agent 的行为选择函数和行为效果感知函数及相关因素间的计算关系；最后选择 Netlogo 仿真平台对不同政策工具对居民能源消费行为低碳化的作用模型进行系统仿真。模拟在无政策干预和有不同政策工具干预情景下，居民群体能源消费行为低碳化的动态变化过程和结果，分析对比不同政策工具和同一政策工具在不同强度情景下对促进居民能源消费行为低碳化的作用效果，为政策选择和优化提供依据。

第 8 章是引导居民能源消费行为低碳化的政策优化策略。是在第 4～6 章建立的居民能源消费行为低碳化驱动因素模型和第 7 章不同政策工具对居民低碳消费行为作用机理的仿真研究基础上，根据上述研究中不同政策的可干预路径、干预效果、不同政策情景下的“政策-行为”仿真结果，对不同类型政策工具的优化要点进行归纳总结，然后借鉴第 2 章欧盟、美国和日本等发达国家引导居民能源消费行为的政策经验，结合第 3 章对我国现有四类政策工具量化评估的结果，分别提出了四类政策工具的优化建议。

第 9 章是研究结论与展望。总结本研究中政策量化、扎根研究、实证研究和仿真研究的主要研究结论，阐明本研究的主要创新点，说明研究的局限性，展望未来需要进一步深入研究的方向和内容。

1.6.2 研究方法与技术路线

本研究用到的主要方法如下。

1. 文本量化研究方法

搜集整理我国政府发布引导居民能源消费行为相关的政策文件，对其进行政策文本内容分析，选择评估维度，制定评价标准，对我国政府已近发布的居民能源消费行为相关政策的进行量化评估。客观评估我国引导居民能源消费行为低碳化的政策现状、特征和主要问题。

2. 专家访谈与居民访谈法

通过开放式深度访谈，对我国居民生活领域中实施低碳化的能源消费行为所面临的问题、行为动因与障碍等进行深入地了解和第一手信息采集。为运用扎根理论开展研究提供优质的原始资料，并为实证研究中的变操作化和测量指标的开发提供信息基础。

3. 扎根理论研究法

本研究运用扎根理论发展的探索性质化研究技术，在不预设假设的前提下，直接从访谈采集的我国居民能源消费行为的原始资料入手，通过逐级编码构建居民能源消费行为低碳化驱动因素的理论模型。

4. 实证研究法

采用多元统计分析软件 SPSS19.0 和结构方程模型软件与 AMOS22.0 对理论模

型进行实证检验与修正，形成居民能源消费行为低碳化驱动因素最终模型，解析变量间作用关系，确定不同政策工具的主要可干预路径。

5. 计算机仿真法

运用 Agent 的计算机仿真建模技术，在实证研究的基础上运用 Netlogo 仿真平台，动态模拟不同政策工具情景下居民低碳化能源消费行为的群体涌现特征及动态变化，预测、评估和对比不同政策工具的调控效果。

围绕本次的研究目标、研究内容与方法，具体技术路线如图 1-5 所示。

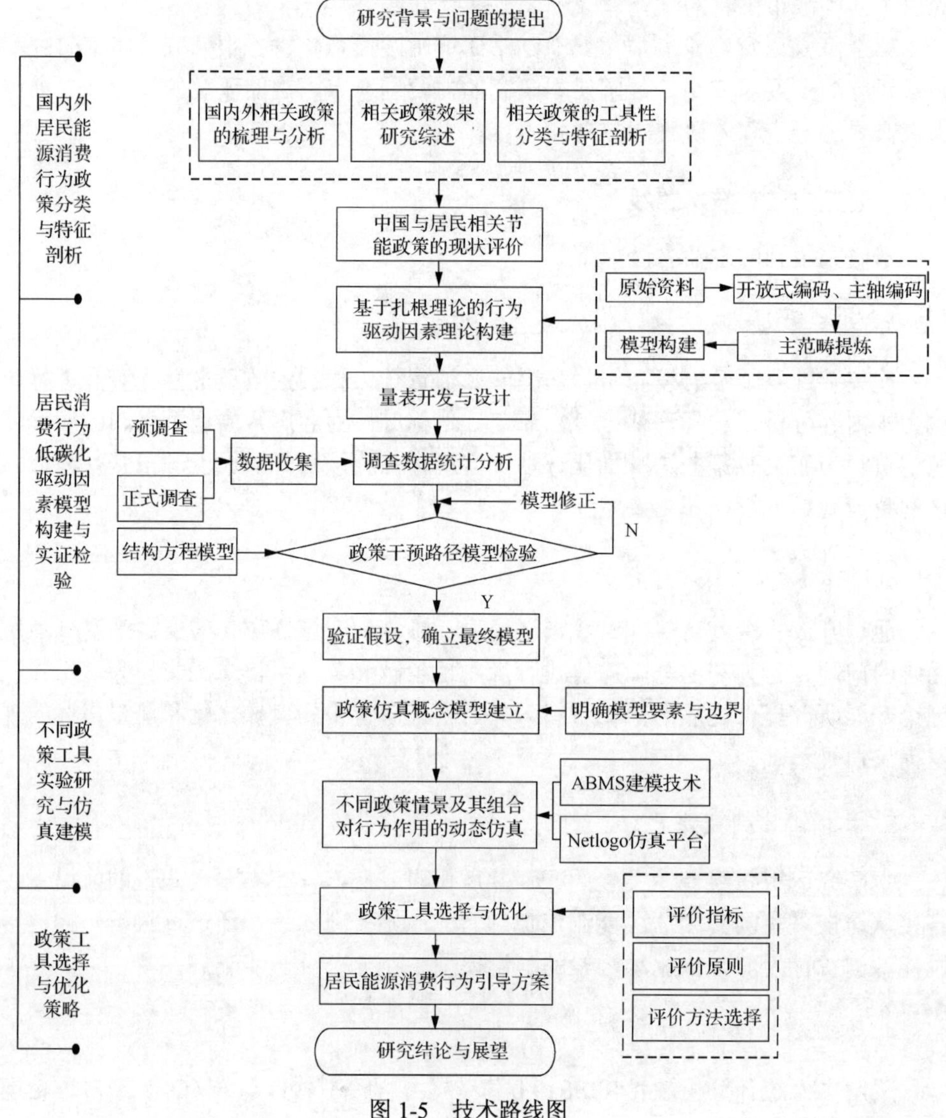

图 1-5 技术路线图

第 2 章　政策工具分类与发达国家相关政策工具现状

引导居民能源消费行为低碳化的政策措施多种多样，不同类型的政策对行为主体的作用机制不同。本章首先对与居民能源消费相关的政策进行政策工具分类，将其分为命令控制型政策、经济激励型政策、信息型政策和自愿参与型政策四类政策工具；然后分别对这四类政策工具主要表现形式和作用机制进行分析，为后续实证与仿真研究中的政策工具引入提供依据；在此基础上，从四类政策工具的角度分别对欧盟、美国和日本等西方发达国家与居民能源消费行为相关的政策措施进行政策工具归类和特征分析，为后续我国政策工具的优化提供经验借鉴。

2.1　与居民能源消费行为相关政策工具的类型划分

2.1.1　政策工具的分类

政策工具(policy instruments)是政策主体为实现政策目标所采取的一系列具有共同特性的政策措施的集合。关于政策工具分类的研究比较多，但学术界在政策工具的类型划分上却一直莫衷一是。1997 年德国学者 Vedung[141]总结了对待政策工具分类研究的两派观点：一派观点认为政策工具是多样性的，没有办法明确分类，分类研究意义不大；另一派观点则认为可根据一定的标准将政策工具分为各具特征的几大类。从已有研究看，大多数研究者倾向于后者，认为政策工具可以通过类型划分开展研究，政策工具分类更有利于对不同政策工具特征的理解和运用。

最早关注政策工具分类的是荷兰经济学家 Kirschen[142]，20 世纪 60 年代初，Kirschen 就开始研究是否存在着一系列具有执行性、可以获得最优化结果的经济政策工具的问题，他整理出了 64 种一般化政策工具，为后来关于政策工具分类的研究做了铺垫。1972 年，美国政治学家 Lowi[143]提出一个宽泛的政策工具分类框架，将其分为规制性工具和非规制性工具两类；1981 年，Salamon[144]又在此基础上增加了开支性工具和非开支性工具。此后著名政策分析家 Doelen 将政策工具划分为法律工具、经济工具和交流工具三类，每组工具都有其变种，可以限制和扩展政策工具影响行动者行为的可能性[145]，这种分类方法在西方比较受推崇。迈克尔·豪利特和拉米什[146]在《公共政策研究——政策循环和政策子系统》一书中对各种政策工具分类进行了总结，对政策工具进行了光谱式划分，根据政府介入公共物品与服务提供的程度将政策工具分为自愿性工具、混合性工具和强制性工具三类。与其他分类方法相比，这一分类框架更具解释力，也受到诸多学者的认可。我国学者朱春奎[147]、杨洪刚[148]在关于政策工具的分类研究中均采用了这一分类。

虽然学者们对政策工具进行了诸多分类研究，但正如 Salamon 和迈克尔·豪利特所言：这些分类方法都存在着分类基准不明确，所分的类型在同一基准下都不穷尽，类型之间既没有相互区别也无排斥性等问题。虽然已有研究对政策工具的分类存在一定局限性，但为了研究不同类型的政策对微观主体（居民）能源消费行为低碳化的影响，本节仍将对政策工具进行类型划分。

随着全球环境问题的日益突出，学者们对政策工具的研究也越来越多地深入到环境领域。1996 年，经济合作与发展组织（Organization for Economic Co-operation and Development，OECD）将环境政策工具分为命令控制型、经济激励型和劝说式三种，其中命令控制型政策工具的主要特征是对污染的排放和削减做出明确的规定，如标准、许可证、使用限制等；经济激励型政策工具的动机是给予当事人采取环境行为更多的好处，包含排污收费或征税、差别税收、提供补贴等；劝说式是一种自愿协议，是在环保部门同私营企业之间协商的基础上达成的，如教育、培训、社会压力等[149]。

居民能源消费行为低碳化是以减少二氧化碳排放为目的的行为过程，具有明确的亲环境的价值导向，属于居民环境友好行为的范畴。引导居民能源消费行为低碳化的政策工具也属于环境政策工具的范畴。为此，借鉴 OECD 对环境政策工具的三分法分类，结合本研究梳理出的国内外引导居民生活领域节能减排的政策文件的文本内容特征，综合考虑行为人的行为动力、行为约束力、政府对行为的强制性程度，本研究将引导居民能源消费行为低碳化的政策工具分为命令控制型政策工具（command-and-control policy）、经济激励型政策工具（economic-incentives policy）、信息型政策工具（informational policy）和自愿参与型政策工具（volunteering policy）四类。四类政策工具的特征比较详见表 2-1[143]。

表 2-1 四类政策工具的特征比较

政策工具	行为动力	行为约束	强制化程度	主要表现形式
命令控制型	政府的行政权力	法律法规、规章条例、标准、规范、制度等	高	法律，规章条例、强制性标准、规范等
经济激励型	与行为人紧密相关的经济利益	经济成本与消费者的预算约束	中	价格政策、补贴政策、税收政策等
信息型	通过知识和信息改变人的认知和态度	行为人的时间，接触范围、获取方式	低	宣传教育、标识、信息反馈等
自愿参与型	行为人基于环境情感的自主意愿	行为人在金钱、时间上的资源和意愿强度	低	社会活动、社区活动、听证会等

2.1.2　四类政策工具的主要特征

1. 命令控制型政策工具

命令控制型政策工具是指政府通过行政命令及具有强制力的法律规章等对行为人的能源消费行为施加影响，控制其浪费能源、减少能源需求行为的政策措施的统称，一般通过具有强制力的法律法规、规章、条例等实现。此类工具的短期效应好，尤其适用于应急管理，但其使用成本也高，通常需要大量的组织监控和执行监督，导致政府经常无力承担监控和实施成本。对于居民而言，命令控制型政策工具的强制性特征可能会引发来自政策对象的心理阻力，从而削弱政策目标的长期效应。

2. 经济激励型政策工具

经济激励型政策工具是指政府通过运用市场力量以经济刺激的方式影响当事人能源消费行为的经济成本，从而促使行为人主动向节约能源、清洁高效使用能源方向努力的政策措施的统称，如税收抵免、节能补贴、能源税等。这一政策工具通过经济利益的诱导，改变当事人行为的经济效益和成本，使外部成本内部化，以“利诱”的方式达到激励居民改变能源消费行为方式或塑造新的行为方式的政策目标。

3. 信息型政策工具

引导居民能源消费行为向低碳化转变的信息型政策工具，是指政府或管理部门在政策制定、执行、反馈过程中为实现政策目标而采取的具有信息属性的手段、方式或途径，主要有环境信息公开、开展环保宣传教育、提供用能信息反馈、节能技巧及知识普及宣传等。信息型政策工具通过帮助居民获取节能知识，激发节能信念，进而形成节能行为。由于这一工具是居民个体内因驱动的，因此也被认为是最具有长效性的工具。

4. 自愿参与型政策工具

自愿参与型政策工具是指政府或管理部门通过提供参与机会，激发行为人自愿支持与协助政策目标实现的措施的统称，这一政策工具的行为动力既不来源于政府的行政管制，也不来源于经济利益的诱导，而是来自于行为人基于环境认知和责任感的自发需求和自主行动，是居民环境价值观、环境责任感等主观心理倾向在行为上的体现。在四类工具中，自愿参与型政策工具最大特点是迎合了现代成员间的关系，维护个人的自主权利，强化个人对他人、社区和社会的责任感。

2.2　欧盟国家与居民能源消费相关的四类政策工具分析

20世纪70年代的两次石油危机使欧共体各国的政治经济都遭到了沉重打击，也暴露出其能源结构高度依赖进口石油的脆弱性。此后欧洲国家根据各自国情，大力实施了一系列的节约能源政策，效果显著。

在欧盟的能源消费结构中，工业能耗下降的同时，居民能源消费所占比重却呈上升趋势。Anker-Nilssen[54]指出，持续的经济发展，伴随着不断提高生活质量，为了节省时间、寻求便利、舒适和自动化，家庭能源使用在稳定地增加；Podgornik 等[150]的研究指出，欧盟家庭和建筑物对能源消费的贡献超过40%；因此引导居民的能源消费行为，促进居民节能减排成为欧盟及其成员国能源与低碳发展政策的一个重要方面。本研究分别从命令控制型政策、经济激励型政策、信息型政策和自愿参与型政策四个方面对欧盟国家与居民能源消费相关的政策进行回顾与分析。

2.2.1　欧盟国家的命令控制型政策工具

在命令控制型政策方面，欧盟国家的政策主要包括两个层面：一是欧盟层面的，这一层面的政策对所有的成员国均具有效力；另一层面是各成员国内部的，只对本国有效。

1. 欧盟层面的命令控制型政策

欧盟的命令控制型能源政策是各个成员国需要共同遵守的。欧盟的前身是成立于1967年欧共体，随着成员国的增加和欧洲一体化进程的深入，欧共体逐渐发展成今天的欧洲国家联盟。1974年12月，欧共体理事会通过了《关于1985年共同体能源政策目标的决议》，提出加强能源需求管理，实现“节能15%，改变能源消费模式”的目标。为此欧共体开始实施一系列节能行动计划，鼓励各成员国积极开展节能增效行动，如改变驾车习惯、大力发展城市公共交通、提高家电的节能性能等[151]；1992年9月，欧盟通过《家用电器能耗标签指令》要求家电产品必须对能耗进行明确标注；1993年9月，欧盟又对建筑物能耗、制冷、取暖、照明能耗等规定了标准；1995年，欧盟下发了《欧盟能源政策白皮书》；2000年，公布《迈向欧洲能源供应安全战略》绿皮书，以确保所有消费者(包括家庭和企业)能够以支付得起的价格不间断地获取能源产品的同时，尊重环境、追求可持续发展[152]；2006年之后，欧盟先后发布《欧盟能源政策绿皮书》、《能源效率行动计划》、《欧洲能源政策书(EPE)》(Energy Policy for Europe)等政策，以减少温室气体的排放[153]；2009年推出《欧盟关于禁止白炽灯和其他高耗能照明设备的法规》。

2009 年之后，欧盟根据实际情况制定了一系列与能源相关的可持续和包容性增长战略，并于 2009 年立法颁布了具有法规约束力的《2020 年气候和能源一揽子计划》；2014 年 10 月，欧盟国家领导人以《2020 年气候和能源一揽子计划》为基础，推出了《2030 年气候和能源框架》，确定了 2030 年的三个主要目标：一是温室气体排放量减少至少 40%(以 1990 年为基准)；二是可再生能源占比至少达到 27%；三是能源效率提高至少 27%。

欧盟层面出台的与居民能源消费相关的主要命令控制型政策详见表 2-2。

表 2-2　欧盟层面与居民能源消费相关的主要命令控制型政策

颁布年份	主要政策
1974	《关于 1985 年共同体能源政策目标的决议》
1986	《关于 1995 年共同体能源目标的决议》
1991	《SAVE 计划》《最低能效标准(1992.5)》《家用电器能耗标签指令(1992.9)》《建筑物能耗、制冷、取暖、照明能耗等标准(1993)》
2000	《能源效率行动计划》《能源效率分类标签指令》《能源终端用户效率和能源服务》《建筑能效指令》
2000	《迈向欧洲能源供应安全战略》绿皮书
2006	《能源效率行动计划》
2007	《欧洲能源政策》《欧盟能源技术战略计划》《欧洲能源政策书》
2009	《气候行动和可再生能源一揽子计划》《欧盟关于禁止白炽灯和其他高耗能照明设备的法规》《第三能源市场包裹法案》《用能产品生态设计指令》等
2010	《信息与标签指令》
2011	《能源效率计划》
2013	《气候与能源政策绿皮书》《限制生物燃油使用议案》
2014	《气候与能源 2030 政策框架》
2015	《一个有远见的气候变化政策弹性能源联盟框架战略》
2016	《国家排放封顶指令》
2017	《最佳现有参照技术》《碳排放信用交易制度》《全欧洲人的清洁能源》《2050 低碳经济框架》

总体上看，欧盟层面与能源消费、低碳发展相关的命令控制型政策主要是法规和标准，都是从供给侧角度，针对生产领域的节能、燃料减排、能源效率和产品能耗标签等制定的强制性规定。这些法规对居民的能源消费行为而言，提供的是低碳消费的环境支撑力，都属于间接性影响，欧盟针对居民的能源消费行为并没有制定直接的强制性法规和标准。

2. 欧盟核心成员国的命令控制型政策

在欧盟共同政策的基础上，欧盟核心成员国英国、德国、意大利、法国、荷兰等还进一步制定了自己国家的居民能源消费低碳化的引导政策，成为大力推进低碳发展的先行国家。

在欧盟成员国中，英国是低碳经济的先行者和积极倡导者。英国在制定低碳发展的各项法规政策的同时，在居民能源消费方面也不断加强对居民节能的引导。英国家庭能源消费主要受气候、人口、房屋大小及住房规模和建筑结构形势的影响，其中住宅供暖和热水需求占家庭能源消费的 25%，内部照明占整个家庭用电量的 16%[154]。据此，英国实施的政策法规、条例主要有《锅炉节能管理条例》、《建筑物能耗性能管理规定》等。1995 年，英国颁布实施《家庭节能法》，计划在十年内使居民的建筑能耗在 1996 年基础上降低 30%；规定了与个人居住相关的地方节能报告和政府对家庭节能的帮助政策。2008 年，英国政府通过《规划法》《能源法》建立起相关的能源和气候变化部门，使英国成为全球首个为温室气体减排目标立法的国家。英国通过制定“碳预算”制度，来确保英国在 1990 年的排放基础上到 2020 年实现 26%的减排，在 1990 年的基础上到 2050 年实现减排 80%的目标[155]；英国还开展了“碳信托”运动，“碳信托”是政府通过设立和支持信托公司开展信托业务等活动用来推动低碳发展的一种形式；2009 年英国还发布了《英国低碳转型计划》《低碳交通战略》《低碳工业战略》等计划，提倡步行和骑自行车出行等[156]。2011 年，英国政府设立了“碳基金”；2012 年，英国发布《家庭节能绿色交易计划》和《新能源法案》。2015 年，英国首相卡梅伦签署气候变化承诺书，提出关闭英国境内所有的煤电发电厂；2016 年，英国政府向议会提出了第五个“碳预算”，为 2028～2032 年的碳排放量设立了具体目标[157]。

德国也是欧盟国家中非常重视经济发展与环境保护相平衡的节能先行国家。德国的命令控制型政策主要致力于发展可再生能源以改善能源结构、提高能源利用效率、发展低碳交通、促进建筑节能等方面。

德国在 100 多年的工业化的进程中付出了比较惨重的资源环境代价，因此从 20 世纪 70 年代开始大力倡导循环经济。1971 年颁布了《废弃物处理法》《联邦控制大气排放法》等法规，之后一系列发展循环经济的政策相继诞生；1991 年通过《废物分类包装条例》，要求对不可避免的一次性包装废弃物进行循环再利用；1996 年开始实施《循环经济与废弃物法》，要求对产品包装废弃物、废旧电子产品、废旧纺织品等回收利用；与家庭能源消费相关的政策主要是《家庭使用可再生能源补助计划》。2000 年德国颁布了《可再生能源法》，规定新能源占德国全部能源消耗的比例最终要超过 50%[158]；2004 年修订《可再生能源法》；2009 年又增加了补贴机制；2012 年又进一步将 2050 年可再生能源发电占比提高到 80%，同时设计了一系列保障机制，包括信息通报与公开机制、追踪评估机制和监测报告制度[159]。

德国还在提高能源效率上制定了法规。一方面，2002 年德国在公布促进“供热供电一体化”的法规，要求能源公司将供热与供电同时进行，以提高能源利用效率；另一方面大力推动家用电器节能。2005 年推出《电器设备法案》《联邦控制大气排放条例》《能源节约条例》等来推动德国能源供应的可持续发展同时降低国民能源供应成本[160]。德国在欧盟标准的框架内对市场上销售的家用电器进行节能分级，要求商品必须贴上节能等级标签，既促进电器生产商不断提高节能技术，又为消费者选购节能家电提供了明确的信息依据。

德国政府还致力于发展低碳交通。2009 年推出“国家电动汽车发展计划”，计划到 2020 年使德国拥有 100 万辆电动汽车；2016 年德国经济部副部长 Rainer Baake 推出一项新规定：计划到 2030 年，在德国禁止出售传统内燃机汽车，达到新车零排放的目标[161]。

由于建筑供暖和供水能耗占德国能源消耗总量的三分之一左右，因此德国在建筑节能上也出台了一系列命令控制型政策。2002 年出台的《节省能源法案》规定：新建建筑必须符合低能耗建筑标准[162]。2003 年政府又制定了“住所改造计划”，要求对大量老建筑进行节能改造[163]。2005 年德国的《能源节约法》对新建建筑的能耗又设定了新标准。2009 年德国对《可再生能源法》进行修订时，作为补充推出《可再生能源供暖法》，建议住宅业主使用可再生能源供暖，但不强制[164]。2014 年德国发布《全国能效行动计划》(National Action Plan for Energy Efficiency，NAPE)，将通过税收和贷款政策推动建筑节能改造，因为这部分占终端能源消费量的 40%[165]。

由于法国的能源结构以核能为主，因此温室气体的排放量比欧洲平均水平低 21%[166]，但法国在促进能源消费低碳化上依然进行着不懈努力。如制订《节能电器法案》，对电冰箱、洗衣机等制订能效标准，并实施能效标识制度。2000 年法国开始实施“预防气候变化全国行动计划”和“改善能源消耗效率行动方案”。2007 年在格勒纳勒(Grenelle)环保圆桌会议上，法国提出必须要对现有的旧建筑进行节能改造，自 2013 年开始所有的公共服务建筑能耗必须控制在一定范围内，2020 年以后的新建筑产生的能量必须大于消耗能量，到 2020 年总能耗要减少 38%[167]。法国也非常重视可再生能源的发展，2005 年的《能源基本法》除了重视核能的发展，更是对风能、太阳能、生物质能等可再生能源的发展给予极大的支持[168]。近几年法国更加致力于发展新能源。2014 年《能源法案》提出将推动电动汽车的发展，鼓励民众购买零排放的汽车，并在全国铺设充电装置[169]。

由于意大利自身化石能源储藏量较少，80%的能源依靠进口，巨大的能源消费使意大利对节能和开发可再生能源十分重视。1998 年由意大利部际工作组制定的“国家能源计划”提出在财政、税收、金融政策三方面对节能减排进行政策支持。意大利陆续推出一系列节能减排政策，包括“绿色证书”制度(鼓励可再生能源发展，对向国家电网输送的可再生能源电力进行认证)、“白色证书”制度(对能源企业提高能源效率进行认证)、《能源一揽子计划》及《能源效率行动计划》等，其中“能源效率行动计划”对汽车的 CO_2 排放标准进行了限制，并对住宅等部门的节能(包括采暖、空调和照明等)制订了节能目标。这些节能目标也使家庭能源消费者意识到能源节约的重要性[170]。

综上可见，欧盟内部主要成员国在欧盟共同政策的基础上，对本国的节能减排大都制定了更加细化和具体的目标与政策，命令控制型政策主要是节约能源、提高能效、使用绿色可再生能源的法案。这些法案的直接约束对象都是企业和公营部门，对居民行为的作用大都是间接的、非强制性的。欧盟主要成员国的命令控制型政策如表 2-3 所示。

表 2-3 欧盟主要成员国的命令控制型政策

国家	主要政策
英国	1995 年《家庭节能法》 2008 年《气候变化法案》《能源法案》《规划法》《碳减排目标计划》 2009 年《英国可再生能源战略》《2009—2010 年废物回收与处置设施(公共咨询)议案》《英国低碳转型计划》《低碳交通战略》《低碳工业战略》 2010 年《碳减排承诺能效计划》 2011 年《2010—2011 年可再生能源(地方计划)议案》《气候变化税》 2012 年《家庭节能绿色交易计划》《新能源法案》 2014 年《气候变化法案(修订)》 2015 年《气候变化承诺书》 2016 年《气候变化法案(修订)》
德国	1971 年《环境规划方案》《废弃物处理法》《联邦控制大气排放法》 1972 年《德国基本法》 1991 年《废物分类包装条例》 1995 年《循环经济与废弃物法》 2000 年《国家气候保护计划》《可再生能源法》 2002 年《能源节约法》 2003 年《空气质量控制的新技术指南》 2004 年《可再生能源法(修订)》 2005 年《国家气候保护计划》《联邦控制大气排放条例》《能源节约条例》《电器设备法案》 2006 年《节约能源条例》(修改) 2007 年《气候变化和能源综合计划》 2009 年《新建筑节能规范》《可再生能源法(修订)》“国家电动汽车发展计划” 2010 年《能源效率政策》 2012 年《可再生能源法(修订)》 2014 年《全国能效行动计划》《气候行动计划》《可再生能源法(修订)》 2016 年《禁止内燃汽车指令》

续表

国家	主要政策
法国	1990 年《核废料管理法案研究》 1992 年《气候变化公约》 1995 年《环境法》《节能电器法案》 1996 年《空气和能源合理利用法》 2000 年“预防气候变化全国行动计划”和“改善能源消耗效率行动方案”、《电力公共服务的现代化与发展法》、《空气和能源合理利用法》、《可再生能源优先法》 2003 年《可再生能源发电计划》 2004 年《可再生能源优先法(修订)》 2005 年《能源基本法》 2006 年《信息透明与核电安全法》 2008 年《发展可再生能源计划》《可再生能源优先法(修订)》 2009 年《格纳勒格法案一》 2010 年《格纳勒格法案二》 2014 年《能源法案》 2015 年《绿色发展能源过渡法》《能源改革法案》
意大利	1999 年《绿色认证》 2005 年《白色认证》 2007 年《一揽子能源计划》《能源效率行动计划》 2008 年《减少碳污染计划绿皮书》 2000 年新的《能源价格法》以鼓励更多的家庭使用太阳能，政府以法令形式为一系列消耗能源的设备和系统制定了节能标准

2.2.2　欧盟国家的经济激励型政策工具

对于居民能源消费行为的管理，欧盟国家主要采用的是经济激励型政策工具。针对居民在家用电器、住宅、交通、废物回收等方面消费行为是否低碳化进行经济激励，欧盟采用的经济激励型政策主要是税收政策和补贴政策。

1. 欧盟层面的经济激励型政策

欧盟层面中的经济激励型政策主要是对大型项目的投资和补贴计划，而且投资的金额数目都相对较大，如 2015 年 9 月启动的“容克投资计划”，选定的 9 个项目中有 5 个与能源基础设施有关，总投资高达 3150 亿欧元[171]；“联通欧洲基金”(Unicom Europe Fund，CEF)的能源项目下开展的能源投资用于天然气和智能电网建设，确保能源供应和建立完善的可持续能源系统。2014 年、2015 年、2017 年分别向能源领域投资 6.47 亿欧元、3.66 亿欧元、8 亿欧元[172]。

除了对基础设施的建设外，欧盟也非常注重促进新能源汽车及其电池的发展。2016 年出台的一项《新电动汽车推广方案》中要求，自 2019 年起，欧盟新建或者新装修住房必须配备电动汽车充电设施[173]；2017 年欧盟将拨 8 亿欧元用于新能源汽车的充电站建设，并于 2018～2020 年追加 2 亿欧元用于电池开发，并向汽车制造商提供激励，鼓励集中资源生产电动汽车[174]。在居住方面，欧盟将实施“智能金融、智能建筑”计划，计划 2020 年前筹资 100 亿欧元进行建筑节能改造，2030 年总投资约 1200 亿欧元[175]。

2. 欧盟核心成员国的经济激励型政策

英国的经济激励型政策主要有碳基金、节能基金、税收政策和补贴政策。首先，英国设立了碳基金和节能基金。碳基金主要用于工业和交通方面的节能，节能基金主要是通过征收终端消费者的能源消费税来筹集的，目前节能基金主要用于三方面：一是节能技术的推广，二是高效节能技术的研发和示范，三是对使用高效节能技术和设备的消费者给予补贴，对遵循“能源有效利用承诺”且使用节能灯具或改进节能的家庭给予减税待遇。

英国于 2000 年建立“能源效率基金”，每年划拨 5000 万英镑，鼓励企业和家庭购买节能设备[176]。2001 年英国开始征收《气候变化税》，主要针对工商业和公共部门使用的燃料征收税费。同一年英国开始征收车辆消费税。政府根据车辆排放量评定绿色等级，共分 6 级。2009 年英国对车辆消费税进行了进一步调整，提高大排量车的消费税，减少小排量车的消费税，并将排放等级从 6 个等级增加到 13 个等级，细化车辆消费税的征收方式，增大不同排量车的消费税差价[177]。2008 年英国政府实施“房屋出租环保税”，英国 85 万个“购房出租族”在出租房屋前，必须请能源审计员评定其房屋的能耗级别，并交纳 200 英镑的环保税，才能取得有效期为 3 年的房屋出租许可证。2009 年英国政府开展《英国低碳转换计划》，拨款 32 亿英镑对主动安装并使用清洁能源设备的家庭进行补偿[178]。2010 年英国推行“可再生能源供暖补贴”政策和“可再生能源电力强制收购补助计划”，规定将对使用可再生能源供暖的家庭进行补贴，使得英国成为全世界首个以补贴电价的方式激励民众使用可再生能源的国家[155]。英国还通过政府投资对公共建筑和居民住宅进行节能改造，2010 发布《碳减排承诺能效计划》，规定凡购买散热快房屋的消费者要为热量和能源的浪费买单[179]。

德国比较注重绿色低碳消费，除垃圾分类外，针对消费者的政策主要有垃圾处理费征收政策和抵押金返还政策。就垃圾处理费而言，大体上可分为按户收费、以垃圾处理税方式按固定费率收取、按垃圾排放量收取等三种方式。如德国的巴伐利亚州是按户征收垃圾处理费，每个家庭按其所选垃圾回收桶的大小交纳垃圾处理费[180]。与此同时，德国在 1999 年发布的《生态税法》中增加私人家庭电力、石油、天然气等矿物用能的税收[181]；2004 年德国政府发布的《优先利用可再生能源法》则增加了新能源电价补贴，促进了太阳能应用的“十万屋顶计划”[182]；德国还以税收作为杠杆来促进家庭化石能源消费比例的减少，如对石油等传统能源的消费增收生态税，对汽车燃料、天然气、电能征收能源税，同时开征 CO_2 税[183]。水、电、供暖费用占德国家庭的支出比例不断升高。2011 年有 690 万家庭的能源消费支出超过其收入的 1/10，成为“能源贫困”家庭，2008 年这一数字为 550 万。2008～2011 年，德国受能源支出成本困扰的“能源贫困”家庭比例从 13.8%上升至 17%[184]。目前德国环保产业的世界市场占有率高达 21%，居世界第一位。德国的资源利用率和再利用率也不断提高，废弃物排放量持续降低，德国的节能减排工作取得了世界瞩目的成效。

法国的经济激励型政策主要是征收汽车燃料税和新的环境污染税，同时实施税收减免政策，如“清洁汽车免税政策”[185]。法国在实行税收政策的同时，还辅以补贴。2008 年开展“以旧换新”活动，主要是为了促进节能车的使用，若车主选择环保的、排量小的车，就可以享受 200～1000 欧元的补贴，相反，若是购买大排量的汽车则要交额外的购置税。甚至政府会提供高达 5000 欧元的补贴和低息贷款来引导国民购买碳排放量在每公里 60 克以下的环保车。2012 年法国政府开展 “扶持汽车工业计划”，加大了对环保车的补贴力度。在法国，如果企业或消费者个人购买政府公布清单目录中的低碳节能产品，政府将给予企业或消费者设备价款 15%～20%的补助[186]；法国还鼓励企业和个人研制和使用利用太阳能或电能的清洁汽车。

此外，法国政府还为那些在住宅上安装生物能、太阳能、风能、光能等新能源发电设备的居民提供补贴。法国政府推出“能源效率诊断书”，要求房屋出售时要提供能耗数据，政府规定如果住房的能源消耗比法国平均少 8%～15%，房屋的地皮税就可以减少 50%[179]；为了鼓励居民使用能耗更低的产品，法国政府提供一种无息贷款，对于贷款购买环保的住宅材料和供暖系统的家庭，若 7～8 年还清本金利息由政府承担。

意大利从 1998 年开始，一方面实施二氧化碳能源税政策，另一方面政府实施节能产品补贴及税收减免等正向激励措施，极大地推动了高能效家电产品的销售，并扩大了高效产品的市场占有率。

其他欧盟国家，如丹麦 2005 年 10 月设立了节能信托基金，对每一台节能冰箱进行补贴；比利时政府鼓励企业向员工发放自行车补贴，对于骑自行车上班者每天给予 0.15 欧元/km 的补贴；弗莱芒区政府向居民发放购物券，并指定此券在 2006～2007 年只能用于购买节能灯具。

综上可知，欧盟国家引导居民能源消费低碳化的经济激励型政策整体上比较多，而且措施比较具体，主要是通过征税的负向激励和补贴的正向激励来改变居民的能源消费成本，从而达到促进能源消费低碳化的减排目标。

相比命令控制型政策对居民能源消费行为影响的间接性和宏观性，经济激励型政策的影响和作用大都是直接且具体的。欧盟成员国主要的经济激励型政策见表 2-4 所示。

表 2-4 欧盟主要成员国的经济激励型政策

国家	主要政策
欧盟	2015 年“容克投资计划” 2016 年“连接欧洲基金” 2017 年“智能金融、智能建筑”计划、“联通欧洲基金”(CEF)
英国	2000 年“能源效率基金” 2008 年《能源法案》、“房屋出租环保税” 2009 年《英国低碳转换计划》、征收汽车消费税政策 2010 年“可再生能源电力强制收购补助计划”“可再生能源供暖补贴” 2016 年“超低排放”(GOUltraLow)项目
德国	1999 年《生态税法》 2000 年“税收返还”政策 2004 年《优先利用可再生能源法》 2008 年《机动车税制法令》 2009 年《可再生能源优先法(修订)》
法国	2008 年“以旧换新” 2009 年《气候-能源税》 2012 年“扶持汽车工业计划” 2015 年《能源改革法案》
意大利	税收、补贴政策：二氧化碳-能源税收、节能产品补贴及税收减免，极大地推动了高能效家电产品的销售，扩大了高效产品的市场占有率

2.2.3 欧盟国家的信息型政策工具

信息型政策日益受到欧盟及核心成员国的重视，主要形式有低碳节能的宣传教育、能耗与能效标识、能耗信息公开等。

在节能的宣传教育方面，欧盟国家都有多元化、多层次的宣传政策。

英国主要是通过皇室和政府的引导及表率，各个党派都在宣传节能，节能环保蔚然成风。对英国人而言，标榜自己是节约型的环保人士是一件很荣幸的事情，而且政府还提供免费的二氧化碳计算器，并为每个家庭安装一个仪表进行提醒。

法国是通过公益广告、发放宣传资料、建立信息宣传点、开展宣传活动等，如 2011 年法国政府发起“减少垃圾”活动号召国民减少浪费；政府资助进行“熄灯 5 分钟”活动，公开向浪费能源行为宣战；巴黎等城市还推出“自行车自由行”活动，鼓励大家减少私家车的使用，以减少汽车尾气排放。

德国通过建设节能信息网站、开设咨询点等方式向民众宣传节能知识。统计显示：德国家庭电器设备处于待机状态(即关闭电器后插头不被拔出)所消耗的电量占所有家庭总用电量的 11%。为此，政府和环保部门通过各种方式宣传，号召民众在关闭电器的同时拔下电源插头，此外，政府机构还开设专门的节能知识网站，向民众传播各种节能知识。这一宣传手段培养了公众自愿节约电力的意识，也改变了人们对能源消耗的认识，如德国人开车时只在必要时才开空调，且很少在车内装备大功率音响。德国的官员还会不定期的与民众节举行研讨会，听取民众意见，还巧妙地利用政要的知名度，让政府名人的积极出席节能活动，取得了较好的效果。在信息共享、公开方面，能源统计不仅能准确掌握能源消耗量和利用水平，更重要的是对提高经济效益有帮助。德国坚持统计信息的共享、公开，为社会服务。信息主要是通过每日的新闻通报、月统计报告和互联网等方式向社会免费提供服务，企业和用户随时都能通过以上方式了解需要的信息。同时德国高度重视节能服务体系建设，建立高效节能咨询机构。政府制定的节能目标和出台的政策措施如果没有专业的服务平台，是很难在企业和社会实施的。2002 年成立的德国能源局，其主要工作之一就是为企业和公众提供节能咨询。为满足企业和公众节能咨询量不断增加的需求，政府鼓励发展小型的节能咨询机构，凡是新组建的节能咨询机构都可得到政府资助。为了提高咨询人员的素质，政府每年都要对咨询人员进行专业培训，目前，全德国节能咨询机构有近 400 家，极大地满足了企业和公众的需求。在建筑物节能方面，欧盟各国都已推行了建筑物能源证书制度，政府对所有建筑物都按每平方米能耗情况进行登记，并制作成证书。业主出租或出售住宅，必须同时出具此证书。

2.2.4　欧盟国家的自愿参与型政策工具

自愿性协议是目前欧盟国家采用的一种主要的自愿参与型政策工具。自愿性协议一般是政府对实施成本较高或政治上不易被接受的政策措施的一种替代，因为其非强制性可以弥补纯强制性手段的不足，在促进公众节能方面比较有效。目前已有十多个国家在节能和环保方面采用自愿性协议来促进国家的节能减排目标的实现。但大多数自愿性协议是政府和企业间的协议或是行业的自律性协议。如英国的《气候变化协议》是政府和企业间达成的自愿协议，协议规定能源密集型企业如果能够实现难度大、效益高且能效好的碳节能减排目标，政府可以大幅度减免征收气候变化税；此外，荷兰的长期协议(long-term agreement，LTA)、法国的自愿性环境协议等也都是自愿性协议。

直接涉及居民能源消费的自愿性协议目前比较少。如英国的个人津贴碳跟踪计划，这是由环境咨询公司制定的一个计划，为了响应全球的碳排放限额，为签署协议的公司员工制定的家庭及运输废气排放目标，对超过协议规定目标的员工给予一定的处罚，同时也为“碳足迹”少的员工发放一定的奖金[187]。早期评估结果表明，它可以使人们减少 10%的二氧化碳排放量。

荷兰是实施自愿性协议的国家中应用最早、覆盖面最广也是实施效果最好的国家之一，如长期协议、基准协议等，但都是工业部门与政府签署的协议，其中工业部门自愿承诺其提高能效或是节能目标。丹麦也如此，为了降低二氧化碳排放量，政府规定向企业征收二氧化碳排放税，但如果企业与政府签订了自愿协议，就可得到税收减免。

自愿性协议作为一种“软”措施，对企业和公众的影响与强制性或是行政手段(如法律、标准、税收等)相比是不同的。因此为了取得预期效果，往往还需要与其他政策措施(如补贴、奖励等)结合使用。

2.2.5　欧盟国家相关政策的实施效果

欧盟及其成员国在推行上述一系列节能减排的政策工具之后，取得经济增长的同时能源消耗相对下降，能源结构中化石能源比重下降，可再生的清洁能源比重上升的积极成果。

自 1990 年以来，欧盟的温室气体排放总量下降了 13.36 亿吨，达到 4317 亿吨二氧化碳当量(其中相比 1990 年道路运输增加 1420 亿吨，制冷和空调增加 970 亿吨，公共电力和热力生产减少 3730 亿吨，制造业减少 2790 亿吨，住宅主要是燃料减少 1260 亿吨，钢铁生产增加 1060 亿吨温室气体)。与 1990 年相比，国内生产总值(GDP)和温室气体排放量逐渐脱节，国内生产总值增长了约 50%，同时排放量减少了近 24%。在 1990～2015 年，欧盟国家大部分行业的温室气体排放量有所下降。总体来看，制造业、建筑、电力、热力生产和住宅燃烧的减排量最大。几乎所有欧盟成员国的排放量都有所减少，从而为欧盟的整体绩效做出了贡献。英国和德国在过去 25 年中占欧盟净温室气体排放减少量的约 48%。

2013 年欧盟国家可再生能源在能源消费中的比重为 15%，2014 年这一比重为 16%。2015 年可再生能源连续第 8 年成为欧盟主要的新增发电产能，占新增量的 77%。当年可再生能源在能源消费中的比重达 16.7%。2005 年以来，欧盟范围内可再生能源使用稳步增长，有望实现到 2020 年可再生能源比重达到 20%的目标。欧盟最需要替代使用的化石燃料是煤炭，约占需替代量的一半，其次是天然气，占比为 28%。2014 年和 2015 年因使用可再生能源而减少使用化石燃料，进而减排二氧化碳最多的欧盟国家是德国、意大利和英国。

欧盟主要成员国的节能政策也取得了较大的成效，表 2-5 为各个成员国的节能政策的实施效果，相比较来看：英国的二氧化碳减排效果最好，其次为德国、意大利和法国。

表 2-5　欧盟及主要国家相关政策措施的成效

国家	实施效果
英国	2014 年发电量降至 335 太千瓦时，降幅 6.7%；石油产量同比下降 8.8%。能源进口下降 8.1%，总出口下降 7.8%，降至 1980 年以来最低水平；近年来，政府强调要提高能源利用效率，发展核能和可再生能源，减少对传统矿物燃料的依赖，建设“低碳经济”
英国	2014 年可再生能源占总发电量的比例为 19.2%，超过占比 19%的核电；在欧盟 2015 年温室气体整体排放量小幅度增加的情况下，英国的排放量为 50350 万吨，相比 2014 年仍然减少了 3.7%(1940 万吨)
德国	2005～2009 年德国居民能源消费量下降了 6.7%；在各类能源中，引人注目的是取暖油消费大幅下降，2009 年比 2005 年减少了近四分之一，期间天然气消费量下降了 3.6%，电力消费下降了 2%；在德国居民能耗中，取暖性能耗消费占整体能耗的 71%，同 2005 年相比，2009 年德国每平方米住房取暖能耗下降 9%，导致这一结果的原因主要有两个，一是建筑节能改造的实施和取暖技术的提高，二是居民鉴于能源价格高企而厉行节约；2015 年温室气体排放量为 90190 万吨，相比 2014 年减少了 0.3%(230 万吨)
意大利	2014 年意大利国内能源总需求下降 5.1%，仅为 20 世纪 80 年代水平，化石能源需求全面下滑：其中，石油仍是能源主力，占全部能源消耗 35.4%，天然气消费下滑 11%，占全部能源消耗 32.4%，可再生能源需求逆势增长 3.9%，电力进口增长 2.3%；2015 年温室气体排放量为 43300 万吨
法国	2011 年法国的能源消费额占法国 GDP 的 3.1%，而 2010 年仅为 2.5%；在能源消费结构方面，石油相关产品消费额超过 500 亿欧元，2011 年法国的核电出口纯收益达到 26 亿欧元，是 2010 年的两倍，显著降低了能源总消费额；2015 年温室气体排放量为 45710 万吨

数据来源：由笔者在驻各国大使馆商务参赞处查询并整理得到。

2.3　美国与居民能源消费相关的四类政策工具分析

美国是发达国家中的佼佼者，也是全球规模最大的能源消耗国家。虽然美国政府在 1998 年签订《京都议定书》之后，又在 2001 年 3 月拒绝批准议定书，没有承诺二氧化碳减排责任，但也制定了其他的相关政策进行节能减排的工作。

早在 20 世纪 70 年代的石油危机爆发后，美国就开始制定一系列的能源节约政策和减少碳排放政策，引导居民进行低碳消费。如 1968 年《清洁空气法》、1975 年出台的《能源政策和节约法》等，随着社会的发展，美国也在不断完善和改进能源相关政策。一项名为“Residential Energy Consumption Survey”的调查显示：2001 年美国每个家庭年能源消费量为 97.1GJ，与 1978 年的 145.5GJ 相比，23 年来美国家庭的年能源消费量减少了三分之一。尽管家庭住宅面积、家用电器数量和种类都在增加，但美国家庭的能源消费量却在减少，这主要得益于住宅性能的提高和设备效率的改善等。此外美国家庭能源消费档次也达到了相当的水准。这些与美国大力推行的各项家庭节能措施是分不开的。美国政府发布的低碳节能政策法规如表 2-6 所示。

表 2-6　美国政府发布的低碳节能政策法规

年份	政策
1968	《清洁空气法》
1975	《能源政策和节约法》
1978	《国家节能政策法》
	《能源征税法》
1987	《国家家用电器节能法案》
	消费税抵免、投资税抵免、生产税抵免
1988	《联邦能源管理改进法》
1980	《能源安全法案》
1992	《国家节能政策法令》
	《能源政策法案》
2001	实行税收减免的节能财税政策
	发布《国家能源计划》
2002	实施《气候变化技术方案》
	《全球气候变迁行动》
2003	《2003 年清洁空气法案》
	《气候变化科学方案》
2004	开展"电力节约运动"
2005	《能源政策法 2005》
	《2005 年清洁空气法案》
	"能源之星"计划
2006	《能源效率国家行动法案》
2007	《2007 年低碳经济法案》
	《2007 年清洁能源法案》
	《2007 年气候管理和创新工作法案》
	《2007 年能源独立和安全法》
2008	"碳意识产品标签"计划标志谈标签制度形成
	《合同能源管理》
2009	《美国清洁能源与安全法案》
	《美国复苏与再投资法案》
2010	《2010 年美国电力法案》
	《温室气体报告强制规定》
2011	实施"绿色按钮计划"
	《新能源计划》
	《可再生能源配额标准》
2012	《B-18-12 政府执行令》
	《可再生能源合作备忘录》
2013	《总统气候行动计划》
	《替代燃料和车辆技术：资助计划》
2014	《加州零排放或近零排放汽车倡议》
	《加州清洁卡车、公共汽车和越野车辆和设备技术计划》
2015	《清洁电力计划》最终法案
	《2015 年清洁能源和减排法案》
2016	《美国优先能源计划》

2.3.1　美国的命令控制型政策工具

美国与居民能源消费相关的命令控制型政策主要是强制性的法律法规和能效标准。

1. 法律法规

美国重视能源节约法律最早是能源危机爆发后，在原油价格骤增的情况下，1975 年制定了《能源政策和节约法》，核心就是保障能源安全、注重节能及引导民众提高能效。1978 年美国颁布《国家节能法》，为各个州提出具体的节能目标，同时制定了"白宫节能计划"。1982 年美国发布《能源政策法案》，首次对发动机燃料中的非石油代用燃料比率进行了规定[188]。美国的《2003 年清洁空气法案》提出对汽车的尾气污染的控制及对在用车的污染管理，如加速淘汰旧车制度。2005

年 8 月美国的《国家能源政策法 2005》出台，制定一些财税政策促进个人更多的使用节能产品和清洁能源；法规还规定将从 2007 年起延迟美国原有的“夏令时”，长达七个月的“夏令时”促使美国民众更有效的利用阳光，节约能源。随后在 2007 年，美国参议院提出《低碳经济法案》，提出以节能增效、开发新能源为核心的向低碳经济转型的战略。2009 年的《美国清洁能源与安全法案》主要是在减少温室气体排放方面做了进一步的规定，该法案提出了通过采取碳排放总量管制与交易制度，限制碳排放量[189]。之后在 2010 年的《清洁空气法案》中规定从 2011 年开始，需大幅增加温室气体排放量的项目必须要获得空气排放许可证[190]。2015 年美国政府颁布了最终法案的《清洁电力计划》，对于美国电力企业制定了节能减排标准[191]。美国加州在 2016 年颁布了降低二氧化碳排放的法案，此项法案被《纽约时报》称作美国在解决气候变化的问题上的里程碑。

2. 强制性能效标准

早在 20 世纪 70 年代末到 80 年代初，能源危机促使美国政府开始制定并实施建筑物及家用电器的能源效率标准，并且制定最低能效标准的产品品种越来越多，标准经过每 3～5 年的不断更新也越来越严格，美国各州也会制定自己的节能标准。美国最低能耗标准主要涉及家用电器、燃料及建筑领域。

在汽车燃油排放方面，早在 1968 年的《清洁空气法》中，美国联邦政府规定汽车排放标准，任何新车投产前都要经过认证鉴定才可投入生产。2010 年美国环保局和交通运输部下属的国家高速公路安全管理局（National Highway Traffic Safety Administration，NHTSA）共同发布了 2012～2016 年的燃油经济性与温室气体排放标准，并首次提出美国首个碳排放量限制标准[190]。2015 年 11 月美国公布了减排目标：计划到 2025 年实现在 2005 年基础上减排 26%～28%[192]。2016 年 9 月美国环保局和美国国家高速公路管理局针对中重型车辆发布了温室气体排放和燃油效率新标准[193]。

在家用电器方面，美国在 1987 年的《国家家用电器节能法案》中对家用电冰箱、房间空气调节器、洗衣机、荧光灯、水龙头等 14 种产品实施了强制性能效标识，对 13 类家用电器产品提出了明确的能效指标，这 13 类电器包括冰箱、冷冻箱、家用空调、中央空调、热水器、家用锅炉、洗衣机、洗碗机等。之后又在法案的修改中增加了荧光灯镇流器、灯具、供水管道、微型电机、商用加热和制冷设备、管道产品等类别，扩大了被监管的节能和节水产品的范围。并且在 1990 年实施家用电器能效标准与标识，进一步规定了家用电器的节能标准。在《能源独立和安全法》中确立电器和照明效率标准（appliance and lighting efficiency standards，ALES），提出了通用服务白炽灯能效标准和白炽反射器灯与荧光灯能效标准，更加完善了家电的标准制度。2016 年 8 月美国加州能源局宣布颁布首个计算机能效标准，预期可节能 15%，计算机是未被重视的节能领域，尤其是台式机能源浪费情况严重。美国能源部、美国环保局正在关注加州计算机能效标准的实施情况，有意将其推广为联邦标准[194]。

在建筑节能方面，早在 20 世纪 70 年代能源危机的时候就已经通过能源政策立法制定了建筑和设备节能的能效标准，能源部发布了新建建筑使用的国家强制性节能标准和非强制性的国家建筑节能示范性标准，以鼓励居民进行节能。1999 年美国政府发布了 13123 号政府执行令，对未来美国住宅建筑的能耗及排放制定了详细的标准。在 2012 年的政府执行令中，开始对州政府的建筑制定明确标准。

2.3.2 美国的命令控制型政策工具

美国与居民能源消费低碳化相关的经济激励型政策主要有税收减免、财政补贴、节能基金和低息贷款。

1. 税收减免

在住宅方面，早在 1978 年的《能源征税法》中就对常用住宅采用隔热、保热、自动点火装置等最初节能投资的 2000 美元免除 15%的税金；2001 年实行了税收减免的节能财政政策[195]，节能建筑设备也可获得税收减免的优惠。各种节能型设备根据所判定的能效标准也不一样，减税额度分别为 10%或 20%[196]。在《能源政策法 2005》中，居民住宅室内温度调控设备、换节能窗户、通过维修制止室内制冷制热设施的泄漏等可获得全部开支 10%的减免税收优惠，并规定购买太阳能设施 30%的费用可用来抵税。

在家电节能方面，美国政府的减免力度很大。在 2001 年的财政预算中制定了节能产品的减税政策。美国的各州政府也根据本地的情况，分别制定地方性节能政策，如加州节能型洗碗机、洗衣机、水加热设备，减税额度为 50～200 美元[197]。2005 年的《能源政策法》中还制定了一个 13 亿美元的针对个人节能消费优惠政策，私人使用太阳能等节能设备可以抵免购买太阳能费用的 30%，以此鼓励个人的节能消费。此外，美国规定购买燃料电池的车等新型车辆的消费者也可享受抵税优惠。截至 2016 年 12 月 31 日，美国对于购买与可再生能源相关的设备，20%～30%的费用可以税收抵免，如购买及安装风能设备、太阳能热水器及地热设备等产品的家庭每年享受所购设备成本 30%的税收抵免，对于环境保护专用设备的投资额规定在五年之内予以减免。此外，美国各地区还根据当地实际情况提供更多优惠政策，如美国加州对于节能型洗衣机、洗碗机等的环保设备减税 50～200 美元[198]。

美国对于低碳消费的引导作用还体现在对环保汽车的优惠政策上，耗油高的车辆要缴纳 1000～7700 美元的特别税，购买节能车不仅可以得到政府的补贴，而且免征燃油税节省燃油成本。2016 年美国财政部长 John Snow 宣布了一项关于混合动力汽车税款减免的动议，根据能源政策法令颁布的这项动议宣布：购买最节能车的人最多可以拿到 3400 美元的税款减免。

2. 财政补贴

与税收相辅的政策就是财政补贴政策，美国财政补贴是在可再生能源、节能产品、交通、住宅等方面实施的政策工具。

为推广可再生能源，1992 年美国联邦政府对可再生能源生产进行补贴。同时，美国联邦政府也为低收入居民提供能源补助。580 万户低收入家庭能够享受能源补助，总金额达 11.43 亿美元，其中 1.15 亿美元用于节能。2009 年美国联邦政府向 100 万户低收入家庭投入资金，实施了“气候适宜”改造项目，由地方政府或组织执行，此项目于 2012 年完成。2013 年 3 月美国政府宣布了一项政府计划，此项计划将在节能和提高能源效率的项目上投资 32 亿美元。美国政府在 2012 年的财政预算中，增加了可再生能源的研发费用资金，在 2011 年的基础上增加 70%[199]。美国在 2016 年的财政预算中同样投入了大量资金，尤其是在对新能源的补贴上，大力发展新能源和清洁能源[200]。

家用电器方面，美国 2001 年的财政预算对 56 个州级政府部门和公用事业等组织实施高效家用电器和照明器具进行补贴，补贴总额达 1.133 亿美元。太平洋燃气电力公司 2001 年用于补贴(折让)的费用达 2500 万美元。每件器具的补贴金额为：电冰箱 75～125 美元，房间空调器 50 美元，洗衣机 75 美元，紧凑型荧光灯 3.50～6.25 美元，细管荧光灯 2.30～4.25 美元[201]。除此之外，美国联邦政府还实施了“能源回扣补贴项目”，如果用户 2001 年夏季的耗电量比 2000 年同期水平降低 20%，则将用户 2001 年夏季电费的 20%返还给用户，因此加州居民既可通过更新使用节能设备，也可通过减少现有用电设备的使用时间等措施来实现降低耗电量 20%的目的，以获取政府的经费补贴。为鼓励用户购买产品，联邦政府通过“能源之星”计划，对节能产品投入大量补贴经费。2001 年美国联邦政府用于推广“能源之星”的财政经费大约有 3500 万美元，其中，为节能型家用电器现金补贴项目提供的经费大约为 800 万美元。据统计，40 个州级政府部门或组织 2001 年用于开展家用电器节能补贴项目的预算经费高达 6330 万美元，照明产品补贴预算经费为 5000 万美元[202]。另外，南加州天然气公司 2009 年度对还购买家庭能效产品给予现金返还。美国环境保护总署网站上列举了电冰箱、冷藏柜、洗衣机、烘干机、洗碗机、去湿机和空气净化器及吸尘器等 7 大类新型家用电器，其中可以得到优惠退款的电冰箱品牌型号有 323 种，冷藏柜 260 种，洗衣机 178 种，烘干机 33 种，洗碗机 81 种，去湿机 101 种，空气净化器及吸尘器 15 种。

在低碳交通方面，2009 年美国的《清洁能源与安全法案》提出出资 30 亿美元补贴购买节能型汽车的消费者，购买新车的消费者每辆可以得到 4500 美元的优惠折扣；此外，为鼓励消费者以更环保的轿车取代高能耗轿车，2009 年 7 月美国政府耗资 10 亿美元推出以旧换新补贴政策，计划为期一年，条件是购车者需要将每加仑①燃油行驶里程低于 18 英里②的旧车置换为行驶里程超过 22 英里的新车。同时，美国还出台“汽车补贴制度”(car allowance rebathe systerm，CARS) (2009)，计划规定购买低油耗汽车的消费者会获得 3500～4500 美元的代金券，决定代金券面额的标准是汽车的样式、以旧换新车与购买的车辆的差别。美国在 2015 年推行近零公交排放，美国联邦运输管理局宣布对十项交通运输项目投资补贴，在全美范围内实行无污染低排放的公交线路，这项投资金额达 5500 万美元[203]。2016 年 7 月美国政府首次以白宫的名义发布了电动汽车产业发展一揽子计划，包括提供 45 亿美元政府贷款担保，每年还资助 1000 万美元推进“电池 500”项目，这是对美国已有税收抵免政策的有力补充[204]。

住宅方面，1995 年美国联邦政府为中低收入家庭提供购房补贴，建立了“首次购房俱乐部”，它以银行储蓄方式进行，申请人存入 1 美元，联邦政府补加 3 美元到申请人的账户，最高补贴额为 5000 美元[205]。并且还针对居住在美国的中低收入家庭实行“中低收入家庭补助计划”，以此保障居民的基本住宅问题。在 20 世纪 90 年代的“能源之星”计划中，美国政府对居民住宅方面提供了大量的资金补贴，低收入家庭免费获得政府的建筑节能改造。在 2009 年的《美国恢复与再投资法案》中，投资 100 亿美元投资公共住房计划。2015 年根据美国联邦税务法规，联邦政府向安装太阳能电的住宅或商用建筑提供 30%的补贴，受惠于此政策，美国太阳能集团免费为用户安装太阳能，而且此后每月的电费比目前的电价还要低 30%～50%，最高可节省 80%[206]。

3. 节能基金

美国有 14 个州实行对电力收入加收一定的费用，每年从中征集约 5 亿美元的资金，建立节能公益资金，由各州的公共事业委员会管理，各相关部门都可以申请利用该基金开展节能项目。节能公益基金的主要目的是支持各州各部门实施节能计划和开展节能活动的顺利进行。已有 30 多个州通过提高 2%～3%的电价，建立了类似的节能公益基金。2015 年奥巴马签署了财政预算，包含了很多环保内容，其中划拨 10 亿美元“气候复原基金”，主要用于气候变化相关影响的研究，帮助社区进行规划和制定预案。

4. 低息贷款

1980 年美国政府颁布《能源安全法案》，引入贷款担保机制，向年产 100 万加仑以下的小乙醇工厂提供了贷款担保，为可再生能源技术的商业化提供资金支

① 1 加仑=3.785411784 升。

② 1 英里=1609.344 米。

持。“能源之星”计划开启之后，政府加大了对节能环保的投资，一些贷款机构对“能源之星”产品提供了抵押贷款服务的措施鼓励居民购买“能源之星”认证的产品及住宅。在之后的财政预算中，美国政府也提供低息的贷款利率促进节能产品的购买和使用。2013 年美国 18 家联邦、州和地方信贷机构将加入一个新的为期两年的示范项目计划。该计划将为有资历的借贷人供给低利率贷款，以帮助他们对房屋举行节能改革。由联邦房屋管教委员会作为担保，这些新的贷款将可为业主供给高达 25000 美元的资金用以前进其房屋高能效改革，包括添置保温、风管密封、门窗改换、空气调节系统(heating，ventilation and air conditioning，HVAC)、热水器、太阳能板及地热系统等。这种抵押贷款项目对很多的企业和家庭的住宅节能改造具有很大的促进作用。

2.3.3　美国的信息型政策工具

在美国，从联邦政府到各州政府及地方团体都在努力向公众传达节能产品信息，宣传各种节能措施，开展各种形式的节能技术培训教育推广及信息服务工作。联邦政府高度重视面对普通市民的节能教育宣传和培训，定期开展节能教育培训，组织节能产品展示，推广节能成功案例等，以提高全民的节能意识，形成自觉节能、用能的好习惯，在全美推广和普及节能技巧，如提供家庭用能技巧、为低收入家庭提供节能帮助、鼓励使用可再生能源等。

其中最具代表性的就是美国的“能源之星”计划，“能源之星”是美国环保局 20 世纪 90 年代推出的商品节能标识体系，符合节能标准的商品会贴上带有绿色五角星的标签，并进入美国环保局的商品目录得到推广。这一计划开始于电脑和办公设备，比如大多数电脑显示器上都有“能源之星”的标识，表明它能适时休眠，节约电能。随着“能源之星”在办公设备领域的成功，美国环保局和能源部又把这一标识体系扩展到家用电器、照明、空调设备等方面，甚至包括新建住宅和商用房屋等，针对的是数以百万计的普通用户。“能源之星”计划还有一套“家庭能源顾问”网上分析程序，普通用户在网上回答一些简单的问题，就可以得到几条节约家庭能源的实用建议。如它会告诉人们更换密封性更好的窗子、更换墙内绝热层、堵住空调风管漏气等，就会显著节省家庭采暖和空调的耗能。

2.3.4　美国的自愿参与型政策工具

美国的自愿参与型政策中，具有代表性的是“能源之星”计划。“能源之星”是一项美国政府主导，主要针对消费性电子产品的能源节约计划。能源之星计划于 1992 年由美国环保署(Environmental Protection Agency，EPA)和美国能源部(Department of Energy，DOE)所启动，目的是为了降低能源消耗及减少温室气体排放。该计划是自愿参与性的，“能源之星”的标准通常比美国联邦标准节能 20%～30%，后来逐渐延伸到电机、办公室设备、照明、家电等领域，后来还扩展到了建筑。美国环保署于 1996 年起积极推动“能源之星”建筑物计划，由环保署协助自愿参与业者评估其建筑物能源使用状况(包括照明、空调、办公室设备等)、规划该建筑物之能源效率改善行动计划及后续追踪作业，所以有些导入环保新概念的住家或工商大楼中也能发现“能源之星”的标志[207]。美国节能自愿协议一般实施 5～10 年，美国联邦一级的长期节能自愿协议就有 40 多个，包括能源之星、气候之星、绿色照明、废物能、电机挑战等。节能自愿协议的签署和实施，不仅取得良好的节能环保效益，还取得了巨大的社会经济效益。

2007 年 1 月 16 日，美国能源部针对“修订现行的关于住宅用水加热器、直热式装置，以及游泳池加热器的节能标准”的法规，进行了一次非正式的公众听证会[208]，介绍了其进行该法规制定和拟议的方法，论述了与法规制定行动相关的问题，并启动了与利益相关方的互动和数据收集程序。

美国政府鼓励在全美开展节能运动，提倡使用可再生能源，除了举行各种形式的节能培训和宣传推广活动，新能源法还规范定，从 2007 年起美国将原有“夏令时”增加四周，新“夏令时”从 3 月的第二个周日到 11 月的第一个周日，长达 7 个月。

2.3.5 美国相关政策的实施效果

美国国内生产总值自 2000 年至 2013 年稳步增长，2000 年国内生产总值为 102 828 亿美元，2013 年国内生产总值为 167 681 亿美元。根据 2017 年美国能源信息署日前公布的数据，2016 年美国与能源相关的碳排放为 51.70 亿吨，比 2015 年下降 1.7%(2015 年比 2014 年下降 2.7%)。2016 年的能源碳排放与 2005 年相比已经下降了 14%。可以看出，美国在保证经济发展的同时，实现了节能降耗，取得了非常显著的减排效果。

“能源之星”计划自 1992 年实施至今，帮助美国减少了大量温室气体排放。据统计，仅 2009 年，该计划减少温室气体排放 4500 万吨，相当于 3000 万辆机动车一年的排放量。

美国在各个领域的二氧化碳排放存在一定的差异，其中运输部门是 2016 年唯一的二氧化碳排放增加的消费领域。交通行业的二氧化碳排放量比 2015 年增加了 1.9%，而电力部门的二氧化碳排放量比 2015 年下降了 4.9%。对于其他领域，如工业生产、居民住宅及商业所排放的二氧化碳都处于下降的趋势。美国能源相关的二氧化碳排放在 2016 年达到 51.7 亿吨，低于 2015 年水平的 1.7%，并在 2014 年和 2015 年之间下降了 2.7%。最近几年的减少与长达十年的变化趋势是一样的，与能源相关的二氧化碳排放在 2005 年的基础上降低了 14%。

2.4 日本与居民能源消费相关的四类政策工具分析

日本是一个东亚岛国，特殊的地理位置使全球气候变暖对日本的影响远远大于其他发达国家。日本作为世界主要发达经济体，是经济强国也是能耗大国。日本能源结构以化石能源为主，但其却是一个化石能源资源极度缺乏的国家。煤炭、石油、天然气等主要能源均无蕴藏，能源自给率仅为 4%左右，高度依赖进口。为了满足自身能源的安全供应和达到《京都议定书》中的碳减排承诺，日本规划了一系列的节能减排政策，以实现经济与环境和谐发展[209]。截至目前，日本是世界节能政策制定最完善且实施效果显著的国家。

日本采取了一系列措施来改善家庭能源消费状况。日本相关节能减排政策如表 2-7 所示。

表 2-7　日本相关节能减排政策

年份	政策
1974	“阳光计划”
1974	成立了“珍惜能源资源国民运动中央联络会议”
1978	制定了《节能技术开发计划》（月光计划）
1979	《节约能源法》
1980	规定每月 1 日为“节能日”、每年 12 月 1 日定为“节能总检查日”
1991	《再生资源利用促进法》
	《家电回收再利用法》
	《循环型社会形成推进基本法》
	《建筑材料回收再利用法》
	《汽车回收再利用法》
1993	《合理用能及再生资源利用法》
1998	制定《家电再生利用法》
	《推进地球温暖化法案》
2000	制定《循环型社会形成推进基本法》
	修订《再生资源利用促进法——资源有效利用促进法》
	修订《废弃物处理法（强化发生抑制对策与不适当处理对策）》
	制定《建筑材料再生利用法》
	制定《食品再生利用法》
	制定《绿色采购法》
	制定《新环境基本计划（1994 年环境基本计划变更）》
	节能标签制度
2001	《促进资源有效利用法》
	《关于推进采购环保产品法》
2002	制定《汽车再生利用法》
	《能源政策基本法》
2003	“省资源省能源国民运动”
	经济产业省对家电实施节能标识制度
	《节能型产品销售业者的评价制度》
2004	《新能源产业化远景构想》
	“面向 2050 年的日本低碳社会情景”研究计划
2005	夏季“COOL BIZ”和冬季“WARM BIZ”运动
2006	《新国家能源战略》
	日本政府宣布开展“节能装”活动
2007	出台补助金制度
	“日本低碳社会情景：2050 年的二氧化碳排放在 1990 年水平上减少 70%的可行性研究”的研究报告
	《市建筑物环境保护制度》
	《日本建设低碳社会行动方案》
	《环境和循环型社会白皮书》
	“创造亚洲的可持续建筑”为题的专题研讨会
	《环境税》
2008	日本内阁会议通过了《构建低碳社会行动计划》
	《推进地球温暖化对策法》修正案

续表

年份	政策
2008	《能源合理利用法》修正案
	“凉爽地球能源技术创新计划”
	《面向低碳社会的 12 大行动》
	“福田蓝图”
2009	激励性财税政策
	日本环境省又颁布了名为《绿色经济与社会变革》的政策草案
	制定“环保积分制度”，于 2011 年停止
	开始推行家庭、学校等太阳能发电剩余电力收购的新制度
	“碳足迹”制度
2010	住房方面：住房补助
	《能源基本计划修正案》
	全球变暖应对措施基本法
	试行碳排放权交易制度
2010	制定新成长战略
	明确了“环境未来城市”的构想内容
	开始接受“环保积分申请”
2011	公布了《可再生能源法》
	推出了日本节能住宅计划
	东京制定了“节能及可再生能源东京标准”
2012	日本发电厂采用污泥碳化物替代煤
	实行 2011 年公布的《可再生能源法》
2013	新能源汽车推广计划
	提出“以 2005 年为基准，碳排放削减 3.8%的新减排目标”
2015	《日本的承诺》(草案)
	制定了新的减排目标：“到 2030 年时将温室气体的排放量相比 2013 年削减 26%”
	普及节能电器，建立环保住宅检索机制

2.4.1 日本的命令控制型政策工具

日本于 1979 年开始实施《节约能源法》，对能耗标准作了严格规定。1993 年日本制定《合理用能及再生资源利用法》，1998 年又制订了《2010 年能源供应和需求的长期展望》。在促进循环经济和绿色消费方面，日本的法规体系也营造了一个良好的社会环境，如主体层面的《固定废弃物管理和公共清洁法》和《促进资源有效利用法》两部法律，分枝层面的《促进容器与包装分类加收法》《家用电器回收法》《建筑及材料回收法》《食品回收法》《绿色采购法》五部具体法律法规。以《绿色采购法》为例，其目的是减少环境负担的(环保型)货物和服务，为促进更加绿色的采购，公共团体必须提供有关于环保货物和服务的信息，使民众尽可能多地自觉购买环保产品。日本与居民相关的节能政策还体现在家电设备、房屋建筑等节能的要求上，如《合理用能法》中的能效标准，适用于冰箱和空调，能效标识制度也是针对电器和设备，采用红色和绿色来区分产品是否达到能效标准。

2008 年 3 月，日本政府修订了《气候变化对策推进法》和《京都议定书目标达成计划》。日本政府正式提出“到 2050 年碳排量比 1990 年削减 60%～80%”及建设“低碳社会”的长期目标，同时内阁会议批准《低碳社会建设行动计划》。日本在 2010 年公布了《能源基本计划》修订版，明确了扩大对于可再生能源的利用[210]。同年 5 月 14 日，日本环境委员会通过了《气候变暖对策基本法案》，规定了长期的温室气体排放目标，到 2020 年温室气体排放在 1990 年的基础上减少 25%，到 2050 年在此基础上减少 80%[211]。2016 年 3 月 15 日召开的全球变暖对策推进总部会议，通过了包含具体措施的减排计划：日本的减排目标是使 2030 年的温室气体排放量比 2013 年减少 26%。

2.4.2　日本的经济激励型政策工具

日本与居民能源消费相关的经济激励型政策主要包括税收减免优惠、直接财政补贴、低息信贷支持等。

1. 税收减免

2007 年 1 月日本正式征收环境税，主要是根据对环境造成的负荷(化石能源中的碳含量)进行纳税。对于采取措施努力降低排放量的高排放用户可以减税 50%～60%。同时，出台特别折旧制度对节能汽车、家电产品、住宅、建筑、引进节能设备等实行特别折旧和免除税额的优惠政策，使用指定节能设备，可选择设备标准进价 30%的特别折旧或 7%的税额减免[212]。并规定购买清洁且使用替代燃料的车辆可少缴购置税，符合若干排放要求的车辆可少缴 25%的税额。

2009 年 3 月 27 日的国会中，制定了总额达 88.5 万亿日元的财政预算案，涉及多项鼓励低碳产业发展的财税措施[213]。日本的“绿色税制”是一项推动新能源汽车发展的制度，2009 年 4 月起在日本实行，该税制减免了多种政府认定的低消耗、低污染、低排放的汽车的购买。从 2009 年 4 月 1 日起，日本开始大范围推行“绿色税制”。对于购买环保汽车，如天然气汽车、电动汽车等的消费者，免除购置费[214]。2013 年日本推出了购车减税政策，以大力推行新能源汽车的普及。此项政策的措施涵盖了日本在售的所有新能源汽车，主要是一些减税或免税的相关惠民政策。

2. 直接补贴政策

日本政府的补助从很久之前就已经开始实行，而且补助的范围也很广，扩展到了很多的产品，积极地鼓励用户购买和施行低碳政策。

1974 年的“阳光计划”中，日本政府就已经对太阳能光伏系统进行财政补助，对光伏系统初始的政府补贴达到了光伏系统造价的 70%[215]。2003 年为降低太阳能光电系统设备的价格，鼓励居民使用太阳能设备，日本政府利用太阳能热水器系统在 2003 年总计发放 132 亿日元，按 1 千瓦补助 9 万日元计算直接补助用户家庭。

住宅方面，经济产业省决定从 2007 年起大幅提高对家庭住宅建设的节能补贴，补贴的总金额将从 2006 年的每年 6 亿日元增加到 12 亿日元，每年大约有 1600 个家庭可以获得该项节能补贴。2010 年为了实现鸠山首相提出的减排承诺，本政府从2010年开始提供高额补助鼓励国民对现有住房进行改造。在政府的倡议下，日本国民积极行动起来，更换了有保温层、双层玻璃、防风装置的低碳型住房，这一举措将大大降低空调的使用率，降低碳排放。

另外，日本在2007年正式出台补助金制度，日本政府对消费者给予直接补助，如购买丰田混合动力汽车普锐斯，每辆汽车补贴 25 万日元(约合 1.75 万元人民币)。2008～2010年，日本推行了“环保积分制度”，实施了一系列示范项目，人们购买环保型商品时可获得相应积分，用于购买各种商品。日本用这种方式建立了许多环保行为积分机制，涉及各行各业。这些积分可当作国民参与活动的凭证，通过这些积分的发放，政府对居民的节能行为进行经济鼓励。到2011年，日本环境省更新了这个项目，使该项目认定的节能行为包括节能家电、节能设备的购买和节能行为，还包括许多环境保护行为。从2012年开始，这个项目的主体和管理者由政府主导变为民间消费者[214]。

2.4.3 日本的信息型政策工具

日本为了推广节能产品，从制造、销售等各个环节加大控制力度。在销售环节实行“节能型产品销售商评价制度”，以此来激励销售商推广节能产品，并为消费者提供选择购买的参照依据。在消费环节，日本实行能效标识制度，从节能标识标签上消费者可以了解能效等级、每年的能源消费量、节能标准达标率、能源运行费用、生产厂商、产品名称和型号等内容。随着产品的更新和进步，每年进行一次调查，当达到最佳标准的器具比标准制定时增加30%时，重新评价能效最佳标准，每年4月1日进行多级评价标准变更。2008年7月，为了建立全国范围的低碳社会，日本根据颁布的《构建低碳社会行动计划》的先进性和地区性等标准对城市进行评定。“地区活性化统合总部”宣布六个城市入选首批“环境示范城市”，这六个城市都采用了防止温室效应的有效政策措施。入选城市的居民在主动消费本地产食品，有效利用太阳能、风能等清洁资源，推广节能住宅、尽量减少居民消费相关的碳排放等方面变得积极[216]。

日本对于节能的宣传教育工作非常重视，日本政府规定每年2月为节能月，并且每月的第一天为节能日，每年的8月和12月的1号定为节能检查日，以检查评估节能行为习惯。另外举办了多种多样的节能宣传活动，在全国范围内推广节能技术。在居民相关的节能消费行为中，节能行为从点到面，慢慢地从家庭扩大到社区。一些地方开始成立“节能推进会议”，用以研究制定节能的计划及具体节能目标，这样可以提高居民的节能效率。并且这项会议派出指导员来提出节能建议来指导居民的节能行消费行为，这些指导员经过培训具有专业的知识，能够很快地发现生活中的浪费行为，因此取得了良好的效果。会议也会通过发放出版物、建立节能信息网站等传播节能知识[217]。

2.4.4 日本的自愿参与型政策工具

日本居民家中电器待机消耗的电量占家庭用电总量的 10%，因此，各行业协会联合设立了“自愿消减待机电量项目”，还有“节能产品销售商评价制度”，通过评价家电制品销售商，评出节能产品[218]。

日本十分重视节能减排的宣传教育，为此建立了两个层次的宣传体系，一方面是针对社会、家庭的，另一方面是针对企业节能的，通过设立节能活动日、节能活动月和节能检查日等开展丰富多彩的节能宣传。一些地方成立了“节能活动推进协议会”，这个组织由地方政府官员、节能专家、居民代表和企业人事组成，任务是研究制定一个地区的节能目标和实施计划，使区域节能效率超过个别单位和家庭的效率。“协议会”经常开办讲座、开展节能活动，如建立“无车日”，共同熄灭建筑物上的灯饰，推广使用风能、太阳能等自然清洁电力等。此外，日本政府部门带头节能，2006 年 6 月日本政府宣布开展“节能装”活动，内阁成员带头穿“节能装”，各位大臣都穿着简便行装，不打领带，并要求政府公务员脱去代办的西装和领带，穿短袖衬衣上班，同时，将办公大楼的空调温度设定在 28℃。

作为日本政府追加经济对策的一项措施，2009 年 5 月起在日本全国开始实施旨在促进节能环保家电消费的“环保积分制度”。该制度对购买符合一定节能标准的空调、冰箱和数字电视的消费者返还“环保积分”，空调和冰箱的返还比例为 5%左右，数字电视则在 10%上下，所获积分可用于兑换消费券[219]。

2.4.5 相关政策的实施效果

日本在 1973 年、1978 年的两次石油危机之后，一次能源总供给和最终能源消费都有不同程度的降低，但 GDP 增长几乎没有受到影响；1965～2005 年，日本实际 GDP 增长均高于最终能源消费增长；1984～2005 年，日本实际 GDP 增长均高于一次能源总供给增长[220]。国际统计年鉴的数据显示，2000 年日本的二氧化碳排放总量为 1219.5 百万吨，人均碳排放量 9.6 吨，到 2011 年，这个数值已经下降到 1187.7 百万吨，人均碳排放量 9.3 吨，在保持经济增长的同时，日本较好地控制了碳排放水平。

2011 年 3 月日本福岛发生大地震导致核泄漏，这使日本加大了对煤炭的依赖，因此从 2011 年往后的两年，日本的碳排放量一直处于上升的水平。日本能源有关的二氧化碳排放在 2013 年达到最高峰 1235Mt-CO_2，2014 年度日本的温室气体碳排放比上一年度减少 3.0%，这是自 2011 年福岛第一核电站事故发生以来第一次减少，日本环境省指出这主要得益于节能和可再生能源的利用取得了进展。到 2015 年末，日本温室气体排放量比上一年下降了 3%，达到了 5 年来的最低水平，且二氧化碳排放量连续两年下降，达到了 13.21 亿吨二氧化碳当量，相比 2013 年下降了 6%[221]。

第3章　我国引导居民低碳节能的政策工具现状与政策效力量化评估

本章在第2章政策工具分类的基础上，从命令控制型、经济激励型、信息型、自愿参与型四类政策工具角度出发，对我国政府发布的居民生活领域节能引导政策进行了全面的整理，并根据政策评估的理论基础和基本思路，构建政策效力量化评估模型，对我国政府近20年发布的与居民生活领域低碳节能相关政策文件的政策效力量化评估，分析现有政策工具的政策效力特征及其变化情况，并对四类政策工具的节能效果进行量化评估，为后续的政策优化提供现状依据。

3.1　我国引导居民生活领域节能减排的政策工具现状

中国共产党的十七大报告明确指出："必须把建设资源节约型、环境友好型社会放在工业化、现代化发展战略的突出位置，落实到每个单位、每个家庭"。党的十八大明确提出大力推进"生态文明建设"，十八届五中全会进一步提出"绿色发展、协调发展的理念"。2017年10月，党的十九大报告明确提出"推进绿色发展"，提出"加快建立绿色生产和消费的法律制度和政策导向，建立健全绿色低碳循环发展的经济体系，壮大节能环保产业、清洁生产产业、清洁能源产业。推进能源生产和消费革命，构建清洁低碳、安全高效的能源体系。推进资源全面节约和循环利用，降低能耗、物耗，实现生产系统和生活系统循环链接。倡导简约适度、绿色低碳的生活方式，反对奢侈浪费和不合理消费，开展创建节约型机关、绿色家庭、绿色学校、绿色社区和绿色出行等行动"。由此可见，节能减排，低碳发展已成为我国的国家发展战略之一，受到前所未有的关注与重视，为了实现这些发展目标，需要充分发挥政策工具的引导、调控与监管职能。

自20世纪90年代以来，我国的能源需求急剧增长，对外依存度也越来越高。我国政府也从20世纪80年代开始意识到能源问题是制约经济发展的一个重大因素。我国能源消费在世界总能源消费比例中一直居世界前列，且主要能源消费用于工业，其次是交通、生活和其他(包括农业、建筑和商业、其他行业等)能源消费。三十多年来，我国的能源消费结构一直以煤炭、石油为主，而天然气和新能源(可再生能源)的比例较低。2005—2015 年，我国煤炭在一次能源消费总量中所占比例一直保持在 75%左右，2015 年煤炭和石油的消费量占能源消费总量的 80.6%[222]，而据《BP 世界能源统计 2016》数据显示，2015 年我国天然气消费量在基础能源消费中所占的比重仅为 5.9%[3]，而世界平均水平为 53.5%。由此可见我国能源结构中化石能源所占比重过高，而对清洁能源的利用较低，这对我国实现二氧化碳减排目标是一个巨大的挑战。

虽然目前我国居民直接能耗占总能耗的比例并不高，但增长速度和增长潜力不容忽视。随着经济的持续快速发展，居民对生活舒适、便利的需求都会使能源消费呈长期增长态势。因此，合理消费、低碳消费、可持续消费成为中国实现高增长、低排放发展模式转型的一种必然的消费选择。为此，政府在倡导这一消费模式过程中，采用了一系列政策工具，力求促进居民能源消费向低碳化转变。

3.1.1　命令控制型政策工具现状

法律法规是节能减排的法制保障，也是我国命令控制型政策工具的重要内容。随着我国经济的发展，国家对节约能源、提高能效、保护环境越来越重视，同时开展了一系列的相关立法工作，节能环保的法治化进程在不断推进。我国的命令控制型政策主要有法律法规、强制性标准和具有行政约束力的国家政府通知、意见和方案等。

早在 1986 年，我国就颁布了《节约能源管理暂行条例》，开始节能的法制化管理；1989 年，颁布了《中华人民共和国环境保护法》，成为我国的第一部环保法律；1995 年颁布了《中华人民共和国电力法》；1997 年 11 月 1 日《中华人民共和国节约能源法》正式颁布，并于 1998 年 1 月 1 日起正式实施，标志着我国节能法制化迈向一个新台阶。《节约能源法》是一部综合性、基础性的能源法律，它对政府、用能单位、供能单位等合理使用能源做了详细的界定。以该法为基础，国家又出台一系列配套的法规、规章等，如 1999 年颁布《重点用能单位节能管理办法》、《中国节能产品认证管理办法》等；2000 年实施《节约用电管理办法》，同年又颁布《民用建筑管理规定》等[223]。此后，《大气污染防治法》(2000 年)、《清洁生产促进法》(2002 年)、《环境影响评价法》(2002 年)相继出台，不断加强了节能减排的法制基础和保障。

2004 年，国家发展和改革委员会(以下简称国家发改委)制定并实施了《节能中长期专项规划》，确定了“十一五”期间的能耗降低目标，并提出要广泛开展节能宣传，提高全民能源忧患意识和节能意识；2006 年颁布了《国务院关于加强节能工作的决定》，如“对可再生能源发电价格高于常规能源电价的差额部分，由电力用户统一分摊”[224]。

2007 年 10 月 28 日，第十届全国人民代表大会常务委员会第三十次会议通过了对《节约能源法》的修订，新法于 2008 年 4 月 1 日起施行。修订后的《节约能源法》[225]对居民能源消费虽然没有做出单独规定，但在相关条款中多有提及。如第六十六条明确提出“国家实行有利于节能的价格政策，引导用能单位和个人节能”。

2008 年 10 月 1 日，我国颁布施行了《民用建筑节能条例》，“限制进口或者禁止进口能源消耗高的技术、材料和设备”，且“鼓励和扶持单位、个人安装使用太阳能热水系统、照明系统、供热系统、采暖制冷系统等太阳能利用系统”。

2011 年 8 月 13 日，国务院下发了《“十二五”节能减排综合性工作方案》，进一步提出调整能源结构，在做好移民安置和生态环境保护的前提下，加快发展水电、天然气等清洁能源；实施建筑节能、绿色照明、节能产品惠民等节能改造工程及资源综合利用、废旧商品回收体系等循环经济重点工程[226]。

2015 年，国务院发布《国务院办公厅关于加强节能标准化工作的意见》，以强制性能效标准和交通工具燃料经济性标准为依据，实施节能产品惠民工程、节能产品政府采购、能效标识制度。将强制性节能标准实施情况纳入地方各级人民政府节能目标责任考核。

2015 年 8 月 29 日，中华人民共和国第十二届全国人民代表大会常务委员会第十六次会议通过了《中华人民共和国大气污染防治法》的修订，从 2016 年 1 月 1 日起施行，要求公民增强大气环境保护意识，生活方式以低碳、节俭、节能为主，自觉履行环境保护义务，对能源结构进行调整，煤炭使用方式进行优化，使用清洁高效能源[227]。

总体而言，我国的命令控制型政策主要是法律法规、强制性标准和具有行政约束力的国家政府通知、意见和方案等。其中大多数针对的是工业、交通、建筑等直接高耗能的领域，与居民能源消费属于间接相关，而对居民能源消费影响较大的命令控制型政策主要是家用电器的强制性能效标准、能耗标准和节能认证制度。随着人民生活水平和消费水平的提升，居民对家用电器的使用量和用电量也与日俱增，尤其是近年来反复无常的气候环境条件，也促使了空调、取暖器等制冷供热电器的热销。为此，国家也制定了一批家用电器能效标准，并规定了能耗标准，要求对不符合要求的电器予以淘汰。同时，推行节能产品认证制度，依据相关节能产品的认证标准和技术要求，颁布认证证书和节能标志。我国政府发布的主要命令控制性政策工具见表 3-1 所示。

表 3-1　我国政府发布的主要命令控制性政策工具

发布年份	政策文件名称
1995	《民用建筑节能设计标准》
1996	《中华人民共和国电力法》
1998	《中华人民共和国节约能源法》 建设部科技司关于开展《建筑节能试点示范工程(小区)工作要点》的通知
2000	关于发布《城市生活垃圾处理及污染防治技术政策》的通知 《中华人民共和国大气污染防治法》 《民用建筑节能管理规定》
2001	《夏热冬冷地区居住建筑节能设计标准》
2002	关于印发《建设部建筑节能“十五”计划纲要》的通知
2003	建设部关于印发《建设部建筑节能试点示范工程(小区)管理办法》的通知
2004	《节能中长期专项规划》 《建设部建筑节能试点示范工程(小区)管理办法》 建设部《关于加强民用建筑工程项目建筑节能审查工作的通知》
2005	《关于新建居住建筑严格执行节能设计标准的通知》 《关于进一步加强建筑节能标准实施监管工作的通知》 《国务院关于做好建设节约型社会近期重点工作的通知》
2006	《中华人民共和国可再生能源法》 《民用建筑节能管理规定》 关于发布《环境标志产品技术要求节能灯》等 10 项国家环境保护行业标准的公告 建设部关于贯彻《国务院关于加强节能工作的决定》的实施意见 《国务院关于加强节能工作的决定》
2007	《中国应对气候变化国家方案》 《国务院关于印发节能减排综合性工作方案》
2008	《中华人民共和国节约能源法》 《国务院关于进一步加强节油节电工作的通知》 《关于推进北方采暖地区既有居住建筑供热计量及节能改造工作的实施意见》 《2008 年节能减排工作安排》 《中华人民共和国循环经济促进法》
2009	《2009 年节能减排工作安排》
2011	国务院批转住房城乡建设部等部门《关于进一步加强城市生活垃圾处理工作意见》的通知 《“十二五”节能减排综合性工作方案》
2013	《国务院关于加快发展节能环保产业的意见》 《深化限制生产销售使用塑料购物袋实施工作的通知》 《国务院关于加快发展节能环保产业的意见》
2014	《2014—2015 年节能减排低碳发展行动方案》
2015	《国务院办公厅关于加强节能标准化工作的意见》 《国务院关于积极发挥新消费引领作用加快培育形成新供给新动力的指导意见》 《节能低碳产品认证管理办法》
2016	《国务院关于印发“十三五”节能减排综合工作方案的通知》

3.1.2 经济激励型政策工具现状

在经济激励型政策工具方面，我国采取的政策主要有税收优惠、低息贷款、财政补贴、专项基金等。这些政策大都是针对企业或行业的，直接针对居民生活能源领域的政策主要是税收政策、财政补贴政策和价格政策三种。

在税收政策方面，一方面是通过开张消费税、燃油税和车船税等高耗能产品的生产和消费增加税收。如 2000 年国家实行《消费税暂行条例》，开征消费税，对汽油、柴油分别按 0.2 元/升、0.1 元/升征收消费税，对小汽车按照排气量大小实行差别税率，2008 年，财政部、国家税务总局联合调整了乘用车消费税政策。同年的 12 月，国务院又发布《关于实施成品油价格和税费改革的通知》，完善并改革燃油税费制度。另一方面是通过税收优惠，促进节能产品或绿色能源产品的普及与推广。如为了扩大内需，促进汽车产业健康发展，2009 年 12 月 22 日，财政部、国家税务总局发布了《关于减征 1.6 升以下排量乘用车辆购置税的通知》，在 2010 年 1 月 1 日到 2010 年 12 月 31 日期间，购置 1.6 升及以下排量乘用车按 7.5%的税率征收车辆购置税[228]；2012 年 3 月 6 日，财政部、国家税务总局、工业和信息化部联合发布了《关于节约能源使用新能源车船车船税政策的通知》，对节约能源的汽车实施减半征收车税，对使用新能源的车辆免征车税[229]；为了鼓励积极利用太阳能发电，2013 年 9 月 23 日，财政部、国家税务总局发布了《关于光伏发电增值税政策的通知》，提出在 2013 年 10 月 1 日到 2015 年 12 月 31 日期间，利用太阳能生产的电力产品，施行即征即退 50%的增值税的政策[230]。

在补贴政策上主要分为两类，一类是补贴给产品生产企业的，通过对高效节能产品生产企业给予补助来激励其进行节能产品的研发、生产与销售，如财政部于 2009 年发布的《高效节能产品推广财政补助资金管理暂行办法》。另一类是直接补贴给消费者，从终端需求侧来促进节能产品的消费推广，如 2009 年 7 月 19 日国务院办公厅颁发了《国务院办公厅关于印发 2009 年节能减排工作安排的通知》，要求对高效节能空调、冰箱等 10 大类产品实施“节能产品惠民工程”，通过财政补贴方式加大对 1.2 亿只节能灯的推广力度；对北方采暖地区的居民建筑进行节能改造，抓紧时间对节能发电调度办法出台配套政策，安排财政资金 70 亿元，鼓励汽车、家电的“以旧换新”消费[231]；2010 年，财政部发布《“节能产品惠民工程”高效节能房间空调器推广实施细则》，国家将对能效等级 2 级的空调给予每台 300 元至 650 元的补贴，对能效等级 1 级的空调给予每台 500 元至 850 元的补贴；2016 年 1 月 11 日，由财政部、科技部、工业和信息化部、国家发改委、国家能源局联合发布的《关于“十三五”新能源汽车充电基础设施奖励政策及加强新能源汽车推广应用的通知》，对推广新能源汽车规模较大的及较为完善的充电基础配套设施的省份进行综合奖励补贴[232]。

在价格政策方面，主要是阶梯电价和峰谷电价政策、生活用气阶梯价格制度和清洁供暖价格政策三类。2000年的《节约用电管理办法》就明确指出要扩大两部制电价的使用范围，逐步提高基本电价，降低电度电价；加速推广峰谷分时电价和丰枯电价，逐步拉大峰谷、丰枯电价差距；研究制定并推行可停电负荷电价。通过价格的变化引导居民合理用电，节约用电。2008年6月19日国家发展和改革委员会下发了《国家发展改革委关于提高电力价格有关问题的通知》，从2008年6月19日起，对除西藏外的全国省级电网的销售电价平均提高0.025元每千瓦时[233]；2014年3月20日国家发改委颁发了《国家发展改革委关于建立健全居民生活用气阶梯价格制度的指导意见》，对居民用气量施行阶梯价格制度，为了满足不同家庭的用电需求，将居民用气量分为三档，各档气量价格实行超额累进加价[234]。2015年12月27日国家发改委下发了《国家发展改革委关于降低燃煤发电上网电价和一般工商业用电价格的通知》，对全国燃煤发电上网电价平均下调3分钱每千瓦时，为了促进可再生资源的发展对燃煤电厂超低排放改造给予支持。[235]2017年9月19日，国家发改委颁发了《国家发展改革委关于印发北方地区清洁供暖价格政策意见的通知》，要求完善包括峰谷分时价格制度、优化居民用电阶梯价格政策的“煤改电”电价政策及“煤改气”气价政策[236]。

2016年12月20日，国务院颁布《国务院关于印发“十三五”节能减排综合工作方案的通知》，进一步从完善价格收费政策、财政税收激励政策、健全绿色金融体系等三大方面对加强节能减排的经济激励政策进行了规划[237]。

整体上看，我国与居民能源消费相关的经济激励型政策已经受到政府部门的重视，但应用经济手段直接针对居民节能减排的激励力度和范围都还存在不足，与欧、美、日等低碳先行国家相比，直接针对居民能源消费低碳化的经济激励型政策数量整体偏少，惠及人员有限，激励周期较短，市场机制的激励约束功能还没有被充分发掘，金融支持类政策尚处于规划研究阶段。目前我国与居民能源消费相关的经济激励型政策详见表3-2。

表3-2　我国的经济激励型政策工具

年份	政策文件名称
1998	《中华人民共和国节约能源法》
2000	《节约用电管理办法》 《消费税暂行条例》
2005	《国务院关于做好建设节约型社会近期重点工作的通知》
2006	《中华人民共和国可再生能源法》 《“十一五”十大重点节能工程实施意见》

续表

年份	政策文件名称
2007	财政部、国家发改委关于印发《高效照明产品推广财政补贴资金管理暂行办法》的通知 《节能产品政府采购清单》 《中国应对气候变化国家方案》 《北方采暖地区既有居住建筑供热计量及节能改造奖励资金管理暂行办法》
2008	《中华人民共和国节约能源法》 《民用建筑节能信息公示办法》 《2008 年节能减排工作安排》 《关于实施成品油价格和税费改革的通知》 《国家发展改革委关于提高电力价格有关问题的通知》
2009	《高效节能产品推广财政补助资金管理暂行办法》 《关于减征 1.6 升以下排量乘用车辆购置税的通知》 《2009 年节能减排工作安排》
2010	《“节能产品惠民工程”高效节能房间空调器推广实施细则》
2012	《关于节约能源使用新能源车船车船税政策的通知》
2013	《关于光伏发电增值税政策的通知》
2015	《国家发展改革委关于降低燃煤发电上网电价和一般工商业用电价格的通知》
2016	《关于“十三五”新能源汽车充电基础设施奖励政策及加强新能源汽车推广应用的通知》 国务院关于印发《“十三五”节能减排综合工作方案》的通知

3.1.3　信息型政策工具现状

我国引导居民能源消费行为低碳化的信息型政策主要有两类：一类是加强宣传教育的广度、提高全民低碳节能意识，并树立节能典型；另一类是建立健全能效标识制度，为消费者选购低碳节能产品提供信息依据。

由于信息型政策并不具有强制性且渗透在节能行为的多个方面，很少有完全独立的文件对信息型政策进行规定，而是体现在不同政策文件的具体规定中。

2008 年，为了响应《中华人民共和国节约能源法》的相关规定，建设部发布了《民用建筑节能信息公示办法》，公示内容包括节能性能、节能措施和保护要求，来发挥社会公众的监督作用，加强民用建筑节能监督管理。同一年，国务院办公厅发布《深入开展全民节能行动的通知》，提出要采取多种形式，大张旗鼓地宣传能源供求紧张形势和节能重要意义，普及节能知识和方法，宣传节能政策，推介节能新技术、新产品，宣传节能先进典型，大力倡导节俭文明的社会风尚，形成全民节能的强大声势和浓厚氛围。

2009年7月19日，国务院办公厅下发了《国务院办公厅关于印发2009年节能减排工作安排的通知》，提出继续加大宣传教育工作力度，继续全面深入开展“节能减排全民行动”，以节油节电和全民节能为重点，深入开展节能减排宣传教育，普及节能环保知识，积极倡导节约型的生产方式、消费模式和生活习惯[231]。

2010年和2011年，国家发改委分别发布《关于2010年全国节能宣传周活动安排意见的通知》、《关于2011年全国节能宣传周活动安排意见的通知》，要求各地发展改革委要会同联合主办单位搞好本地区的节能宣传周活动，加强组织协调，制定公众参与度高、有社会影响力的宣传实施方案，并安排专项经费支持节能宣传。国家节能中心、各级节能监察机构、节能技术服务中心要积极配合开展宣传活动，组织节能减排网络行动，发送节能减排公益短信，推行节能环保驾驶，开展能源紧缺体验活动，倡导公众绿色出行。通过举办展览、展示会、研讨会、技术交流会、现场体验活动，建立节能科普基地，印制宣传画、宣传手册，播放公益广告，倡导全社会进一步把节能理念转化为全民行动。组织好节能产品惠民工程，利用宣传周大力推广高效照明产品、节能空调、节能汽车、高效节能电机等。2010年国务院发布《关于进一步加大工作力度确保实现“十一五”节能减排目标的通知》，提出扩大能效标识实施范围，发布第七批能效标识产品目录。在企业、机关、学校、社区、军营等开展广泛深入的“节能减排全民行动”，普及节能环保知识和方法，推介节能新技术、新产品，倡导绿色消费、适度消费理念，加快形成有利于节约资源和保护环境的消费模式。新闻媒体要加大节能减排宣传力度，在重要栏目、重要时段、重要版面跟踪报道各地区落实本通知要求采取的行动，宣传先进经验，曝光反面典型，充分发挥舆论宣传和监督作用。

2011年8月31日，国务院印发的《“十二五”节能减排综合性工作方案》，健全绿色标识认证体系。强化能效标识管理制度，扩大实施范围，推行节能低碳环保产品认证。到2020年，能效标识2级以上的空调、冰箱、热水器等节能家电市场占有率达到50%以上。

2012年，国家发改委联合中宣部等17个部门，发布《“十二五”节能减排全民行动实施方案》，提出“树立绿色低碳家庭生活消费新理念”。继续在广大妇女和家庭中开展系列低碳活动，大力宣传和普及节能减排和低碳知识。倡导广大家庭践行低能量、低消耗、低开支、低代价的低碳生活方式。在全社会倡导勤俭节约之风，深入开展家庭社区节能减排宣传教育。大力宣传节能减排家庭社区行动，对节能减排先进典型和先进事迹进行广泛宣传。组织相关专家在示范城市、示范社区开展低碳家庭时尚生活巡讲，有针对性地进行辅导、展示和咨询等工作。借助现代女性大讲堂开展低碳生活的相关讲座，介绍节能环保的金点子和小常识。建设完善节能减排社区平台，利用社区、街道宣传栏、黑板报等载体，张贴节能减排、低碳生活的标语、口号、宣传画、条幅等。向社区居民发放宣传资料、低碳科普读物，介绍和宣传日常节能环保知识。

2013 年 8 月 1 日，国务院颁发了《国务院关于加快发展节能环保产业的意见》，提出在基础教育、高等教育、职业教育及社会主义核心价值观宣传教育体系中加入节能环保和生态文明知识，形成文明、节约、绿色、低碳的生活方式、消费模式和生活习惯[238]。

2014 年，国务院发布《2014—2015 年节能减排低碳发展行动方案》，提出实施能效领跑者制度。定期公布能源利用效率最高的空调、冰箱等量大面广终端用能产品目录，单位产品能耗最低的高耗能产品生产企业名单，以及能源利用效率最高的机关、学校、医院等公共机构名单，对能效领跑者给予政策扶持，将实施能效标识的产品由 28 类扩大到 35 类。整合节能和低碳产品认证制度，制定节能低碳产品认证管理办法，将实施节能认证的产品由 117 类扩大到 139 类，强化对认证结果的采信。

2015 年，国家发展与改革与委员会发布关于印发《家用电冰箱能效“领跑者”制度实施细则》《平板电视能效“领跑者”制度实施细则》《转速可控型房间空气调节器能效“领跑者”制度实施细则》的通知，提出建立能效“领跑者”指标与强制性国家标准衔接的机制，适时将能效“领跑者”指标纳入该类产品能效标准，组织召开能效“领跑者”新闻发布会、表彰会或推介会，集中宣传能效“领跑者”产品和相关企业，树立标杆，弘扬典型，表彰先进，为制度实施营造良好氛围。

2016 年 12 月 20 日，国务院办公厅颁布的《“十三五”节能减排综合工作方案》，提出“推动交通运输智能化，建立公众出行和物流平台信息服务系统，引导培育“共享型”交通运输模式[237]。

总体上来看，我国引导居民能源消费行为低碳化的信息型政策重点放在了事前信息传播上，重视信息传播的范围和力度，强调对先进典型的评选与宣传，以期形成节能减排的社会氛围，但是对信息反馈类政策的作用还没有引起重视。我国的信息性政策工具见表 3-3。

表 3-3　我国的信息型政策工具

年份	政策文件名称
1995	民用建筑节能设计标准
1998	《中华人民共和国节约能源法》 建设部科技司关于开展《建筑节能试点示范工程（小区）工作》的通知
2004	建设部《关于加强民用建筑工程项目建筑节能审查工作的通知》
2006	关于印发《建筑门窗节能性能标识试点工作管理办法》的通知
2007	《节能减排全民科技行动方案》 《节能减排全民行动实施方案》 《中国应对气候变化国家方案》 《关于印发节能降耗电子信息技术、产品与应用方案推荐目录的通知》

续表

年份	政策文件名称
2008	《关于推进北方采暖地区既有居住建筑供热计量及节能改造工作的实施意见》 《2008 年节能减排工作安排》 《民用建筑节能条例》 《中华人民共和国循环经济促进法》
2009	《北方采暖地区既有居住建筑供热计量及节能改造项目验收办法》 《2009 年节能减排工作安排》
2010	《国务院关于进一步加大工作力度确保实现“十一五”节能减排目标的通知》
2011	住房城乡建设部《关于进一步深入开展北方采暖区既有居住建筑供热计量及节能改造工作》的通知 国务院批转住房城乡建设部等部门《关于进一步加强城市生活垃圾处理工作意见》的通知 《“十二五”节能减排综合性工作方案》
2012	《关于认真做好节能家电推广工作的通知》 《“十二五”节能减排全民行动实施方案》 《深化限制生产销售使用塑料购物袋实施工作的通知》
2014	《2014—2015 年节能减排低碳发展行动方案》
2015	《国务院关于积极发挥新消费引领作用加快培育形成新供给新动力的指导意见》 《节能低碳产品认证管理办法》 关于印发《家用电冰箱能效“领跑者”制度实施细则》《平板电视能效“领跑者”制度实施细则》《转速可控型房间空气调节器能效“领跑者”制度实施细则》的通知
2016	国务院关于印发《“十三五”节能减排综合工作方案》的通知

3.1.4　自愿参与型政策工具现状

在自愿型政策工具方面，我国也开始推行节能自愿协议。2010 年 1 月《节能自愿协议技术通则》国家标准通过审查，但只是政府与企业间的节能自愿承诺，与居民生活并不直接相关。与居民相关的自愿参与型政策主要是公众参与性的宣传教育手段和推荐性的《行为指南》。

1990 年，国务院第六次节能办公会议确定以后每年开展节能宣传周活动。从 1991 年 11 月开始举办，鉴于夏季缺电情况，2004 年改为 6 月举办，希望在夏季到来之前唤起公众的节能意识。此外为提高公民节能意识，政府还出台了《公众节能行为指南》，包括《政府公务员企事业单位职员节能行为指南》、《城镇居民用户节能行为指南》、《商贸用户节能行为指南》和《宾馆饭店用户节能行为指南》等。

2003 年，为了直观地反映社会公众的节能减排潜力，科技部选取百姓生活中衣、食、住、行、用中的六大类 36 种日常行为，在研究每一项日常行为指标的节能减排潜力后，向社会公布了《全民节能减排手册》，提倡人们在保持现有生活水平前提下，选择科学合理的、节约能源的绿色生活方式。科技部的研究结果显示，居民生活点滴中的节能减排潜力非常巨大，如果大家都积极参与节能，这 36 种日常生活行为的年节能总量约为 7700 万吨标准煤，相应减排二氧化碳约 2 亿吨，经济、社会和环境效益都十分显著。

2007 年，国家发改委等部门发布《节能减排全民行动实施方案》，针对家庭社区、青少年、企业、学校、军营和政府机构及科技、科普和媒体行动做了具体要求，推动节能宣传深入社会每个角落。

2012 年国家发改委联合中宣部等 17 个部门，发布《“十二五”节能减排全民行动实施方案》，提出“开展家庭社区节能减排系列主题活动”。继续实施“家庭低碳计划十五件事”在社区和家庭进行普及推广。开展低碳绿色出行活动，倡导妇女和家庭成员步行、骑车、乘公交等方式代替驾驶机动车出行。在广大社区和家庭中开展节能减排小发明竞赛活动，并将设计新颖、效果明显的小发明向全国家庭推广。开展“勤俭节约、文明健康饮食”主题活动。

2016 年 12 月 20 日，国务院办公厅颁布的《“十三五”节能减排综合工作方案》，提出要努力增强全体公民的资源节约和环境保护意识，实施全民节能行动，形成全社会共同参与、共同促进节能减排的良好氛围。

我国的自愿参与性政策详见表 3-4。

表 3-4　自愿参与型政策工具

年份	政策文件名称
2002	关于印发《建设部建筑节能“十五”计划纲要》的通知
2004	《国务院办公厅关于开展资源节约活动的通知》
2006	《关于 2006 年全国节能宣传周活动安排意见的通知》 建设部关于贯彻《国务院关于加强节能工作的决定》的实施意见
2007	《中国应对气候变化国家方案》 《关于 2007 年全国节能宣传周活动安排意见的通知》 《教育部关于开展节能减排学校行动的通知》
2008	《国务院办公厅关于深入开展全民节能行动的通知》 《国务院关于进一步加强节油节电工作的通知》 《关于推进高等学校节约型校园建设进一步加强高等学校节能节水工作的意见》 《关于 2008 年全国节能宣传周活动安排意见的通知》
2010	《国家发展改革委等部门关于 2010 年全国节能宣传周活动安排意见的通知》
2011	《关于 2011 年全国节能宣传周活动安排意见的通知》
2012	《“十二五”节能减排全民行动实施方案》
2016	《“十三五”节能减排综合工作方案》

综上可见，我国在节能减排政策上存在命令控制型政策工具运用较多、经济激励手段应用不足、社会公众参与的途径欠缺的特征，在政策工具的管理对象主要针对的都是工业、建筑、交通运输等高耗能领域，针对居民能源消费的政策十分欠缺。在我国现有的与居民能源消费相关的四类政策工具中，命令控制型政策工具均是间接性影响；经济激励型政策工具刚起步，涉及的产品数量少、范围小；信息型政策工具往往与其他政策工具搭配使用，重视大众性信息传播，忽视针对

微观主体(家庭或居民个体)的节能信息反馈；自愿参与型政策工具使用较多，但存在重宣传、少参与的特点。

3.2　政策评估的理论基础与基本思路

3.2.1　政策评估的概念

政策评估也称政策评价，是政策实施、反馈过程中主要的环节，也是政策运行科学化、合理化的重要保障。自 1967 年 Edward Suchman 出版《评估研究》之后，政策评估成为政策分析中的重要研究领域[239]。在已有研究中，国内外学者关于政策评估的概念界定还未达成统一定论。从广义的角度来讲，“政策评估”包括对政策的事前评估(prospective ex-ante evaluation)、执行过程评估(monitoring interim evaluation)及事后评估(retrospective ex-post evaluation)三类。其中，事前评估是指对政策方案的评价，美国学者 Stuart[240]认为，政策评估是对各种备选的公共政策和政府方案进行评价，最终确定一个最大限度地达到一系列既定政策目标方案的过程。Lichfield 等[241]认为，政策评估是陈述各种备选政策优缺点的过程；执行过程评估是指对政策制定的执行过程进行评估，也称为事中评估。张金马[18]认为，政策评估是运用科学研究方法对某一群体的政策需求、对拟议之中的政策方案或者已经付诸实施的政策所产生的效果、执行情况及其带来的各种影响等进行的客观、系统化的考察与评价；事后评估是指对政策实施后的效果进行评估。Dye 等[242]认为，政策评估就是判断政策所产生的效果是否达到预期效果的过程。我国学者陈振明[243]认为，政策评估是依据一定的标准和程序，对政策的效益、效率及价值进行判断的一种政治行目的，在于取得有关这些方面的信息，作为决定政策变化、政策改进和制定新政策的依据。从狭义角度来说，Vedung[244]认为政策评估只包括事后评估。政策评估主要的目的是在对已执行政策效果进行评价的基础上，分析政策执行对于政策问题的解决程度和影响程度，并运用政策评价标准和原则，通过对政策效果的解析，挖掘形成当前政策效果的原因，以求通过优化政策体系及政策内容的方式强化政策效力。由于本研究政策评估的目的是对我国现有的与居民能源消费行为相关政策的实施效果进行评价，从政策工具的角度分析政策执行对引导居民能源消费行为低碳化问题的解决程度和影响程度，把握四类政策工具的现状与特征，因此，本研究对政策评估的界定采用 Vedung 关于政策评估的狭义定义，指政策实施的事后评估。通过对享有政策的效力和节能效果的评估与分析，挖掘形成当前政策效果的原因，为政策工具优化提供现状依据。

3.2.2　政策评估的标准

政策评估标准是指在政策分析中需要坚持或遵守的标准与规范，是整个政策评估的前提条件。政策评估标准会影响政策评估的方向、评估结果的正确性、评估的程度和科学性。在现有研究中，学者们对政策评估标准的分类还存在诸多的观点。总结以往对政策评估标准的设定，并借鉴威廉·N·邓恩[245]和宋国君等[246]对环境政策评估标准的研究，可以将常用的政策标准归纳为以下四个方面。

1. 政策效益标准

政策的效益标准是衡量政策实际执行的效果达到预期目标的程度。这个标准主要考察政策现实情境中的效果与理想效果的差异程度，关注政策是否能够解决政策问题及解决问题的程度。

2. 政策效率标准

政策效率标准是衡量政策在实施过程中取得的某种或某些政策效果所消耗的政策资源的数量，即政策的投入与产出的比例。其中政策投入包括政策执行过程中投入的人力、物力、财力、时间和信息等，政策产出是指政策执行过程中产生的结果。政策的效率高低反映了政策执行部门的执行能力。

3. 政策公平性标准

政策公平性标准是指政策实施后，与政策有关的社会资源、经济利益及实施成本的公平分配程度。政策的成本与利益分配是否公正与公平是评判政策成功与否的标准，也是衡量政策能否适用于当前社会的重要标准。

4. 政策回应度标准

政策回应度标准是指政策对公众需求的满足程度。政策的回应性主要考察政策制定和执行的实际效果，通常表示公众对政策实施效果的满意程度。政策的回应度不在于政策制定和执行过程中的形式，而是看重政策的内容与实际效果。

3.2.3 政策评估的原则

政策评估的原则是指评估人员在政策评估过程中应该遵循的基本原则，主要包括科学性原则、客观公正性原则和独立性原则[247]。

1. 科学性原则

科学性原则是指在政策评估过程中，必须根据具体的分析目的，选择一个或多个科学、合理的政策评估方法，制定科学的评估方案，使政策评估的结果准确合理。在关于居民的低碳节能政策的评估过程中，需要采取科学规范的数据采集与分析方法，确保评估过程的科学规范，才能保证评估结果的科学性。

2. 客观公正性原则

客观公正性原则要求政策评估的结果应该以现实情境中的事实为依据，客观公正的评估现有的政策效果。这就需要政策评估者在评估过程中保持客观公正的态度进行资料、数据的收集与分析，并在对政策的预测和评判过程中也应以现实情景为依据进行客观的评估。如对引导居民生活节能相关的政策评估过程中，可以以官方正式发布的统计信息中的人均生活能源消费量的变化来衡量政策效果，以客观公正地评估政策效果。

3. 独立性原则

独立性原则是指在政策评估过程中政策评估者应以第三方的立场，不受到相关利益者的影响，以公正、客观的角度对现有政策进行评估。在独立性原则下，在对居民的能源消费行为低碳化的相关政策的评估过程中可以运用德尔菲法、专家独立打分法等方式，根据评估标准和流程对政府发布的相关节能减排政策进行评估。

3.2.4　政策评估的过程

关于政策评估的过程，美国健康与人类服务部门下属的疾病预防与控制中心（US Department of Health and Human Services Centers for Disease Control and Prevention）于 2005 年提出的健康政策评估框架为开展政策评估提供了一个有益的参照。这一评估框架将政策评估过程分为确定利益相关者、描述评估项目、开展评估设计、收集可信证据、评估结果使用和经验共享六个阶段[248]。该评估框架系统地探索政策执行和干预过程的有效性，使政策的评估框架形成一个循环的过程，寻求政策的不断优化。

本研究是针对我国政府发布的引导居民生活领域节能减排的政策进行评估，目的是分析现有的政策的文本效力和节能效果，通过解析政策的评估结果，进一步提出优化和改进意见。因此借鉴美国健康部门的政策评估框架，本节提出了包括六个步骤的节能政策的评估流程。

首先，从节能政策主体、节能政策客体及节能政策文本三个方面明确政策评估的范围和目的。本研究政策评估的范围是我国政府发布的引导居民生活领域节能减排的政策文件，目标是评估政策文件的文本效力和政策发布后的节能效果；第二，基于现有节能政策文件，梳理关于居民节能政策内容的要点和特征，确定政策量化评估的维度与标准，构建政策评估模型；第三，基于政策评估的目的和评估模型的基础上，选择合适的评估方法；第四，手机并梳理政策文件，根据评估维度和标准开展对政策文本内容的量化评估，分析不同政策工具的政策文本效力；第五，进行政策效果的数据收集，分析不同政策工具的节能效果；第六，基于以上的评估的结果，总结分析现有节能政策的不足，并提出政策优化策略与建议。本研究关于中国居民生活领域节能减排引导政策的评估流程图见图 3-1。

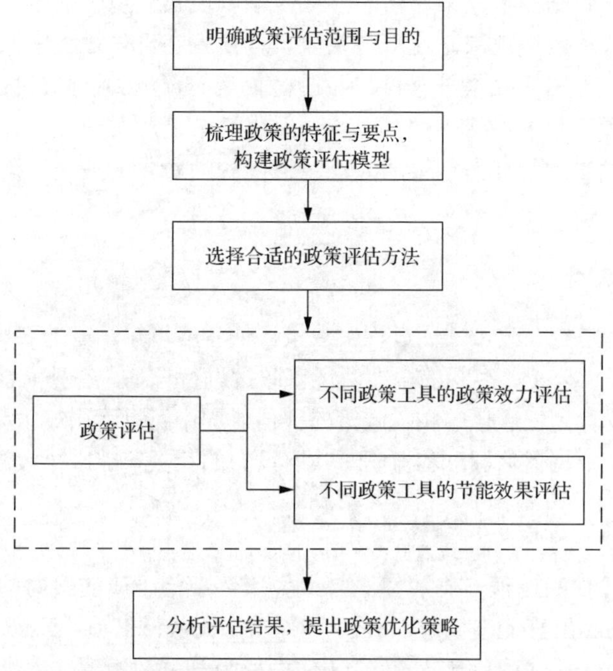

图 3-1　中国居民生活领域节能引导政策的评估流程

3.2.5　政策评估的方法

政策评估方法主要包括定性评估和定量评估两类。其中定性评估方法主要依赖于评估者的主观能力(如知识、经验等)对节能政策做出评估。虽然定量评估有利于挖掘隐藏的深层次信息，但其对评估主体的能力要求较高，且评估结果容易受评估者的主观影响。定量评估方法则是运用实际量化的数据对政策进行评估，如回归模型、实验法、聚类分析等。定量分析利用客观数据对政策的效果和效力进行评估，分析结果更加可视化，同时更具有客观性。因此采用定量分析的方法对引导居民节能政策的效力与效果展开评估，更有利于客观地评估和比较不同政策工具的政策效力和效果。

回归分析是确定两种或两种以上变量之间关系的定量研究方法，主要运用数学模型来分析因变量与自变量之间的因果关系，进而解读变量之间的影响程度和方向。因此为评估节能政策的有效性和政策的执行效果，本节通过构建多元回归模型对政策文件进行文本量化分析与节能效果评估，通过计量分析探索居民节能政策效果与预期目标之间的差异，并提出改建建议。

3.3　我国居民生活节能引导政策的效力与节能效果量化评估

3.3.1　政策量化评估的目标

我国从 20 世纪 90 年代开始陆续采取措施，引导居民能源消费行为向节能减排的方向转变。如 1998 年颁布了《中华人民共和国节约能源法》，2004 年国务院开展资源节约活动并印发《公众节能行为指南》及 2007 年发布的《节能减排全民实施方案》等，然而《中国能源统计年鉴》的数据显示，我国人均生活用能量呈逐年上升的趋势，从 1980 年的 112 千克标准煤上升至 2013 年的 335 千克标准煤，其中 1980～1996 年上涨幅度为 9 千克标准煤，而 1997～2013 年这 16 年间的涨幅是前 16 年的 23.8 倍[222]。因此，人们不禁要问，近 20 年来，我国政府发布的引导居民生活领域节能的诸多政策文件的内容效力究竟如何？不同类型政策工具的节能效果是怎样的？为了回答这两个问题，需要对我国政府颁布的引导居民生活节能的政策文件进行文本量化分析与节能效果评估。

目前，有关我国节能政策效果的研究主要有三类。第一类是从国家宏观经济运行的角度对节能政策进行整体评估，探究其对经济增长、能源消耗、环境保护的贡献，如 Yuan 等[249]采用线性回归和有无对比法分析了我国 1982～2006 年的节能政策对能源强度的短期效应和长期效应；He 等[250]使用长期能源选择与替代模型(long-range energy alternatives planing system，LEAP)估计了我国节能政策对于碳排放、空气质量产生的效果并对其综合效益进行了分析预测；Chen[251]以台湾的能源政策为例，使用 1980～2009 年的经济数据分析能源政策对能源需求量、能源消耗结构、CO_2 排放量的影响。这类研究以宏观统计数据为基础，运用计量经济学模型研究国家总体节能减排政策的实施效果。第二类研究是针对特定产业节能减排政策的效果评估，如朱宁宁等[252]基于“自然实验”和“双重差分模型”对比 16 个省市的相关社会经济数据，评价了我国建筑节能政策的实施效果；吴滨[253]使用万元增加值能耗和单产能耗衡量评价了“十一五”期间我国有色金属工业领域节能政策的实施效果；Wang 等[254]研究了我国风能产业发展政策对风能产业的装备制造、技术进步、资源利用、成本削减等方面的推动作用。第三类研究是针对某一项具体节能政策或政策设想的节能效果开展研究，如程时雄和柳剑平[255]使用我国各省份 1995～2011 年的省际面板数据，采用 DEA 模型对比分析了固定额度节能政策和比例额度的节能政策对各省经济增长的影响和政策实施效果；陈立中和李郁芳[256]运用我国乘用车市场的加总数据和随机系数离散选择模型分别从供给侧和需求侧探讨了车辆购置税政策和汽油价格政策对消费者、生产者和社会节能减排效应产生的可能影响。这类研究主要运用经济学模型对单项节能政策的实施效果进行比较和预测。上述三类对我国节能政策开展的效果评估研究，大都是用政策结果代替政策本身，对政策文件本身所具有的主观性和不确定性关注不足[257, 258]。

如何从政策文件本身的内容和特征出发，对政策文本进行量化分析，近几年开始受到国内外学者关注。Libecap[259]最早使用法律变革指数对美国内华州涉及矿产权的各项法律政策文本进行量化分析。后来，Daugbjerg[260]从责任部门、执行计划、法律地位、目标群体、政策目标、时间规划、预算、评估与反馈八个维度对英国的 27 项体育运动推广政策进行政策效力研究，拓展了政策文本量化研究的思路。在关于节能政策的文本量化研究方面，Murphy 等[261]基于政策工具的视角，从能源认证、房屋契约、经济政策、信息政策和建筑规定等方面对荷兰私人住宅的节能政策进行了评估；张国兴和张振华[262]从政策力度和政策目标两个维度对我国 1997～2013 年颁布的节能减排政策进行量化，以单位国内生产总值能耗、单位国内生产总值污染物排放量和 GDP 为因变量，探究了不同政策目标的演变趋势及其节能减排效果。Liao[263]对我国 1995～2014 年 72 项风能政策的发展演变进行了整理，从发布部门、发布形式、发布数量以及政策力度四个方面对比了供给、需求和环境三种政策的发展变化。这些研究关注的都是生产领域的节能减排政策，对生活领域引导居民节能减排行为的政策关注较少。

为此，本研究以我国政府发布的引导居民生活领域节能减排的政策文件为研究对象，收集整理了 1996～2015 年我国政府发布的 65 项引导居民生活节能的政策文件，从政策文本的内容和特征入手，建立评估模型，对我国引导居民生活领域节能的政策效力进行量化分析与评估；在此基础上结合人均生活用能量，对四种不同类型政策工具的节能效果进行评估。以利于政府部门更有针对性地调整政策文件的发布效力，优化政策工具对居民生活领域节能的促进作用。

3.3.2 政策效力量化评估的维度与标准

政策效力是指政策文本的内容效度及其影响力。彭纪生等[258]在对技术创新政策进行文本量化评估时，构建了包含政策力度、政策措施和政策目标的三维度政策文本量化评估模型，这一模型受到国内诸多学者的认可，如张国兴和张振华[262]、纪陈飞和吴群[264]分别借鉴该模型对我国节能减排政策的协同、演变和城市土地集约政策进行了量化分析。在彭纪生等[258]的三维度评估模型中，政策力度是由政策发布机构的行政级别所决定，政策措施和政策目标主要考察政策内容的明确性。Harmelink 等[265]在对欧洲节能政策工具的研究中指出，定性的政策目标难以衡量目标实现程度，定量的目标更容易实现甚至是超额完成。因此政策目标是否清晰可量化，在政策效力评估中不容忽视；Cools 等[139]在研究交通政策时指出，政策措施有强硬型和温和型之差，强硬型的政策主要通过技术设备、强制规定、显著的价格差异等方式改变行为发生的外在环境，温和型政策主要通过提供信息、教育和说服性广告等方式改变个体的感知、规范和动机等。因此政策效力评估还需要区分不同类型政策措施的作用机理；薛立强和杨书文[266]在研究政策执行中的“断裂带”效应中指出，政策在制定与执行过程中目标不明确，监督反馈不到位是导致执行链条断裂的主要原因。可见政策文件中是否有政策反馈也是评估政策文本效力需要重视的维度。

鉴于上述研究，为了更全面地评估我国发布的引导居民生活节能政策的政策效力，本节从政策力度(policy power)、政策目标(policy goal)、政策措施(policy method)和政策反馈(policy feedback)四个维度建立政策文本的量化评估模型，对引导居民生活领域节能的政策进行政策效力评估。其中，政策力度用于描述政策的法律效力和行政影响力，由政策发布部门的级别决定，政策发布部门的法律地位和行政级别越高，政策力度越大。政策目标用于描述政策文本中所要实现目标的可度量程度，目标越量化，得分越高。政策措施是指政策文件中政府为实现政策目标所采用的具体方法和手段。政策反馈是指政策文件在执行过程中是否规定有阶段性的执行报告和反馈机制。一般而言，级别越高的政府机关，其发布政策的政策力度越大，但相应政策会越宏观，对目标主体的影响和约束力越弱，政策目标和政策措施的得分会相对降低[258]；较低级别的政府机构颁布的政策虽然政策力度较小，但政策措施往往更具体，执行中的可操作性和协调性会增加；此外，政策反馈可以帮助监督和调整政策的执行效果。因此，从政策力度、政策目标、政策措施和政策反馈四个维度建构政策效力评估模型，可以综合的评定目前我国引导居民生活节能政策的内容效度和影响力。

政策力度的评估根据政策类型和政策颁布机构的级别，参照国务院《规章指定程序条例》及彭纪生等[258]、张国兴和张振华[262]、纪陈飞和吴群[264]的政策力度评估方法，分别赋予 1～5 的分值；政策目标根据政策文本中目标描述的清晰程度和可度量程度赋值 1～5 分；政策反馈根据反馈机制的合理性和及时性进行 1～5 分赋值。政策目标和政策反馈的评分标准在精读搜集到的政策文件内容的基础上，参考彭纪生等和张国等人的政策评估的赋值方式设置评分标准，这三个维度的赋值标准见表 3-5。

政策措施从措施的具体性和可操作性的角度进行赋值 1～5 分。政府引导居民节能的政策措施多种多样，考虑到不同政策措施的着眼点和作用机理不同，根据政策措施的共性，将其归纳为四种政策工具。政策工具是政策主体为实现政策目标所采取的一系列具有共同特性的政策措施的集合。1996 年，经济合作与发展组织(Organization for Economic Co-operation and Development，OECD)将环境政策工具分为命令控制型、经济激励型和劝说式三种[149]。借鉴 OECD 对政策工具的类型划分，结合本节梳理出的政策文件的内容特征，将影响居民生活领域节能行为的政策措施分为命令控制型政策工具(command-and-control policy)、经济激励型政策工具(economic-incentives policy)、信息型政策工具(informational policy)和自愿参与型政策工具(volunteering policy)四类，这四类政策工具对居民节能的影响在行为动力、行为约束力和强制化程度上各有不同，政策措施的评分标准见表 3-6。

表 3-5 政策力度、政策目标和政策反馈的评分标准

项目	赋值	评分标准
政策力度	5	全国人大及其常务委员会颁布的法律
	4	国务院颁布的条例、指令、规定、各部委的命令
	3	国务院颁布的暂行条例和规定、方案、决定、意见、办法、标准；各部委颁布的条例、规定、决定
	2	各部委颁布的意见、办法、方案、指南、暂行规定、细则、条件、标准
	1	通知、公告、规划
政策目标	5	政策目标清晰明确且可量化，指出了减排指标，推广数量，能源结构标准额等明确的数字标准
	3	政策目标清晰，但没有量化的标准
	1	仅仅宏观的表述了一下政策的愿景和期望
政策反馈	5	有明确的监督方式和负责部门，且定期有反馈文件
	3	有明确的监督方式和负责部门，但反馈不足
	1	没有监督和反馈

注：为了便于打分人员对量化标准的理解和把握，政策目标和政策反馈给出了 5、3、1 分三个标准差别较为明显的分值，4 分和 2 分介于相邻的标准分值之间。

表 3-6 不同类型政策工具的政策措施评分标准

政策工具类型	赋值	评分标准
命令控制型	5	制定了强制执行的准入条件、门槛、标准；制定了节能减排相关考核、考察、监督检查办法；制定了强制淘汰落后产能产品的目录；对行政审批项目严格实行环境影响评价；制定了专门促进节能减排的强制性管理办法等
	3	明确要求制定准入条件、门槛、标准；明确要求实施节能减排考核、监督检查；要求加大实施淘汰落后产能、严格实施环境影响评价等；明确要求制定推动节能减排的相关政策或制度；但均未制定相关方案
	1	政府对节能减排标准控制很松；只提及上述条款
经济激励型	5	在财政预算、补贴、补助、贴息、奖励上给予大力支持，并提出了财政补助、补贴、投入、奖励的额度或支持办法；从价格、费用、计量等方面大力推进节能减排：制定了通过实施价格、费用调整来控制节能减排的办法或方案，相关费用和价格的具体核算办法，实施供热计量收费的标准或办法
	3	明确提出在财政方面大力支持节能减排改造，和节能产品的推广使用，但均未提出相关支持额度、制定相关办法或目录；明确提出要通过价格、费用的调整来控制节能减排，制定与节能减排相关费用的核算办法或措施，加强供热计量收费；但均未制定相关实施办法或措施
	1	仅提及或涉及上述条款

续表

政策工具类型	赋值	评分标准
信息型	5	大力引导居民个人节能减排，制定了宣传的具体实施办法或方案；制定了详细的产品、消费推荐目录和引导体系及措施
	3	明确提出要大力实施节能减排宣传，加强对节能环保产品实施标识管理；明确表示要制定产品消费推荐目录，节能减排相关的引导措施等；但均未制定相关实施办法或制定相关目录
	1	仅提及或涉及上述条款
自愿参与型	5	制定了“节能活动宣传周”等具体的推广活动及推广方式，并要求社区等单位具体落实实施；制定了加大节能减排宣传的实施方案，公众参与监督或评价的具体办法等
	3	明确要求了要推广节能宣传活动，鼓励居民节能和公众参与，但均未制定相关方案
	1	仅提及或涉及上述条款

3.3.3 政策效力与节能效果评估方法

1. 政策效力评估模型

在确定政策效力评估维度和评分标准后，邀请了 6 位高校研究能源政策与公共政策的专家分成 3 组对政策进行同步打分，在打分过程中，同一项政策文件可能同时涉及多种政策工具的运用，则根据量化标准对其分别打分。第一轮打分完成后将结果进行比对，出现分歧时大家共同商讨确定，最终完成对各个政策文件的打分。根据政策测量标准以及打分结果，得到各条政策在政策力度、政策措施、政策目标和政策反馈四个维度上的分值。运用公式(3-1)计算单一年度政策的整体效力，用公式(3-2)计算单一年度政策的平均效力：

$$\mathrm{PMG}_i = \sum_{j=1}^{N}\left(m_j + g_j + f_j\right)p_j, \quad i \in [1996, 2015] \tag{3-1}$$

$$\mathrm{APMG}_i = \frac{\sum_{j=1}^{N}\left(m_j + g_j + f_j\right)p_j}{N}, \quad i \in [1996, 2015] \tag{3-2}$$

考虑到政策的颁布与执行有时具有一定的时间间隔，而且政策效力在政策执行中才能具体体现。因此式(3-1)和式(3-2)中 i 为政策开始执行年份，N 为第 i 年开始执行的政策的数量；j 为第 i 年开始执行的第 j 项政策；（$m_j + g_j + f_j$）为第 j 项政策的政策措施，政策目标与政策反馈的得分；p_j 为第 j 条政策的政策力度得分；PMG_i 为第 i 年引导居民生活节能政策的整体效力；APMG_i 为第 i 年居民生活领域节能政策的平均效力。

2. 政策的节能效果评价方法

引导居民生活节能的政策的执行效果可以通过国家统计局发布的全国人均生活用能量体现。因此本节通过构建多元回归模型对政策执行效果进行计量分析，由于前期的能源消耗水平对本期的节能效果具有显著影响，在构建政策工具对居民生活领域节能效果的分析模型中，将考虑前一年人均生活用能量，各变量具体定义见表 3-7。同时考虑到在实际生活中，大多数政策的效力不是立即就能在执行之初显现出来，而是具有一定的滞后性，因此建立回归方程时，需要同时考虑政策的滞后影响，具体见公式(3-3)。

表 3-7 各变量定义表

定义	变量符号		变量名
因变量	AEN		全国人均生活用能量
自变量	PAEN		前一年全国人均生活用能量
	PI	LAW	命令控制型政策效力
		ECO	经济激励型政策效力
		INS	信息型政策效力
		VOL	自愿参与型政策效力

$$\text{AEN}_t = C + \alpha \text{PAEN}_t + \beta_1 \text{LAW}_{t-i} + \beta_2 \text{ECO}_{t-i} + \beta_3 \text{INS}_{t-i} + \beta_4 \text{VOL}_{t-i} + \varepsilon_t , t \in [1996, 2013] \tag{3-3}$$

式中，C 为模型的常量；i 为政策工具执行的滞后期，在后面分析中将依据信息准则(akaike information criterion，AIC)和施瓦茨准则(Schwarz criterion，SC)进行选择；α、$\beta_b(b=1,2,3,4)$均为各变量的系数；ε_t为其他随机因素对因变量的影响。

3.3.4 政策量化评估的数据来源

从万方和北大法宝两个数据库中以“节能”“低碳”为检索关键词，搜集了 1996～2015 年国家及各部委颁布的与节能减排相关的政策 770 项，通读搜集到的政策，从中筛选出与居民生活节能直接相关的 65 项政策，其中包含了全国人民代表大会、国务院、财政部、住建部、国家环保总局、教育部、国家发改委等机构发布的相关政策(详见第 3 章第 1 节)。在对不同政策工具的节能效果评估中，人均生活用能量取自国家统计局发布的《中国能源统计年鉴》，由于数据仅更新到 2013 年，因此本节取 1995～2013 年的数据进行分析，同时在政策效果评估中也选取 1995～2013 年的政策文件进行分析。

3.3.5　我国居民生活领域低碳节能引导政策的政策效力评估

1. 政策数量与政策效力的演变分析

1996～2015年，我国政府发布的引导居民生活节能的政策文件数量、政策整体效力和政策平均效力的分布及演进情况见图3-2。

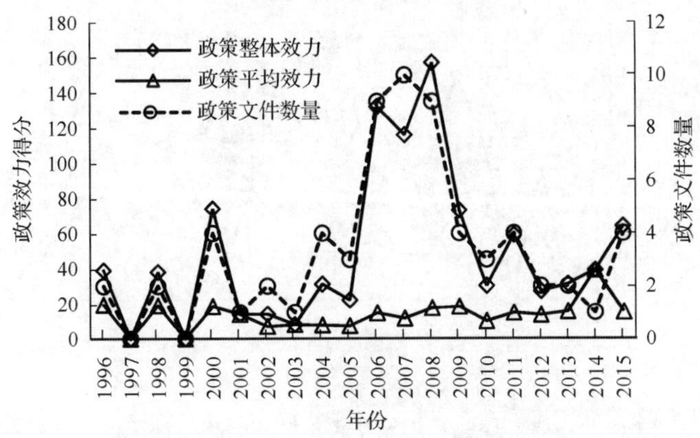

图3-2　政策文件数量政策整体效力与政策平均效力的演变

由图3-2可见，各年的政策整体效力与政策文件数量的变化趋势基本保持一致，呈周期性波动。具体来看，2000年是第一个政策小高峰，那时正值我国国内市场体制改革逐步深入，政府逐渐尝试基于市场的节能管理政策，接连颁布了《节约用电管理办法》《中华人民共和国大气污染法》《民用建筑节能管理规定》等涉及多方面居民节能减排行为的政策文件。之后在2006～2008年政策发布出现快速增长，形成一个政策小高峰。2006年全国人大审批的《"十一五"规划纲要》发布，提出要加大节能力度，并制定了单位GDP能耗降低20%左右、主要污染物排放总量减少10%的约束性目标，为此2006年发布了《中华人民共和国可再生能源法》《民用建筑管理规定》《国务院关于加强节能工作的决定》等政策文件。然而，截至2006年底，全国单位GDP能耗仅比2005年下降1.79%，距离达成"十一五"规划目标还有较大的距离，因此2007年持续增加政策推动，发布了以居民为对象的《全民节能减排手册》、《节能减排全民科技行动方案》和《节能减排全民实施方案》等政策文件，将居民生活领域的节能减排行为提到了前所未有的重视程度；2008年较2007年虽然在政策文件数量上有小幅度的下降，但政策整体效力却高于2007年，说明2007年出台的几项促进全民节能减排的政策效力开始显现。2008年之后居民生活节能引导政策的发布数量出现下降，保持在2006年之前的水平，政策整体效力也随之下降。1996～2015年，政策平均效力波动较小，且一直保持在较低水平。这反映出我国引导居民生活节能的政策效力的变化主要是由政策文件的颁布数量引起的，政策年均效力的提升还没有引起政府部门的重视。

2. 不同政策工具的政策效力演变分析

为了进一步探析政策年均效力较低的原因，分别对政策力度、政策目标、政策措施和政策反馈四个维度的得分情况进行分解(图 3-3)。

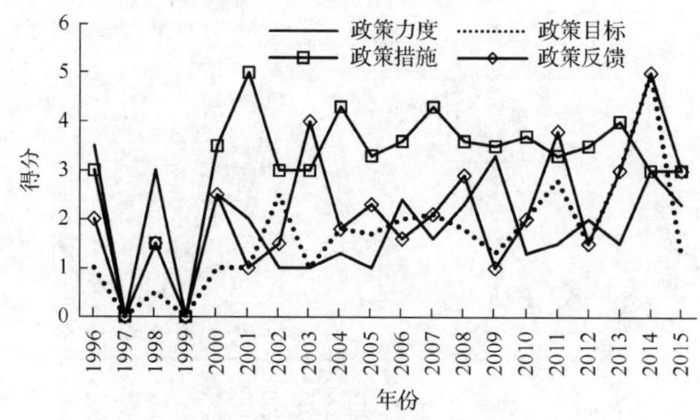

图 3-3　政策力度、政策目标、政策措施和政策反馈平均得分演变

由图 3-3 可以看出，四个维度中，政策力度的平均得分基本都低于 3 分，我国颁布的引导居民生活节能的相关政策主要是国家各部委颁布的条例、规定、通知等，国务院或全国人大颁布的法律法规数量很少，导致政策力度偏低，影响了政策的平均效力，也使政策发布缺乏战略性和系统性；政策措施的得分较高，但政策目标得分较低，虽然政府对于政策的具体内容有较为详细的规定，但政策目标不够明确，可度量程度低，使政策执行时的动力和压力均不足，难以引起相关政府部门、社会组织及居民的足够重视，也导致政策平均效力偏低；政策反馈的得分大多低于政策措施的得分，且波动性较大，反映出政策反馈不足，不能及时针对政策执行过程中出现的问题进行调整。此外 20 年间政策效力四个维度的变化趋势并不一致，间接反映政府在制定居民生活节能政策时，缺乏对政策效力协同性的重视，导致政策平均效力水平一直难以提升。

对四类政策工具在 1996～2005 年和 2006～2015 年这两个 10 年间的政策效力进行对比(表 3-8)。

表 3-8　不同政策工具的政策效力描述性统计结果

年份	项目	命令控制型	经济激励型	信息型	自愿参与型
1996～2005	均值	18.5	9.1	9.4	0.7
	极小值	0	0	0	0
	极大值	76	35	35	4
	标准差	23.018	13.478	12.764	1.494

续表

年份	项目	命令控制型	经济激励型	信息型	自愿参与型
2006～2015	均值	39.9	27.9	23.5	12.2
	极小值	5	0	0	0
	极大值	121	66	72	67
	标准差	39.9	27.9	23.5	12.2

表 3-8 显示，1996～2005 年命令控制型政策的效力水平一直遥遥领先，其次是信息型政策和经济激励型政策，自愿参与型政策的效力水平极低。命令控制型政策通过规定居民住宅节能设计标准，节能认证标识制度，环保产品技术要求等，为居民选择环保节能产品和居住节能提供了环境支撑力。2006～2015 年四类政策工具的整体效力都大幅增长，虽然命令控制型政策的效力依然领先，但其他三类政策工具的效力水平增长更大，与命令控制型政策的效力差距显著缩小，说明最近十年政府已经注意采用多样化的政策工具来引导居民生活节能。而且经济激励型政策的效力在最近 10 年超过了信息型政策，说明政府开始重视使用市场化手段和经济激励来促进居民节能。四种政策工具中，虽然自愿参与型政策的效力依旧最低，但政策效力涨幅最大，由 0.7 跃升为 12.2，与其他三类政策效力的差距显著缩小，说明节能减排中如何激发志愿精神和引导社会参与已经引起政府部门的重视，如每年组织的“节能宣传周”活动，营造全民节能的社会氛围成为一种常态化的政策干预。

此外，从四类政策工具的政策效力极值可以看出，极小值都出现了 0，且极差较大，可以看出政策发布的周期性波动也导致政策工具运用出现波动性。

3.3.6　我国引导居民节能减排政策工具的节能效果评估

按式(3-3)对四类不同政策工具的节能效果进行回归分析，结果见表 3-9。其中调整后的 R^2 为 99.47%，大于 90%，同时 F 值检验通过，说明方程整体的拟合程度较好。鉴于前文的赋值方法可能会导致数据上的多重共线性问题，因此在回归结果中同时给出了各个变量的方差膨胀因子(variance inflation factor，VIF)，发现该值均小于 10，表明潜在的多重共线性问题不大，不会对研究结果产生严重影响。根据 AIC 准则和 SC 准则，当两个数值最小时确定最优滞后分布长度，由此确定各政策工具的滞后期均在 1～3 年，说明模型的估计结果能够较好地解释各政策工具在现实中的情况。

表 3-9　不同政策工具节能效果估计结果

变量	滞后	效果	共同作用(Coef.)	显著性水平(Prob.)	VIF
截距项		—	–1.144957	0.8000	
前一年人均用能量		N	1.106336	0.0000	1.270
命令控制型政策		—	0.085687	0.1298	3.314
经济激励型政策	2	Y	–0.294987	0.0065	2.782
信息型政策	1	Y	–0.164653	0.0461	2.272
自愿参与型政策	2	—	–0.057722	0.1298	2.396
Adjusted R-squared	0.994796		AIC		6.412537
F-statistic	574.4461		SC		6.702258
Prob(F-statistic)	0.000000				

注：显著性水平(Sig.)为 10%；“效果”一列中“N”表示加强该变量对居民生活领域节能具有抑制作用，“—”表示加强该变量对居民生活节能没有显著影响，“Y”表示加强该变量对居民生活领域节能具有促进作用；“滞后”一列中的数值表示滞后期。

由表 3-9 可见，在四种的政策工具中，经济激励型政策、信息型政策可以有效地促进人均生活用能量的减少，系数分别为–0.294987(Prob.=0.0065＜0.1)和–0.164653(Prob.=0.0461＜0.1)，说明这两类政策工具对居民节能具有显著促进作用，其中经济激励型政策的实际节能效果更大。经济激励型政策通过控制价格、提供补贴等方式给予居民直接的经济刺激，对于能效产品的选购和生活用能的直接节约均产生了积极影响，节能效果最为显著。信息型政策通过宣传教育、普及节能知识，提升公民环保意识，激发节能行为的内在动机，也对促进节能产生了显著效果。但命令控制型政策和自愿参与型政策的实际节能效果均不显著，这与我国政府目前已发布政策的结构分布情况出现较大偏差。政府已发布的引导居民生活领域节能政策构成中，以命令控制型政策的数量最多，政策文本的整体效力也最强，但实际产生的节能效果却不如预期。这可能是由于命令控制型政策对居民节能而言主要提供的是环境支撑力，难以对居民的具体能耗行为进行直接干预所致，也可能与命令控制型政策的强制力带来的消费反弹有关。此外，自愿参与型政策的节能效果也没有通过检验，可能在于自愿参与型政策主要是通过节能宣传周等活动，营造全民参与节能的社会氛围，属于间接影响居民的认知与行为，与居民的自身利益缺乏直接关联性所致。

表 3-9 还显示，前一年人均用能量对之后年度的节能减削形成显著制约(Coef.=1.106336，Prob.=0.0000)，说明居民已有能源消费习惯形成的能耗量是节能减排的一个重要障碍，芈凌云等[99]关于信息型策略对居民节能行为干预效果的元分析(Meta)表明：通过信息反馈向居民提供其家庭能耗的历史数据和与同类消费群体对比的数据能够有效地促进居民主动实施节能行为。因此，进一步发掘信息型政策工具的节能促进作用，通过信息反馈政策的开发，对居民已有用能量

进行策略性反馈，可以化阻力为动力，减小居民已有用能量对后期节能行为的制约作用。

3.3.7　政策量化评估的主要结论

第一，1996～2015 年，我国政府发布的引导居民生活节能的政策发布数量与各年政策整体效力呈同向变化且波动较大，而政策的年平均效力水平则变化平稳且整体较低，政策整体效力的变化主要由政策发布数量驱动，政府对政策文件本身的内容效力重视不够，政策发布的战略性和协同性尚需改进。

第二，在构成政策效力的四个维度中，政策措施较多，但政策力度偏低，政策目标缺乏量化，政策反馈不足，导致 20 年来政策的年平均效力难以有效提升。这不利于政策的执行落实和调整优化，因此，政府在制定政策过程中需要关注政策文件的综合效力。

第三，不同类型政策工具的效力水平差异较大，四种政策工具的整体效力在 2006～2015 年的 10 年间相较之前的 10 年均有显著提升。我国政府已经开始重视采用多样化政策工具对居民生活领域的节能减排进行引导和干预。但政策构成仍然以命令控制型政策为主。命令控制型政策所占比重过大，不利于居民生活节能中主观能动性的激发与保持。

第四，四类政策工具的政策效力与其节能效果出现显著偏差。政府更偏好使用命令控制型政策，其次才是经济激励型政策和信息型政策，而政策工具的节能效果检验却显示：命令控制型政策的节能效果并不显著，经济激励型和信息型政策的节能效果更好。这种政策工具偏好与实际节能效果之间的偏差需要引起高度重视。由于命令控制型政策体现的是强制性行政权力的约束，缺乏对居民的主观能动性的激发，容易使居民能源消费中出现回弹效应[267]；此外，命令控制型政策对居民生活领域节能而言，提供的是环境支撑力，不是直接相关性，也削弱了其对居民生活节能的驱动力。经济激励型政策和信息型政策能够更直接地建立政策与行为的关联性，通过改变个体的意愿、价值判断和消费者的感知状况，对于促进居民生活领域节能效果更为显著[268]，尤其是在当前的信息经济和大数据时代，如何充分发挥信息型政策对居民生活节能的促进作用应该引起我国政府部门的足够重视。

第4章　基于扎根理论的居民能源消费行为低碳化的驱动因素理论模型构建

本章遵循扎根理论的质化研究范式，构建了居民能源消费行为低碳化的理论模型。首先采用面对面深度访谈和开放式问卷调查相结合的方式进行原始资料的收集；然后对原始资料的开放式编码、主轴编码、选择性编码对原始资料进行逐层提炼和逻辑结构分析，构建了居民能源消费行为低碳化的理论模型，并对模型进行理论饱和度检验，为后续的变量测量和实证研究提供了基础。

4.1　扎根理论的研究过程

扎根理论研究法(grounded theory approach)是社会学家 Barney Glaser 和 Anselem Strauss 于 1967 年在《扎根理论的发现》一书中提出的。它被认为是今日社会科学中最有影响的研究范式，走在质化研究革命的最前沿[269]。20 世纪中期以前，以扎根理论为基础的田野研究仍处于一种边缘的状态。20 世纪 80 年代以后，教育学研究领域开始肯定扎根理论的运用，并成为发达国家具有一定影响力的研究方式。目前，扎根理论在发达国家社会科学研究中已有大量的应用，其价值也逐步得到心理学、教育学主流研究人员的认可。在我国，20 世纪 90 年代中期以后扎根理论方法开始应用于教育学研究领域，并逐渐扩展到社会学、心理学、管理学等研究领域。但总体来说，扎根理论在我国学术领域中的应用尚处于引进、吸收、消化和本土化的阶段，尚未成为主流研究范式[270]。

扎根理论是一种质化研究方法，其基本宗旨是在经验资料的基础上建立理论。与量化实证研究不同，研究者在进入田野调查之前并不预先提出理论假设，而是从实际观察获取的第一手资料入手，从中提取概念，再将概念范畴化，通过层层提炼，逐级编码，自下而上的构建出新的理论。扎根理论技术和其他分析技术的不同之处在于目的差异。扎根理论技术的主要目的概括起来有三个方面：第一，扎根理论侧重在资料中发掘“主题”或从分散的概念中发展出一个理论性架构；第二，扎根理论侧重于建立理论而不仅仅是验证理论；第三，扎根理论协助研究者不断突破自己以前的偏见和建设，是研究者最终可以发展建立起联结现实世界、内容丰富、系统完整、具有解释力的理论[271]。扎根理论采用持续比较分析思路，通过在理论和理论之间、资料和资料之间持续不断地进行比较、分析、归纳、概括，然后根据资料与理论之间的关联提炼出有关的概念范畴及其属性，直至发展出相应理论，其具体研究过程见图 4-1。

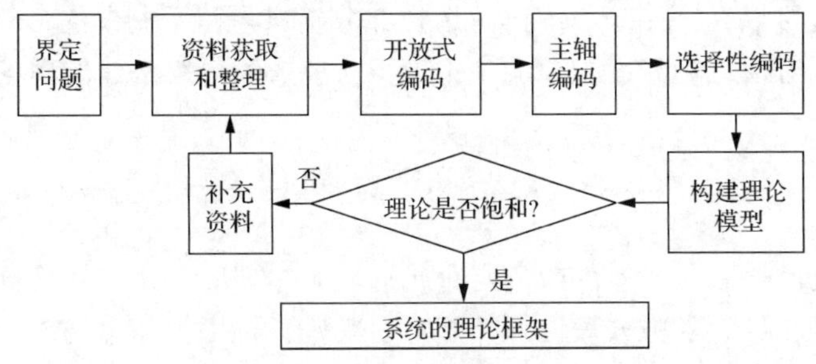

图 4-1　扎根理论的研究过程

采用扎根理论进行探索性分析时，主要流程可以分为六个步骤。

第一步是界定研究问题，通过回顾多个相关领域的文献，明确研究的方向和问题，使得研究问题既有针对性又有广泛性，同时具有研究价值。

第二步是资料获取和整理，资料的获取不是能一次性完成的工作，需要根据研究中收集到的数据特点不断调整，直到达成理论模型饱和的要求。

第三步是开放式编码，它是对原始资料(笔记、访谈稿、录音资料等)所记录的任何可以编码的句子或片段给予概念化标签，是将句子或段落标签化的"动作"，这个"动作"的目的并非赋予资料名称，而是通过对资料进行逐级登录，从资料中产生初始概念。

第四步是主轴编码。开放式编码的主要任务在于发掘范畴的性质和维度，而主轴编码的主要任务则是发现和建立概念范畴之间的各种联系，以有限呈现资料中各部分之间的有机关联。每一组范畴之间的联系建立起来以后，研究者需要明确其中的主范畴和子范畴，识别出不同级别的范畴之后，再通过比较的方法把主范畴和子范畴之间的关系建立起来。

第五步是选择性编码。在主轴编码阶段，当范畴发展得差不多时，范畴与范畴之间的关系会逐渐显现出来，选择性编码则是进一步系统地处理范畴与范畴之间的关联。它是对上述所有发掘出的概念范畴进行系统分析，从中挖掘确定一个"核心范畴"，分析核心范畴与其他范畴的联结，并以"故事线"的形式描绘整体行为现象。

在扎根理论的三级编码中，开放式编码侧重于确定分析主体，主轴编码侧重于在主体之间建立关联，选择性编码注重提升出最重要的主体。三者之间的关系可以用"开放—集中—整合"的路线描述。在具体的操作过程中，并非必须按照三种编码顺序，而是彼此交错进行的。

第六步是模型构建与理论饱和度检验。在完成三级编码之后，就是通过逻辑结构分析构建相应的理论模型，然后通过理论饱和度检验来检查资料中的范畴是否已经发展的丰富完善，是否存在新的主范畴构成因子及主范畴之间的关系。理论饱和度检验可以在开始分析编码时选择部分资料，留下剩余的资料进行理论饱和度检验。只有通过饱和度检验的理论模型才能成为最终构建的理论框架。

4.2 原始资料收集

扎根理论的核心是资料的收集与分析过程。本研究采用面对面深度访谈和开放式问卷调查相结合的方式获取原始资料。其中，面对面深度访谈是通过与被访者的直接当面交流来获取对方对能源消费行为低碳化的主要观点、情感取向和行为方式等信息。这一方法不仅反馈及时，而且还能深入挖掘被访者的想法的前因与后果，还可以观察被访者的表情、肢体动作等非言语信息，更真实地把握被访者的认知、情感与行为意向；开放式问卷是通过含有问题大纲的调查问卷来获取被访者对特定问题及其原因的看法。这一方法可以降低面对面交流时的局促感，减少问题回答的仓促性。而且受访者的文字表达也比口头语言更具有逻辑性和条理性。两种方法结合使用可以取长补短，保证原始资料收集的质量。

对于访谈对象的选择，采取了理论抽样(theoretical sampling)的方法，按照分析框架和概念发展的要求抽取具体访谈对象。由于质化研究要求受访者对研究问题有一定深度的理解和认识，能够充分理解访谈的各项问题，能够清晰地表达并阐释自己的态度、观点及其前因后果，这对被访谈者的受教育水平和思维能力提出了一定的要求。为此，本研究的扎根理论研究样本选取的是我国东部某 211 重点大学的秋季工商管理硕士(master of business administration，MBA)班的学员和中外合作的国际 MBA 项目班级的学员作为访谈对象。其中，秋季 MBA 班的学员都是大专或本科及以上学历且具有 3～5 年(大专 5 年，本科 3 年)以上工作经验的企事业单位和政府部门的员工和基层管理者，年龄基本在 25～35 岁，国际 MBA 项目的学员大都是本科毕业并且工作 8 年以上的大型企业、特别是合资企业的中高层管理者，年龄在 30～50 岁。这些 MBA 学员思维活跃，拥有丰富的信息渠道，易于接受新的事物，对国家和社会问题的关注度高，对节能环保、低碳消费等环境行为问题具有一定的认识和主见，言语表达能力较好，符合开展扎根理论研究的样本要求。

访谈于 2015 年 9 月开展，为了保证深度访谈的质量，我们在开始访谈前三天先联系被访者并告知访谈主题，以便其能够先做一些思考和准备。正式访谈时，先对被访者进行相关主题的解释说明，以确保其对主题的正确认识，然后根据访谈提纲进行深度访谈(访谈提纲见表 4-1)，在实际的深度访谈过程中可以根据与受访者的交流及其回答问题情况对提问的顺序做适当的调整。深度访谈以一对一参与式访谈为主，且在访谈开始之前，经过被访者同意，对访谈内容全程录音，为保证访谈质量，每位被访者的访谈时间要求在 30min 以上。之后，根据录音和笔记将资料转化为完整的访谈文本。

表 4-1　访谈主题和内容提纲

访谈主题	内容提纲
对能源消费行为低碳化的认知	提到低碳消费，你会想到日常生活中的哪些能源消费行为或消费活动？ 在你的日常生活中，哪些方面是能源消费比较集中的地方？哪些方面是你比较注意节能的地方？
生活中节能低碳消费的实践现状	你自己或家人有意识地做过哪些有利于低碳消费、节能减排的事情？ 其中哪些是主动实施，哪些是外界环境(如政策规定、单位要求等)要求或促使实施的？ 在你看来，在当前发展阶段下，如果节能减排和生活的舒适、方便、快捷产生了冲突，人们一般是如何考虑并进行取舍的？你认为主要的原因是什么？
能源消费行为低碳化的影响因素	现实生活中，你认为哪些因素是促使人们在能源消费上实施低碳消费的行为动力？如何才能加强和保持这些动力？ 现实生活中，你认为目前人们实施低碳消费面临的主要困难和遇到的主要障碍有哪些？如何克服这些困难和障碍？
促进能源消费行为低碳化的政策措施	你知道哪些与居民节能减排、低碳消费相关的活动？你参加过哪些活动？在什么情况下你更愿意参与相关活动？ 在引导人们从“高碳型”的能源消费模式向“低碳型”的消费模式转变的过程中，你认为政府可以采取哪些措施？为什么？ 你知道哪些与居民节能减排、低碳消费相关的政策法规或激励政策？你觉得这些政策是否有效？为什么？

由于 MBA 学员是周末集中上课，因此只能利用其中午的时间进行面对面访谈。样本数的确定以理论饱和原则为准，即抽取样本直至新抽取的样本不再提供新的重要信息为止。经过一个多月的访谈和开放式问卷调查，最终收集到 86 份有效样本，其中面对面深度访谈资料获得有效资料 45 份，开放式调研问卷 41 份，形成 19 万余字的原始资料，其中，面对面访谈记录 12 万余字，开放式问卷资料 7 万余字。被访谈者的基本信息见表 4-2。

表 4-2　被访者的基本信息分布表

项目	类别	人数	百分比/%	项目	类别	人数	百分比/%
性别	男	55	63.95	学历	大专或本科	59	68.60
	女	31	36.05		研究生	27	31.40
年龄	<25 岁	3	3.49	职业	政府部门工作人员	12	13.95
	25～30 岁	19	22.09		一般员工或服务人员	24	27.91
	31～35 岁	36	41.86		企业管理人员	32	37.21
	36～45 岁	19	22.09		工程技术的人员	9	10.47
	>45 岁	9	10.47		科研或教育领域人员	5	5.81
					其他	4	4.65

根据扎根理论研究的要求，在正式编码前，需预留一部分资料进行理论饱和度检验。因此，我们先随机抽取三分之二的样本(57 份)进行编码。

4.3　数据编码与分析过程

4.3.1　开放式编码

开放式编码(opening coding)是将原始资料逐步进行概念化和范畴化的过程，目的是指认现象、界定概念和发现范畴。开放式编码包括初始编码和概念范畴化两个阶段。

初始编码阶段是对深度访谈采集的原始资料进行逐行逐句比较分析并给予概念化标签的过程。为了保持过程严谨和发现更多的概念，本研究尽量使用被访者的原话作为标签，逐句进行编码。

概念范畴化阶段是将初始编码获得的概念进行进一步归纳形成范畴的过程。这一过程通过循环比较概念与概念之间的关系和类属情况，把反映同一现象的概念归纳为一个概念群，形成范畴。在概念范畴化的时候，要尽可能使概念或范畴贴合资料的原意。

通过对原始资料的开放式编码，一共得到 1252 条原始语句及相应的初始概念。在此基础上进一步对获得的初始概念进行范畴化。进行概念范畴化过程中剔除了出现频率在 3 次以下的概念，同时剔除个别前后矛盾的初始概念。表 4-3 是得到的初始概念和若干范畴。受篇幅所限，对每个范畴只是节选了 3～5 条原始语句及其初始概念。表 4-3 中 A13-1 表示面对面深度访谈资料中第 13 位被访者的第 1 条编码概念，B9-1 则代表开放式问卷调查第 9 位被调查者的第 1 道问题的第一条编码概念。

表 4-3　开放式编码过程(节选)

范畴	原始资料语句(初始概念)
日常节能行为	A13-1 自己做的主要就是用电，比如充完电及时把电器拔下来，把不用的电脑关闭，不待机(及时切断电源) A7-1 用纸，我们办公都是双面使用，空着一面太可惜了，我们公司实行无纸化办公，建立了 OA 网，也节省了不少的纸张(节约纸张) A18-1 食物方面就是吃多少就要多少，减少浪费，现在我们中国的食物浪费太重了(减少饮食浪费)
能效投资行为	A26-1 住房家庭生活中就是家用电器，包括节能灯啊，变频空调啊，我们可以选择低耗能的会有好处的(节能电器) A5-1 建筑方面，像徐州高铁站就是一大败笔，我观察了一下，你看他的外面都是全玻璃落地窗的，所谓做的外观很漂亮，只有光线比较好，可是一到夏天，冬天，它的防热保温方面，浪费的能源太大了，能源利用的成本太大了(建筑能耗大) A30-2 还有太阳能，是非常节能的，在家夏天洗澡的时候基本上都用不着电，冬天就用太阳能来补充辅助热水(采用太阳能)

续表

范畴	原始资料语句(初始概念)
行为意愿	A2-5 如果我们单位有组织节能的活动的话，我都很愿意参与的(愿意参与节能活动) A17-4 我非常愿意去做一些节电、节气的活动(愿意节电、节气) A33-4 其实，很多人都非常愿意参与节电活动的，但是最主要的就是没有时间(愿意参与节电)
行为能力	A8-5 我同事之前教我怎么减少电冰箱和热水器的小窍门，还挺简单的(掌握节能技巧) A41-6 其实节能很简单，去百度查一些技巧然后在平常的生活中使用，就能节省好多电力(节能技巧简单易行) B13-2 如果有人给我教一下节能的知识的话，我肯定就能做到(能够掌握新知识)
气候问题感知	A14-2 我觉得这个动力和最近几年的雾霾等问题频发有关，发生了大家就去关注，形成了意识(环境问题发生引起关注) A14-6 我比较关注能源消费，我胆小，害怕未来气候变换，我随时都会关注这个事情(关注气候问题) A31-15 现在西部许多城市，比如兰州，从来见不到蓝天白云，天空一直都是灰蒙蒙的，就是为了发展经济，没注重节能减排(污染带来气候问题)
环境责任意识	A12-1 电视上说砍伐了多少树，但我们还是感觉不到，不牵涉切身的利益，没有从心里感觉到这种恐怖(感受不到环境问题) A5-3 大的方面就是为了我们的子孙万代，可持续发展(为了可持续发展) A13-3 大家主要是现在意识不强，大家很多知道低碳环保，但是没有形成概念，没有形成责任意识(环境意识不强)
环境价值观	A12-2 像这个低碳，是国家或政府提出来的，对咱们没什么感觉，如果大家真的感觉到什么好处的话，可能会真心地去改变；但现在只是提出来，没反映到现实生活(利己的环境价值观) A29-1 如果可以既让我们觉得生活得很好，同时又保护了自然环境，这是一种共赢的局面(互利共赢) A44-3 没有利益驱动，这样做对我没有好处，我做他干什么，对我没什么坏处，我也不会做，很多人就是机会主义(利己价值观)
舒适偏好度	A10-3 障碍就是会降低人们生活的舒适度。比如说骑自行车是要耗费体力的，而且是要时间的，现在很多人生活方式都是朝九晚五，晚上熬夜，白天不想起，上班的时候就很匆忙，就需要开车或打的(降低舒适度) A7-2 你说为了节省水，我连手都不洗了，衣服也少洗，这样也不现实，生活质量下降了，这就本末倒置了(影响生活质量) A17-7 因为人们还是喜欢舒适的生活，为了低碳我生活水平下降了，这样就没有意义了(舒适的生活更重要)
自我效能感	A6-14 灯基本上谈不上节能不节能的，像我前脚走，就会自然地把灯关了(自然而然可以做到) A21-16 很难靠居民自主在生活中各个方面注意低碳(低碳比较难做到) A52-7 如果真的提高了对低碳消费的重视程度，那平时消费也就能够注意到了(重视就能做到)
面子意识	A14-4 现在大家都买大排量的汽车觉得自己有面子(为了面子去消费) A22-3 还有就是车，像我这样的基本上不会买小排量的车，跑不起来是一个方面，安全性能，更多的就是开的车代表着企业的形象和个人的形象(维护形象) A43-6 当我受到外界压力的时候我会更加注意，因为现在每个人都很注意面子的(注重面子)
从众心理	A11-2 徐州这边不管做什么事情都是跟风的(从众跟风) A34-3 还有有时候大家都这么做，社会的氛围不好，很多人就随大流了，这就是人的从众心理(从众心态) A42-4 如果是我的话，我宁愿去装空调，按照传统的做法来，除非大家都在那样做，或者有朋友做了这个确实感觉很好(大家这样做了，我才会去选择)

续表

范畴	原始资料语句(初始概念)
炫耀性心理	A14-5 中国人的虚荣心很有关系，很多人就是因为虚荣心膨胀，就会要大牌，去买大排量的汽车(虚荣心强) B15-1 中国人的炫富心理是低碳消费推行的重要障碍(炫富心理) A21-23 目前居民的目标是小康生活，要小康就要买车买房、要提高生活质量就要多消费(消费体现生活质量)
低碳知识	A10-2 我们现在用电很多，多是火力发电，需要用煤，就会产生较多的二氧化碳(碳排放来源) A13-8 没有获取知识的渠道，大家一般都不会主动去查我怎么才会低碳，对于这个大家都是被动的(知识缺乏) A28-9 很多人知道低碳这个概念，但是对于一些细节还是不了解，咱们的宣传和教育还没有具体化(不了解低碳内涵)
便利条件	A9-5 垃圾分类做得不好，小区没有实施；就算居民分类，物业有没有做也是个问题(垃圾分类不方便) A27-5 动力当然是低碳又实惠，肯定要很方便，不能说为了低碳搞得我生活很不方便(低碳不能给生活带来不便) A33-9 现在电动汽车有补贴，但是基础设施不好，没法去充电(使用不便利)
社会规范	A11-7 好的社会氛围很重要(社会规范很重要) A46-3 大家都不这样做，我自己做了也没用(没有好的社会规范) A51-3 节能的话别人都自觉了，你不自觉，就会觉得过意不去(社会规范引导行为)
榜样示范	A11-9 如果有人树立了榜样，别人会跟他一起学习；家庭成员也会对自己有影响(树立榜样) B34-2 加大示范性，如高级领导，公务员带头示范等(政府官员带头示范) B42-1 名人效应，名人在公众前的行为会引起很大的示范效果(名人效应)
社会地位	A13-5 有钱人买东西就不注重多少钱了，主要在乎的就是产品对身份的体现(身份体现) A45-6 有时候不是不想节能，而是还要考虑社会角色的问题(社会角色) B25-4 阶层不一样，对节能的态度也不一样啊(阶层差异)
技术成熟度	A12-5 房子的话，对于节能低碳的装饰装修材料，很多人可能不太了解，说了也不太相信，也不敢去实验，现在还没太普及(产品尚未普及，可信赖程度低) A15-7 如果电动车能够达到汽车的性能，但以后如果在速度各方面可以达到较高的标准，可能大家会更多地来买(电动车与普通车的性能对比) A49-9 技术上面的话我还是怀疑这种技术，比如说前几天看新闻上面说，节水的龙头，达不到他说的那种技术标准(技术不成熟)
使用经济性	A7-9 一般会买节能的，但是价格不要贵太多，综合起来要实惠，做好结合，这样大家就会愿意接受(经济实惠) A12-9 对于节能的材料，别人说是那么说，它不一定能达到那种效果，另外价格可能会比较贵(性价比不高) B21-14 节能电器可以减少成本，虽然购买的价格可能较高，但长远地说可以减少电费(长久使用更经济)
政府强制干预/命令控制型政策	A11-5 增加违法成本，让大家知道这样会带来严重的后果，可以做一些惩罚试点，让大家看到这样的效果，可能大家就不会去排斥了(加大惩罚) A55-2 现在很多企业也是不断地排，这个主要是很多政府人员被买通了，社会上没有这个环境和氛围去低碳，这个政府的监管还是没有做到位的(监管不到位) A26-3 我觉得这个不好做，对于我来说可能就是强制的会好一些，例如像北京限制我们单双号上路，这样就会减少我去开车了(限行效果明显)
经济型政策	A14-7 同时国家的经济补贴大家参与度也会很高，人们愿意去购买节能产品，因为国家有补贴(补贴促进节能产品推广) A16-2 还有就是政府排量征收税，这些都是引导(征税抑制排放) A37-3 政府部门应该去引导和推广这些节能产品，对企业和居民引导，例如以旧换新，节能补贴等等(经济激励促进产品推广)

续表

范畴	原始资料语句(初始概念)
信息型政策	A17-2 就是加大宣传，不管是政府，企业还是单位都要宣传这个理念(加强宣传) A11-11 公益广告的宣传，其他的一些提醒之类的，还是比较多的(公益广告) A14-9 觉得现在教育从小时候开始，让他们意识到这个事情；靠呼吁还是不够的，这还是需要我们教育系统的，教育好，形成好的消费观(加强教育)
自愿参与型政策	A6-1 无车日咱就可以不开车，那天我就没有开车(无车日不开车) A17-5 例如单位组织的节能减排出行方式，步行上班等，自己都在参加(参加集体活动) A19-5 就知道的地球熄灯一小时，这个很关注，我一直参加这个的(参加熄灯一小时活动)
政策知晓度	A7-4 徐州政府做得好的如小区改造就会留出来一块绿地，还有就是公共自行车，不在于做的大小，大家可以感受到政府的关心，这一点很重要(感受到正度政策) B26-4 对于居民的法规政策了解的不太多(了解不多) A15-4 自己知道的法律法规很少，就知道家电补贴什么的，主要是自己获取的渠道很少(渠道少，信息少)
政策支持度	A16-9 政府现在还有以旧换新的政策，这样会很好，政府回收集体处理肯定做得比我们个人扔了会好很多(支持政府政策，利民) A30-8 政府需要认真去做这个事情，还是很有用的，因为在中国，没有政府支持，什么事也干不了(政府扮演重要角色) A25-9 此外还有像徐州的自行车，便民的措施，落实到每个公民身上，让大家体会好处，但如果做一些好高骛远的事情，大家看不到的肯定大家不会喜欢了(便民政策更受支持)
政策执行力度	A19-7 还有就是咱们环保部门做得不好，国家每次投了很多钱，没有动力，效果很不好，我觉得这些都可以给企业来运行，处理这些垃圾和物品，将这个做成企业，不要政府来做(政策执行力度不足) A25-5 现在很多企业也是不断地排，这个主要是很多政府人员被买通了，社会上没有这个环境和氛围去低碳，这个政府的监管还是没有做到位的(政府监管不到位) A10-9 但如果只是单纯的宣传活动，我可能是不信的；因为这些很多只是个噱头，做完以后就拉倒了，没有任何实质性的作用(活动执行不到位)
行为效果感知	A10-11 骑自行车来讲，一个是低碳，另外一个是对我身体也很有好处(有益身体健康) A15-8 形成了一个不好的社会氛围，我做了低碳行为也得不到赞赏，从另一个方面来说就是鼓励大家不去实施低碳，这就是机会主义带来的后果(没有感受到低碳行为的益处) A35-5 都是自己自愿实施的，更多情况下是为了一种健康，健康会刺激你低碳消费，为了健康而低碳可以作为一个口号提出来，很多健康的方式都是低碳的方式(低碳也是健康)

4.3.2 主轴编码

经过开放式编码，对原始的访谈资料进行了一定程度的概括提炼，发掘出 28 个子范畴，这些子范畴之间彼此是独立的，相互关系尚未进行深入探究。主轴编码(axial coding)是进一步发展开放式编码形成的范畴，将各个独立的范畴链接起来，发现范畴之间的共性和逻辑联系，使范畴在性质和层面上进一步聚敛，形成更高层面的主范畴。通过对 28 个子范畴之间相互关系的逻辑分析，将其归纳为 9 个主范畴，分别是低碳化的能源消费行为、个体心理、群体心理、低碳行为能力、社会因素、政策工具类型、政策感知、产品因素和行为效果感知。主轴编码形成的主范畴及其对应子范畴和关系内涵详见表 4-4 所示。

表 4-4　主轴编码形成的主范畴

主范畴	对应子范畴	范畴内涵
低碳化的能源消费行为	能效改进行为	购买高能效设备设施的行为
	日常节能行为	日常生活中主动减少能耗产品使用或能源消耗量的行为
意愿与能力	行为意愿	个体实施低碳节能行为的倾向
	行为能力	个体学习、掌握和运用节能知识、节能技巧的行动能力
个体心理因素	气候问题感知	消费者对雾霾、气候变暖等气候变化问题的敏感性
	环境责任感	个体对环境问题所持有的愿意采取积极行为的责任感
	环境价值观	个体对环境及环境问题所持有的基本判断
	舒适偏好度	个体在行为决策中对生活舒适度的看重程度
	自我效能感	个体在完成某一具体任务时对自身能力的信任程度
群体心理因素	面子意识	人们对自我公众形象的感知
	从众心理	受到外界群体的影响形成与大众行为一致的心理
	炫耀性心理	个体在消费中倾向于和他人比较，通过消费来彰显自身地位和财富的心理
知识因素	低碳知识	个体了解的与低碳内涵、低碳行为方式等相关的知识
社会因素	社会规范	对社会共有的社会规则、标准或社会导向的感知
	榜样示范	树立并宣传在低碳消费行为领域的模范行为和模范形象
	社会地位	个体在低碳消费中对身份地位的重视程度
产品因素	便利条件	实施低碳消费行为的方便程度
	技术成熟度	低碳产品和绿色能源等在技术上的完善与成熟程度
	使用经济性	低碳产品在购买后使用过程中是否经济实惠
政策工具类型	命令控制型政策	政府通过行政命令以及具有强制力的法律规章等对行为人的能源消费行为施加影响
	经济激励型政策	政府通过运用市场力量以经济刺激的方式影响当事人能源消费行为的经济成本的政策
	信息型政策	政府或管理部门在政策制定、执行、反馈过程中为实现政策目标而采取的具有信息属性的手段、方式或途径
	自愿参与型政策	政府或管理部门通过提供参与机会，激发行为人自愿支持与协助政策目标实现的措施
政策感知	政策知晓度	个体对政府已出台节能减排相关政策的了解程度
	政策支持度	个体对政府出台政策引导居民消费行为低碳化的支持程度
	政策执行力度	个体感受到政府颁的政策在执行过程中的落实程度
行为效果感知	主观福利提高	因实施低碳行为而获得的自我满足感
	环保意识提升	通过实施低碳行为而增强了环保意识

1. 能源消费行为低碳化主范畴的形成

从访谈结果看，受访者能够想到的，体现在居民生活领域的能源消费中的低碳行为主要可以概括为两大类：一类是购买高能效设备设施和节能产品的行为，对应的子范畴是能效改进行为；另一类是日常生活中主动减少能耗产品使用或节约能源消耗量的行为，对应的子范畴是日常节能行为。这两种能源消费行为在居民日常生活中都有所体现且能够被大家所意识到是低碳生活方式，可以较为全面地代表居民能源消费行为低碳化的具体表现。

2. 低碳行为意愿与行为能力主范畴的形成

从访谈结果可以看出，很多受访者都表示自己很愿意或有能力去实施节能行为，但由于各种因素却没有或很少实施低碳行为。因此行为意愿与行为能力成为能源消费行为低碳化的重要因素。行为意愿，即居民愿意主动实施能源消费行为低碳化的心理倾向；行为能力，即居民在能源消费中学习、掌握和实施低碳消费行为的行动能力。这两个因素体现了居民在实施行为之前表现出的心理动机及实施具体行为的胜任力，在能源消费行为低碳化过程中占据不可忽视的作用。居民的能源消费行为能否转向低碳化，既需要有行为意愿，也需要有行为能力，才能把意愿变成实际行动。

3. 个体心理因素主范畴的形成

当深度访谈问及实现能源消费行为低碳化的动因与障碍时，受访者普遍表示个人的心理动机是重要的原因之一。通过追问、反向提问等方式进一步挖掘个人是否实施低碳消费的深层次的心理动机可以发现，个体心理动机因素主范畴由五个对应子范畴构成，这五个子范畴分别是：气候问题感知，即消费者对雾霾、气候变暖等气候变化问题的敏感性；环境责任感，即个体对环境问题所持有的愿意采取积极行为的责任感；环境价值观，即个体对环境问题及人与环境关系所持有关乎是非对错的基本判断；舒适偏好度，即个体在能源消费行为的选择与决策中对生活舒适度的看重程度；自我效能感，即个体在完成某一具体任务时对自身能力的信任程度。在上述五个子范畴中，气候问题感知是前提，雾霾等气候问题的频繁出现，提高了居民对环境问题的关注度和环境保护的责任感，促成相应环境价值观的形成。在提高低碳关注、形成环境情感(责任感)到践行低碳行为的过程中，个体也会考量舒适偏好度和自我效能感，即低碳消费是否是以牺牲生活舒适度为代价的，同时也会在自己认可的能力范围内展开。这些子范畴所代表的具体含义共同构成了个体心理动因的主范畴。

4. 群体心理因素主范畴的形成

从访谈结果看，很多受访者表示自己能源消费行为是否转向低碳化，很多情况下会受周围其他人的影响，周围同事、朋友、亲戚、邻居等人的能源消费行为和价值判断会影响到自己的行为决策，这些源于他人行为、他人评价和群体互动心理的因素会对个体的能源消费行为决策产生显著影响。进一步挖掘原始资料，分析这一显在现象背后的深层次原因可以发现：群体心理这一主范畴主要由三个对应的子范畴所构成，分别是面子意识、从众心理和炫耀性动机。其中，面子意识即人们对自我公众形象的感知；从众心理是指个体行为受到外界群体的影响感受到群体压力，在群体压力下采取与大多数人的行为保持一致的心理倾向；炫耀性心理是指个体在消费中倾向于和他人比较，通过消费行为来彰显自己的社会地位、成功和财富的心理。这三种群体心理都充分地体现了人的社会属性，尤其是在我国这种高情景社会和关系型社会网络关系的文化下，这种群体心理作用对居民能源消费行为低碳化的影响更加不能忽视。

5. 低碳知识范畴的形成

从深度访谈中可以发现，不少受访者提到自己在能源消费上是否采取低碳行为会受到低碳知识的影响，很多时候自己没有去践行能源消费行为低碳化，不是没有动机，而是知识不足。知道的关于低碳节能重要性的道理很多，却缺乏关于如何做，怎样才能做才会更加低碳的知识，低碳知识的掌握的熟悉程度是受访者实施能源消费行为低碳化的重要因素。

6. 社会因素主范畴的形成

整理访谈资料可以发现，很多受访者表示社会因素是激励或制约个人的能源消费行为是否向低碳化转变的一个重要原因。分析背后隐含的深层含义可以具体分为三个子范畴，分别是社会规范、榜眼示范和社会地位。社会规范是对社会共有的社会规则、标准或社会导向的感知；榜样示范是指树立并宣传在低碳消费行为领域的模范人物及其行为，通过替代强化来激励居民的能源消费行为低碳化；社会地位即在现实生活中，居民对自身社会身份展现的重视。在上述三个子范畴中，政府部门和官员及社会公众人物等是否能做出良好示范，是能否形成以低碳消费为荣的社会规范的前提，在特定的社会风气和氛围下，周围群体对个体行为的评价和判断所形成的社会压力是规范其行为的重要社会因素。

7. 产品因素主范畴的形成

受访者普遍表示，在选择节能产品时，并不会因为其所具有的节能属性而忽略对产品自身的要求，具体来说主要包括三个子范畴，分别是低碳节能产品的技术成熟度、使用经济性和便利条件。技术成熟度是指低碳节能产品和绿色能源产品等在技术上的可靠与完善程度；使用经济性是指低碳产品在购买和使用过程中是否经济实惠；便利条件是指居民实施低碳消费行为在时间和空间上的方便程度。

在上述三个子范畴中，技术成熟度决定了消费者在选购产品时是否能够放心、信赖产品的质量和技术水平；使用经济性是对产品性价比的考量；便利条件则是对购买产品或实施低碳消费的易得性的考虑。这三方面因素也决定了节能产品相较普通产品是否具有市场竞争力和消费者认可度。

8. 政策工具类型主范畴的形成

从访谈结果看，很多受访者都相继提到了政府颁布的政策对于居民能源消费行为低碳化行为的影响，根据政策的特征和表现形式，具体可以细分为四个子范畴：命令控制型政策、经济型政策、信息型政策和自愿参与型政策。其中，命令控制型政策即政府通过行政命令及具有强制力的法律规章等对行为人的能源消费行为施加影响，迫使其向低碳化转变；经济型政策即政府通过运用市场力量以经济刺激的方式影响当事人能源消费行为的经济成本的政策；信息型政策即政府或管理部门在政策制定、执行、反馈过程中为实现政策目标而采取的具有信息属性的手段、方式或途径；自愿参与型政策即政府或管理部门通过提供参与机会，激发行为人自愿支持与协助政策目标实现的措施。四个子范畴的概念和具体含义是结合了受访者的表述以及第 2 章对政府政策工具的四类划分所形成，可以看出四类政策工具在居民的生活中都有所体现。

9. 政策感知主范畴的形成

从访谈的结果和资料分析可以看出，政府管理部门已经颁布的有关居民节能减排的政策措施很多并没有被公众感知到，由此产生政策感知主范畴，具体可以体现为三个子范畴，分别是政策知晓度、政策支持度和政策执行力度。政策知晓度即个体对政府已出台的引导公众低碳节能相关政策的了解程度；政策支持度即个体对政府出台的引导居民能源消费行为低碳化的政策在心理和行动上的认可程度；政策执行力度，即个体感受到政府颁的政策在执行过程中的落实程度。这三个子范畴决定着政府的低碳节能政策是否能够产生期望的政策效果。

10. 行为效果感知主范畴的形成

在受访者描述自己已有的实施低碳消费的经历时，很多人在情绪上表现出了满足感，还表达了实施低碳消费行为后自己会更加关注环境问题，更加关注节能减排问题。这是对能源消费行为低碳化这一行为结果的感知，具体体现为主观福利提高和环保意识的提升。主观福利提高，即因实施低碳行为而获得的自我满足感。环保意识提升，即因实施低碳行为后，对环境改善的感知。这种正向的后果感知能够进一步促成行为的可持续性，对行为产生良好的正向激励作用。

4.3.3 选择性编码与逻辑关系分析

在主轴编码阶段，低碳化的能源消费行为、个体心理因素、群体心理因素、低碳知识、社会因素、政策工具类型、政策感知、产品因素和行为效果感知 9 个主范畴已经形成，它们相互之间的关系也有了基本的显现。选择性编码(selective coding)从主范畴中挖掘核心范畴，并围绕核心范畴建立各主范畴之间的典型关系结构，再通过逻辑关系的分析，构建出理论模型。

对各主范畴之间典型的关系结构及其内涵进行分析，结果见表 4-5。

表 4-5 主范畴典型的关系结构

典型的关系结构	关系结构内涵	受访者的代表性语句(提炼出的关键结构)
个体心理—行为意愿、行为能力 群体心理—行为意愿、行为能力 社会因素—行为意愿、行为能力 知识因素—行为意愿、行为能力	低碳的心理意识(个体心理、群体心理)是低碳消费行为的内驱动机、低碳知识和社会因素是外部引致性动机，两类动机直接影响低碳消费意愿的形成和行为能力的强弱	A19-16 居民普遍节能低碳的意识还不够高，很难依靠居民自觉性在生活中各个方面注意低碳(意识的内在驱动作用) A23-13 要说节能的意识，大家也是有的，但这个低碳环保的事情做与不做，不与个体有直接的关系，它是对整个群体有影响，不是对哪个特定的人有影响(群体心理影响低碳消费意愿) A32-20 对节能的知识了解不多，没办法更多地去节能(知识影响行为能力) A16-14 我觉得就是一个社会导向的问题，我从这一二十年的观察来看，这个舆论太可怕了；引导人们把精神层面的丰满作为一种时尚，比如我们把人和自然和谐相处深入人心的话，那就不得了了(社会风气影响个体消费选择)
政策工具类型，政策感知 ↓ 行为意愿 —行为	政策工具类型和政策感知是低碳消费行为实施的情景条件，它影响意愿—行为之间的关系强度和方向	A24-10 可以采取的措施的话，交通上首先要让他不用车，现在买车的话也比较便宜，就要想办法让他少用，我觉得可以把停车费提高，如果说从法律上强制的来做这个事情的话效果有限，还是要从经济上着手；你让他做哪些不低碳的事情的时候，经济上不能承受(政策措施能够干预行为的形成) A21-18 政府引导的作用是不可缺少的，可以给予低碳补贴、制定相关的强制性标准(政府引导对行为促成不可缺少)
产品因素 ↓ 意愿、能力 —行为	产品因素是低碳消费行为实施的情景条件，它影响意愿—行为之间的关系强度和方向	A33-14 如果节能低碳的产品成本低、功能又好、很实用，那大家自然会去买，因为大家选购产品时多是从自身利益的角度进行利弊比较(节能产品自身品质影响消费者行为选择)
行为→行为效果感知→意愿	实行低碳消费行为会产生行为效果感知，而行为效果感知又会进一步影响行为意愿进而作用行为形成动态回路	A20-1 骑自行车来讲，一个是低碳，另外一个是对我身体也很有好处；如果可以既让我们觉得生活得很好，同时又保护了自然环境，这是一种共赢的局面，大家肯定更愿意低碳了(低碳消费带来共赢更加促进低碳消费)

4.4　模型构建与理论饱和度检验

本研究以“能源消费行为低碳化及其驱动因素”为核心范畴，通过分析各范畴之间的逻辑关系，对比访谈群体的详细资料，进一步发掘出低碳消费行为意愿与实际行为之间的联系和影响因素，进而以故事线的方式将各个主范畴联系起来，发展出一个全新的居民能源消费行为低碳化影响因素作用机理的理论框架。

围绕核心范畴的故事线为：激发内在动机的个体心理、群体心理及低碳知识、社会因素四个主范畴对低碳行为意愿和低碳行为能力存在显著影响，是低碳行为意愿与低碳行为能力形成的内驱因素；政策工具类型、政策感知和产品因素是情景因素，他们调节着行为意愿、行为能力与实际行为之间的联结关系；行为效果感知对意愿和行为之间具有回调作用，正向的反馈能够进一步促进低碳行为意愿的激发、保持和强化。以上述“故事线”为基础，本研究构建和发展出一个“居民能源消费行为低碳化的影响机制模型”，具体如图 4-2 所示。

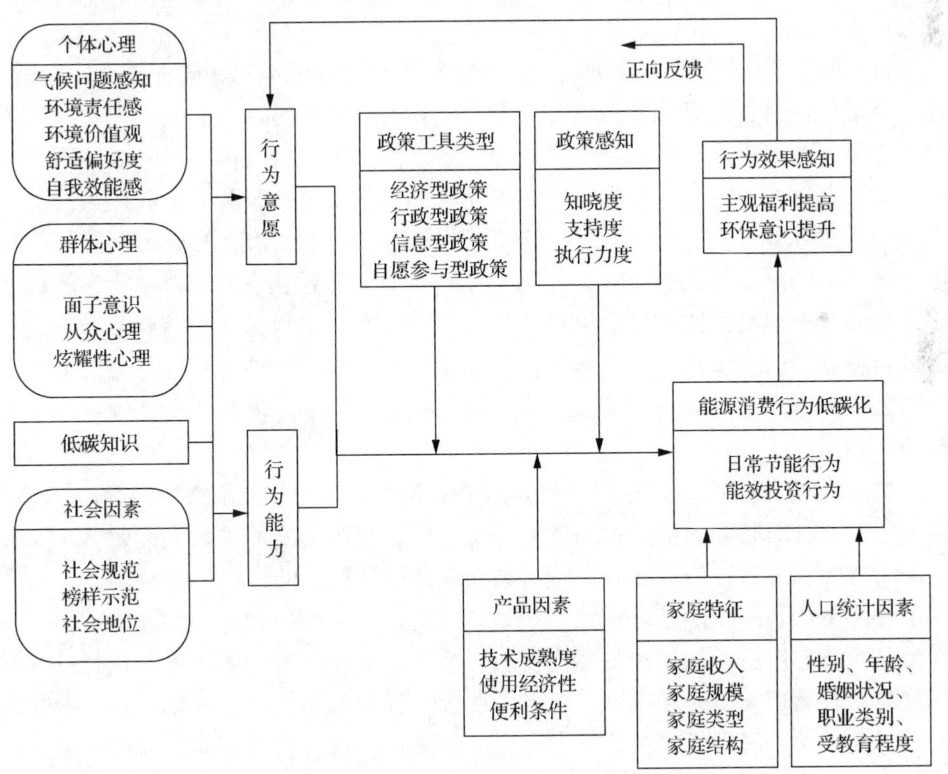

图 4-2　居民能源消费行为低碳化影响因素及其作用机制理论模型

Naresh[272]指出，当扎根理论搜集的新数据不能再产生新概念、新范畴和新关系时，就表明理论达到饱和。为此，本研究采用预留的样本(29 份)进行新一轮的三级编码和分析。结果没有再发掘出新的概念、范畴和关系，说明上述理论模型已达到饱和。

4.5 模型阐释

通过上述构建的居民能源消费行为低碳化影响因素理论模型，我们发现居民低碳消费行为受到低碳行为意愿、低碳行为能力、政策工具、政策感知、产品因素的影响。其中低碳行为意愿、低碳行为能力是决定低碳化能源消费行为的直接前因；政策工具、政策感知和产品因素是低碳意愿向低碳行为转化过程中的调节因素。居民低碳行为意愿又是由个体心理、群体心理、低碳知识、社会因素四个主范畴共同激发产生。此外，低碳行为产生的行为结果感知会影响行为意愿，进而强化(弱化)行为发生，形成回调效应，由上述理论模型，可以得出以下结论。

(1)居民能源消费行为低碳化受到低碳行为意愿和低碳行为能力的直接影响。进一步说，低碳行为意愿和低碳行为能力是行为产生的基础，也是行为生成的焦点。当一个人缺乏相应的低碳行为意愿或缺乏实施低碳行为能力时，必然不会导致低碳消费行为的发生。但反过来，即便个体具备了低碳行为意愿和行为能力，也不会必然导致低碳行为的产生。Ajzen[273]提出的计划行为理论认为人是理性的，行为是由人的意志控制的，行为意愿被界定为个体愿意从事某一特定行为的程度和计划为此付出努力的程度，但与此同时，个体在做出行为前会综合各种信息，衡量自身行为的意义和后果，然后付诸行动。对于居民的能源消费行为低碳化行为而言，一方面会受到行为意愿、行为能力强度的影响，同时还会受到情境因素的调节作用。

(2)政策工具、政策感知和产品因素是低碳消费行为的外部情境因素，这些情境因素主要会对行为意愿、行为能力与实际低碳行为之间的关系进行调节，促进或制约行为意愿和行为能力向实际低碳化能源消费行为的转化。Guagnano 等[274]基于行为是个体与其所处环境函数的认知，构建了态度—行为—情境模型，认为行为是个体态度变量与情境变量的交互结果，当情境因素较弱或不存在时，态度(意愿)对行为的预测作用最强，而当情境因素强烈地正向或负向影响时，态度与实际行为无关。居民低碳消费行为作为保护环境的社会合作行为，具有明显的外部效应，因此政府在这其中扮演着十分重要的角色。从访谈结果也可以看出，几乎所有的受访者都提到了政府需要扮演好引导者的角色，政府出台的节能产品补贴、罚款、车辆限行、油价电价等政策措施都在不同程度地影响居民的低碳消费选择。对于经济条件较为富裕的居民而言，车辆限行、新能源汽车优先上牌等影响生活便利性的政策更受关注；对于经济较为拮据或比较看重经济得失的居民而言，补贴、罚款等经济型政策对他们行为的干预效果更加明显。尽管节能产品具有低碳属性，政府也在大力推广，但这并不能够降低居民对产品本身的品质要求，技术成熟度高、使用经济便捷的节能产品与同等功能的普通产品相比才更具有竞争力。

(3) 个体心理、群体心理、低碳知识、社会因素是影响居民低碳消费意愿的主要原因。其中气候问题感知、环境责任感、环境价值观、舒适偏好度和自我效能感五个个体心理因素是影响低碳消费意愿的内在心理动因。雾霾、酸雨等气候问题的频繁发生改变了居民关于环境危害的固有认知和情感，增加了对健康环境的心理需求，激发了个人需要保护环境的责任感及人与自然和谐相处的环境价值观。如果能源消费行为低碳化的行为方式、环境保护的诉求、对生活舒适度的体验及对自身是否能够努力达成低碳消费的自信程度处于一个可以平衡的状态，那么低碳消费的意愿就会相应形成。

在我国高情境的社会文化下，面子意识、从众心理和炫耀性心理所代表的群体心理因素是影响居民能源消费行为低碳化意愿的外部心理诱因。分析发现，对于低碳消费这种有别于传统的消费方式而言，是否愿意接受行为方式的转变会受到他人行为的影响，虽然大部分人都认可低碳消费行为所体现的价值，但同样会综合考虑消费行为是否能够体现自我形象，是否能够获得他人的认可和赞同，是否能够彰显出身份地位等，群体心理是外在的社会情境因素在个体的心理投射，也由此可以看出营造良好的低碳节能社会氛围的关键性和必要性。

知识是激发意愿的重要因素。行为学的研究认为，知识和行为之间存在正相关关系，即一个人具备知识的多少能够对其行为产生一定影响。知识也可以进一步分为陈述性知识和程序性知识。陈述性知识指关于事实的知识或抽象的知识，程序性知识指与行动相关的知识或具体知识[275]。同样在环境行为领域，对碳排放来源、危害及减少方式的了解程度影响着能源消费行为低碳化行为意愿的形成。除此之外，社会因素也是影响居民能源消费行为低碳化意愿的重要因素。外在的社会压力的强弱决定了个体遵从社会群体行为的倾向的程度，而企业领导、政府官员及偶像的带头示范作用对于引发居民对能源消费行为低碳化的行为意愿和能力均存在较大的影响。

(4) 行为实施后产生的行为效果感知对行为意愿具有回调作用。行为的发生与持续是一个循环往复的过程，并不是单向的，这在以往的居民能源消费的相关模型中并没有明确的体现。在访谈中，很多受访者表示感受到低碳消费给自身带来的好处是行为产生与持续的动力，即好的行为效果感知会带给消费者一个正向反馈，无论是低碳消费带来的经济节约、还是身心健康，抑或是保护环境的满足感，都会进一步强化低碳意愿的形成，从而促使行为发生。

从扎根访谈的模型构建结果可以看出，居民的低碳消费行为从意愿产生到行为实施是主观心理、社会环境、政策扶持、客观条件等多重因素共同作用的结果，对于不同特征的群体，不同因素的作用强度也会存在差异，具体的影响程度和路径有待下一步的实证检验。

第5章　理论模型中变量测量工具的开发与量表检验

本章主要在第4章扎根理论研究构建的居民能源消费行为低碳化的驱动因素理论模型的基础上，根据实证研究中变量测量工具的开发步骤对理论模型中的研究变量进行变量操作化，开发出各个研究变量的测量量表，设计形成初始调查问卷。通过预调查采集数据，对初始量表进行检验与修订，形成正式调查问卷。然后开展《城市居民能源消费行为低碳化的影响因素》的大样本问卷调查，最终收集了1339份有效样本数据。在此基础上，对收集到的有效数据进行了信度、效度和正态性检验，为第6章理论模型的实证检验提供数据基础。

5.1　测量工具开发与变量操作化

5.1.1　研究方法的确定

定性研究（qualitative research）与定量研究（quantitative research）是行为科学研究的两大主要研究方法。其中，定性研究（也称质化研究）是指根据自然环境下的社会现象或事物运动的内在规律来描述和阐释研究对象的性质、特点及发展规律的一种方法。主要采用参与观察和深度访谈等方式获得第一手资料数据，并通过叙事研究、民族志、扎根理论、个案研究及现象学五种方式展开研究；定量研究则是利用数学工具对事物进行量化，进而对可测量的目标变量构成的理论进行分析、解释和检验，通过数据的统计和分析过程来确定假设理论的真实性。定量研究主要包括实证研究、实验研究和经验研究三类研究方法。

在已有的关于环境行为的实证研究中，问卷调查法是最为常用的一种定量研究方法，其在社会科学、心理学及行为学领域中的应用也极为普遍[276]。问卷调查法具有快速收集数据、有效控制数据质量、易于编码取值、准确分析变量间的关系以及研究过程具有可重复等优点，对居民能源消费行为的研究具有良好的适用性[277]。本研究的目的主要是通过探索我国城市居民能源消费行为低碳化的驱动因素，判断和分析不同政策工具在引导居民能源消费行为低碳化过程中可能担当的角色和作用，为不同政策工具对居民能源消费行为的仿真作铺垫。因此，本章以问卷调查法为基础进行数据采集和实证分析。问卷调查法的测量工具是调查问卷，调查问卷由测量每个变量的测量量表和被调查对象的基础信息两个部分组成，因此，问卷调查中使用的测量工具——测量量表的开发就成为数据收集的关键，而量表的质量就成为保证研究质量的基石。

5.1.2 变量测量工具开发过程

实证调查的结论来自于对真实反映社会现象的资料的科学分析，而问卷量表的设计被认为是收集“真实反映社会现象的资料”过程中的关键步骤之一[278]。设计问卷量表质量的好坏，直接影响调查数据的真实性和适用性，对整个研究结果具有决定性影响。因此，在问卷量表的开发设计过程中，必须保证良好的理论基础和充分的证据支持。本研究的初始量表开发的具体过程如下。

首先，在阅读大量与能源消费行为的相关文献资料和进行深入的专家访谈的基础上，采用扎根理论发展的探索性质化研究技术，构建影响居民能源消费行为低碳化的驱动因素的理论模型并提出研究假设。

其次，按照测量工具开发的原则，进行变量测量量表的开发。量表的开发过程中，对于已有研究中较成熟的研究变量参考相关研究中的量表并结合本研究的具体问题进行修订；对于理论模型中的新变量或没有成熟量表的变量，则根据对居民能源消费行为低碳化影响因素的扎根研究过程中采集的信息和其他文献信息进行自行开发。各个研究变量的测量指标加上测量尺度，形成完整的初始调查问卷。

最后，根据已确立的初始调查问卷，本研究通过网络调研进行了初始量表的预调研。之后，运用 SPSS 软件对初始量表收集的数据进行量表的信度和效度检验，根据检验结果对不满足统计要求的测量指标题项进行剔除和修改，形成正式调查问卷。本研究的量表开发过程如图 5-1 所示。

为保证问卷量表的质量，量表的设计要遵循以下原则[279-281]。

(1) 问卷内容方面。首先，问卷的题目措辞要简单、清晰和口语化，尽量避免专业术语和缩略词；量表所涉及的问题也需要有清晰的界定，不能出现模棱两可的情况；其次，问卷设计中不能出现双重负载，即每次只能问一个问题；题目的设计应该使用中立性词语，避免使用引导性语句。

(2) 问卷结构方面。问卷结构包括问卷标题、问卷说明、题目、编码和其他资料。其中，在问卷标题设计中需要准确反映研究主题，不仅要引起被试者的兴趣，也要注重语言的凝练；问卷说明包含问卷填答方式和对被调查者的说明，这部分需要简明、中肯的说明，篇幅在 200～300 字为宜。

(3) 题目数量方面。问卷量表的测量题项不宜太多，通常以被调查者在 20 分钟以内完成为宜。

(4) 问卷题目顺序方面。量表测量题项的设计要层次分明，尽量将同一主题的测量题项放在一起，不同主题的测量题项要有所区分。采用自填问卷的调查中，背景资料宜放在问卷后面。

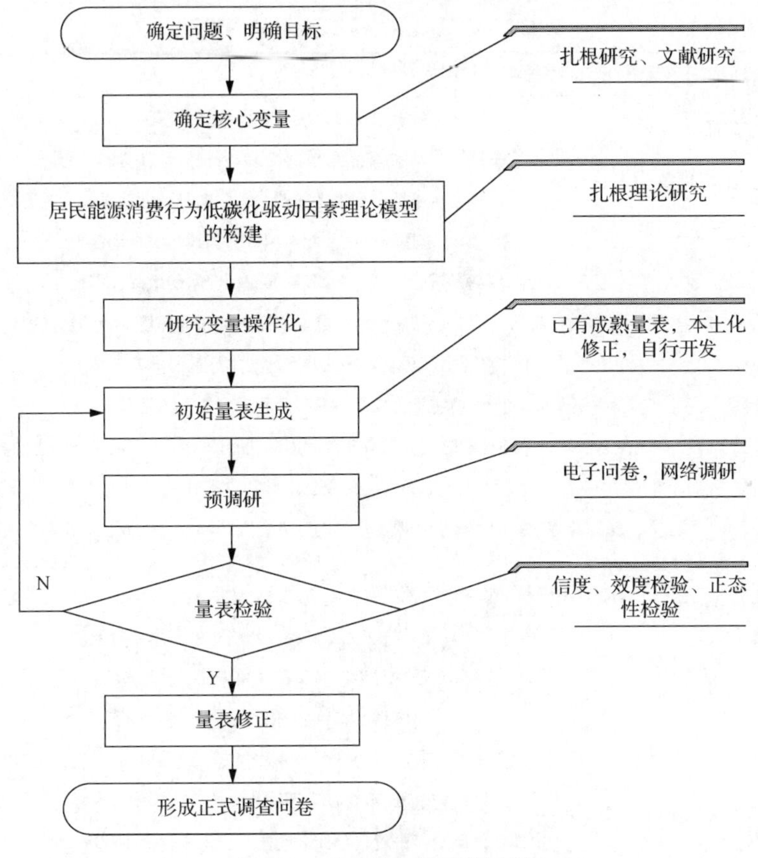

图 5-1　研究量表的开发过程

5.2　研究变量界定与初始量表生成

5.2.1　研究变量界定

居民能源消费行为低碳化是指居民在能源消费过程中注重低碳节能而产生的行为。根据第 1 章对已有节能行为、低碳消费行为的相关研究的文献回顾可以看出，近年来对于居民能源消费行为的研究持续增加，对于能源消费行为影响因素及理论模型的研究也较为广泛。因此，本节基于扎根理论质化研究构建的理论模型，并结合已有的文献研究，对理论模型中各变量的概念进行界定，具体见表 5-1。

为了便于后面的分析与结果呈现，本节对各变量的英文缩写进行解释，并在后文的分析中统一采用以下缩写形式呈现(表 5-2)。

表 5-1　理论模型中研究变量的界定

研究变量	变量界定
能效改进行为	购买节能家电、高能效设备设施的行为
日常节能行为	日常生活中主动缩减能耗产品使用或者能源消耗量的行为
行为意愿	个体在从事低碳行为之前的心理倾向和行动动机
行为能力	个体学习、掌握和运用节能知识、节能技巧的行动能力
气候问题感知	消费者对雾霾、气候变暖等气候变化问题的敏感性程度
环境责任感	个体对防治环境恶化或解决特定环境问题所愿意采取积极环境行为的责任感和道德感
环境价值观	个体对环境及环境问题所持有的根本性的是非判断基准
舒适偏好度	个体在行为决策中对生活舒适度的看重程度
自我效能感	个体在完成某一具体任务时，对自身能否利用所拥有的技能去完成这一任务的自信程度
面子意识	人们对自我公众形象的感知
从众心理	个体受到群体的影响而怀疑，改变自己的观点、判断和行为，以和群体大多数人保持一致的心理倾向
炫耀性动机	个体在消费中倾向于和他人比较，通过消费来彰显自身地位和财富的心理
系统知识	个体对于环境系统和生态进程自然状况的基本了解程度
行动知识	个体对低碳行为选择和做法知识的了解程度
效力知识	个体对行为后果知识的了解程度
社会规范	整个社会和各团体及其成员应有的行为准则、规章制度、风俗习惯、道德法规和价值标准
榜样示范	树立并宣传在低碳消费行为领域的模范行为和模范形象
社会地位	个体在低碳消费中对自身社会地位、身份角色的重视程度
便利条件	实施低碳消费行为的方便程度
技术成熟度	低碳产品和绿色能源等在技术上的完善与成熟程度
使用经济性	低碳产品在购买后使用过程中是否经济实惠
命令控制型政策	政府通过行政命令以及具有强制力的法律规章等对行为人的能源消费行为施加影响
经济激励型政策	政府通过运用市场力量以经济刺激的方式影响当事人能源消费行为的经济成本的政策
信息型政策	政府或管理部门在政策制定、执行、反馈过程中为实现政策目标而采取的具有信息属性的手段、方式或途径
自愿参与型政策	政府或管理部门通过提供参与机会，激发行为人自愿支持与协助政策目标实现的措施
政策知晓度	个体对政府已出台节能减排相关政策的熟悉程度
政策支持度	个体对政府出台政策引导居民消费行为低碳化的支持程度
政策执行度	个体感受到政府颁布的政策在执行过程中的落实程度
行为效果感知	因实施低碳行为而获得的自我满足感
个体特征因素	性别、年龄、婚姻状况、受教育程度、职业类型
家庭特征因素	家庭月收入、家庭规模、家庭结构、是否有儿童与老人、住宅产权

表 5-2　各测量变量的英文缩写

研究变量	英文缩写	英文全称	研究变量	英文缩写	英文全称
能效改进行为	EEIB	energy efficiency investment behavior	效力知识	EK	effectiveness knowledge
日常节能行为	HECB	habitual energy conservation behavior	社会规范	SN	social norm
行为意愿	BI	behavior intention	榜样示范	MD	model demonstration
行为能力	BC	behavior competence	社会地位	SP	social Position
气候问题感知	CPA	climate problem awareness	便利条件	CC	convenient conditions
环境责任感	ER	environmental responsibility	技术成熟度	TM	technical maturity
利己价值观	SV	selfish values	使用经济性	UE	use economy
利他价值观	AV	altruistic values	命令控制型政策	CCP	command control policy
生态价值观	EV	ecological values	经济激励型政策	EIP	economic incentive policy
舒适偏好度	CP	comfortable preference	信息型政策	IP	information policy
自我效能感	SE	self-efficacy	自愿参与型政策	VP	voluntary-participation policy
面子意识	FC	face consciousness	政策知晓度	PF	policy familiarity
从众心理	HM	herd mentality	政策支持度	PS	policy support
炫耀性动机	CM	conspicuous motivation	政策执行度	PE	policy enforcement
系统知识	SK	system knowledge	行为效果感知	BEP	behavior effect perception
行动知识	AK	action-related knowledge			

5.2.2　初始量表生成

本研究运用扎根理论建构的居民能源消费行为低碳化的驱动机理理论模型，因而涉及了较多的研究变量，所以本研究所开发的初始量表中的指标题项也相对较多。经过多次的完善和修订，形成的初始问卷主要包含家庭用能情况、居民的能源消费行为、能源消费行为低碳化的影响因素(包括动机因素和情境因素)、行为效果感知、样本基本信息五个部分，初始问卷包含 99 道测量题项，以及 11 道基本信息题项，共 110 道题项。初始量表的构成与参考信息详见表 5-3。

表 5-3　初始量表的构成

研究变量	维度或因素	参考文献与参考量表	测量题项
能源消费行为低碳化	日常节能行为	Lindén 和 Klintman[282] 《全民节能减排手册》[283] 《国务院办公厅关于严格执行公共建筑空调温度控制标准的通知》[284] 张先峰和姜允珍[285] 杨志[286] 芈凌云[287]	Q1.1～Q1.5

续表

研究变量	维度或因素		参考文献与参考量表	测量题项
能源消费行为低碳化	能效投资行为		《全民节能减排手册》[283] 张先峰[285] 杨志[286] 芈凌云[287] 岳婷[48]	Q2.1～Q2.7
低碳行为意愿与低碳行为能力	低碳行为意愿		Chan[288] Stern 等[289] Pieters[290] 芈凌云[287]	Q3.1～Q3.3
	低碳行为能力		芈凌云[287] 自行开发	Q6.1～Q6.3
个体心理因素	气候问题感知		孟艾红[291] 自行开发	Q4.1～Q4.3
	环境责任感		Gärling 等[72] 芈凌云[287]，石洪景[78] 自行修订	Q1.6～Q1.7 Q4.4
	环境价值观	利己价值观	Dunlap 等[292] Stern 等[289] 芈凌云[287]	Q4.5～Q4.6
		利他价值观		Q4.7～Q4.8
		生态价值观		Q4.9～Q4.10
	自我效能感		Sherer 等[293] Ajze[294]	Q6.4～Q6.6
	舒适偏好		芈凌云[287] 自行开发	Q4.11～Q4.13
群体心理因素	面子意识		自行开发	Q4.14～Q4.17
	炫耀性动机		O'Cass 和 Mcewen[295] 自行开发	Q4.19～Q4.20
	从众心理		芈凌云[287] 王建明[270]	Q1.8～Q1.9、Q4.18
低碳知识	系统知识		Archibald 等[296] Frick 等[297] Hsu 和 Roth[298]	Q5.1～Q5.3
	行动知识			Q5.4～Q5.5
	效力知识			Q5.6～Q5.8
社会因素	社会规范		Stern 等[289] 郑晓明等[299]	Q4.21～Q4.24
	社会地位		O'Cass 和 Mcewen[295]	Q4.25～Q4.27
	榜样示范		王建明[270] 自行开发	Q4.28～Q4.31
产品因素	技术成熟度		芈凌云[287] 自行开发	Q7.1～Q7.3
	使用经济性		沈悦和郭品[300] 自行开发	Q7.4～Q7.6
	便利条件		孙岩和刘富俊[301] 自行开发	Q7.7～Q7.10

续表

研究变量	维度或因素		参考文献与参考量表	测量题项
政策因素	政策工具	命令控制型政策	孙岩[302] 杨洪刚[303] 自行开发	Q7.11～Q7.13
		经济激励型政策	杨洪刚[303] 杨树[304]	Q7.14～Q7.16
		信息型政策	McCalley[305] Gulbinas 和 Taylor[306]	Q7.17～Q7.21
		自愿型政策	芈凌云 [287] 自行开发	Q7.22～17.23
	政策感知因素	政策支持度	岳婷[48] 自行开发	Q7.24～Q7.25
		政策执行度		Q7.30～Q7.31
		政策知晓度		Q8.1～Q8.3
行为效果感知	主观福利提高		自行开发	Q7.26～Q7.27
行为效果感知	环保意识提升		自行开发	Q7.28～Q2.29
人口特征统计因素	性别		Chung 和 Poon[307] Barr[308] 自行开发	Q9.1
	婚姻状况			Q8.2
	年龄			Q9.3
	受教育程度			Q9.4
	职业类型			Q9.5
家庭特征因素	家庭月收入		Aydinalp 等[309] 孙岩[302] 自行开发	Q9.6
	家庭常住人口			Q9.7
	家庭类型			Q9.8
	是否有儿童与小孩			Q9.9～Q9.10
	家庭住宅产权			Q9.11

预调查问卷的构成和设置说明如下。

1. 居民能源消费行为低碳化

目前对能源消费行为低碳化的问卷量表设计逐渐增加，但并没有形成统一的量表。本研究根据不同的行为方式将能源消费行为低碳化因素分为日常节能行为(habitual energy conservation behavior，HECB)和能效投资行为(enery efficiency investment behavior，EEIB)两类。能源消费行为低碳化因素的测量主要参考 Lindén 和 Klintman[282]的研究并结合我国居民的生活方式进行调整。在居民的日常节能行为上，从居民日常生活中的衣、食、住、行、用五个方面考虑，并参考《全民节能减排手册》[283]，《国务院办公厅关于严格执行公共建筑空调温度控制标准的通知》[284]

等资料自行开发，同时借鉴张先峰和姜允珍[285]，杨志[286]的研究对量表进行修正。由于日常生活中的能源消费行为的事项较多，因此，可选择的指标题项也较多，本研究分别从衣、食、住行、用五个方面各设计 1 个观测题项，共 5 个题项作为“日常节能行为”的观测指标；在居民能效投资行为上，本研究从节能灯具、节能家电、厨卫设施、太阳能热水器、节油型汽车、采暖设备、住宅装修等方面考虑，设计居民能效投资行为的测量题项。根据不同的节能产品类型，共设计了 7 个观测题项，并参照《全民节能减排手册》等对题项进行修订，形成初始量表。

2. 居民能源消费行为低碳化的影响因素

根据扎根理论构建的理论模型，居民能源消费行为低碳化的影响因素主要包括心理类因素、社会类因素、知识类因素及行为能力和行为意愿五个部分，共包含 16 个变量，57 个测量指标。

心理类因素主要包括气候问题感知、环境价值观、环境责任感、自我效能感、舒适偏好度、面子意识、炫耀性动机及从众心理 8 个变量。其中，气候问题感知主要参考孟艾红[291]的量表结合自行开发进行修正，设计了 3 个题项；环境价值观主要参考 Dunlap 等[292]、Gärling 等[72]开发的量表和 Stern 等[289]的价值—规范—信念理论，分为利己价值观、利他价值观和生态价值观三个维度，从成熟的量表中选取适合的题项并进行语言表述的本土化修订，共设计了 6 个题项。环境责任感参考芈凌云[287]、石洪景[78]和 Gärling 等[72]的经过检验的成熟量表，并根据研究目的进行修正，最终设计了 4 个测量题项；自我效能感参考 Sherer 等[293]和 Ajze[294]的量表，进行本土化修订，设计了 3 个测量体现；舒适偏好借鉴芈凌云[287]的量表和舒适偏好的概念界定进行修订和开发，设计了 3 个测量题项；面子意识的测量题项根据国内外对面子意识的概念界定和扎根研究的结论进行自行开发，共设计了 4 个测量题项；炫耀性动机的量表根据 O’Cass 和 Mcewen[295]等学者的对炫耀性消费的概念界定和扎根理论的研究的内容进行自行开发，共设计了 2 个测量体现。从众心理参考王建明[270]的研究和国内外学者对从众心理的概念界定和扎根研究结论自行开发，设计了 3 个测量题项。

社会类因素主要包括社会规范，社会地位、榜样示范三类。其中社会规范参考了 Stern 等[289]的价值-规范-信念理论和郑晓明等[299]的研究，再结合概念自行设计，确立了 4 个题项；社会地位借鉴岳婷[48]、O’Cass 和 Mcewen[295]的研究，并结合对社会地位的概念界定自行开发，确立了 3 个测量题项；榜样示范参考王建明[270]的研究并结合概念界定自行开发，确立了 4 个测量题项。

知识类因素参考了 Frick 等[297]的研究，将知识分为系统知识、行动相关知识和效力知识三个维度，并结合 Hsu 和 Roth[298]、Archibald 等[296]的研究进行量表的修订，共设计 8 个题项。

行为意愿的测量量表参考了 Chan[288]、Stern 等[289]及 Pieters[290]的价值-信念-规范理论进行量表的设计和开发，确立了 3 个测量题项；行为能力的量表参考芈凌云[287]的研究并结合概念的界定，设计了 3 个测量题项。

3. 居民能源消费行为低碳化的情境结构因素

根据扎根理论构建的理论模型，情境结构因素主要包括政策工具、政策工具感知及产品因素三大类，共 12 个变量。其中，政策工具主要根据之前对政策工具的梳理和特征分析划分为命令控制型政策、经济激励型政策、信息型政策及自愿参与型政策四类。命令控制型政策参考孙岩[302]及杨洪刚[303]的研究，设计了 3 个测量题项；经济激励型政策参考杨洪刚[303]及杨树[304]的研究，并在概念界定的基础上进行开发和修正，最终设计了 3 个测量题项；信息型政策主要根据 McCalley[305]及 Gulbinas 和 Taylor[306]等学者的实验研究进行自行开发，共设计 5 个测量题项。自愿参与型政策变量，目前国内外研究中没有进行实证研究的文献，因此，根据概念界定和政策梳理的结果进行自行开发，共设计 2 个测量题项。政策工具感知主要从居民对政策的执行度、熟悉度及支持度三个方面进行测量。测量题项的设计参考了岳婷[48]的研究并根据扎根研究中的概念与特征进行修改完善，设计了 8 个题项。产品因素主要包括技术成熟度、使用经济性、便利条件 3 个变量。其中技术成熟度参考芈凌云[287]的研究并结合扎根研究内容进行开发和修订，共设计 3 个测量题项；使用经济性参考孙岩[301]及沈悦[300]的研究进行开发，共设计 3 个测量题项，便利条件则参考孙岩[301]的研究，从居民购买家电或低碳出行的便利方面进行开发，共设计了 4 个测量题项。

4. 行为效果感知

行为效果感知变量主要考察居民对行为实施后所导致的行为效果的感知度，主要从主观福利的提高和环保意识提升两个方面进行测量。行为效果感知量表的设计主要结合扎根研究中的访谈内容进行自行开发，共设计了 4 个测量题项。

5. 被调查者的基本信息资料

问卷的最后部分是被调查者的基本信息进行采集，主要包括人口特征因素和家庭特征因素两类。其中人口特征因素根据研究目的进行自行设计，主要包括性别、婚姻状况、年龄、受教育程度、职业类型 5 个指标题项；家庭特征因素参考 Aydinalp 等[309]及孙岩[302]的研究进行设计，主要包括家庭月收入、家庭常住人口、家庭类型、是否有儿童与小孩、家庭住宅产权共 6 个指标题项。

初始量表设计完成后，共包括 110 道题项。填答完成时间大约需 10～15min。具体问卷详见附件 1。

5.3　量表预测与修订

5.3.1　预调查的数据收集

预调研主要是为了检验初始量表是否具有较好的信度和效度、是否能够准确表达研究变量、语句表达是否通顺易懂、问卷的答题时间是否合理等一系列问题，预调研以江苏省徐州市的城市居民为调查对象开展的。共发放 400 份问卷。徐州市是我国东部江苏省的人口第三大城市[310]，2015 年徐州主城区城市居民人均可支配收入 29841 元[311]，与我国城镇居民人均可支配收入中位数 29129 元[312]大体相当，具有一定的代表性。

根据吴明隆[313]的《SPSS 统计应用实务》教程中的要求：预调查中，被调查者的人数应该为问卷中包含最多题项的"分量表"的 3～5 倍。初始问卷中，分量表题项最多的是第 4 和第 7 部分，共包含 31 个测量题项。因此有效问卷数量应该不少于 93 份，样本越多，问卷检验质量越可靠。

预调查在徐州市的四个城区(泉山区、云龙区、铜山区、鼓楼区)各选择一个居住社区密集的市民广场或绿地公园，于 2015 年 10 月与某高校的一项大学生青年志愿者活动合作，组织 20 名成员分四组，一边进行"低碳生活，从我做起"的志愿者宣传活动，一边通过便利抽样进行一对一问卷调查。共发放 400 份问卷，回收的问卷中有效问卷 262 份，有效率为 65.5%。有效问卷的数量为题项最多分量表题数的 10 倍以上，完全符合量表的预测要求。

5.3.2　初始量表检验与修订

初始量表的信度、效度检验是验证量表的可靠性和一致性、保证量表能够真实反映研究目标的重要过程。本研究运用 SPSS19.0 和 AMOS22.0 对测量量表的信度和效度进行分析。通过介绍信度分析、探索性因子分析的原理，对初始问卷采集到的数据进行信度和效度分析，并基于呈现的分析结果，对初始量表进行修正，最终确立正式问卷。

1. 信度分析

量表的信度(reliability)是指量表的稳定性和可靠性，即对相同对象进行重复测量的结果的一致性程度。只有信度分析结果具有较高的一致性，才能保证量表所测变量具有较好的可靠性和稳定性。目前，信度分析方法主要包括重测信度法、复本信度法、折半信度法和 α 信度系数法[314]。其中，重复信度法主要适用于事实式问卷，如出生日期、年龄、性别等短时间内没有较大差异的问题。复本信度法主要适用于格式、内容、难度、方向等完全一致的两个复本检测的问卷。折半信度法主要是将测量量表分成相等的两半，然后再计算量表的信度，主要适用于意见、态度式的量表，但不适用于事实式问卷。Cronbach's α 系数法是李克特(Likert)量表中最常用的信度分析方法，主要适用于态度、意识等量表的信度分析。本研究主要是以李克特五级量表进行测量，因此选用最常用的 Cronbach's α 系数法对量表的信度进行测量。

Hair 等[315]及 Henson 等[316]在研究中指出，整体量表的 Cronbach's α 信度系数在 0.7 以上时，表明量表的信度较高；当分量表的 Cronbach's α 系数大于 0.6 时，表明量表数据是可靠的；当系数在 0.5 以下时，表明量表信度不高，需要重新修改问卷结构。在预试问卷的信度检验中，可以以分量表的 Cronbach's α 系数大于 0.5，整体量表系数大于 0.7 为标准来判断问卷中各分量表的信度及整体信度，从而进行观测指标题项的删除和修正。在正式问卷的信度检验中，经过了结构的调整，本研究以总量表的 Cronbach's α 系数在 0.7 以上，分量表的信度系数大于 0.6 为标准来判断量表的可靠性和稳定性。

2. 效度分析

效度是指测量工具的有效程度，即测量指标能够测量出所要测量事物的准确程度。目前，量表效度分析主要是从内容效度(content validity)和结构效度(construct validity)两个方面进行检验。

内容效度(也叫表面效度或逻辑效度)是指测量指标对预测内容或行为范围取样的适当程度[317]，主要由研究者或专家来判断测量指标对所要测量变量的代表性。本研究的变量是通过扎根理论研究，在逐层提炼，逐级编码的基础上，结合国内外已有的研究文献和深度访谈明确各变量的概念。在量表设计方面，参考了已有的成熟量表并进行修订，详见表 5-1，并通过专家咨询和居民访谈对变量的观测指标进行了修订与完善，各测量指标能够较好地表达所要测量的变量，量表的内容效度符合要求。

结构效度(也叫建构效度或构想效度)是指测量结果体现出来的某种结构与测量值之间相对应关系的程度。结构效度分为区别效度和收敛效度两类。区别效度是指不同构念之间所测量的数值应该能够进行区分；收敛效度是指测量相同的构念时，各测量指标会落在同一因素上。量表的结构效度通常采用探索性因子分析和验证性因子分析两种方式来进行验证。

Bentler 和 Chou[280]指出，当模型中变量较多时，可对变量进行分组后再进行分析。本研究主要是对居民能源消费行为低碳化的驱动因素模型进行系统地实证检验，涉及的变量较多，因此，本研究将所有变量分为因变量、自变量和情境变量三大模块进行量表效度分析。

5.3.3 正式量表的生成

通过对初始量表的信度和效度分析结果，并且综合居民和专家的意见，对未通过预测检验的量表和一些变量指标题项进行修订，具体修订情况如下。

在因变量分量表中，日常节能行为的指标题项 1 和 5，能效投资行为的指标题项 1、3、6、7 的校正的项目总相关系数值较低，且其因子载荷在其归属变量上也都小于 0.5，这些指标题项不满足项目总体相关系数或探索性因子分析结果，删除题项后，信度和效度指标均有显著提高。综合考虑信度与效度分析的结果，决定删除日常节能行为的题项 1、题项 5 及能效投资行为的测量题项 1、3、6 和 7，两变量各保留 3 个测量指标。

在内因型自变量的 10 个变量的信度分析中，环境责任感的指标题项 3 和 4，舒适偏好度指标题项 1，从众心理的指标题项 3 及炫耀性动机的 2 个指标题项的项目总体相关系数均不满足标准。在效度分析中，生态价值观测量题项 2 与舒适偏好度测量题项 1 及面子意识的题项 1、题项 3 的因子分析均不满足探索性因子分析的标准。因此，综合考虑信度与效度分析的结果，决定删除环境责任感的题项 3 和题项 4，舒适偏好度的题项 1、从众心理的题项 3、面子意识的题项 1、题项 3 及炫耀性动机变量。

在低碳知识和社会因素变量的信度分析中，社会地位的测量题项 1、榜样示范的测量题项 1 的项目总体相关系数不满足信度分析标准。在效度分析中，社会地位的测量题项 4、社会地位测量题项 1、榜样示范的测量题项 3 及效力知识的题项 3 的因子分析均不满足效度标准。删除题项后发现，效度和信度分析标准有了显著的提高。因此，综合考虑信度与效度分析的结果，删除这些题项。

在情境变量的信度分析中，便利条件、政策支持度的信度系数不满足信度分析标准。其中便利条件的题项 3 和题项 4、政策支持度 2 个题项、使用经济性的题项 3、信息型政策的题项 3 的项目总体相关系数均不满足要求。在效度分析中，信息型政策的题项 3、政策支持度的题项 1 和题项 2、使用经济性的题项 1 和题项 2、便利条件的题项 3 和题项 4 均不满足效度分析要求。因此，综合考虑信度与效度分析的结果，决定删除信息型政策的题项 3、便利条件的题项 3 和题项 4。同时删除使用经济性和政策支持度 2 个变量。

综合量表的修改情况见表 5-4。经过调整和修改之后，得到正式量表，共包含 27 个变量、71 个指标题项。

表 5-4　变量测量量表修正情况

变量(英文缩写)	原有题项数	删除	修改	增加	正式量表观测题项数
日常节能行为(HECB)	5	2	0	0	3
能效投资行为(EEIB)	7	4	0	0	3
行为意愿(BI)	3	0	0	0	3
行为能力(BC)	3	0	0	0	3
行为效果感知(BEP)	4	0	0	0	4
气候问题感知(CPA)	3	0	0	0	3
利己价值观(SV)	2	0	0	0	2
利他价值观(AV)	2	0	1	1	3
生态价值观(EV)	2	2	0	0	0
环境责任感(ER)	4	2	2	0	2
自我效能感(SE)	3	0	0	0	3
舒适偏好度(CP)	3	1	0	0	2
面子意识(FC)	4	2	0	0	2
从众心理(HM)	3	1	1	0	2
炫耀性动机(CM)	2	2	0	0	0
系统知识(SK)	3	0	0	0	3
行动知识(AK)	2	0	0	0	2
效力知识(EK)	3	1	0	0	2
社会规范(SN)	4	1	0	0	3
社会地位(SP)	3	1	0	0	2
榜样示范(MD)	4	1	1	0	3
技术成熟度(TM)	3	1	0	0	2
便利条件(CC)	4	2	0	0	2
使用经济性(UE)	3	3	0	0	0
命令控制型政策(CCP)	3	0	0	0	3
经济激励型政策(EIP)	3	0	0	0	3
信息型政策(IP)	5	1	0	0	4
自愿参与型政策(VP)	2	0	0	0	2
政策支持度(PS)	2	2	0	0	0
政策执行度(PE)	2	0	0	0	2
政策熟悉度(PF)	3	0	0	0	3

5.4　正式调查与量表检验

5.4.1　正式问卷调查数据收集

正式调查于 2016 年 5 月进行，采取的是网络在线调查为主、实地调查为辅的方式展开。其中，网络调研借助“问卷星”这一专业的在线问卷调查平台，将正式问卷制作成电子格式，通过微信群、QQ 群等社交网络平台，邀请群成员填答问卷并转发问卷链接，以滚雪球的方式将问卷扩散出去，扩大调研人群。为保证网络调查的可靠性，要求选择的网络社群是实名制的。正式调研填答问卷的居民覆盖北京、南京、上海、广州、济宁、苏州、杭州、南昌、天津、银川、成都、徐州、济南、太原、兰州、重庆、菏泽、黑龙江、西安等不同等级、不同经济区域的 87 个城市。实地调研主要以纸质问卷一对一访谈式调查的方式进行，以徐州市的城市居民为主，调研采取分城区随机抽样的方式进行，在徐州市的泉山区、云龙区、铜山区及鼓楼区这四个区域进行调研，在每个城区各选择一个周边居住社区密集的市民广场或居住人口在 1000 户以上的大型社区，与某 211 大学的大学生青年志愿者协会组织的“低碳生活，从我做起”的志愿者宣传活动相结合，组织 20 余成员分成四组进入四个城区，一边开展宣传活动，一边进行随机问卷调查，为保证数据获取的质量，问卷调查采取一对一访谈的方式进行，问卷现场发放、现场填答、现场回收。实地调查发放问卷 500 份，收回问卷 468 份，网络电子问卷的发放以回收数量计算。经过对回收问卷进行逐一的检查，剔除无效问卷 159 份，最终共收回有效问卷 1339 份，其中纸质问卷 417 份，网络调查回收有效问卷 922 份。整体有效率为 89.39%。具体见表 5-5。

表 5-5　问卷发放和问卷回收情况统计

调研方式	调研时间	发放问卷数/份	收回问卷数/份	收回有效问卷/份	有效回收率/%
实地调研	2016.5～2016.6	500	468	417	89.10
网络调研	2016.6～2016.7	1030	1030	922	89.51
总计		1530	1498	1339	89.39

有效问卷的筛选原则为[318]：①问卷填答完整，无漏填题项；②问卷的填答符合逻辑。相同选项过多，不能保证问卷填答质量。因此剔除连续选择同一评价值超过 10 道题项的问卷。

样本数量对于量表检验、统计分析结果及模型验证的可靠性具有重要影响。Nunnally 和 Bernstein[319]认为，被调查者的数量应该为问卷测量题项的 10 倍以上；

Bentler 和 Chou[280]指出被调查的数量要有自由参数的 5 倍以上。本研究的有效问卷为 1399 份，测量题项为 86，有效样本量时测量指标数量的 15 倍，符合量表测量原则。

5.4.2　样本特征的描述性分析

1. 样本的人口结构特征

本研究回收的有效样本人口统计特征详见表 5-6。从样本的人口特征分布情况来看，样本较为均衡，符合我国居民的整体分布特征，样本具有较好代表性。

表 5-6　人口特征描述性统计

人口统计变量	分类项目	人数	百分比/%	人口统计变量	分类项目	人数	百分比/%
性别	男	72	58.4	受教育水平	初中及以下	39	2.9
	女	556	41.5		高中、中专或技校	98	7.3
年龄	20 岁以下	8	0.6		大专或本科	759	56.7
	20～30 岁	553	41.3		研究生(硕士或博士)	441	32.9
	31～40 岁	461	34.4		缺失	2	0.1
	41～50 岁	245	18.3	职业类型	政府部门工作人员	112	8.4
	51～60 岁	56	4.2		一般工人或服务人员	182	13.6
	60 岁以上	15	1.1		企业管理人员	406	30.3
	缺失	1	0.1	职业类型	工程技术人员	198	14.8
婚否	已婚	939	70.1		科教环卫领域人员	219	16.4
	未婚	383	28.6		退休及家庭主妇	40	3.0
	缺失	17	1.3		其他	176	13.1
					缺失	6	0.4

2. 样本的家庭特征

本研究的家庭特征包括家庭每月可支配收入、家庭常住人口数、家庭类型、家中是否有儿童和老人及家庭住宅产权六个因素。对样本的家庭特征进行描述性统计分析，具体见表 5-7 所示。

表 5-7 家庭特征描述性分析

家庭特征因素	分类项目	人数	百分比/%
家庭每月可支配收入	2000 元以下	81	6.0
	2000～5000 元	393	29.4
	5000～10000 元	475	35.5
	10000～20000 元	260	19.4
	20000～50000 元	98	7.3
	50000 元以上	28	2.1
	缺失	4	0.3
家庭常住人口数	1 人	102	7.6
	2 人	207	15.5
	3 人	556	41.5
	4 人或 4 人以上	473	35.3
	缺失	1	0.1
家庭类型	独居	236	17.6
	已婚，无子女或不与子女同住	163	12.2
	已婚，有未成年子女	553	41.3
	两代家庭(已婚夫妻与父母同住)	232	17.3
	三代同堂或四代同堂	150	11.2
	缺失	5	0.4
家中是否有 12 岁以下的儿童	是	631	47.1
	否	706	52.7
	缺失	2	0.2
家中是否有退休的父母或祖父母同住	是	524	39.1
	否	812	60.7
	缺失	3	0.2
家庭住宅类型	短期租房住(1 年以下)	86	6.4
	长期租房住(1 年以上)	159	11.9
	住自家产权房	1092	81.6
	缺失	2	0.1

从表 5-7 可见样本的家庭的分布特征也较为均衡，具有良好的代表性。

3. 样本区域特征

本研究回收的 1339 份有效调查问卷中，一线城市的样本有 227 份，二线城市的样本数量为 336 份，三线城市有 669 份样本，四线及以下城市的样本有 107 份(表 5-8)。

表 5-8　样本的城市类型数据分布情况

城市类型	样本城市分布	人数	百分比/%
一线城市	北京、广州、上海、天津、深圳	227	16.95
二线城市	杭州、南京、济南、重庆、青岛、大连、宁波、厦门、成都、武汉、哈尔滨、沈阳、西安、福州、郑州、石家庄、苏州、佛山、东莞、无锡、太原、合肥、南昌、昆明、温州、淄博、唐山	336	25.09
三线城市	乌鲁木齐、贵阳、海口、兰州、银川、呼和浩特、泉州、南通、徐州、常州、鄂尔多斯、济宁、盐城、临沂、洛阳、嘉兴、榆林、泰州、镇江、金华、宜昌、惠州、威海、淮安、菏泽、宝鸡、珠海	669	49.96
四线及以下城市	枣庄、咸阳、周口、连云港、焦作、邢台、宿迁、平顶山、九江、安庆、日照、上饶、马鞍山、吕梁、黄冈、齐齐哈尔、秦皇岛、绥化、清远、衡水、朔州、吉安、玉溪、内江、阜阳、宿州、蚌埠、丽水	107	7.99

由表 5-8 可以看出，样本的区域分布较为均衡，具有良好的代表性。

5.4.3　正式量表的信效度分析和正态性检验

在对正式量表数据进行分析和模型验证之前，需要先对正式量表的效度、信度及正态性进行检验。

1. 信度分析

本研究首先利用 SPSS19.0 统计软件对正式量表的整体信度进行分析，结果显示，正式量表的整体问卷信度的 Cronbach's α 值为 0.936，表明正式量表整体具有良好的信度。之后分别检验了各分量表的信度，结果见表 5-9。由结果可以看出，政策执行度这一变量的信度系数小于 0.6，剔除该变量。其他分量表的 Cronbach's α 系数均在 0.6 以上，且各测量题项校正的项目总相关系数值均大于 0.3，说明其他分量表的信度较好，量表具有较高的可靠性和一致性。

2. 效度分析

正式调查问卷的区别效度和收敛效度，本书采用 SPS19.0 对问卷进行了探索性因子分析和验证性因子分析。由于研究变量的数目较多，根据 Bentler 和 Chou[280]的建议，对众多研究变量分组进行探索性因子分析。因此，本研究将概念模型中的研究变量分为因变量、自变量及情境变量三组分别进行量表的区别效度和收敛效度检验。

表 5-9 各分量表的信度检验

变量名(变量英文缩写)	题项数	Cronbach's α	校正的项目总相关系数
日常节能行为(HECB)	3	0.638	0.395～0.510
能效投资行为(EEIB)	3	0.604	0.358～0.440
行为意愿(BI)	3	0.805	0.573～0.725
行为能力(BC)	3	0.844	0.691～0.749
气候问题感知(CPA)	3	0.806	0.643～0.670
利己价值观(SV)	2	0.831	0.711～0.711
利他价值观(AV)	3	0.806	0.633～0.700
环境责任感(ER)	2	0.765	0.621～0.621
自我效能感(SE)	3	0.843	0.693～0.734
舒适偏好度(CP)	2	0.668	0.502～0.502
面子意识(FC)	2	0.621	0.450～0.450
从众心理(HM)	2	0.658	0.491～0.491
系统知识(SK)	3	0.881	0.745～0.785
行动知识(AK)	2	0.848	0.738～0.738
效力知识(EK)	2	0.778	0.639～0.639
社会规范(SN)	3	0.775	0.557～0.691
社会地位(SP)	2	0.752	0.603～0.603
榜样示范(MD)	3	0.767	0.434～0.732
技术成熟度(TM)	2	0.789	0.651～0.651
便利条件(CC)	2	0.638	0.469～0.469
命令控制型政策(CCP)	3	0.733	0.524～0.620
经济激励型政策(EIP)	3	0.760	0.492～0.659
信息型政策(IP)	4	0.863	0.606～0.761
自愿参与型政策(VP)	2	0.843	0.730～0.730
行为效果感知(BEP)	4	0.846	0.549～0.789
政策执行度(PE)	2	0.488	0.323～0.323
政策熟悉度(PF)	3	0.664	0.412～0.520

1) 因变量效度检验

本研究将日常节能行为、能效投资行为、行为意愿、行为能力及行为效果感知五个变量划分为因变量组，对这五个变量共 16 个测量指标进行效度检验。在进行探索性因子分析之前，先对因变量量表进行 KMO(Kaiser-Meyer-Olkin) 值和 Bartlett 的球形检验，检验结果见表 5-10。

表 5-10　因变量 KMO 和 Bartlett 的检验

取样足够度的 KMO 度量	Bartlett 的球形度检验		
	近似卡方	自由度	显著性
0.877	8760.467	120	0.000

从表 5-10 可以看出，因变量量表的 KMO 值为 0.877(＞0.7)，且 Bartlett 球形度检验的 x^2 值较大，且具有显著统计性(Sig.=0.000＜0.05)，说明量表适合进行因子分析。

之后采用主成分分析法对各变量的测量题项进行主成分提取，并利用最大方差法进行因子旋转，以此检验因变量量表的区别效度和收敛效度。表 5-11 为检验结果。由结果可知，16 个题项共提取了 5 个公因子，总方差解释率为 68.399%，说明提取的公因子对整体变量的解释率较高。各因变量的测量指标都较好地分布在 5 个不同的潜变量上，且不同变量上的测量指标在该变量上的因子载荷大于 0.5，而在其他潜变量上均小于 0.5。说明因变量的量表具有较好的区别效度和收敛效度，即其构建效度良好。

表 5-11　因变量测量题项的旋转成分矩阵

变量	测量题项	主因子				
		1	2	3	4	5
日常节能行为(HECB)	HECB1	0.783				
	HECB2	0.796				
	HECB3	0.634				
能效投资行为(EEIB)	EEIB1		0.572			
	EEIB2		0.812			
	EEIB3		0.744			
行为意愿(BI)	BI1			0.698		
	BI2			0.824		
	BI3			0.754		
行为能力(BC)	BC1				0.828	
	BC2				0.815	
	BC3				0.870	
行为效果感知(BEP)	BEP1					0.564
	BEP2					0.820
	BEP3					0.844
	BEP4					0.802

虽然探索性因子分析在量表中变量的维度划分上具有很强的适用性，但其假

定的所有因子旋转后都会影响测度项、所有测度项的残差独立及强制所有因子独立等条件与实际研究差距较大。为了更准确地检验测量指标能否真实反映所测量的变量，进一步对量表进行了验证性因子分析。验证性因子分析是基于对研究模型的结构、研究变量维度的了解的基础上，检验数据是否能够拟合所要研究的模型[320]。因此，本研究利用 Amos22.0 软件进一步对因变量进行验证性因子分析，表 5-12 是因变量量表测量指标的拟合指数和因子载荷。

表 5-12　因变量量表的验证性因子分析

测量题项	因子载荷	测量题项	因子载荷
HECB1	0.607	BI3	0.821
HECB2	0.732	BC1	0.836
HECB3	0.528	BC2	0.874
EEIB1	0.653	BC3	0.74
EEIB2	0.533	BEP1	0.609
EEIB3	0.533	BEP2	0.839
BI1	0.66	BEP3	0.891
BI2	0.821	BEP4	0.771
拟合指标：Chi-Square=578.082，df=94，p=0.000，RMSEA=0.062，CFI=0.944，GFI=0.946，IFI=0.944，TLI=0.929，NFI=0.934			

注：Chi-Square 为卡方；df（degree of freedom）为自由度；p 为显著性水平；RMSEA（root-mean-square error of approximation）为指近似误差均方根；CFI（comparative fit index）为相似拟和指数；GFI（goodness of fit index）为拟合优度指数；IFI（incremental fit index）为渐增拟合指数；TLI（Tucker-Lewis index）为非范拟合指数；NFI(normed fit index)为赋范拟合指数。

由表 5-12 可见，因变量量表的验证性因子分析的拟合指标中除了卡方值受到样本容量的影响，不能很好地判断模型拟合程度之外，其他拟合指标均满足理想要求。16 个测量题项在 5 个潜变量上的因子载荷均满足＞0.5 的要求。因此总体来说，因变量的量表的构建效度较好。

2) 自变量效度检验

在本研究的理论模型中，内因型自变量主要包括个体心理因素和群体心理因素，外因型自变量主要包括社会因素和低碳知识。自变量共包括 14 个变量 34 道测量题项。按照自变量的不同类型，本研究分别进行了效度检验。首先对内因型的心理类变量进行探索性因子分析。主要有：气候问题感知、利己价值观、利他价值观、环境责任感、自我效能感、舒适偏好度等 6 个体心理及面子意识、从众心理 2 个群体心理，共 19 个测量题项。表 5-13 和表 5-14 是探索性因子分析的结果。

表 5-13　内因型自变量的 KMO 和 Bartlett 的球形度检验

取样足够度的 KMO 度量	Bartlett 的球形度检验		
	近似卡方	自由度	显著性
0.825	9840.039	171	0.000

表 5-14　内因型自变量测量题项的旋转成分矩阵

测量题项	主因子							
	1	2	3	4	5	6	7	8
CPA1	0.783							
CPA2	0.777							
CPA3	0.768							
SV1		0.877						
SV2		0.856						
AV1			0.718					
AV2			0.841					
AV3			0.711					
ER1				0.884				
ER2				0.878				
SE1					0.832			
SE2					0.846			
SE3					0.853			
CP1						0.853		
CP2						0.818		
FC1							0.914	
FC2							0.629	
HM1								0.819
HM2								0.854

由结果可知，内因型自变量的 KMO 值为 0.825，Bartlett 球形度检验显著，表明量表适合做因子分析。内因型自变量的总方差解释率为 76.974%＞60%，且各测量题项在各自的潜变量上的因子载荷＞0.5，在其他潜变量上均＜0.5。说明内因型自变量具有良好的构建效度。

在完成内因型自变量的探索因子分析之后，进一步对该类变量量表进行验证性因子分析。分析结果见表 5-15。

表 5-15　内因型自变量验证性因子分析

测量题项	因子载荷	测量题项	因子载荷
CPA1	0.778	SE1	0.775
CPA2	0.739	SE2	0.813
CPA3	0.775	SE3	0.83
SV1	0.816	CP1	0.69
SV2	0.872	CP2	0.728
AV1	0.737	FC1	0.535
AV2	0.718	FC2	0.841
AV3	0.846	HM1	0.741
ER1	0.765	HM2	0.662
ER2	0.811		
拟合指标：Chi-Square=471.483，df=124，p=0.000，RMSEA=0.046，CFI=0.964，GFI=0.963，IFI=0.964，TLI=0.951，NFI=0.952			

由表 5-15 的分析结果可以看出，除卡方值受样本容量的影响较大，无法很好地判断模型拟合度之外，其他拟合指数均达到理想要求，且各测量指标项在各潜变量上的因子载荷均大于 0.5。因此，总体来说内因型自变量的区别效度与收敛效度较好。

之后，本次研究对低碳知识和社会因素两类非内因型自变量进行了探索性因子分析。其中，社会因素主要包括社会规范、社会地位、榜样示范 3 个变量。低碳知识有系统知识、行动知识、效力知识 3 个变量。外因型自变量共有 6 个变量共 15 个测量题项。表 5-16 和表 5-17 分别为外因型自变量测量指标的 KMO 值、Bartlett's 球形检验以及因子旋转成分矩阵的分析结果。

由表 5-16 可知，外因型自变量的 KMO 值为 0.827，且 Bartlett 球形度检验的 x^2 值较大，且具有显著统计性(Sig=0.000＜0.05)，说明外生型变量适合进行因子分析。从表 5-17 可以看出，外因型自变量共分为 7 个因子，总方差解释率为 78.883%。每个测量指标在各自潜变量上的因子载荷均大于 0.5，在其他潜变量上均小于 0.5，说明外因型自变量的构建效度较好。

表 5-16　低碳知识与社会因素自变量的 KMO 和 Bartlett 的球形度检验

取样足够度的 KMO 度量	Bartlett 的球形度检验		
	近似卡方	自由度	显著性
0.827	9425.864	105	0.000

表 5-17　外因型自变量的因子旋转成分矩阵

测量题项	主因子					
	1	2	3	4	5	6
SN1	0.826					
SN2	0.863					
SN3	0.767					
SP1		0.895				
SP2		0.888				
MD1			0.907			
MD2			0.881			
MD3			0.921			
SK1				0.855		
SK2				0.791		
SK3				0.796		
AK1					0.801	
AK2					0.836	
EK1						0.766
EK2						0.804

进一步对外因型自变量进行验证性因子分析，表 5-18 为外因型自变量的验证性因子分析。由结果可知，各项拟合指标均达到理想要求，且各测量指标在各潜变量上的因子载荷均大于 0.5，说明外生型量表的构建效度很好。

表 5-18　外因型自变量验证性因子分析

测量题项	因子载荷	测量题项	因子载荷
SN1	0.7	SK1	0.794
SN2	0.872	SK2	0.869
SN3	0.644	SK3	0.868
SP1	0.947	AK1	0.874
SP2	0.576	AK2	0.845
MD1	0.836	EK1	0.799
MD2	0.925	EK2	0.8
MD3	0.576		
拟合指标：Chi-Square=219.171，df=75，p=0.000，RMSEA=0.038，CFI=0.985，GFI=0.978，IFI=0.985，TLI=0.978，NFI=0.977			

3）情境变量的效度检验

情境变量主要包括命令控制型政策、经济激励型政策、信息型政策、自愿参与型政策、技术成熟度以及便利条件、政策熟悉度、政策执行度 8 个因素，共计 21 道测量题项。由于在信度分析中，政策执行度的信度没有满足信度分析要求，因此，删除政策执行度变量之后对剩下的 7 个情境变量的效度进行检验。表 5-19 和表 5-20 为情境变量的探索性因子分析结果。

表 5-19　情境变量的 KMO 和 Bartlett 的球形度检验

取样足够度的 KMO 度量	Bartlett 的球形度检验		
	近似卡方	自由度	显著性
0.906	11184.441	171	0.000

表 5-20　情境变量的因子旋转成分矩阵

测量题项	主因子						
	1	2	3	4	5	6	7
CCP1	0.745						
CCP2	0.791						
CCP3	0.609						
EIP1		0.590					
EIP2		0.794					
EIP3		0.812					
IP1			0.622				
IP2			0.765				
IP3			0.802				
IP4			0.773				
VP1				0.711			
VP2				0.670			
TM1					0.836		
TM2					0.814		
CC1						0.822	
CC2						0.805	
PF1							0.858
PF2							0.809
PF3							0.803

由上表可以看出，情境变量的 KMO 值为 0.906，Bartlett 球形度检验的 x^2 值

较大，且具有显著统计性(Sig=0.000＜0.05)，说明情境变量适合进行因子分析。情境变量的 19 道测量题项被分为 7 个公因子，总方差解释率为 72.906%。每个测量指标在各自的潜变量上的因子载荷均大于 0.5，在其他潜变量上均小于 0.5，说明情境变量的区别效度和收敛效度较好。

进一步对 6 个情境变量进行验证性因子分析，具体结果见表 5-21。结果表明，19 个测量指标在 7 个潜变量上的因子载荷均大于 0.5，且拟合指标除卡方值受样本容量的影响无法判断模型的拟合度之外，其他拟合指标均满足理想要求。因此总体来看，情境变量量表具有较好的构建效度。

表 5-21　情境变量的验证性因子分析

测量题项	因子载荷	测量题项	因子载荷
CP1	0.676	VP1	0.850
CP2	0.749	VP2	0.859
CP3	0.674	TM1	0.794
EP1	0.697	TM2	0.820
EP2	0.738	CC1	0.653
EP3	0.725	CC2	0.718
IP1	0.672	PF1	0.668
IP2	0.793	PF2	0.720
IP3	0.842	PF3	0.513
IP4	0.850		
拟合指标：Chi-Square=814.996，df=131，p=0.000，RMSEA=0.062，CFI=0.938，GFI=0.934，IFI=0.938，TLI=0.919，NFI=0.928			

3. 正态性检验

由于本书在后期模型检验和修正阶段采用结构方程模型的方法进行分析，因此在运用结构方程模型之前，需要对数据的分布进行正态性检验。Mardia[321]指出，多维度量表数据的正态性检验可以通过观察各测量指标的偏度和峰度进行判断。当测量指标的偏度和峰度系数的绝对值在±2 之间时，说明量表的数据可被认为是近似于正态分布[322]。若偏度系数和峰度系数绝对值超过 3 时，需要对数据进行进一步处理[323]。本研究利用 SPSS19.0 软件对各分量表的数据进行正态性检验。具体结果见表 5-22。由结果可见，各测量指标的偏度系数和峰度系数的绝对值都小于 2，说明数据分布类型近似于正态分布。问卷的测量指标通过正态性检验。

表 5-22　各测量指标的偏度和峰度系数

题项	偏度		峰度		题项	偏度		峰度	
	统计量	标准误	统计量	标准误		统计量	标准误	统计量	标准误
HECB1	−1.456	0.067	1.893	0.134	SN1	−0.638	0.067	0.018	0.134
HECB2	−0.713	0.067	−0.599	0.134	SN2	−0.844	0.067	0.798	0.134
HECB3	−0.712	0.067	−0.471	0.134	SN3	−0.756	0.067	0.261	0.134
EEIB1	−0.972	0.067	0.564	0.134	SP1	0.07	0.067	−0.799	0.134
EEIB2	−1.519	0.067	1.995	0.134	SP2	−0.017	0.067	−0.827	0.134
EEIB3	−1.523	0.067	1.804	0.134	MD1	−1.076	0.067	0.835	0.134
BI1	−1.287	0.067	1.9	0.134	MD2	−1.076	0.067	1.235	0.134
BI2	−1.019	0.067	0.493	0.134	MD3	−0.852	0.067	0.31	0.134
BI3	−0.542	0.067	−0.398	0.134	SK1	−0.444	0.067	−0.784	0.134
BC1	−0.452	0.067	−0.246	0.134	SK2	−0.331	0.067	−0.724	0.134
BC2	−0.485	0.067	−0.295	0.134	SK3	−0.533	0.067	−0.468	0.134
BC3	0.025	0.067	−1.104	0.134	AK1	−0.828	0.067	−0.017	0.134
BEP1	−0.795	0.067	0.296	0.134	AK2	−0.816	0.067	−0.165	0.134
BEP2	−1.181	0.067	1.81	0.134	EK1	−0.658	0.067	−0.303	0.134
BEP3	−1.284	0.067	1.318	0.134	EK2	−0.805	0.067	−0.274	0.134
BEP4	−1.457	0.067	1.597	0.134	CCP1	−0.971	0.067	0.963	0.134
CPA1	−1.265	0.067	1.952	0.134	CCP2	−0.972	0.067	0.828	0.134
CPA2	−0.879	0.067	0.731	0.134	CCP3	−0.907	0.067	0.29	0.134
CPA3	−1.534	0.067	1.514	0.134	EIP1	−1.465	0.067	1.813	0.134
SV1	−0.201	0.067	−1.071	0.134	EIP2	−1.229	0.067	1.404	0.134
SV2	−0.264	0.067	−0.988	0.134	EIP3	−1.077	0.067	1.011	0.134
AV1	−1.352	0.067	1.492	0.134	IP1	−0.779	0.067	0.634	0.134
AV2	−1.094	0.067	1.444	0.134	IP2	−1.100	0.067	1.553	0.134
AV3	−1.566	0.067	1.515	0.134	IP3	−1.127	0.067	1.659	0.134
ER1	−0.028	0.067	−1.074	0.134	IP4	−1.034	0.067	1.466	0.134
ER2	−0.055	0.067	−0.942	0.134	VP1	−1.069	0.067	1.317	0.134
SE1	−0.571	0.067	0.131	0.134	VP2	−1.078	0.067	1.625	0.134
SE2	−0.178	0.067	−0.777	0.134	TM1	−1.422	0.067	1.12	0.134
SE3	−0.446	0.067	−0.32	0.134	TM2	−1.445	0.067	1.544	0.134
CP1	−0.194	0.067	−0.891	0.134	PF1	−0.143	0.067	−1.641	0.134
CP2	−0.192	0.067	−0.874	0.134	PF2	−0.197	0.067	−1.576	0.134
FC1	0.881	0.067	−0.096	0.134	PF3	0.32	0.067	−1.586	0.134
FC2	1.048	0.067	0.256	0.134	CC1	−0.759	0.067	−0.068	0.134
HM1	−0.519	0.067	−0.263	0.134	CC2	−0.364	0.067	−0.456	0.134
HM2	0.143	0.067	−0.831	0.134					

第 6 章　居民能源消费行为低碳化驱动因素模型的实证检验

本章是以第 4 章扎根理论构建的居民能源消费行为低碳化驱动因素的理论模型为基础，提出研究假设。然后运用第 5 章的大样本问卷调查采集的数据对理论模型进行实证检验。首先对模型中的自变量、因变量、情境变量进行均值分析、方差分析和 Pearson 相关分析，分析变量的分布特征和相关关系；然后运用结构方程模型和分层回归分析对理论模型进行实证检验，分别对内因型变量和外因型变量对居民能源消费行为低碳化的作用机理、政策因素和其他情境因素的调节效应进行检验，根据实证检验结果对理论模型进行修正，形成最终模型。在此基础上，分析并判断不同政策工具在引导居民能源消费行为低碳化过程中可能担当的角色和作用，提炼出不同政策工具在促进居民能源消费行为低碳化的主要可干预路径。

6.1　研究假设的提出

第 4 章运用扎根理论发展的探索性质化研究方法构建了居民能源消费行为低碳化驱动因素的理论模型(图 4-2)，本章是对理论模型进行实证检验，针对理论模型揭示的居民能源消费行为低碳化过程中的主要驱动因素及其作用关系提出七组研究假设，分别是前因变量对低碳行为意愿的关系假设，前因变量对低碳行为能力的关系假设，行为意愿和行为能力对两类低碳化能源消费行为作用关系的假设，情境变量的调节作用的假设，行为效果感知对行为意愿的回调效应假设，家庭特征类因素对低碳行为影响的假设，人口统计特征变量对低碳行为影响的假设。

1. 前因变量对行为意愿的关系假设

在扎根理论构建的模型中，前因变量包括内因型自变量和外因型自变量两类，内因型自变量主要包括气候问题感知、利己价值观、利他价值观、环境责任感、自我效能感、舒适偏好度、从众心理、面子意识 8 个变量；外因型自变量包括社会规范、社会地位、榜样示范、系统知识、行动知识、效力知识 6 个变量。在构建的理论模型中，内因型自变量和外因型自变量均通过行为意愿和行为能力间接驱动个体的日常节能行为和能效投资行为。根据计划行为理论[273]、价值-信念-规范理论[289]、负责任的环境行为模型[324]等成熟的理论，并结合孟艾红[291]、芈凌云[287]、冯彩铃等[325]、王建明[270]、Ajze[294]国内外学者对个体心理、群体心理等因素作用机理的研究，提出第一组假设，具体假设如下。

H1：气候问题感知对行为意愿有显著的正向影响。

H2：利己价值观对行为意愿有显著的负向影响。

H3：利他价值观对行为意愿有显著的正向影响。

H4：环境责任感对行为意愿有显著的正向影响。

H5：自我效能感对行为意愿有显著的正向影响。

H6：舒适偏好度对行为意愿有显著的负向影响。

H7：面子意识对行为意愿具有显著的负向影响。

H8：从众心理对行为意愿具有显著的正向影响。

H9：社会规范对行为意愿具有显著的正向影响。

H10：社会地位对行为意愿具有显著的负向影响。

H11：榜样示范对行为意愿具有显著的正向影响。

H12：低碳知识对行为意愿具有显著的正向影响。

H12a：系统知识对行为意愿具有显著的正向影响。

H12b：行动知识对行为意愿具有显著的正向影响。

H12c：效力知识对行为意愿具有显著的正向影响。

2. 前因变量与行为能力的关系假设

在传统的关于环境行为研究中只关注行为意愿到行为的关系，认为有行为意愿可以直接导致行为实现。但在现实访谈中我们发现，有低碳行为意愿的人往往因为不知道该如何做，或缺乏实践的能力而放弃。特别是当某项低碳行为需要一定的技巧来实现的时候，行为意愿到行为的转变往往并不容易实现。芈凌云[290]在对居民能源消费的研究中证实，利己价值观、自我效能感、环境责任感等因素对行为能力存在积极的影响。

因此，根据扎根研究构建的理论模型，并结合已有文献的研究结论，本节提出第二组假设，具体假设如下。

H13：气候问题感知对行为能力有显著的正向影响。

H14：利己价值观对行为能力有显著的负向影响。

H15：利他价值观对行为能力有显著的正向影响。

H16：环境责任感对行为能力有显著的正向影响。

H17：自我效能感对行为能力有显著的正向影响。

H18：舒适偏好度对行为能力有显著的负向影响。

H19：面子意识对行为能力有显著的负向影响。

H20：从众心理对行为能力具有显著的正向影响。

H21：社会规范对行为能力有显著的正向影响。

H22：社会地位对行为能力具有显著的负向影响。

H23：榜样示范对行为能力具有显著的正向影响。

H24：低碳知识对行为能力具有显著的正向影响。

H24a：系统知识对行为能力具有显著的正向影响。

H24b：行动知识对行为能力具有显著的正向影响。

H24c：效力知识对行为能力具有显著的正向影响。

3. 行为意愿、行为能力与能源消费行为低碳化之间关系的假设

本研究的能源消费行为主要包括能效投资行为和日常节能行为两类。根据组织行为学的观点，任何目标行为的有效完成都是由个体的行为意愿(愿意付出的努力程度)和行为能力(达成目标的可能性)共同导致的。一个人即使很愿意实施某种行为，表现出很高的积极性，但却不具备相应的行为能力，那么该行为成功实现的可能性就很小，也就是一般所言的“想干好”和“能干好”共同作用才能“干得好”。居民的能源消费行为低碳化的行为结果不仅需要低碳消费的意愿，还需要实施低碳消费行为的能力。芈凌云[287]、岳婷[48]等人的研究均证实，行为意愿与行为能力对能源消费行为低碳化存在显著的直接影响。因此，结合扎根分析的结果，本节提出第 3 组假设，具体提假设如下。

H25：行为意愿对能源消费行为低碳化有显著正向影响。

H25a：行为意愿对日常节能行为低碳化有显著正向影响。

H25b：行为意愿对能效投资行为低碳化有显著正向影响。

H26：行为能力对能源消费行为低碳化有显著正向影响。

H26a：行为能力对日常节能行为低碳化有显著正向影响。

H26b：行为能力对能效投资行为低碳化有显著正向影响。

4. 情境变量的调节作用的假设

本研究的情境变量包括政策工具与低碳产品因素等外部情境因素。政策工具分为命令控制型政策、经济激励型政策、信息型政策、自愿参与型政策四类。其他外部因素包括技术成熟度、便利条件两个变量。随着环境行为研究的深入，外部情境因素对微观主体的影响受到越来越多的关注。Guagnano 等[31]的 ABC 理论、Hines 等[324]的负责任的环境行为模型都关注到了外部情境因素对行为实现的作用。国内学者芈凌云[287]、岳婷[48]的研究都关注了情境因素的作用。大部分研究认为外部情境因素对行为的实现具有显著的调节作用，只是不同的研究关注的外部情境结构类变量的具体内容各有不同。因此，根据扎根分析构建的理论模型，结合正式量表确定的变量，本节提出第四组假设，具体假设如下。

H27：行为意愿对能源消费行为低碳化的影响受到情境因素的调节作用。

H27a：行为意愿对能源消费行为低碳化的影响受到命令控制型政策的调节作用。

H27b：行为意愿对能源消费行为低碳化的影响受到经济激励型政策的调节作用。

H27c：行为意愿对能源消费行为低碳化的影响受到信息型政策的调节作用。

H27d：行为意愿对能源消费行为低碳化的影响受到自愿参与型政策的调节作用。

H27e：行为意愿对能源消费行为低碳化的影响受到技术成熟度的调节作用。

H27f：行为意愿对能源消费行为低碳化的影响受到便利条件的调节作用。

H27g：行为意愿对能源消费行为低碳化的影响受到政策熟悉度的调节作用。

H28：行为能力对能源消费行为低碳化的影响受到情境因素的调节作用。

H28a：行为能力对能源消费行为低碳化的影响受到命令控制型政策的调节作用。

H28b：行为能力对能源消费行为低碳化的影响受到经济激励型政策的调节作用。

H28c：行为能力对能源消费行为低碳化的影响受到信息型政策的调节作用。

H28d：行为能力对能源消费行为低碳化的影响受到自愿参与型政策的调节作用。

H28e：行为能力对能源消费行为低碳化的影响受到技术成熟度的调节作用。

H28f：行为能力对能源消费行为低碳化的影响受到便利条件的调节作用。

H28g：行为能力对能源消费行为低碳化的影响受到政策熟悉度的调节作用。

5. 行为结果感知对行为意愿及能源消费行为低碳化的影响关系假设

本节行为结果感知变量包括主观福利的提高和环保意识的提升两个方面。Ajzen[325]的计划行为理论与 Triandis[326]的人际行为理论指出，对行为结果的感知与评价会显著影响个体的环境行为与行为意愿，岳婷[48]等国内外学者的实证研究结果也均表明个体对行为结果的感知会显著影响个体的行为意愿与节能行为。因此，根据扎根研究的结果，本节提出第五组假设，具体假设如下。

H29：低碳化能源消费行为的实施会显著影响行为效果感知。

H29a：低碳化能源消费行为的实施对主观福利的提高具有显著正向影响。

H29b：低碳化能源消费行为的实施对环保意识的提升具有显著正向因素。

H30：行为效果感知对行为意愿具有显著的正向影响。

H30a：主观福利提高对行为意愿具有显著正向影响。

H30b：环保意识提升对行为意愿具有显著正向影响。

H31：行为效果感知对低碳化能源消费行为具有显著正向影响。

H31a：主观福利提高对低碳化能源消费行为具有显著正向影响。

H31b：环保意识提升对低碳化能源消费行为具有显著正向影响。

6. 个体特征因素对能源消费行为低碳化影响的假设

个体特征因素主要包括个体的性别、婚姻状况、年龄、受教育程度、职业类型 5 个因素。Himes 等[324]在负责任环境行为模型中指出，个体特征因素显著影响个体环境行为的实施。国内外学者们也认为个体特征因素在不同的能源消费行为上存在显著差异[48,287]，但在每个个体特征因素在行为上是否都存在差异，已有研究有共识也有争议。因此，结合本节第 2 章中的文献综述内容和第 4 章的扎根研究分析结果，提出第 6 组假设，具体假设如下。

H32：居民能源消费行为低碳化在不同的人口特征因素上存在显著差异。

H32a：居民能源消费行为低碳化在不同性别上存在显著差异。

H32b：居民能源消费行为低碳化在不同婚姻状况上存在显著差异。

H32c：居民能源消费行为低碳化在不同年龄上存在显著差异。

H32d：居民能源消费行为低碳化在不同受教育程度上存在显著差异。

H32e：居民能源消费行为低碳化在不同职业类型上存在显著差异。

7. 家庭特征因素对能源消费行为低碳化影响的假设

居民的能源消费行为具有家庭化的特征，在家庭中，居民的能源消费行为不仅取决于个体倾向，还受到家庭特征的影响。如家庭人口规模决定了家庭的能源需求量，家庭收入决定了居民的能源消费行为能力等。在目前的文献研究中，国内外学者对家庭特征在能源消费行为上的差异进行了大量的研究。总体来看，个体的能源行为因为家庭特征的不同而存在差异得到了比较一致的认同。但具体到每个家庭特征变量，不同的研究在是否有影响、影响程度、影响方向和对不同行为的差异上还存在较多争议，需要进一步检验。因此，结合第 2 章的文献综述与第 4 章的扎根研究，本节从家庭月收入、家庭规模、家庭类型、是否有儿童与小孩、家庭住宅产权 5 个方面，对居民能源消费行为在家庭特征因素上的差异提出第七组假设，具体如下。

H33：居民能源消费行为低碳化在不同的家庭特征因素上存在显著差异。

H:33a：居民能源消费行为低碳化在不同家庭月收入上在显著差异。

H33b：居民能源消费行为低碳化在不同家庭规模上存在显著差异。

H33c：居民能源消费行为低碳化在不同家庭类型上存在显著差异。

H33d：居民能源消费行为低碳化在家庭是否有儿童同住的上存在显著差异。

H33e：居民能源消费行为低碳化在是否有老人同住上存在显著差异。

H33f：居民能源消费行为低碳化在家庭住宅产权上存在显著差异。

6.2　均值分析与方差分析

运用 SPSS19.0 软件对研究变量进行均值分析和方差分析。均值分析主要从均值、标准差等统计指标中观察被访者在各变量上的表现情况；方差分析旨在探究居民能源消费行为低碳化在人口统计特征与家庭特征因素上的表现差异。方差分析根据数据类型采用独立样本 T 检验(independent sample T-test)和单因素方差(one-way analysis of variance)分析两种方法进行检验。

6.2.1 均值分析

本研究按照因变量、自变量、情境变量三类分别对各变量进行均值分析。

1. 因变量均值分析

对理论模型中的能效投资行为(EEIB)、日常节能行为(HHCB)、行为意愿(BI)、行为能力(BC)和行为效果感知(BEP)5 个因变量的整体均值及各测量题项的均值进行描述性统计(表 6-1)。

表 6-1 因变量各测量题项的均值与标准差

变量	测量题项	均值	标准差	均值与标准差	变量	测量题项	均值	标准差	均值与标准差
HECB	HECB1	4.23	0.96	*M*=3.86 SD=0.86	BC	BC1	3.65	0.96	*M*=3.45 SD=0.94
	HECB2	3.69	1.25			BC2	3.69	0.97	
	HECB3	3.66	1.23			BC3	3.00	1.29	
EEIB	EEIB1	4.17	0.92	*M*=4.29 SD=0.70	BEP	BEP1	4.11	0.88	*M*=4.32 SD=0.64
	EEIB2	4.31	0.99			BEP2	4.31	0.77	
	EEIB3	4.41	0.90			BEP3	4.37	0.74	
BI	BI1	4.37	0.78	*M*=4.12 SD=0.78		BEP4	4.47	0.71	
	BI2	4.09	1.01						
	BI3	3.92	0.98						

由表 6-1 可见，行为效果感知变量的均值最高(均值为 4.32)，说明居民在实施低碳化的能源消费行为之后，对行为效果的重视较高；行为效果感知的均值在 4.11～4.47，整体均值大于 4，说明居民对实施节能行为之后的行为效果整体较为重视。其中得分相对较高的是“周围越来越多的人开始关注蓝天绿地”和“实施低碳行为之后，我会更加关注空气质量”两个测量题项，“低碳消费给我带来经济的节省”和“当我为环境改善付出了努力会有幸福感”两个题项得分相对较低，这说明近年来居民更加关注低碳消费带来可视的周围环境的改善。

对比两类低碳消费行为，能效投资行为的均值为 4.29，显著高于日常节能行为的均值 3.86，说明居民更乐于通过购买高能效产品来实现能源消费行为低碳化，对日常生活习惯中的节能减排行动的重视还有待提高。在日常节能行为中，HECB1 题的均值较高，但 HECB2 和 HECB3 题的均值相对较低，说明居民在随手关灯方面做得相对较好，但在家电和空调的节能使用上还不太注意。能效投资行为的 3 个观测题项的均值处于 4.17～4.41，说明居民对能效产品的购买方面较为关注产品的节能性。其中题项 EEBI3 的均值最高，说明居民在购买住宅时，对住宅的自然采光、集中供暖等低碳节能设计更为重视。题项 EEIB1 的均值最低，说明居民在购买家电时对节能等级的关注尚不足。

作为中介变量的行为意愿与行为能力的均值分别为 4.12 和 3.45，显示居民在低碳消费过程中行为意愿高于行为能力。低碳意愿的均值在 3.92～4.37，显示出居民对低碳行为具有较强的意愿。其中均值最高的题项为"今后，我会注意电器不用时关掉电源，而不是让其待机"，均值最小的是"我愿意成为社区的低碳节能宣传志愿者"，说明居民更愿意实施容易做到的且方便做的低碳行为，而对于耗时较长且需要付出更多时间和精力的活动，参与意愿相对较低。

行为能力的均值在 3.00～3.69，与行为意愿相比，行为能力的整体均值相对较低。其中，在"我会自己开发出一些可以节能减排的生活小窍门"题项上的得分最低，在"对别人介绍的低碳节能小窍门，我能很好地应用于自己的生活当中"题项上的得分最高，说明居民在节能减排技巧上的创新能力不足，但对已有的节能技巧的掌握与接受能力相对较强。

2. 自变量均值分析

对内因型的 8 个自变量及各测量指标进行描述性统计分析。表 6-2 为内因型各变量整体的均值和标准差。由表 6-2 可以看出，得分最高的变量为利他价值观(均值为 4.40)和气候问题感知(均值为 4.38)，得分最低的变量为面子意识，均值为 2.22，环境责任感和利己价值观的均值也相对较低，均值分别为 3.08 和 3.13。

表 6-2　内因型自变量各测量题项的均值与标准差

变量	测量题项	均值	标准差	均值与标准差	变量	测量题项	均值	标准差	均值与标准差
CPA	CPA1	4.40	0.735	M=4.38 SD=1.18	SE	SE1	3.80	0.894	M=3.56 SD=0.88
	CPA2	4.22	0.781			SE2	3.30	1.118	
	CPA3	4.51	0.705			SE3	3.57	1.000	
SV	SV1	3.06	1.280	M=3.13 SD=1.18	CP	CP1	3.28	1.144	M=3.25 SD=0.88
	SV2	3.20	1.279			CP2	3.22	1.131	
AV	AV1	4.36	0.765	M=4.40 SD=0.62	FC	FC1	2.27	1.171	M=2.22 SD=1.00
	AV2	4.30	0.774			FC2	2.16	1.167	
	AV3	4.53	0.658		HM	HM1	3.40	1.035	M=3.15 SD=0.91
ER	ER1	3.06	1.242	M=3.08 SD=1.08		HM2	2.91	1.082	
	ER2	3.11	1.169						

气候问题感知的各测量题项的均值在 4.22～4.51，表明大部分居民对气候、

环境等问题具有较高认知度，其中居民对日常生活中的雾霾污染问题的认知更为深刻；利己价值观的均值在 3.06～3.20，利他价值观的均值在 4.30～4.53，这说明大部分居民具有“利他”倾向；“环境责任感”的 3 个测量题项均值在 3.06～3.11，与其他变量相比，均值相对较低，表明大部分居民的责任感属于一般水平，对环境问题的责任归属还有待提高；自我效能感的均值在 3.3～3.8，表明居民对自己能力的自我认知处于中等水平，舒适偏好度的均值在 3.22～3.28，表明大部分居民更倾向于舒适的生活；面子意识的均值较低，介于 2.16～2.27，说明居民在低碳消费上的面子意识尚不强；从众心理的均值介于 2.91～3.40，表明居民跟随他人的行为的倾向属于中等略高的水平。

对外因型自变量进行描述性统计分析。表 6-3 是各变量的整体均值及各变量测量指标的均值。从结果来看榜样示范的均值最大，整体为 4.10，测量指标题项的均值在 4.05～4.15，说明大部分居民都较为认可榜样示范为低碳节能带来的影响，尤其是对政府官员和单位领导的榜样示范作用更为看重；其次，在低碳知识方面，行动知识变量的整体均值为 4，系统知识的均值为 3.91，效力知识的均值为 3.85，7 个测量指标的均值介于 3.83～4.07，表明大部分居民对低碳节能知识的熟悉程度较高，尤其对生活中的行动知识的认知更多；社会规范变量的整体均值为 3.93，各项指标的均值在 3.84～4.01，说明大部分居民对当前社会的低碳节能风气保持积极的认知心态；社会地位变量均值为 3.045，各测量指标的均值在 3.02～3.07，属于中等水平，表明在在低碳问题上，消费所展现出的社会地位会产生影响。

表 6-3　外因型自变量各测量题项的均值与标准差

变量	测量题项	均值	标准差	均值与标准差	变量	测量题项	均值	标准差	均值与标准差
SN	SN1	3.93	0.908	M=3.93 SD=0.77	SK	SK1	3.94	1.008	M=3.91 SD=0.90
	SN2	4.01	0.885			SK2	3.83	1.002	
	SN3	3.84	0.990			SK3	3.96	0.979	
SP	SP1	3.02	1.110	M=3.05 SD=0.99	AK	AK1	3.94	1.088	M=4.00 SD=0.98
	SP2	3.07	1.094			AK2	4.07	1.011	
MD	MD1	4.15	0.926	M=4.10 SD=0.77	EK	EK1	3.83	1.098	M=3.85 SD=1.03
	MD2	4.15	0.887			EK2	3.87	1.184	
	MD3	4.01	0.973						

3. 情境变量均值分析

外部情景变量主要包括四类政策因素（命令控制型政策、经济激励型政策、信息型政策和自愿参与型政策）、技术成熟度、便利条件 6 个变量共 16 个测量题项。对情境变量进行描述性统计分析，结果见表 6-4。

表 6-4　情境变量的测量指标均值分析

变量	测量题项	均值	标准差	均值与标准差	变量	测量题项	均值	标准差	均值与标准差
CCP	CCP1	4.12	0.870	*M*=4.03 SD=0.77	VP	VP1	4.26	0.793	*M*=4.28 SD=0.72
	CCP2	4.08	0.914			VP2	4.30	0.757	
	CCP3	3.90	1.053		TM	TM1	4.37	0.748	*M*=4.41 SD=0.67
EIP	EIP1	4.43	0.742	*M*=4.22 SD=0.73		TM2	4.44	0.736	
	EIP2	4.13	0.978		CC	CC1	3.83	1.064	*M*=3.76 SD=0.88
	EIP3	4.09	0.940			CC2	3.69	0.995	
IP	IP1	4.12	0.795	*M*=4.24 SD=0.65	PF	PF1	3.13	0.701	*M*=3.01 SD=0.78
	IP2	4.22	0.808			PF2	3.21	0.661	
	IP3	4.32	0.749			PF3	2.68	0.698	
	IP4	4.30	0.741						

由结果可以看出，政策法规类的四个变量整体的均值都在 4 以上，其中命令控制型政策的整体均值为 4.03，各测量指标的均值介于 3.90～4.12，经济激励型政策的整体均值为 4.22，测量题项均值在 4.09～4.43，信息型政策的均值为 4.24，4 个测量题项的均值介于 4.12～4.32，自愿参与型的均值为 4.28，两个测量题项的均值为 4.26，4.30。这说明不同类型的低碳节能政策对居民的影响不同，在四类政策中，居民更愿意接受自愿参与型和信息型的政策，对命令控制型政策和经济政策的认可度相对较低；技术成熟度的整体均值为 4.41，说明居民对低碳产品的技术的性能、可靠性等方面十分看重，大部分居民认为“只有技术成熟的低碳产品才能给生活带来真正的实惠和好处”。便利条件变量的整体均值为 3.76，各项指标的均值在 3.69～3.83，说明大部分居民还是认为增加便利条件能够促进低碳行为的发生。政策熟悉度的整体均值最低(3.01)，各指标题项的均值在 2.68～3.21，说明大部分居民对现有政策的认知较少，对政策的详细内容了解不足。

6.2.2　方差分析

运用 SPSS19.0 软件对居民的能效投资行为和日常节能行为在个体特征因素和家庭特征因素上的差异性进行检验。在分析方法上，对性别、婚否、是否有儿童或老人这类只有 2 个选项的因素采用独立样本 T 检验进行差异性检验，其他具有 2 个以上选项的个体特征因素和家庭特征因素则采用单因素方差进行分析。

1. 居民低碳化能源消费行为在个体特征因素上的差异性分析

个体特征因素主要指样本在人口统计上的异质性。包括性别、年龄、婚姻状况、受教育程度及职业类型 5 个因素，采用独立样本 T 检验对性别和婚姻状况进行分析，采用单因素方差分析对年龄、受教育程度和职业类型进行差异分析。分析结果见表 6-5。

表 6-5　居民低碳化能源消费行为在人口统计上的差异性分析

人口统计因素	类型	日常节能行为(HECB)			能效投资行为(EEIB)		
		均值	方差方程的 Levene 检验		均值	方差方程的 Levene 检验	
			F	Sig.		*F*	Sig.
性别	男性	3.84	0.05	0.83	4.28	1.73	0.19
	女性	3.89			4.32		
婚姻状况	已婚	3.85	1.194	0.275	4.34	0.142	0.707
	未婚	3.9			4.22		
年龄	20 岁以下	4	1.787	0.112	4.625	8.054	0.000
	20～30 岁	3.793			4.167		
	31～40 岁	3.872			4.397		
	41～50 岁	3.939			4.316		
	51～60 岁	4			4.417		
	60 岁以上	4.178			4.778		
受教育程度	初中及以下	3.88	0.514	0.673	4.479	3.485	0.015
	高中、中专或技校	3.823			4.429		
	大专或本科	3.887			4.303		
	研究生(硕士或博士)	3.826			4.228		
职业类型	政府部门工作人员	3.914	2.438	0.024	4.369	0.708	0.644
	一般工人或服务人员	3.846			4.255		
	企业管理人员	3.768			4.297		
	工程技术人员	3.936			4.301		
	科研、教育和环境卫生领域的人员	4.014			4.265		
	退休及家庭主妇	3.917			4.433		
	其他	3.786			4.261		

在性别变量均值比较中可以看出：性别在日常节能行为(p=0.83＜0.05)、能效投资行为(p=0.19＞0.05)上不存在显著差异。女性在实施低碳行为上要略高于男性，表明女性在家庭日常生活能源消费上比男性更为注重，对节能家电、住宅节能投资上也更加了解。这与 Thogersen 和 Grøn høj[62]对丹麦家庭能源消费的研究相类似。

在婚姻状况方面，居民的婚姻状况在日常节能行为和能效投资行为两类行为中并没有通过统计检验(p＞0.05)。因此，居民的能源消费行为没有因为是否结婚而产生显著差异。

在年龄方面，居民的能效投资行为在年龄上存在显著差异(p=0.000＜0.05)。其中，60 岁以上及 20 岁以下居民的比其他年龄阶段的居民更倾向于购买节能家电，而 20～30 岁的居民对节能住宅、节能电器上的购买行为最少；日常节能行为在年龄变量上的差异没有通过统计检验(p=0.112＞0.05)，可见在日常能源使用中，居民能源消费行为没有因年龄差异而显著不同。

在受教育程度的差异性检验中，受教育水平在居民能效投资行为中存在显著差异(p=0.015＜0.05)，这说明受教育程度不同，其能效投资行为存在显著差异，均值比较可以看出：随着受教育水平的提高，居民的能效投资行为呈减弱趋势；受教育水平在日常节能行为中差异分析的显著性水平 p=0.673＞0.05，这说明居民日常节能行为并没有因为受教育程度的不同而存在显著差异。

在职业类型的差异性检验中，居民的居民日常节能行为在职业类型上存在显著差异(p=0.024＜0.05)，其中，科研、教育与环境卫生领域方面的工作人员的均值最高，说明该领域的工作人员在日常生活中更加注重节能，而企业管理人员在日常节能行为中的得分最低，显示企业管理人员在日常能源使用中的节能减排还有待提高；居民的能效投资行为在职业类型在上不存在显著差(p=0.644＞0.05)。

2. 居民低碳化能源消费行为在家庭特征因素上的差异性分析

本研究的家庭特征因素主要包括家庭每月可支配收入、家庭规模(人数)、家庭类型、家庭结构(是否有老人、儿童)和住宅产权 4 个因素，运用 SPSS19.0 软件，采用独立样本 T 检验对家庭结构进行差异性检验，对家庭每月可支配收入、家庭人数、家庭类型及住宅产权 3 个因素进行单因素方差分析，并通过比较均值观察其差异性。具体结果见表 6-6。

表 6-6　居民能源消费行为低碳化在家庭特征因素上的差异性分析

家庭特征	类型划分	日常节能行为(HECB)			能效投资行为(EEIB)		
		均值	方差方程的 Levene 检验		均值	方差方程的 Levene 检验	
			F	Sig.		F	Sig.
家庭每月可支配收入	2000 元以下	3.757	1.853	0.100	4.259	0.202	0.962
	2000～5000 元	3.964			4.280		
	5000～10000 元	3.845			4.312		
	10000～20000 元	3.773			4.294		
	20000～50000 元	3.857			4.323		
	50000 元以上	3.857			4.238		
家庭人口规模	1 人	3.899	1.306	0.271	4.203	2.856	0.036
	2 人	3.897			4.201		
	3 人	3.897			4.296		
	4 人或 4 人以上	3.798			4.351		
家庭类型	独居	3.931	0.535	0.710	4.226	5.647	0.000
	已婚，无子女或不与子女同住	3.879			4.184		
	已婚，有未成年子女	3.834			4.289		

续表

家庭特征	类型划分	日常节能行为(HECB)			能效投资行为(EEIB)		
		均值	方差方程的 Levene 检验		均值	方差方程的 Levene 检验	
			F	Sig.		F	Sig.
家庭类型	两代家庭(已婚夫妻与父母同住)	3.849			4.299		
	三代同堂或四代同堂	3.876			4.522		
是否有12岁以下的儿童	是	3.836	1.290	0.256	4.338	0.562	0.454
	否	3.886			4.253		
是否有老人	是	3.835	0.000	0.998	4.331	0.165	0.684
	否	3.881			4.270		
住宅产权	短期租房住(1年以下)	3.802	0.358	0.699	4.209	2.489	0.083
	长期租房住(1年以上)	3.901			4.201		
	住自家产权房	3.862			4.314		

从家庭每月可支配收入方面来说，在0.05的显著性水平下，居民的日常节能行为和能效投资行为在家庭每月可支配收入上的差异性并没有通过统计性检验($p>0.05$)，显示两类低碳行为未因居民家庭每月可支配收入的差异而显著不同。这一结果与预期有所偏差，需要更深入的研究[327]。

从家庭人数上来说，居民的能效投资行为在家庭人数上存在显著差异性($p=0.036<0.05$)，家庭人口数越多，对购买节能家电、住宅节能投资等就越重视；而居民的日常节能行为中则不因为家庭人口数的不同而存在显著差异($p=0.271>0.05$)。

从家庭类型上来看，居民的能效投资行为在家庭类型在上存在显著差异($p=0.000<0.05$)，其中，三代同堂或四代同堂的家庭更加注重购买节能电器或住宅节能投资，已婚无子女或不与子女同住的家庭则在购买高能效产品上关注不足；居民的日常节能行为在家庭类型上不存在显著差异($p=0.710>0.05$)。

从家庭结构方面来说，居民的日常节能行为和能效投资行为在是否有12岁以下儿童同住与是否有老人同住上均没有通过检验，显示不存在显著差异。

在家庭的住宅产权方面，居民的能效投资行为不会因为住宅产权的不同而存在差异($p=0.083>0.05$)，从均值上来看，住自家产权房的居民更重视家庭能效投资；居民的日常节能行为则不因为住宅产权的不同而存在显著差异($p>0.05$)。

6.3 Pearson 相关性分析

相关分析的目的是探究各变量之间的相关程度，为回归分析及结构方程模型的修正与拟合提供借鉴。相关性分析经常被用于描述不同变量之间的紧密程度，其反映的是控制一个变量，另一个变量相对的变化程度。在统计中，经常利用相关系数定量描述两个变量之间的相关强度和方向。相关系数绝对值的大小表示相关性的强度，绝对值越大，变量间的相关性越强。一般认为，当相关系数小于 0.3 为弱相关关系，0.3～0.5 为中等相关关系，大于 0.5 为强相关关系。相关系数的正负描述了变量之间是正向相关还是负向相关，当 $r>0$ 时，表示变量间存在正向相关性，当 $r<0$ 时，则认为变量间存在负相关关系[328]。本研究通过 Pearson 相关系数对各变量间的相关性进行分析。

1. 因变量间的相关性分析

首先采用 Pearson 相关分析法对日常节能行为、能效投资行为、行为意愿、行为能力、行为效果感知之间的相关性进行分析。结果见表 6-7。

表 6-7　因变量之间的相关性分析

变量	日常节能行为	能效投资行为	行为意愿	行为能力	行为效果感知
日常节能行为	1				
能效投资行为	0.258**	1			
行为意愿	0.312**	0.351**	1		
行为能力	0.282**	0.258**	0.435**	1	
行为效果感知	0.298**	0.384**	0.619**	0.427**	1

注：**表示在 0.01 水平(双侧)上显著相关，下同。

从表 6-7 可以看出，在 0.01 的显著性水平下，5 个变量之间均存在正向的相关关系。其中，行为意愿与行为效果感知之间的相关性最强，相关程度为强相关性，这表明居民的行为效果的感知与行为意愿同向变化，当行为效果感知增强时，会对低碳行为意愿产生正向激励作用；其次，行为意愿与日常节能行为、能效投资行为之间均为中等相关关系，表明居民的行为意愿越强，越容易实施低碳消费行为。

2. 内因型自变量与行为意愿、行为能力间的相关性分析

本节对 8 个内因型自变量与行为意愿、行为能力之间的关系进行 Pearson 相关分析。结果见表 6-8。

表 6-8　行为意愿、行为能力与内因型自变量间的相关性分析

变量	BI	BC	CPA	SV	AV	ER	SE	C	FC	HM
BI	1									
BC	0.435**	1								
CPA	0.507**	0.341**	1							
SV	–0.112**	–0.338**	–0.029	1						
AV	0.402**	0.260**	0.692**	–0.034	1					
ER	0.187**	0.133**	0.254**	–0.029	0.181**	1				
SE	0.417**	0.768**	0.351**	–0.328**	0.291**	0.137**	1			
C	–0.053	0.061*	0.026	–0.396**	0.080**	–0.009	0.124**	1		
FC	0.001	0.155**	–0.051	–0.488**	–0.071**	0.055*	0.159**	0.382**	1	
HM	0.141**	0.220**	0.160**	–0.234**	0.141**	0.293**	0.224**	0.193**	0.193**	1

注：*表示在 0.05 水平(双侧)上显著相关，下同。

从结果可以看出：在 0.05 的显著性水平下，舒适偏好度、面子意识与行为意愿之间不存在相关关系，其他 6 个自变量与行为意愿之间均存在显著的相关关系。其中，利己价值观与行为意愿存在显著负相关，但属于弱相关；气候问题感知、利他价值观、自我效能感与行为意愿之间均为正相关关系，且相关系数均大于 0.4，显示出了中等强度相关关系。环境责任感、从众心理则与行为意愿之间存在显著的正向弱相关关系。

8 个内因型自变量与行为能力之间均存在显著的相关关系。其中，利己价值观与行为能力之间为负相关关系，相关程度达到中等相关程度；其他 7 个变量与行为能力均为正向相关关系，其中自我效能感与行为能力之间的相关性最强，为强相关关系；而舒适偏好度与行为能力之间的相关关系最弱。

3. 外因型自变量与行为意愿、行为能力的相关性分析

表 6-9 显示了外因型自变量与行为意愿、行为能力之间的 Pearson 相关性分析结果。

表 6-9　行为意愿、行为能力与外因型自变量间的相关性分析

变量	BI	BC	SK	AK	EK	SN	SP	MD
BI	1							
BC	0.435**	1						
SK	0.345**	0.524**	1					
AK	0.318**	0.506**	0.606**	1				
EK	0.295**	0.581**	0.596**	0.704**	1			
SN	0.366**	0.272**	0.185**	0.213**	0.201**	1		
SP	–0.071**	0.128**	0.065*	0.015	0.092**	–0.042	1	
MD	0.376**	0.292**	0.336**	0.277**	0.270**	0.268**	0.102**	1

由表 6-9 可得出以下结论。

(1) 6 个外因型自变量与行为意愿之间均存在显著的相关关系(在 0.01 的显著性水平下)。其中，社会地位与行为意愿之间存在显著的负相关性，显示社会地位越高，低碳行为意愿越低，但属于弱相关；系统知识、行动知识、效力知识、社会规范、社会地位、榜样示范与行为意愿之间均存在显著正相关关系。

(2) 6 个外因型自变量与行为能力之间均存在显著正先关关系(在 0.01 的显著性水平下)。其中，系统知识、行动知识以及效力知识与行为能力之间存在强的正相关性。而社会规范、社会地位、榜样示范与行为能力之间的相关性为弱相关。

4. 因变量与情境变量之间的相关性分析

最后，本节对因变量对情境变量之间的相关性进行分析。因变量包括日常节能行为、能效投资行为、行为意愿及行为能力，情境变量包括命令控制型政策、经济激励型政策、信息型政策、自愿参与型政策、技术成熟度、便利条件、政策熟悉度 7 个变量。结果见表 6-10。

表 6-10　因变量与情境变量间的相关性分析

变量	HECB	EEIB	BI	BC	CP	EIP	IP	VP	TM	CC	PF
HECB	1										
EEIB	0.258**	1									
BI	0.312**	0.351**	1								
BC	0.282**	0.258**	0.435**	1							
CP	0.213**	0.263**	0.400**	0.344**	1						
EIP	0.261**	0.325**	0.459**	0.323**	0.570**	1					
IP	0.325**	0.406**	0.565**	0.400**	0.584**	0.660**	1				
VP	0.299**	0.397**	0.615**	0.412**	0.510**	0.589**	0.707**	1			
TM	0.244**	0.307**	0.349**	0.285**	0.336**	0.425**	0.533**	0.488**	1		
CC	0.187**	0.240**	0.442**	0.416**	0.324**	0.345**	0.389**	0.386**	0.258**	1	
PF	0.019	0.022	–0.003	0.102**	0.050	0.013	0.007	–0.005	0.059*	0.085**	1

从表 6-10 的相关性分析结果可以看出，除政策熟悉度以外，其他 6 个情境变量对两类低碳行为、行为意愿、行为能力均存在显著的正相关关系(在 0.01 的显著性水平下)。其中 6 个情境变量与行为意愿的相关性比其与行为能力、低碳行为之间的相关性更强。日常节能行为与情境变量的相关性相对较弱。表明低碳政策、技术成熟度、便利条件越好，居民的低碳意愿越强。政策熟悉度只与行为能力存在显著的相关关系，与行为意愿、日常节能行为和能效投资行为均没有显著的相关关系。

6.4 居民能源消费行为低碳化的驱动因素模型的实证检验

基于第 4 章运用扎根理论构建的居民能源消费行为低碳化的驱动因素理论模型，本章运用 AMOS22.0 软件，采用结构方程模型对该理论模型进行检验和修正。

6.4.1 内因型自变量对居民能源消费低碳化的驱动机理分析

根据第 4 章的理论模型，在内因型自变量对居民能效消费行为低碳化的影响路径中，以行为意愿、行为能力为中介变量，气候问题感知、利己价值观、利他价值观、环境责任感、自我效能感、舒适偏好度、面子意识、从众心理 8 个心理类因素为中介变量的前因变量，以日常节能行为和能效投资行为 2 个变量为因变量。理论模型显示，内因型自变量通过行为意愿和行为能力间接作用于日常节能行为和能效投资行为。根据理论假设模型，建立初始模型 M1，运用 Amos22.0 软件对结构方程模型进行拟合与分析。为了获得最优的拟合模型，我们结合相关性分析的结果和已有的理论基础，在初始模型的基础上逐步释放或删除特定路径，并根据模型的拟合指标不断进行比较和反复修正，得到最终模型 M7。模型的拟合优度检验指标见表 6-11。

表 6-11 内因型自变量对居民能源消费行为低碳化驱动因素模型的拟合指数

模型	x^2	DF	x^2/DF	p	RMSEA	NFI	CFI	GFI	TLI	IFI
模型 1	1838.991	386	4.764	0.000	0.053	0.896	0.916	0.911	0.898	0.916
模型 2	1835.486	386	4.755	0.000	0.053	0.896	0.916	0.911	0.899	0.916
模型 3	1743.256	386	4.516	0.000	0.051	0.901	0.921	0.915	0.905	0.922
模型 4	1743.307	386	4.493	0.000	0.051	0.902	0.922	0.915	0.906	0.922
模型 5	1289.966	378	3.413	0.000	0.042	0.927	0.947	0.939	0.935	0.947
模型 6	1292.472	380	3.401	0.000	0.042	0.927	0.947	0.939	0.935	0.947
模型 7	1041.709	365	2.854	0.000	0.037	0.941	0.961	0.951	0.950	0.961

以下是本研究的拟合步骤。

模型 1：按照理论假设模型进行路径设定，即所有心理类内因变量均分别通过行为意愿、行为能力间接作用于行为。然后运行模型 1，发现面子意识—行为能力、面子意识—行为能力、环境责任感—行为意愿、环境责任感—行为能力这 4 条作用路径系数的显著性最差($p>0.4$)，且根据相关性分析的结果可知，面子意识与行为意愿之间不存在显著的相关性。考虑实际情况，面子意识可能是直接作用于行为，因此删除面子意识—行为意愿与面子意识—行为能力的路径，增加面子意识直接到两类行为的路径。

模型 2：运行修正后的模型发现，模型拟合指数并没有显著提高，因此继续对模型进行修正，观察模型的路径值和统计显著性。结果发现，环境责任感—行为意愿、环境责任感—行为能力的路径系数的估计 p 值最不显著(p =0.478 和 p =0.771)。美国学者 Stern 等[289]的价值—信念—规范理论认为，采取亲环境行为的责任意识可以直接作用于亲环境行为。因此，调整环境责任感的路径，使其直接作用于行为。

模型 3：观察模型 2 修正后的结果，发现模型的拟合指数有了显著的改善，但是卡方指数仍然较大。观察路径系数和显著性检验 p 值发现，从众心理—行为意愿，从众心理—行为能力的路径系数的显著性 p 值均大于 0.05，考虑居民在实施节能行为过程中可能直接受到从众心理的影响，进而直接改变行为，因此删除从众心理到行为意愿与行为能力的路径关系，增加从众心理到日常使用行为和能效投资行为的路径关系。

模型 4：观察模型 3 修正后的运行结果发现，结构方程模型的卡方值仍然较大，且 x^2/DF 的指标仍不满足理想拟合标准，因此进一步对模型进行修正。由于众心理—能效投资行为路径系数的显著性 p=0.429，利他价值观—行为意愿路径系数的显著性 p=0.150，利他价值观—行为能力路径系数的显著性 p 值为 0.072，且考虑利他价值观可能并不通过行为意愿或行为能力作用于行为，而是直接影响行为。因此删除这 3 条路径，增加利他价值观—行为的直接作用路径。运行修正后的模型。

模型 5：观察模型 4 修正后的运行结果发现，模型拟合指数有了很大的改善，但卡方与自由度的比值仍然未达到理想标准，且发现利他价值观—日常节能行为，面子意识—能效投资行为的路径系数最不显著，故删除 2 条路径。运行修正后的模型。

模型 6：观察模型 5 修正后的运行结果发现，卡方值有了较少的提升，且各路径系数也均为显著。故而进一步根据模型修正指数(modification index，MI)，对模型进行反复调整。

模型 7：调整之后，观察模型拟合情况发现，模型 7 的各项拟合指标均达到理想标准，因此确定模型 7 为最优模型。表 6-12 为最终模型 M7 的路径系数检验结果。具体模型如图 6-1 所示，由表 6-12 的结果可以得出以下结论。

(1)在内因型自变量中，气候问题感知、利己价值观、自我效能感、舒适偏好度通过作用于行为意愿、行为能力间接影响居民的日常节能行为和能效投资行为，其中气候问题感知、自我效能感两个变量对行为意愿、行为能力均存在显著正向影响，而利己价值观、舒适偏好度对行为意愿、行为能力存在显著负影响。

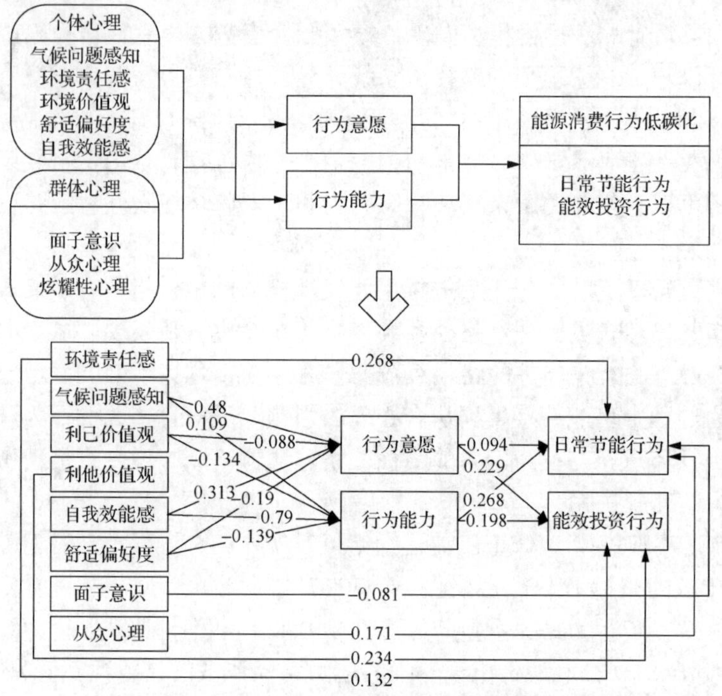

图 6-1　内因型自变量对能源消费行为低碳化的驱动机理模型修正

表 6-12　最终模型 M7 的估计结果

路径关系	标准化系数	非标准化数	误差的标准差	临界比值	*p*
气候问题感知—行为意愿	0.48	0.473	0.034	14.018	***
气候问题感知—行为能力	0.109	0.185	0.039	4.714	***
利己价值观—行为意愿	–0.088	–0.05	0.021	– 2.402	0.016
利己价值观—行为能力	–0.134	–0.13	0.028	– 4.605	***
自我效能感—行为意愿	0.313	0.275	0.03	9.071	***
自我效能感—行为能力	0.79	1.195	0.06	19.944	***
舒适偏好度—行为意愿	–0.19	–0.138	0.027	– 5.111	***
舒适偏好度—行为能力	–0.139	–0.174	0.035	– 4.913	***
环境责任感—日常节能行为	0.268	0.165	0.026	6.375	***
环境责任感—能效投资行为	0.132	0.096	0.027	3.545	***
从众心理—日常节能行为	0.171	0.125	0.034	3.691	***
利他价值观—能效投资行为	0.234	0.282	0.051	5.558	***
面子意识—日常节能行为	–0.081	–0.074	0.034	– 2.164	0.03
行为意愿—日常节能行为	0.094	0.096	0.042	2.282	0.023
行为意愿—能效投资行为	0.229	0.278	0.055	5.08	***
行为能力—日常节能行为	0.262	0.156	0.025	6.236	***
行为能力—能效投资行为	0.198	0.14	0.029	4.88	***

注：***表示在 0.001 水平(双侧)上显著相关，下同。

(2) 环境责任感、利他价值观、从众心理和面子意识直接作用于日常节能行为或能效投资行为，其中环境责任感直接正向作用于日常节能行为和能效投资行为；从众心理直接正向作用于日常节能行为，对能效投资行为没有显著影响；面子意识直接负向作用于日常节能行为，对能效投资行为无显著影响；利他价值观则直接正向影响居民的能效投资行为，对日常节能行为不存在显著影响。

进一步检验变量间的关系，表 6-13 为变量之间的标准化关系的直接效应、间接效应和总效应的汇总。

表 6-13　变量间的标准化估计值

变量	效应类型	CPA	SV	AV	ER	SE	CP	FC	HM	BI	BC
BC	直接效应	0.109	–0.134	0	0	0.79	–0.139	0	0	0	0
BI		0.48	–0.088	0	0	0.313	–0.19	0	0	0	0
EEIB		0	0	0.234	0.132	0	0	0	0	0.229	0.198
HECB		0	0	0	0.268	0	0	–0.081	0.171	0.094	0.262
BC	间接效应	0	0	0	0	0	0	0	0	0	0
BI		0	0	0	0	0	0	0	0	0	0
EEIB		0.132	–0.047	0	0	0.228	–0.071	0	0	0	0
HECB		0.073	–0.043	0	0	0.236	–0.054	0	0	0	0
BC	总效应	0.109	–0.134	0	0	0.79	–0.139	0	0	0	0
BI		0.48	–0.088	0	0	0.313	–0.19	0	0	0	0
EEIB		0.132	–0.047	0.234	0.132	0.228	–0.071	0	0	0.229	0.198
HECB		0.073	–0.043	0	0.268	0.236	–0.054	–0.081	0.171	0.094	0.262

6.4.2　外因型自变量对居民能源消费低碳化的驱动机理分析

在外因型自变量对居民能源消费行为的作用机理的理论模型中，社会规范、社会地位、榜样示范、系统知识、行动知识、效力知识 6 个变量为自变量，行为意愿、行为能力为中介变量，日常节能行为、能效投资行为为因变量。初始假设模型为 6 个外因型自变量通过影响行为意愿和行为能力间接驱动低碳化日常节能行为和能效投资行为。根据理论模型和模型修正指数，对初始模型进行修正与优化，最终确定模型 M3 为最优模型。表 6-14 为外因型自变量对居民能源消费行为低碳化驱动机理模型的拟合指数。

表 6-14　外因型自变量对居民能源消费行为低碳化驱动机理模型的拟合指数

模型	x^2	DF	x^2/DF	p	RMSEA	NFI	CFI	GFI	TLI	IFI
模型 1	1243.032	293	4.242	0.000	0.049	0.924	0.941	0.933	0.929	0.941
模型 2	1244.629	294	4.233	0.000	0.049	0.924	0.941	0.932	0.929	0.941
模型 3	764.306	278	2.749	0.000	0.036	0.953	0.970	0.960	0.962	0.970

模型拟合与修正步骤如下。

模型 1：按照理论模型对结构方程模型的路径进行设定，即社会规范、社会地位、榜样示范、系统知识、行动知识、效力知识 6 个变量通过行为意愿、行为能力间接作用于行为。运行模型 1，发现模型 1 的拟合指标除了卡方值较大，x^2/DF 比值没有达到理想标准之外，其他拟合指标均满足理想要求。观察路径系数发现，社会地位—行为能力路径的显著性 p=0.101，因此，社会地位对行为能力没有显著影响，故删除该路径。形成模型 2。

模型 2：运行模型 2，发现模型 2 的卡方值有了较小的改变，其他拟合指标无显著改善，观察运行后的路径系数及其显著性后发现，其路径系数均达到统计显著性。因此根据模型修正指数 MI，对模型 2 残差之间的关系进行调整，形成模型 3。

模型 3：运行经过调整后的模型 3，发现模型拟合指标均满足模型理想要求，确定 M3 最优模型。表 6-15 为最优模型 M3 的标准化估计系数。

表 6-15 最终模型 M3 标准化估计值

路径关系	标准化估计值	非标准化估计值	误差的标准差	临界比值	p
社会规范—行为意愿	0.288	0.227	0.026	8.811	***
社会规范—行为能力	0.169	0.248	0.04	6.184	***
社会地位—行为意愿	–0.137	–0.085	0.019	–4.467	***
榜样示范—行为意愿	0.288	0.19	0.021	9.049	***
榜样示范—行为能力	0.073	0.089	0.034	2.648	0.008
系统知识—行为意愿	0.128	0.081	0.029	2.807	0.005
系统知识—行为能力	0.166	0.195	0.05	3.873	***
行动知识—行为能力	–0.107	–0.105	0.077	–1.363	0.173
行动知识—行为意愿	–0.026	–0.014	0.042	–0.329	0.742
效力知识—行为意愿	0.188	0.109	0.051	2.142	0.032
效力知识—行为能力	0.626	0.677	0.098	6.93	***
行为意愿—日常节能行为	0.214	0.238	0.043	5.493	***
行为意愿—能效投资行为	0.449	0.435	0.048	9.152	***
行为能力—日常节能行为	0.256	0.153	0.023	6.554	***
行为能力—能效投资行为	0.18	0.094	0.021	4.428	***

由表 6-15 可以看出：6 个外因型自变量均通过影响行为意愿与行为能力间接作用于行为。其中社会规范对行为意愿、行为能力具有正向驱动作用；社会地位则只对行为意愿具有负向影响，对行为能力无显著影响；榜样示范则是通过影响行为意愿、行为能力间接驱动日常节能行为与能效投资行为，且都为正向影响关

系；系统知识、效力知识对行为意愿与行为能力均具有显著的正向影响，但行动知识对行为意愿、行为能力均不存在显著的影响。

在分析标准化估计值的基础上，进一步检验自变量对因变量的直接效应、间接效应和总效应。表 6-16 为变量间的直接效应、间接效应及总效应的标准化估计值。

表 6-16　变量间的标准化估计值

变量	效应类型	SN	SP	MD	SK	AK	EK	BI	BC
BC	直接效应	0.169	0	0.073	0.166	–0.107	0.626	0	0
BI		0.288	–0.137	0.288	0.128	–0.026	0.188	0	0
EEIB		0	0	0	0	0	0	0.449	0.18
HECB		0	0	0	0	0	0	0.214	0.256
BC	间接效应	0	0	0	0	0	0	0	0
BI		0	0	0	0	0	0	0	0
EEIB		0.159	–0.061	0.142	0.087	–0.031	0.197	0	0
HECB		0.105	–0.029	0.08	0.07	–0.033	0.2	0	0
BC	总效应	0.169	0	0.073	0.166	–0.107	0.626	0	0
BI		0.288	–0.137	0.288	0.128	–0.026	0.188	0	0
EEIB		0.159	–0.061	0.142	0.087	–0.031	0.197	0.449	0.18
HECB		0.105	–0.029	0.08	0.07	–0.033	0.2	0.214	0.256

从总效应看，社会规范对行为意愿的影响最大(0.288)，其次为行为能力(0.169)，能效投资行为(0.159)，最后为日常节能行为(0.105)；社会地位对因变量均为负向影响，其中对意愿的影响最大(–0.137)，其次为能效投资行为(–0.061)，最后为(–0.029)，对行为能力无显著影响；榜样示范对因变量的影响均为正向影响，其中，对行为意愿的影响最大(0.228)，其次依次为能效投资行为(0.142)，日常节能行为(0.08)，最后为能效投资行为(0.073)；系统知识对行为能力的影响最大，其次依次为行为意愿(0.128)，能效投资行为(0.087)，对日常节能行为的影响最小(0.07)；行动知识对因变量的影响均为负向影响，其中对行为能力的影响最大，为–0.107，其次依次为日常节能行为(–0.033)，能效投资行为(–0.031)，最后为行为意愿(–0.026)；效力知识对行为能力的影响最大，路径系数为 0.626，其次依次为日常节能行为(0.2)，能效投资行为(0.197)，最后为行为意愿(0.188)。

综上所述，居民外因型自变量到能源消费行为低碳化的驱动因素模型修正如图 6-2 所示。

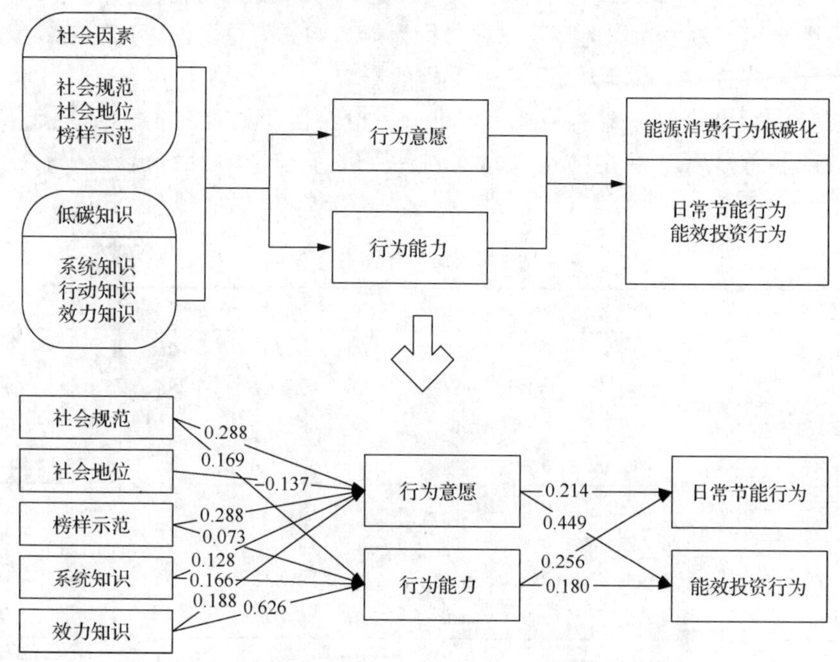

图 6-2　外因型自变量对能源消费行为低碳化的影响模型修正

6.4.3　不同政策工具对居民能源消费低碳化的情境调节效应分析

1. 调节效应的检验方法与步骤

如果自变量与因变量之间的作用关系受到另一个变量 M 的影响，那么变量 M 就是调节变量，调节变量 M 影响自变量与因变量之间关系的强弱和方向。通过上文对变量间的相关性分析可以看出，中介变量(行为意愿、行为能力)与因变量(日常节能行为、能效投资行为)之间存在显著的相关关系，且 6 个情境变量与中介变量、因变量之间均存在显著的相关性。因此，情境变量对中介变量与因变量之间的关系可能存在调节作用。根据理论模型提出的研究假设，行为意愿、行为能力作为低碳化能源消费行为的前因变量，他们之间的关系受政策因素、技术成熟度、便利条件情境因素的调节。因此本节采用分层调节回归方程分析情境变量的调节作用。调节效应检验步骤如下。

(1)变量去中心化。将测量中自变量和调节变量减去各自的均值，减小回归方程中变量多重共线性。

(2)构造乘积项。将中心化处理后的自变量与调节变量相乘。

(3)构造方程。将自变量、因变量和自变量与调节变量的乘积项放入分层回归方程中。

(4)分析调节效应。如果乘积项显著或 ΔR^2 有显著增加，说明调节作用显著。

根据研究提出的假设，行为意愿、行为能力与能源消费行为低碳化的关系受情境变量的调节作用。情境变量主要包括命令控制型政策、经济激励型政策、信息型政策、自愿参与型政策、技术成熟度、便利条件 6 个因素。按照调节效应检验步骤，对不同情境变量对行为意愿、行为能力作用于两类行为路径的调节作用进行分析。

2. 命令控制型政策的调节效应检验与分析

在不考虑其他调节变量的前提下，单独分析命令控制型政策对行为意愿、行为能力到低碳化能源消费行为之间路径关系的调节作用。表 6-17 是命令控制型政策对行为意愿与两类低碳化能源消费行为之间路径关系的调节效应检验结果。

表 6-17　命令控制型政策对行为意愿与行为之间关系的调节效应检验

自变量	因变量					
	日常节能行为			能效投资行为		
	模型 1	模型 2	模型 3	模型 1	模型 2	模型 3
BI	0.312***	0.270***	0.263***	0.351***	0.293***	0.277***
CCP		0.105***	0.100***		0.146***	0.133***
BI*CCP			–0.036			–0.092***
R^2	0.097	0.106	0.108	0.123	0.141	0.149
调整 R^2	0.096	0.105	0.106	0.123	0.140	0.147
R^2 更改	0.097	0.009	0.001	0.123	0.018	0.008
F 值	143.844	79.561	53.656	188.195	109.926	77.958
Sig. F 值更改	0.000	0.000	0.185	0.000	0.000	0.000

由表 6-17 可以看出：命令控制型政策(强制规定、限行、优先上牌等政策)对居民日常节能行为的主效应显著且为正向影响，说明命令控制型政策对日常节能行为有积极的促进作用。但模型 3 的 F=53.656，p=0.185＞0.05，不具有统计意义，且命令控制型政策与行为意愿的交互项并不显著(p＞0.05)。因此，命令控制型政策对行为意愿与日常节能行为的路径关系并不具有显著的调节作用。

命令控制型政策(强制规定、限行、优先上牌等)对能效投资行为的主效应显著且为正向影响，说明命令政策直接对能效投资行为具有积极的促进作用，其次，模型 3 的 F=77.958，p=0.000＜0.05，具有显著的统计意义，行为意愿与命令控制型政策的交互项显著，交互效应系数为–0.092，说明命令控制型政策会减弱行为意愿对能效投资行为的作用。为了更直观地揭示命令控制型政策干预力度与效度的调节作用，本节绘制了命令控制型政策干预力度、效度对行为意愿与能效投资行为关系的调节效应图，具体如图 6-3。

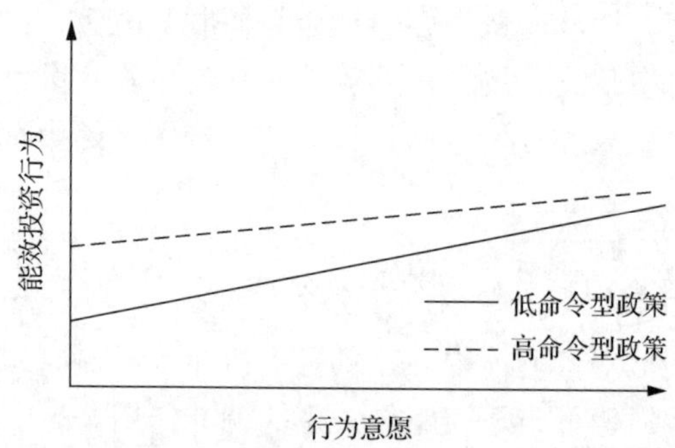

图 6-3 命令控制型政策对行为意愿与能效投资行为关系的调节效应

如图 6-3 所示，低的命令控制型政策对行为意愿与能效投资行为之间的正向关系的调节效应较强，说明在低强度的命令控制型政策的干预下，提高个体行为意愿可以有效地促进居民能效投资行为的实施。高命令控制型政策对行为意愿与能效投资行为之间正向关系的调节作用较弱，说明命令控制型政策强度的增加会导致低碳行为意愿转化为实际能效投资行为的效果降低。

进一步检验命令控制型政策对行为能力—低碳化能源消费行为之间路径关系的调节效应，具体见表 6-18。

表 6-18 命令控制型政策对行为能力与行为之间关系的调节效应检验

自变量	因变量					
	日常节能行为			能效投资行为		
	模型 1	模型 2	模型 3	模型 1	模型 2	模型 3
BC	0.282***	0.237***	0.240***	0.258***	0.189***	0.200***
CCP		0.132***	0.126***		0.198***	0.182***
BC*CCP			–0.037			–0.109***
R^2	0.079	0.095	0.096	0.066	0.101	0.112
调整 R^2	0.079	0.093	0.094	0.066	0.100	0.110
R^2 更改	0.079	0.015	0.001	0.066	0.035	0.012
F 值	115.445	69.904	47.278	94.963	74.940	56.389
Sig.F 值更改	0.000	0.000	0.165	0.000	0.000	0.000

由表 6-18 结果可以看出，居民低碳行为能力到日常节能行为作用没有受到命令控制型政策的影响。模型 3 的 F=47.278，p=0.165＞0.05，不具有统计意义。因此说明命令控制型政策对行为能力与日常节能行为之间的路径关系不存在调

节效应。

居民的行为能力对能效投资行为的作用受到命令控制型政策的影响，模型 3 的 F=56.389，p=0.000<0.05，具有显著的统计意义，行为能力与命令控制型政策的交互项显著，交互项系数为–0.109，说明命令控制型政策会减弱行为能力对能效投资行为的影响。命令控制型政策对行为能力与能效投资行为之间关系的调节效应图见图 6-4。

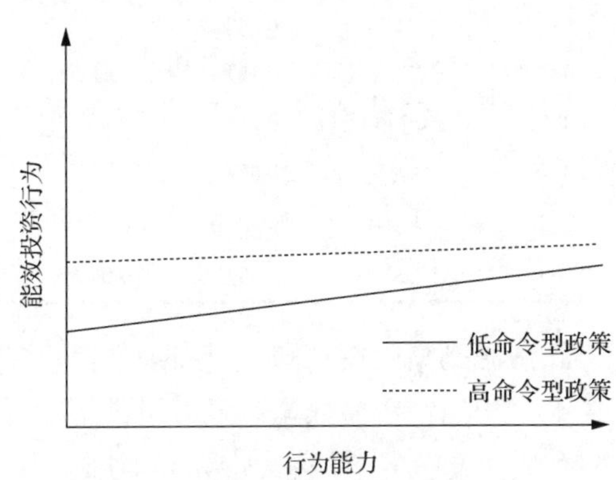

图 6-4　命令控制型政策对行为能力与能效投资行为之间关系的调节效应图

如图 6-4 所示，低命令控制型政策对行为能力与能效投资行为之间正向关系的调节效应较强，说明在低强度的命令控制型政策的干预下，提高个体行为能力可以有效地促进居民能效投资行为的实施。高命令控制型政策对行为能力与能效投资行为之间的正向关系调节作用较弱，说明在高强度的命令控制型政策的干预下，提高个体行为能力对促进该个体实施能效投资行为的效果不显著。

3. 经济激励型政策的调节效应检验

经济激励型政策工具包括补贴、税收、价格三项，共包含了 3 道测量题项，其中补贴的测量内容为“有政府补贴，我更愿意购买低碳节能产品”，税收测量内容为“如果政府开征碳税，我会比以前更注意低碳消费”，价格的测量内容为“油价、电价提高时，我会更注意节油节电”。三个测量题项的均值分别为 4.43、4.13 和 4.09，说居民更看重补贴的激励措施，而对提高油价电价的策略的支持度相对略低。

1) 经济激励型政策的整体调节效应分析

在不考虑其他情境变量的情况下，单独将经济激励型政策作为调节变量进行调节效应分析。首先检验经济激励型政策对行为意愿与两类低碳化能源消费行为之间关系的调节效应，具体结果见表 6-19。

表 6-19 经济激励型政策对行为意愿与行为之间关系的调节效应

自变量	因变量					
	日常节能行为			能效投资行为		
	模型 1	模型 2	模型 3	模型 1	模型 2	模型 3
BI	0.312***	0.243***	0.233***	0.351***	0.256***	0.237***
EIP		0.150***	0.139***		0.207***	0.185***
BI*EIP			0.048			0.094***
R^2	0.097	0.115	0.117	0.123	0.157	0.165
调整 R^2	0.096	0.114	0.115	0.123	0.156	0.163
R^2 更改	0.097	0.018	0.002	0.123	0.034	0.008
F 值	143.844	86.657	58.856	188.195	124.523	87.817
Sig.F 值更改	0.000	0.000	0.084	0.000	0.000	0.000

由结果可以得出：经济激励型政策(补贴、税收、价格)等对日常节能行为的主效应显著且为正向影响，说明经济激励型政策对日常节能行为有积极的促进作用。但模型 3 的 F=58.865，p=0.084＞0.05，不具有统计意义，且经济激励型政策与行为意愿的交互项并不显著(p＞0.05)。因此，经济激励型政策对行为意愿与日常节能行为间的关系不具有显著的调节作用。

经济激励型政策(补贴、税收、价格)对能效投资行为的主效应显著且为正向影响，说明经济激励型政策直接对能效投资行为具有积极的促进作用。其次，模型 3 的 F=87.817，p=0.000＜0.05，具有显著的统计意义，且行为意愿与经济激励型政策的交互项显著，交互系数为 0.094，说明经济激励型政策整体会对行为意愿与能效投资行为的具有显著的正向调节作用。为了更直观地揭示经济激励型政策干预力度与效度的调节作用，本节绘制了经济激励型政策干预力度与效度对行为意愿与能效投资行为关系的调节效应图，具体如图 6-5。

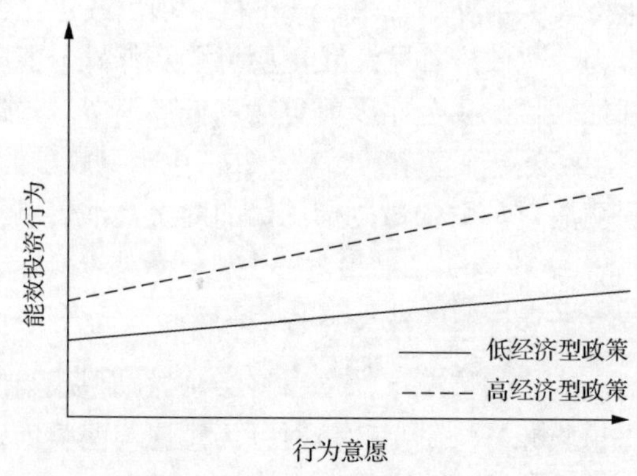

图 6-5 经济激励型政策整体对行为意愿与能效投资间关系的调节效应

如图 6-5 所示，高经济激励型政策对行为意愿与能效投资行为之间正向关系的调节效应较强，说明在高强度经济激励型政策的干预下，居民低碳行为意愿能够更有效地转变为居民实施能效投资行为。而低强度经济激励型政策对行为意愿与能效投资行为之间正向关系的调节作用较弱。综上所述，经济激励型政策对行为意愿与能效投资行为之间正向关系存在正向的调节作用。

分析经济激励型政策对行为能力与行为之间关系的调节作用。表 6-20 为经济激励型政策对行为能力与行为之间关系的调节效应结果。

表 6-20　经济激励型政策对行为能力与行为之间关系的调节效应检验

自变量	因变量					
	日常节能行为			能效投资行为		
	模型 1	模型 2	模型 3	模型 1	模型 2	模型 3
BC	0.282***	0.221***	0.228***	0.258***	0.170***	0.183***
EIP		0.190***	0.175***		0.269***	0.243***
BC*EIP			0.062*			0.110***
R^2	0.079	0.112	0.115	0.066	0.131	0.143
调整 R^2	0.079	0.111	0.113	0.066	0.130	0.141
R^2 更改	0.079	0.032	0.004	0.066	0.065	0.011
F 值	115.445	84.125	58.072	94.963	101.002	74.091
Sig.F 值更改	0.000	0.000	0.020	0.000	0.000	0.000

由结果可以看出：居民行为能力到日常节能行为作用受经济激励型政策的影响。模型 3 的 F=58.072，p =0.020＜0.05，具有统计意义，且行为能力与经济激励型政策交互项显著，交互效应系数为 0.062，说明经济激励型政策会增强行为能力到日常节能行为的作用。

居民行为能力到能效投资行为作用受经济激励型政策的影响，模型 3 的 F=74.091，p=0.000＜0.05，具有显著的统计意义，行为能力与经济激励型政策的交互项显著，交互项系数为 0.110，说明经济激励型政策整体会增强行为能力对能效投资行为的作用。经济激励型政策整体对行为能力与日常节能行为、行为能力与能效投资行为的调节效应见图 6-6。

如图 6-6 所示，高经济激励型政策对行为能力与日常节能行为、能效投资行为之间的正向关系的调节作用更强，说明在高强度的经济政策干预下，个体的行为能力的提高能够更加有效地促进居民实施日常节能行为和能效投资行为。而低经济激励型政策对行为能力与日常节能行为、能效投资行为之间的正向关系的调节作用较弱，经济激励型政策对个体行为能力与能源消费行为低碳化的正向关系存在正向的调节作用。

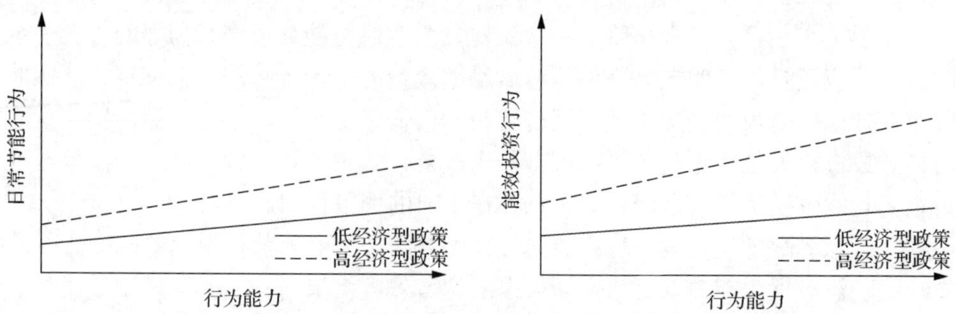

图 6-6　经济激励型政策对行为能力与低碳化能源消费行为的调节效应

2) 补贴政策的调节效应分析

在检验经济激励型政策的整体调节效应之后，分别分析补贴、税收、电价三类政策分别对行为意愿、行为能力与行为之间的调节作用。首先检验补贴政策对行为意愿与日常节能行为、能效投资行为之间关系的调节作用，分析结果见表 6-21。

表 6-21　补贴政策对行为意愿与行为之间关系的调节效应检验

自变量	因变量					
	日常节能行为			能效投资行为		
	模型 1	模型 2	模型 3	模型 1	模型 2	模型 3
BI	0.312***	0.242***	0.233***	0.351***	0.264***	0.249***
EIP1		0.172***	0.151***		0.217***	0.185***
BI*EIP1			0.068*			0.100***
R^2	0.097	0.122	0.126	0.123	0.163	0.171
调整 R^2	0.096	0.121	0.124	0.123	0.162	0.170
R^2 更改	0.097	0.025	0.004	0.123	0.040	0.009
F 值	143.844	92.728	64.007	188.195	129.986	92.047
Sig.F 值更改	0.000	0.000	0.015	0.000	0.000	0.000

由结果可以看出：补贴政策对日常节能行为的主效应显著且为正向影响，说明补贴政策对日常节能行为具有积极的促进作用。其次，模型 3 的 F=64.007，p=0.015＜0.05，具有统计意义，且补贴政策与行为意愿的交互项显著，交互项系数为 0.068，说明补贴政策会增强低碳行为意愿对日常节能行为的作用。

补贴政策对能效投资行为的主效应显著且为正向影响，说明补贴政策对能效投资行为具有显著的促进作用。其次，模型 3 的 F=92.047，p=0.000＜0.05，具有统计意义，且补贴政策与行为意愿的交互项显著，交互系数为 0.100，说明补贴政策会增强行为意愿对能效投资行为的作用。

如图 6-7 所示，高强度补贴政策对行为意愿与日常节能行为、能效投资行为之间正向关系的调节作用较强，在高强度的补贴政策干预下，提高居民行为意愿能够促进该居民的日常节能行为和能效投资行为的实施。而低强度补贴政策对行为意愿与日常节能行为、能效投资行为之间正向关系的调节作用较弱，说明在低强度的政策干预下，提高居民行为意愿对促进该个体实施日常节能行为、能效投资行为的效果不显著。综上所述，补贴政策对行为意愿与日常节能行为、能效投资行为之间正向关系存在正向的调节作用。

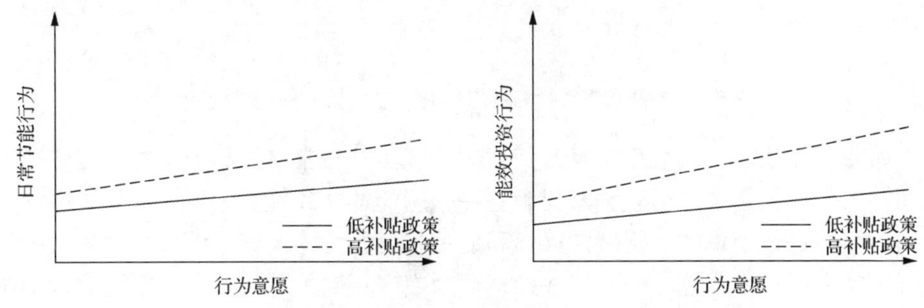

图 6-7　补贴政策对行为意愿和两类行为的调节效应

分析补贴政策对行为能力与行为之间关系的调节作用。表 6-22 为补贴政策对行为能力与行为之间关系的调节效应结果。

表 6-22　补贴政策对行为能力与行为之间关系的调节效应

自变量	因变量					
	日常节能行为			能效投资行为		
	模型 1	模型 2	模型 3	模型 1	模型 2	模型 3
BC	0.282^{***}	0.226^{***}	0.234^{***}	0.258^{***}	0.184^{***}	0.197^{***}
EIP1		0.209^{***}	0.187^{***}		0.274^{***}	0.239^{***}
BC*EIP1			0.060^{*}			0.096^{***}
R^2	0.079	0.120	0.123	0.066	0.136	0.144
调整 R^2	0.079	0.119	0.121	0.066	0.135	0.142
R^2 更改	0.079	0.041	0.003	0.066	0.070	0.008
F 值	115.445	91.177	62.533	94.963	105.256	74.991
Sig.F 值更改	0.000	0.000	0.030	0.000	0.000	0.000

由结果可以看出：居民的行为能力到日常节能行为作用受补贴政策的影响。模型 3 的 F=62.533，p =0.030＜0.05，具有统计意义，且行为能力与补贴政策交互项显著，交互效应系数为 0.060。说明补贴政策会增强行为能力对日常节能行为的作用。

居民的行为能力对能效投资行为的作用受补贴政策的影响，模型 3 的 F=74.991，p =0.000＜0.05，具有显著的统计意义，行为能力与补贴政策的交互项显著，交互项系数为 0.096，说明补贴政策会增强行为能力对能效投资行为的作用。补贴政策对行为能力与日常节能行为、行为能力与能效投资行为的调节效应见图 6-8。

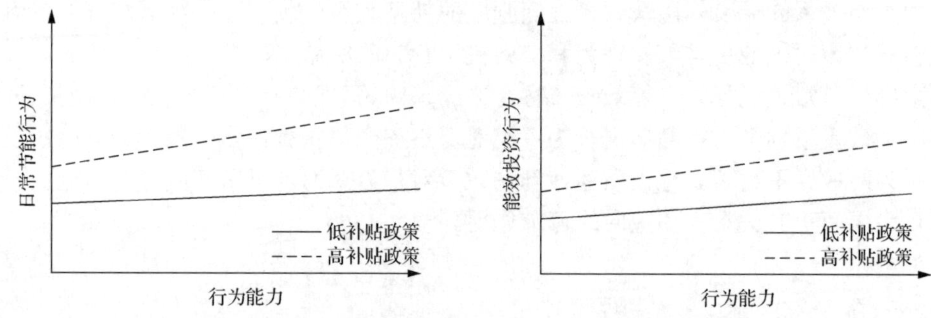

图 6-8　补贴政策对行为能力与行为之间关系的调节效应

如图 6-8 所示，高强度补贴政策对行为能力与日常节能行为、能效投资行为之间正向关系的调节作用较强，说明在高强度的补贴政策干预下，提高居民行为能力能够促进该个体的日常节能行为和能效投资行为的实施。而低强度补贴政策对行为能力与日常节能行为、能效投资行为之间正向关系的调节作用较弱，说明在低强度的政策干预下，提高居民行为能力对进一步促进该个体实施日常节能行为、能效投资行为的效果不显著。综上所述，补贴政策对行为能力与日常节能行为、能效投资行为之间正向关系存在正向的调节作用。

3) 碳税政策的调节作用分析

研究开征碳税政策对居民节能行为的调节效应，首先对税收政策对行为意愿与行为之间关系的调节效应进行检验，表 6-23 为税收政策的调节效应结果。

表 6-23　碳税政策对行为意愿与行为之间关系的调节效应

自变量	因变量					
	日常节能行为			能效投资行为		
	模型 1	模型 2	模型 3	模型 1	模型 2	模型 3
BI	0.312***	0.273***	0.265***	0.351***	0.302***	0.287***
EIP2		0.102***	0.095***		0.131***	0.118***
BI*EIP2			–0.041			–0.074**
R^2	0.097	0.106	0.108	0.123	0.138	0.143
调整 R^2	0.096	0.105	0.106	0.123	0.137	0.141
R^2 更改	0.097	0.009	0.002	0.123	0.015	0.005
F 值	143.844	79.219	53.612	188.195	106.984	74.218
Sig.F 值更改	0.000	0.000	0.134	0.000	0.000	0.006

由结果可以看出：碳税政策对日常节能行为的主效应显著且为正向影响，说明开征碳税政策对日常节能行为具有积极的促进作用。其次模型 3 的 F=53.612，p =0.134＞0.05，在统计上不显著，且开征碳税政策与行为意愿的交互项不显著，

说明开征碳税政策对行为意愿对日常节能行为的作用没有显著的调节作用。

开征碳税政策对能效投资行为的主效应显著且为正向影响，说明开征碳税政策对能效投资行为具有显著的促进作用。其次模型 3 的 F=74.218，p=0.006＜0.05，具有统计意义，且开征碳税收政策与行为意愿的交互项显著，交互系数为– 0.074，说明开征碳税政策会减弱行为意愿对能效投资行为的作用。

如图 6-9 所示，低税收政策对行为意愿与能效投资行为之间正向关系的调节效应较强，说明在低强度的税收政策的干预下，提高个体行为意愿可以进一步有效地促进居民能效投资行为的实施。而高税收政策对行为意愿与能效投资行为之间的正向关系调节作用较弱，说明在高强度的税收政策的干预下，提高个体行为意愿对促进该个体实施能效投资行为的效果不显著。

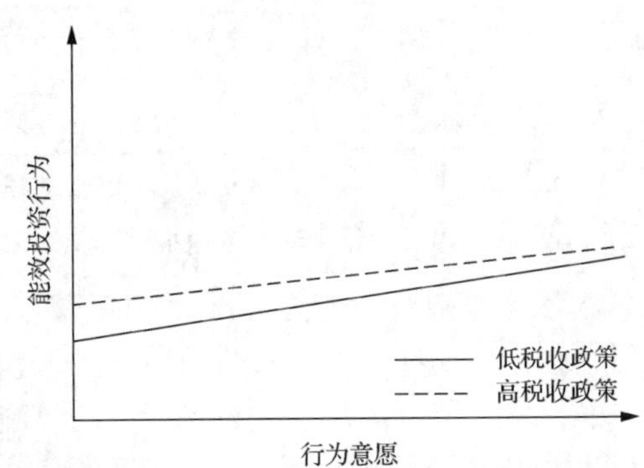

图 6-9　税收政策对行为意愿与能效投资行为政策的调节效应图

进一步分析税收政策对行为能力与行为的作用的调节作用，检验税收政策的调节效应，具体结果见表 6-24。

表 6-24　开征碳税政策对行为能力与行为之间关系的调节效应检验

自变量	因变量					
	日常节能行为			能效投资行为		
	模型 1	模型 2	模型 3	模型 1	模型 2	模型 3
BC	0.282***	0.244***	0.242***	0.258***	0.206***	0.203***
EIP2		0.138***	0.117***		0.188***	0.158***
BC*EIP2			– 0.085**			–0.123***
R^2	0.079	0.097	0.104	0.066	0.099	0.113
调整 R^2	0.079	0.096	0.102	0.066	0.098	0.111
R^2 更改	0.079	0.018	0.007	0.066	0.033	0.014
F 值	115.445	71.847	51.603	94.963	73.507	56.877
Sig.F 值更改	0.000	0.000	0.001	0.000	0.000	0.000

由分析结果可知：居民行为能力到日常节能行为作用受碳税政策的影响。模型 3 的 F=51.603，p =0.001＜0.05，具有统计意义，且行为能力与税收政策交互项显著，

交互效应系数为–0.085，说明开征碳税政策会减弱行为能力对日常节能行为的作用。

居民的行为能力对能效投资行为的作用受到税收政策的影响，模型 3 的 F=56.877，p=0.000＜0.05，具有显著的统计意义，行为能力与税收政策的交互项显著，交互项系数为–0.123，说明开征碳税政策会减弱行为能力对能效投资行为的作用。税收政策行为能力与日常节能行为、行为能力与能效投资行为的调节效应见图 6-10。

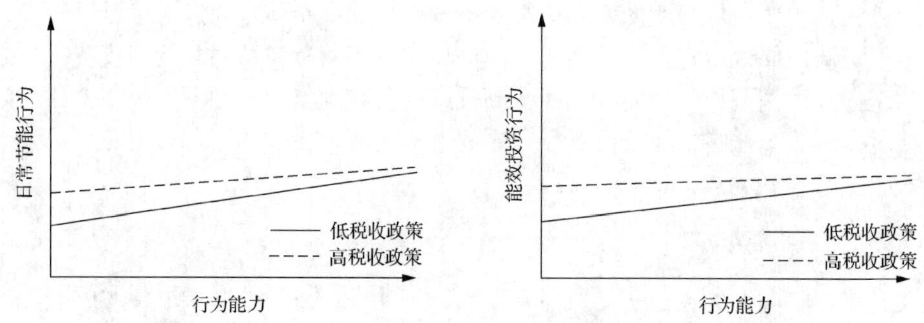

图 6-10　税收政策对行为能力与日常节能行为、能效投资行为的调节效应

如图 6-10 所示，低税收政策对行为能力与日常节能行为、能效投资行为之间的正向关系的调节作用较强，说明在低强度税收政策干预下，提高居民的行为能力能够进一步促进居民的日常节能行为和能效投资行为的实施。而高税收政策对行为能力与日常节能行为、能效投资行为之间正向关系的调节作用较弱，说明在高强度税收政策干预下，提高居民的行为能力对进一步促进居民的日常节能行为和能效投资行为没有显著影响。

4）价格政策

价格政策指的是高碳能源的提价政策。首先检验价格政策对行为意愿与行为之间关系的调节效应，具体结果见表 6-25。

表 6-25　价格政策对行为意愿与行为之间关系的调节效应分析

自变量	因变量					
	日常节能行为			能效投资行为		
	模型 1	模型 2	模型 3	模型 1	模型 2	模型 3
BI	0.312***	0.281***	0.275***	0.351***	0.300***	0.281***
EIP3		0.083**	0.079**		0.140***	0.128***
BI*EIP3			–0.027			–0.086***
R^2	0.097	0.103	0.104	0.123	0.141	0.147
调整 R^2	0.096	0.102	0.102	0.123	0.139	0.145
R^2 更改	0.097	0.006	0.001	0.123	0.017	0.007
F 值	143.844	76.834	51.550	188.195	109.207	76.779
Sig.F 值更改	0.000	0.003	0.322	0.000	0.000	0.001

由分析结果可知：价格政策对日常节能行为的主效应是显著的，说明价格政策对居民的日常节能行为具有显著的积极影响，但模型 3 的 F=51.550，p=0.322＞0.05，不具有统计意义，因此价格政策对行为意愿与日常节能行为之间的关系不具有调节作用。

价格政策对能效投资行为的主效应显著，说明价格政策对居民的能效投资行为具有积极的正向影响。模型 3 的 F=76.779，p=0.001＜0.05，具有统计学意义，且行为意愿与价格政策的交互项是显著的，交互项系数为–0.086，说明价格政策会减弱行为意愿对能效投资行为的作用，调节效应见图 6-11。

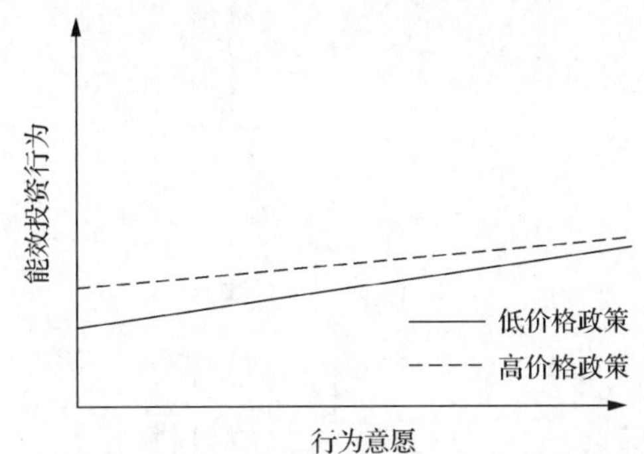

图 6-11　价格政策对行为意愿与能效投资行为之间关系的调节效应

如图 6-11 所示，低强度价格政策对行为意愿与能效投资行为之间正向关系的调节作用较强，说明在低价格政策干预下，提高居民行为意愿能够进一步促进个体能效投资行为的实施。而高强度价格政策对行为意愿与能效投资行为之间正向关系的调节作用较弱，说明在高价格政策干预下，提高居民行为意愿对进一步促进个体能效投资行为的实施效果没有显著效果。

进一步分析价格政策对行为能力与行为作用的调节作用，检验价格政策的调节效应，具体结果见表 6-26。

表 6-26　价格政策对行为能力与行为之间关系的调节效应分析

自变量	因变量					
	日常节能行为			能效投资行为		
	模型 1	模型 2	模型 3	模型 1	模型 2	模型 3
BC	0.282***	0.251***	0.255***	0.258***	0.207***	0.216***
EIP3		0.121***	0.113***		0.196***	0.181***
BC*EIP3			–0.060*			–0.117***
R^2	0.079	0.093	0.097	0.066	0.102	0.116
调整 R^2	0.079	0.092	0.095	0.066	0.101	0.114
R^2 更改	0.079	0.014	0.004	0.066	0.036	0.013
F 值	115.445	68.563	47.587	94.963	76.057	58.169
Sig.F 值更改	0.000	0.000	0.023	0.000	0.000	0.000

由分析结果可知：居民行为能力到日常节能行为作用受价格政策的影响。模型 3 的 F=47.587，p=0.023＜0.05，具有统计意义，且行为能力与价格政策交互项显著，交互效应系数为–0.060，说明价格政策会减弱行为能力对日常节能行为的作用。

居民行为能力到能效投资行为作用受价格政策的影响，模型 3 的 F=58.169，p =0.000＜0.05，具有显著的统计意义，行为能力与价格政策的交互项显著，交互项系数为–0.117，说明价格政策会减弱行为能力对能效投资行为的作用。价格政策行为能力与日常节能行为、行为能力与能效投资行为的调节效应见图 6-12。

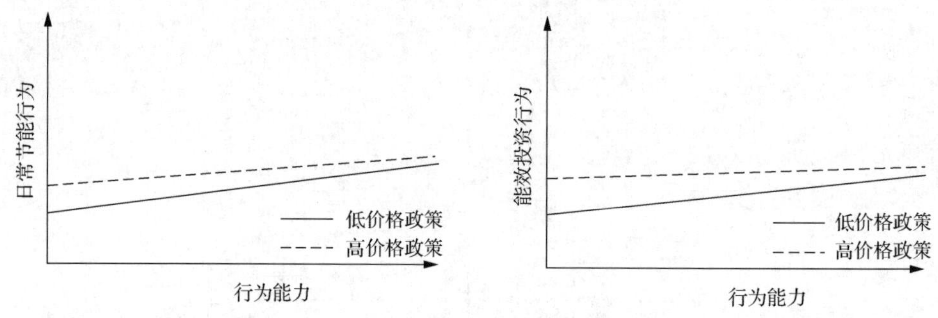

图 6-12 价格政策度行为能力与日常节能行为和能效投资行为之间关系的调节效应

如图 6-12 所示，低价格政策对居民行为能力与日常节能行为、能效投资行为之间的正向关系的调节效应较强，说明在低价格政策的干预下，提高居民的行为能力能够进一步促进个体的日常节能行为和能效投资行为的实施。而高价格政策对居民行为能力与日常节能行为、能效投资行为之间的调节效应较弱，说明在高价格政策的干预下，提高居民的行为能力对进一步促进日常节能行为和能效投资行为的效果不显著。

4. 信息型政策的调节效应检验

在不考虑其他情境变量的调节作用下，单独对信息型政策的干预效果与力度对行为意愿、行为能力和两类低碳化能源消费行为的调节效应进行分析，分层回归的结果如表 6-27 所示。

由分析结果可知：信息型政策对日常节能行为的主效应是显著的，说明信息型政策对居民的日常节能行为具有显著的积极影响，但模型 3 的 F=67.497，p =0.079＞0.05，不具有统计意义，因此信息型政策对行为意愿与日常节能行为之间的关系不具有调节作用。

表 6-27　信息型政策对行为意愿与低碳行为的调节效应分析

自变量	因变量					
	日常节能行为			能效投资行为		
	模型 1	模型 2	模型 3	模型 1	模型 2	模型 3
BI	0.312***	0.188***	0.181***	0.351***	0.179***	0.167***
IP		0.219***	0.205***		0.305***	0.280***
BI*IP			0.049			0.086**
R^2	0.097	0.130	0.132	0.123	0.187	0.193
调整 R^2	0.096	0.128	0.130	0.123	0.185	0.191
R^2 更改	0.097	0.033	0.002	0.123	0.063	0.006
F 值	143.844	99.550	67.497	188.195	153.341	106.440
Sig.F 值更改	0.000	0.000	0.079	0.000	0.000	0.001

信息型政策对能效投资行为的主效应显著，说明信息型政策对居民的能效投资行为具有积极的正向影响。模型 3 的 F=106.440，p =0.001＜0.05，具有统计学意义，且行为意愿与信息型政策的交互项是显著的，交互项系数为 0.086，说明信息型政策会增强行为意愿对能效投资行为之间的作用。信息型政策对行为意愿与能效投资行为的调节效应见图 6-13。

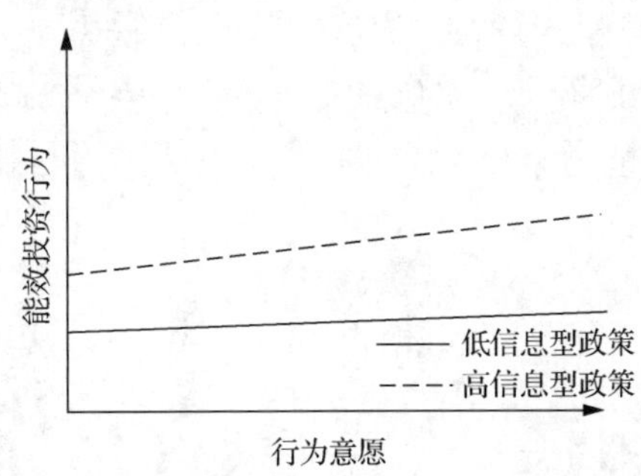

图 6-13　信息型政策对行为意愿与能效投资行为之间关系的调节效应

如图 6-13 所示，高信息型政策对行为意愿与能效投资行为之间的正向关系的调节作用较强，说明在高强度的信息型政策的干预下，提高居民的行为意愿能够进一步促进居民能效投资行为的实施。而低信息型政策对行为意愿与能效投资行为之间的正向关系的调节作用较弱，说明在低强度的信息型政策的干预下，提高居民的行为意愿对促进个体能效投资行为的实施效果不显著。

进一步分析信息型政策对行为能力与行为之间作用关系的调节作用，检验信息型政策的调节效应，具体结果见表 6-28。

表 6-28 信息型政策对行为能力与低碳行为之间关系的调节效应分析

自变量	因变量					
	日常节能行为			能效投资行为		
	模型 1	模型 2	模型 3	模型 1	模型 2	模型 3
BC	0.282***	0.181***	0.195***	0.258***	0.113***	0.139***
IP		0.253***	0.228***		0.361***	0.314***
BC*IP			0.077**			0.144***
R^2	0.079	0.133	0.138	0.066	0.176	0.194
调整 R^2	0.079	0.132	0.136	0.066	0.174	0.193
R^2 更改	0.079	0.054	0.005	0.066	0.109	0.019
F 值	115.445	102.551	71.502	94.963	142.333	107.423
Sig.F 值更改	0.000	0.000	0.004	0.000	0.000	0.000

由分析结果可知：居民行为能力到日常节能行为作用受信息型政策的影响。模型 3 的 F=71.502，p=0.004＜0.05，具有统计意义，且行为能力与信息型政策交互项显著，交互效应系数为 0.077，说明信息型政策会增强行为能力对日常节能行为的作用。

居民的行为能力对能效投资行为的作用受到信息型政策的影响，模型 3 的 F=107.423，p=0.000＜0.05，具有显著的统计意义，行为能力与信息型政策的交互项显著，交互项系数为 0.144，说明信息型政策会增强行为能力对能效投资行为的作用。信息型政策行为能力与日常节能行为、行为能力与能效投资行为的调节效应见图 6-14。

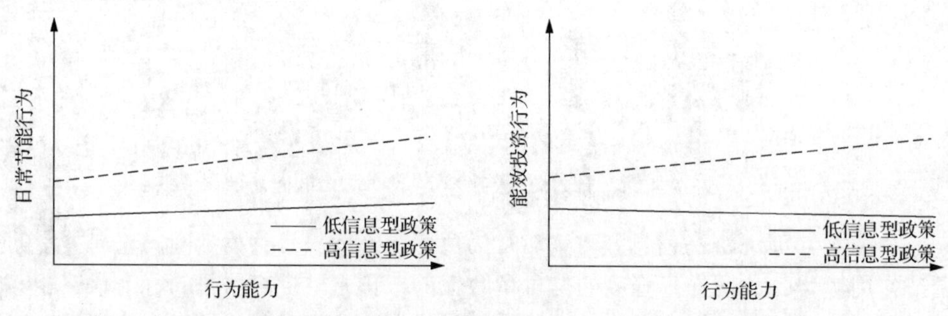

图 6-14 信息型政策对行为能力与低碳行为之间关系的调节效应

如图 6-14 所示，高信息型政策对行为能力与日常节能行为、能效投资行为之间的正向关系的调节作用较强，说明在高强度的信息政策的干预下，提高居民的行为能力能够进一步促进居民实施日常节能行为和能效投资行为。而低信息型政策对行为能力与日常节能行为、能效投资行为之间的正向关系的调节作用较弱，说明在低强度的信息干预下，提高居民的行为能力对促进居民实施日常节能行为和能效投资行为的效果不显著。综上所述，信息型政策对行为能力与日常节能行为、能效投资行为之间的关系存在正向的调节作用。

5. 自愿参与型政策的调节效应检验

在不考虑其他情境结构因素的调节效应的情况下，单独对自愿参与型政策的调节效应进行分析。首先检验自愿参与型对行为意愿与行为之间关系的调节效应，结果如表 6-29。

表 6-29　自愿参与型政策对行为意愿与低碳行为之间关系的调节效应分析

自变量	因变量					
	日常节能行为			能效投资行为		
	模型 1	模型 2	模型 3	模型 1	模型 2	模型 3
BI	0.312***	0.205***	0.201***	0.351***	0.172***	0.165***
VP		0.173***	0.157***		0.291***	0.264***
BI*VP			–0.043			0.073**
R^2	0.097	0.116	0.117	0.123	0.176	0.180
调整 R^2	0.096	0.115	0.115	0.123	0.175	0.179
R^2 更改	0.097	0.019	0.001	0.123	0.053	0.004
F 值	143.844	87.508	59.129	188.195	142.752	97.930
Sig.F 值更改	0.000	0.000	0.137	0.000	0.000	0.008

由分析结果可知：自愿参与型政策对日常节能行为的主效应是显著的，说明自愿参与型政策对居民的日常节能行为具有显著的积极影响，但模型 3 的 F=59.129，p=0.137＞0.05，不具有统计意义，因此自愿参与型政策对行为意愿与日常节能行为之间的关系不具有调节作用。

自愿参与型政策对能效投资行的主效应显著，说明自愿参与型政策对居民的能效投资行为具有积极的正向影响。模型 3 的 F=97.930，p=0.008＜0.05，具有统计学意义，且行为意愿与自愿参与政策的交互项是显著的，交互项系数为 0.073，说明自愿参与型政策会增强行为意愿对能效投资行为之间的作用。自愿参与型政策对行为意愿与能效投资行为的调节效应见图 6-15。

如图 6-15 所示，高自愿参与型政策对行为意愿与能效投资行为之间的正向关系的调节作用较强，说明在高强度的自愿参与型政策下，提高居民的行为意愿能够进一步促进居民的能效投资行为。而低自愿参与型政策对行为意愿与能效投资行为之间的正向关系的调节作用较弱，说明在低强度的自愿参与型政策下，提高居民的行为意愿对促进居民能效投资行为的效果不显著。综上所述，自愿参与型政策对居民的行为意愿与能效投资行为之间的正向关系存在正向的调节作用。

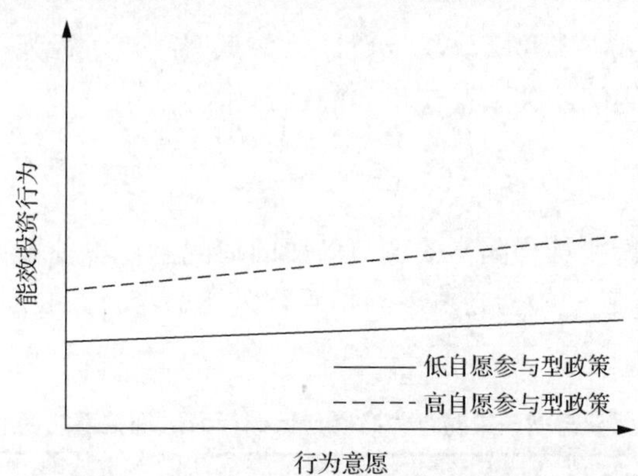

图 6-15 自愿参与型政策对行为意愿与能效投资行为之间关系的调节效应

进一步分析自愿参与型政策对行为能力与行为之间作用关系的调节作用，检验自愿参与型政策的调节效应，具体结果见表 6-30。

表 6-30 自愿参与型政策对行为能力与行为之间关系的调节作用

自变量	因变量					
	日常节能行为			能效投资行为		
	模型 1	模型 2	模型 3	模型 1	模型 2	模型 3
BC	0.282***	0.191***	0.198***	0.258***	0.113***	0.129***
VP		0.221***	0.206***		0.350***	0.316***
BC*VP			0.039			0.089**
R^2	0.079	0.120	0.121	0.066	0.168	0.175
调整 R^2	0.079	0.119	0.119	0.066	0.167	0.173
R^2 更改	0.079	0.040	0.001	0.066	0.102	0.007
F 值	115.445	91.059	61.424	94.963	135.121	94.492
Sig.F 值更改	0.000	0.000	0.156	0.000	0.000	0.001

由分析结果可知：居民行为能力到日常节能行为作用并没有受自愿参与型政策的影响。模型 3 的 F=61.424，p=0.156＞0.05，不具有统计意义，且行为能力与信息型政策交互项不显著，说明信息型政策对行为能力与日常节能行为之间的关系没有调节效应。

居民的行为能力对能效投资行为的作用受自愿参与型政策的影响，模型 3 的 F=94.492，p=0.001＜0.05，具有显著的统计意义，行为能力与自愿参与型政策的交互项显著，交互项系数为 0.089，说明自愿参与型政策会增强行为能力对能效投资行为的作用。自愿参与型政策对行为能力与能效投资行为的调节效应见图 6-16。

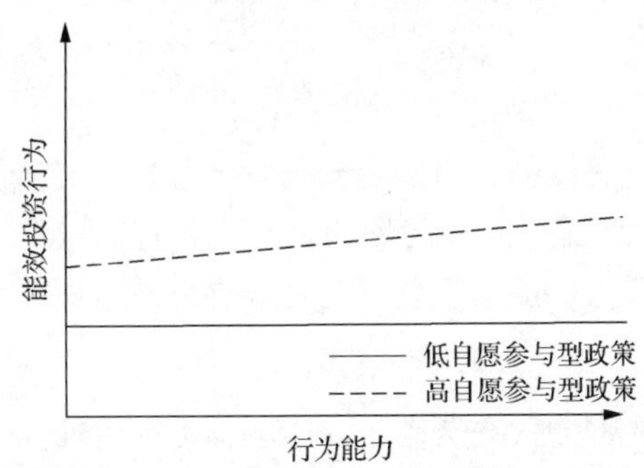

图 6-16　自愿参与型政策对行为能力与能效投资之间关系的调节作用

如图 6-16 所示，高自愿参与型政策对行为能力与能效投资行为之间正向关系的调节作用较强，说明在高强度的自愿参与型政策下，提高居民的行为能力能够进一步促进居民的能效投资行为。而低自愿参与型政策对行为能力与能效投资行为之间正向关系的调节作用较弱，说明在低强度的自愿参与型政策下，提高居民的行为能力对促进居民能效投资行为的效果不显著。综上所述，自愿参与型政策对居民的行为能力与能效投资行为之间的正向关系存在正向的调节作用。

6. 政策熟悉度的调节效应分析

在不考虑其他情境便利的条件下，单独分析政策熟悉度对行为意愿、行为能力作用于行为的路径关系的调节效应，分层回归的结果如表 6-31 所示。

表 6-31　政策熟悉度对行为意愿与低碳行为之间关系的调节效应分析

自变量	因变量					
	日常节能行为			能效投资行为		
	模型 1	模型 2	模型 3	模型 1	模型 2	模型 3
BI	0.312***	0.312***	0.312***	0.351***	0.351***	0.350***
PF		0.020	0.020		0.023	0.023
BI*PF			0.023			–0.043
R^2	0.097	0.098	0.098	0.123	0.124	0.126
调整 R^2	0.096	0.096	0.096	0.123	0.123	0.124
R^2 更改	0.097	0.000	0.001	0.123	0.001	0.002
F 值	143.844	72.192	48.374	188.195	94.497	64.042
Sig.F 值更改	0.000	0.445	0.383	0.000	0.365	0.091

由分析结果可知，政策熟悉度对日常节能行为和能效投资行为的主效应均不显著，说明政策熟悉度不能显著影响居民的日常节能行为和能效投资行为，且模型3的$p>0.05$，且政策熟悉度与行为意愿、行为能力的交互系数均不显著，说明政策熟悉度对行为意愿与日常节能行为、能效投资行为之间的关系不存在调节作用。

接下来分析政策熟悉对行为能力与日常节能行为、能效投资行为之间关系的调节效应。

由分析结果可知，居民的行为能力到日常节能行为、行为能力到能效投资行为的作用，并没有受到政策熟悉度的影响。模型 3 的 $p>0.05$，说明政策熟悉度对行为能力与日常节能行为、能效投资行为之间的路径关系的调节效应不显著，如表 6-32 所示。

表 6-32　政策熟悉度对行为能力与低碳行为之间关系的调节效应检验

自变量	因变量					
	日常节能行为			能效投资行为		
	模型 1	模型 2	模型 3	模型 1	模型 2	模型 3
BC	0.282***	0.283***	0.283***	0.258***	0.258***	0.261***
PF		–0.010	–0.010		–0.004	–0.003
BC*PF			0.004			–0.042
R^2	0.079	0.080	0.080	0.066	0.066	0.068
调整 R^2	0.079	0.078	0.078	0.066	0.065	0.066
R^2 更改	0.079	0.000	0.000	0.066	0.000	0.002
F 值	115.445	57.755	38.483	94.963	47.458	32.505
Sig.F 值更改	0.000	0.710	0.876	0.000	0.880	0.115

综上所述，低碳行为意愿对能源消费行为低碳化的作用路径受不同政策工具的调节，低碳行为能力对能源消费行为低碳的作用路径也受不同政策工具的调节，只是不同政策工具调节作用的强度和方向存在显著差异。不同政策工具的综合调节作用如图 6-17 所示。

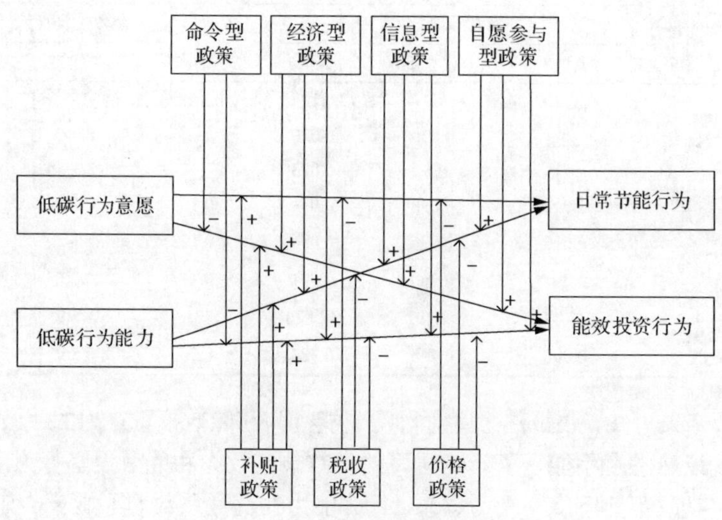

图 6-17　不同政策工具的调节作用

6.4.4　其他情境因素的调节效应分析

1. 低碳产品技术成熟度的调节效应检验

在不考虑其他情境变量的调节作用下，单独分析低碳产品的技术成熟度对行为意愿、行为能力作用于行为的路径关系调节效应，分层回归的结果如表 6-33 所示。

表 6-33　技术成熟度对行为意愿与低碳行为之间关系的调节效应分析

自变量	因变量					
	日常节能行为			能效投资行为		
	模型 1	模型 2	模型 3	模型 1	模型 2	模型 3
BI	0.312***	0.258***	0.254***	0.351***	0.278***	0.273***
TM		0.154***	0.128***		0.210***	0.175***
BI*TM			0.083**			0.114***
R^2	0.097	0.118	0.124	0.123	0.162	0.174
调整 R^2	0.096	0.117	0.122	0.123	0.161	0.172
R^2 更改	0.097	0.021	0.006	0.123	0.039	0.012
F 值	143.844	89.269	63.060	188.195	129.206	93.494
Sig.F 值更改	0.000	0.000	0.002	0.000	0.000	0.000

由分析结果可知：低碳产品的技术成熟度对居民日常节能行为的主效应显著，说明技术成熟度对日常节能行为具有积极的正向影响。其次，模型 3 的 F=63.060，p =0.002＜0.05，具有统计意义，且行为意愿与技术成熟度的交互项显著，交互效应系数为 0.083，说明技术成熟度会增强行为意愿对日常节能行为的作用，调节效应图见图 6-23。

技术成熟度对能效投资行的主效应显著，说明技术成熟度对居民的能效投资行为具有积极的正向影响。模型 3 的 F=93.494，p=0.000＜0.05，具有统计学意义，且行为意愿与技术成熟度的交互项是显著的，交互项系数为 0.114，说明技术成熟度会增强行为意愿对能效投资行为之间的作用，调节效应见图 6-18。

如图 6-18 所示，高技术成熟度对行为意愿与日常节能行为、能效投资行为之间正向关系的调节效应较强，说明在高技术成熟度的情境下，提高居民的行为意愿能够进一步促进个体实施日常节能行为和能效投资行为。而低技术成熟度对行为意愿与日常节能行为、能效投资行为之间正向关系的调节效应较弱，说明在较低的技术成熟度的情境下，提高居民的行为意愿对促进个体日常节能行为和能效投资行为的实施效果不显著。综上所述，技术成熟度对行为意愿与日常节能行为、能效投资行为之间正向关系存在正向调节作用。

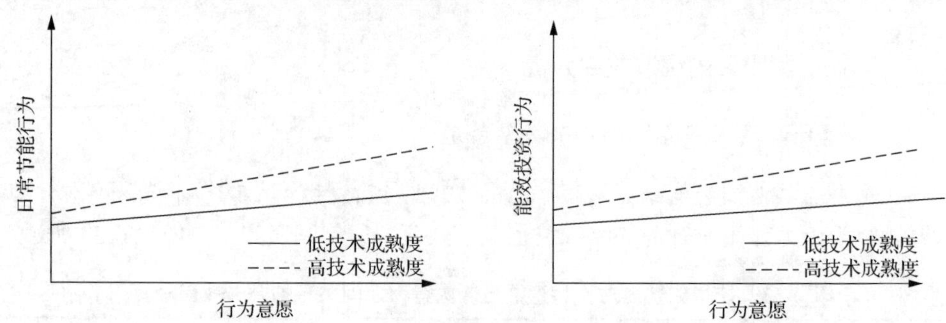

图 6-18　技术成熟度对行为意愿与低碳行为之间关系的调节效应分析

进一步分析技术成熟度对行为能力与行为之间作用关系的调节作用，检验技术成熟度对行为能力作用于行为的路径关系的调节效应，具体结果见表 6-34。

表 6-34　技术成熟度对行为能力与低碳行为之间关系的调节效应分析

自变量	因变量					
	日常节能行为			能效投资行为		
	模型 1	模型 2	模型 3	模型 1	模型 2	模型 3
BC	0.282***	0.231***	0.243***	0.258***	0.185***	0.203***
TM		0.178***	0.154***		0.254***	0.217***
BC*TM			0.063*			0.100***
R^2	0.079	0.108	0.112	0.066	0.126	0.134
调整 R^2	0.079	0.107	0.110	0.066	0.124	0.132
R^2 更改	0.079	0.029	0.003	0.066	0.059	0.009
F 值	115.445	81.286	56.087	94.963	95.940	68.990
Sig.F 值更改	0.000	0.000	0.023	0.000	0.000	0.000

由分析结果可知：居民行为能力到日常节能行为作用受技术成熟度的影响。模型 3 的 F=56.087，p=0.023＜0.05，具有统计意义，且行为能力与技术成熟度交互项显著，说明技术成熟度会增强行为能力对日常节能行为的作用。

居民的行为能力对能效投资行为的作用受技术成熟度的影响，模型 3 的 F=68.990，p=0.000＜0.05，具有显著的统计意义，行为能力与技术成熟度的交互项显著，交互项系数为 0.089，说明技术成熟度会增强行为能力对能效投资行为的作用。技术成熟度的调节效应见图 6-19。

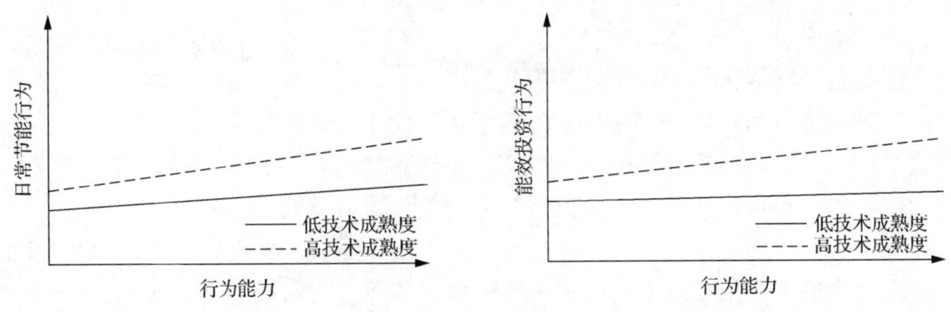

图 6-19　技术成熟度对行为能力与行为之间关系的调节效应

如图 6-19 所示，高技术成熟度对行为能力与日常节能行为、能效投资行为之间正向关系的调节效应较强，说明在高技术成熟度的情境下，提高居民的行为能力能够进一步促进个体实施日常节能行为和能效投资行为。而低技术成熟度对行为能力与日常节能行为、能效投资行为之间正向关系的调节效应较弱，说明在较低的技术成熟度的情境下，提高居民的行为能力对促进个体日常节能行为和能效投资行为的实施效果不显著。综上所述，技术成熟度对行为能力与日常节能行为、能效投资行为之间正向关系存在正向调节作用。

2. 便利条件的调节效应检验

在不考虑其他情境变量的调节作用下，单独对便利条件对行为意愿、行为能力作用于行为的路径关系调节效应进行分析，分层回归的结果如表 6-35 所示。

表 6-35　便利条件对行为意愿与低碳行为之间关系的调节效应分析

自变量	因变量					
	日常节能行为			能效投资行为		
	模型 1	模型 2	模型 3	模型 1	模型 2	模型 3
BI	0.312***	0.285***	0.271***	0.351***	0.304***	0.298***
CC		0.061*	0.064*		0.106***	0.107***
BI*CC			0.049			0.022
R^2	0.097	0.100	0.102	0.123	0.132	0.133
调整 R^2	0.096	0.099	0.100	0.123	0.131	0.131
R^2 更改	0.097	0.003	0.002	0.123	0.009	0.000
F 值	143.844	74.330	50.748	188.195	101.935	68.181
Sig.F 值更改	0.000	0.035	0.068	0.000	0.000	0.397

由分析结果可知：便利条件对居民日常节能行为的主效应显著，说明便利条件能够显著促进居民的日常节能行为，但便利条件对行为意愿作用于日常节能行为之间路径关系的调节作用无显著影响，模型 3 的 F=50.748，p=0.068＞0.05，不

具有统计意义。因此便利条件在行为意愿与日常节能行为之间的关系无调节效应。

便利条件对居民能效投资行为的主效应显著，说明便利条件能够显著促进居民的能效投资行为，但便利条件对行为意愿作用于能效投资行为之间的路径关系的调节作用不显著，模型 3 的 F=68.181，p=0.392＞0.05，没有显著的统计意义，说明便利条件对行为意愿与能效投资行为的关系无调节效应。

进一步分析便利条件对行为能力与行为之间作用关系的调节作用，检验便利条件对行为能力作用于行为的路径关系的调节效应，具体结果见表 6-36。

表 6-36　便利条件对行为能力与低碳行为之间关系的调节效应分析

自变量	因变量					
	日常节能行为			能效投资行为		
	模型 1	模型 2	模型 3	模型 1	模型 2	模型 3
BC	0.282***	0.247***	0.251***	0.258***	0.190***	0.196***
CC		0.084***	0.080***		0.161***	0.155***
BC*CC			0.075**			0.111***
R^2	0.079	0.085	0.091	0.066	0.088	0.100
调整 R^2	0.079	0.084	0.089	0.066	0.086	0.098
R^2 更改	0.079	0.006	0.006	0.066	0.022	0.012
F 值	115.445	62.340	44.542	94.963	64.320	49.485
Sig.F 值更改	0.000	0.003	0.004	0.000	0.000	0.000

由分析结果可知：居民行为能力到日常节能行为作用受便利条件的影响。模型 3 的 F=44.542，p =0.004＜0.05，具有统计意义，且行为能力与便利条件交互项显著，交互系数为 0.075，说明便利条件会增强行为能力对日常节能行为的作用。

居民的行为能力对能效投资行为的作用受到便利条件的影响，模型 3 的 F=49.485，p =0.000＜0.05，具有显著的统计意义，行为能力与便利条件的交互项显著，交互项系数为 0.111，说明便利条件会增强行为能力对能效投资行为的作用。便利条件的调节效应见图 6-20。

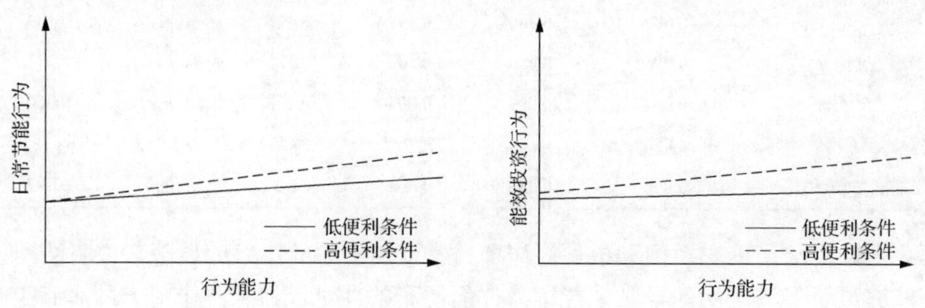

图 6-20　便利条件对行为能力与行为之间关系的调节效应

如图 6-20 所示，高便利条件对行为能力与日常节能行为、能效投资行为之间正向关系的调节作用较强，说明在较高的便利条件下，提高居民的行为能力能够进一步有效促进个体实施日常节能行为和能效投资行为。而低便利条件对行为能力与日常节能行为、能效投资行为之间正向关系的调节作用较弱，说明在较低的便利条件下，提高居民的行为能力对促进居民实施日常节能行为和能效投资行为的效果不显著，说明便利条件对行为能力与日常节能行为、能效投资行为之间正向关系存在正向的调节作用。

综上所述，低碳产品的技术成熟度和便利条件对行为意愿、行为能力与居民的能源消费行为低碳化之间关系具有显著的调节作用。对于不同的行为路径，两类情境因素的调节作用存在显著差异(图 6-21)。

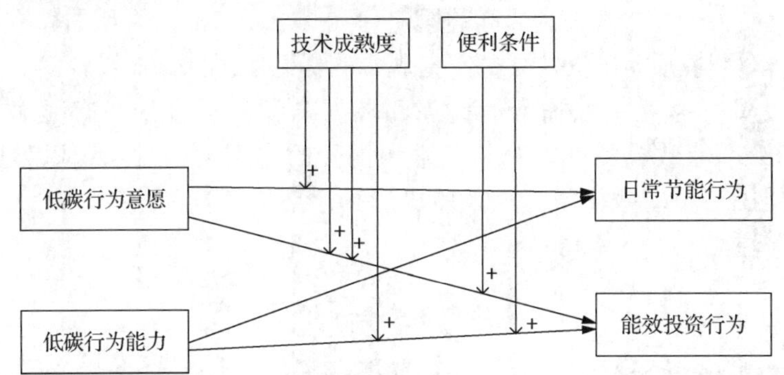

图 6-21　其他情境因素对行为意愿、行为能力与行为之间关系的调节效应

6.4.5　行为效果感知对行为意愿的回调效应分析

本研究通过扎根理论构建的居民能源消费行为低碳化的理论模型，居民实施低碳化的能源消费行为之后对自身行为效果的感知会对行为意愿产生影响，居民对行为效果感知的强弱会影响他们再次实施低碳行为的意愿，同时行为结果感知对低碳化的能源消费行为的实施也存在一定的回调效应。本研究中的“行为效果感知”主要从主观福利的提高(经济节省、幸福感增加)和环保意识的提升(更关注空气质量、更关注蓝天绿地)两方面入手进行测量。因此本节采用回归分析对上述假设进行检验。

1. 低碳化节能行为对行为效果感知的作用分析

以行为结果感知(主观福利的提高、环保意识的提升)作为自变量，日常节能行为、能效投资行为作为因变量，检验实施行为后的行为效果感知的强度对行为意愿的回调效应，结果见表 6-37。

表 6-37 能源消费行为低碳化对行为效果感知的回归分析

变量	行为效果感知					
	主观福利提高			环保意识提升		
	标准系数试用版	t	Sig.	标准系数试用版	t	Sig.
日常节能行为	0.185	7.039	0.000	0.211	8.242	0.000
能效投资行为	0.285	10.880	0.000	0.325	12.702	0.000

注：t 为对回归参数的显著性检验值，下同。

由表 6-37 可知，日常节能行为的实施能够促进居民的主观福利的提高(p=0.000＜0.05)和环保意识的提升(p=0.000＜0.05)；日常节能行为对环保意识提升的影响要大于对主观福利提高的影响(β=0.211＞0.185)，说明居民在实施日常节能行为后对环境质量的关注要高于主观福利提高的感知。

能效投资行为对主观福利的提高和环保意识的提升均具有显著影响(p=0.000＜0.05)，能效投资行为对环保意识提升的作用大于对主观福利提高的影响。说明居民实施能效投资行为之后更加关注环境质量的改善，其次才是对主观福利的关注。

2. 行为效果感知对行为意愿的作用分析

在本研究的理论模型中，居民实施低碳化能源消费行为之后，对行为效果感知的强弱会反过来影响居民继续实施低碳行为意愿的大小，因此，将行为效果感知作为自变量，行为意愿作为因变量，分析行为效果感知对行为意愿的回调作用，具体结果见表 6-38。

表 6-38 行为效果感知对行为意愿的回归分析

变量	非标准化回归系数		标准化回归系数	t	Sig.
	β	标准误差			
(常量)	0.895	0.116		7.711	0.000
主观福利提高	0.427	0.033	0.392	12.825	0.000
环保意识提升	0.324	0.036	0.276	9.020	0.000

由分析结果可以看出，主观福利提高和环保意识提升均对行为意愿具有显著的正向影响(p=0.000＜0.05)。其中，主观福利提高对行为意愿的作用更大(标准化回归系数为 0.427)，环保意识提升对行为意愿正向影响次之(标准化回归系数为 0.324)。

3. 行为效果感知对低碳化的能源消费行为的回调效应分析

由理论假设可知，行为效果感知对居民的低碳化的能源消费行为具有回调效应。因此，在此以行为效果为自变量，日常节能行为、能效投资行为为因变量，对行为效果感知对行为的回调效应进行检验，结果见表 6-39。

表 6-39　行为效果感知对两类低碳行为的回调效应检验

变量	日常节能行为			能效投资行为		
	标准系数试用版	t	Sig.	标准系数试用版	t	Sig.
主观福利提高	0.098	2.646	0.008	0.128	3.559	0.000
环保意识提升	0.224	6.039	0.000	0.288	8.024	0.000

由表 6-39 可以看出：主观福利提高和环保意识提升对日常节能行为和能效投资行为均存在显著的回调效应。其中，环保意识提升对日常节能行为的回调效应显著高于主观福利提高的回调效应(β=0.224＞0.098)。环保意识提升对能效投资行为的回调效应也显著高于主观福利提高的回调效应(β=0.288＞0.128)。

由此可见，理论模型中，行为效果感知对低碳行为意愿、低碳化能源消费行为的回调效应检验如图 6-22 所示。

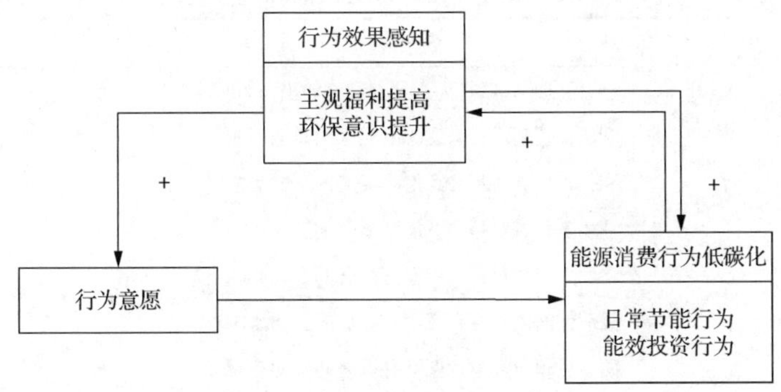

图 6-22　行为效果感知回调效应检验

6.5　假设检验结果与最终模型

通过 6.4 节对居民能源消费行为低碳化驱动因素的实证分析，采用结构方程模型及回归分析对理论模型进行了检验与修订，形成最终验证后的模型图(图 6-23)。根据分析结果，将假设检验结果进行汇总，具体见表 6-40。

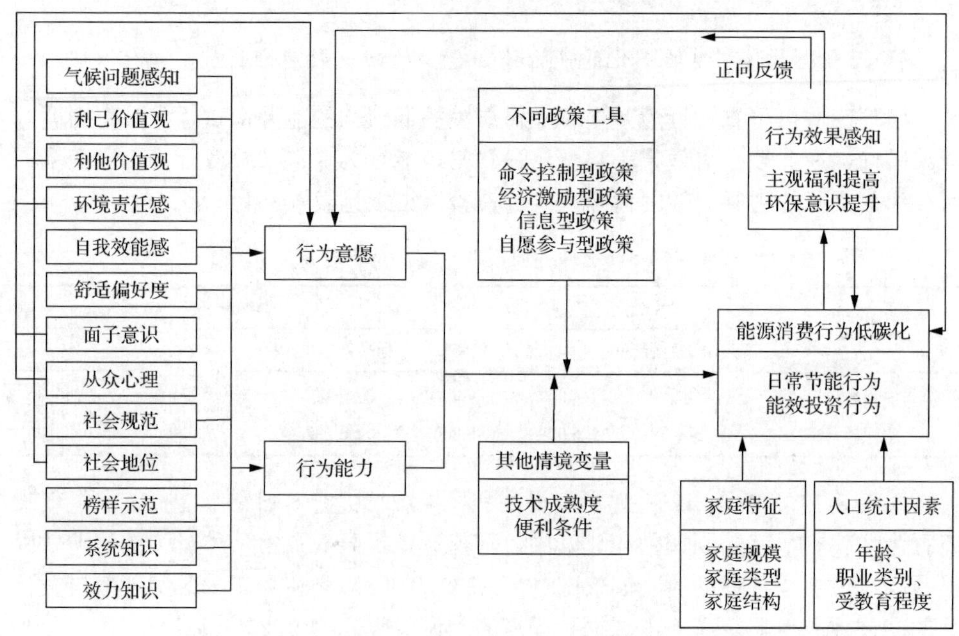

图 6-23　居民能源消费行为低碳化驱动机理最终模型

表 6-40　理论假设验证情况汇总

序号	假设	验证结论
H1	气候问题感知对行为意愿有显著的正向影响	成立
H2	利己价值观对行为意愿有显著的负向影响	成立
H3	利他价值观对行为意愿有显著的正向影响	不成立
H4	环境责任感对行为意愿有显著的正向影响	不成立
H5	自我效能感对行为意愿有显著的正向影响	成立
H6	舒适偏好度对行为意愿有显著的负向影响	成立
H7	面子意识对行为意愿具有显著的负向影响	不成立
H8	从众心理对行为意愿具有显著的正向影响	不成立
H9	社会规范对行为意愿具有显著的正向影响	成立
H10	社会地位对行为意愿具有显著的负向影响	成立
H11	榜样示范对行为意愿具有显著的正向影响	成立
H12	低碳知识对行为意愿具有显著的正向影响	部分成立
H12a	系统知识对行为意愿具有显著的正向影响	成立
H12b	行动知识对行为意愿具有显著的正向影响	不成立
H12c	效力知识对行为意愿具有显著的正向影响	成立
H13	气候问题感知对行为能力有显著的正向影响	成立

续表

序号	假设	验证结论
H14	利己价值观对行为能力有显著的负向影响	成立
H15	利他价值观对行为能力有显著的正向影响	不成立
H16	环境责任感对行为能力有显著的正向影响	不成立
H17	自我效能感对行为能力有显著的正向影响	成立
H18	舒适偏好度对行为能力有显著的负向影响	成立
H19	面子意识对行为能力有显著的负向影响	不成立
H20	从众心理对行为能力具有显著的正向影响	不成立
H21	社会规范对行为能力具有显著的正向影响	成立
H22	社会地位对行为能力具有显著的负向影响	不成立
H23	榜样示范对行为能力具有显著的正向影响	成立
H24	低碳知识对行为能力具有显著的正向影响	部分成立
H24a	系统知识对行为能力具有显著的正向影响	成立
H24b	行动知识对行为能力具有显著的正向影响	不成立
H24c	效力知识对行为能力具有显著的正向影响	成立
H25	行为意愿对能源消费行为低碳化有显著正向影响	成立
H25a	行为意愿对日常节能行为低碳化有显著正向影响	成立
H25b	行为意愿对能效投资行为低碳化有显著正向影响	成立
H26	行为能力对能源消费行为低碳化有显著正向影响	成立
H26a	行为能力对日常节能行为低碳化有显著正向影响	成立
H26b	行为能力对能效投资行为低碳化有显著正向影响	成立
H27	行为意愿对能源消费行为低碳化的影响受到情境因素的调节作用	部分成立
H27a	行为意愿对能源消费行为低碳化的影响受到命令控制型政策的调节作用	部分成立
H27b	行为意愿对能源消费行为低碳化的影响受到经济激励型政策的调节作用	部分成立
H27c	行为意愿对能源消费行为低碳化的影响受到信息型政策的调节作用	部分成立
H27d	行为意愿对能源消费行为低碳化的影响受到自愿参与型政策的调节作用	部分成立
H27e	行为意愿对能源消费行为低碳化的影响受到技术成熟度的调节作用	成立
H27f	行为意愿对能源消费行为低碳化的影响受到便利条件的调节作用	不成立
H27g	行为意愿对能源消费行为低碳化的影响受到政策熟悉度的调节作用	不成立
H28	行为能力对能源消费行为低碳化的影响受到情境因素的调节作用	部分成立
H28a	行为能力对能源消费行为低碳化的影响受到命令控制型政策的调节作用	部分成立
H28b	行为能力对能源消费行为低碳化的影响受到经济激励型政策的调节作用	成立
H28c	行为能力对能源消费行为低碳化的影响受到信息型政策的调节作用	成立
H28d	行为能力对能源消费行为低碳化的影响受到自愿参与型政策的调节作用	部分成立

续表

序号	假设	验证结论
H28e	行为能力对能源消费行为低碳化的影响受到技术成熟度政策的调节作用	成立
H28f	行为能力对能源消费行为低碳化的影响受到便利条件政策的调节作用	成立
H28g	行为能力对能源消费行为低碳化的影响受到政策熟悉度的调节作用	不成立
H29	低碳化能源消费行为的实施会显著影响行为效果感知	成立
H29a	低碳化能源消费行为的实施对主观福利的提高具有显著正向影响	成立
H29b	低碳化能源消费行为的实施对环保意识的提升具有显著正向因素	成立
H30	行为效果感知对行为意愿具有显著的正向影响	成立
H30a	主观福利提高对行为意愿具有显著正向影响	成立
H30b	环保意识提升对行为意愿具有显著正向影响	成立
H31	行为效果感知对低碳化能源消费行为具有显著正向影响	成立
H31a	主观福利提高对低碳化能源消费行为具有显著正向影响	成立
H31b	环保意识提升对低碳化能源消费行为具有显著正向影响	成立
H32	居民能源消费行为低碳化在不同的人口特征因素上存在显著差异	部分成立
H32a	居民能源消费行为低碳化在不同性别上存在显著差异	不成立
H32b	居民能源消费行为低碳化在不同婚姻状况上存在显著差异	不成立
H32c	居民能源消费行为低碳化在不同年龄上存在显著差异	部分成立
H32d	居民能源消费行为低碳化在不同受教育程度上存在显著差异	部分成立
H32e	居民能源消费行为低碳化在不同职业类型上存在显著差异	部分成立
H33	居民能源消费行为低碳化在不同的家庭特征因素上存在显著差异	部分成立
H33a	居民能源消费行为低碳化在不同家庭月收入上在显著差异	不成立
H33b	居民能源消费行为低碳化在不同家庭规模上存在显著差异	部分成立
H33c	居民能源消费行为低碳化在不同家庭类型上存在显著差异	部分成立
H33d	居民能源消费行为低碳化在家庭是否有儿童同住的上存在显著差异	不成立
H33e	居民能源消费行为低碳化在是否有老人同住上存在显著差异	不成立
H33f	居民能源消费行为低碳化在家庭住宅产权上存在显著差异	不成立

6.6 不同政策工具对居民能源消费行为低碳化的可干预路径分析

6.6.1 居民能源消费行为低碳化的前置驱动因素的作用路径总结

由上节的实证分析可以得到如下结论。

(1)居民的气候问题感知、利己价值观、自我效能感、舒适偏好度、社会规范、社会地位、榜样示范、系统知识、效力知识均通过影响行为意愿和行为能力间接驱动行为。其中，对行为意愿的影响因素中，气候问题感知的积极作用最强，其次为自我效能感、社会规范、榜样示范、效力知识、系统知识。而利己价值观、舒适偏好度及社会地位对行为意愿均为消极影响。在对行为能力的影响因素中，自我效能感的正向作用最强，达到高等程度的影响力，其次效力知识对行为能力的影响作用达到中等程度，之后依次为社会规范、系统知识、气候问题感知，最后为榜样示范，而利己价值观、舒适偏好度对行为能力均为负向影响。

(2) 在对日常节能行为的直接影响因素中，环境责任感、行为能力的影响最大且为正向影响，其次为从众心理和行为意愿，而面子意识对日常节能行为具有低程度的负向影响；在对能效投资行为的直接影响因素中，利他价值观的作用最大，其次为行为意愿、行为能力、最后为环境责任感。

(3) 在行为意愿向日常节能行为转化的过程中，补贴政策、技术成熟度的调节作用为积极的正向影响，而税收政策和价格政策均为负向调节。行为意愿向能效投资行为转化的过程中，经济激励性政策、信息型政策、自愿参与型政策、技术成熟度和便利条件对该路径均存在积极的正向调节作用，命令控制型政策对该路径存在显著的负向调节作用。

在行为能力向日常节能行为转化的过中，经济激励性政策、信息型政策、自愿参与型政策对该路径均存在积极的正向调节作用；在行为能力向能效投资行为转化的过程中，经济激励型政策、信息型政策、自愿参与型政策对该路径存在显著的正向调节作用，而命令控制型政策对该路径存在显著的负向调节。

(4) 在实施低碳化的行为后，居民对环境质量提升的重视大于对主观福利提高的重视，同时，环保意识的提升也会反过来促进居民实施低碳化的能源消费行为。由此说明，居民在实施行为后更希望能够得到环境改善的信息，如果居民得到积极的反馈，就会增加实施低碳化能源消费行为的次数。

由上述结论可以看出，不同政策工具对行为意愿、行为能力进一步转化为低碳化的能源消费行为具有不同程度的促进作用。但政策工具是如何激发个体的行为意愿的，还需要进一步探索。为了进一步探索不同政策工具对居民能源消费行为低碳化的可行的干预路径，本节以不同政策工具作为自变量，以个体心理因素、群体心理因素、低碳知识、社会因素为因变量，检验不同政策工具对居民低碳行为的前置驱动因素的作用，检验和对比不同政策工具对激发和改善居民的低碳行为意愿和行为能力中扮演着怎样的角色。

6.6.2　不同政策工具对居民个体心理因素的激励作用分析

个体心理因素主要包括个体的气候问题感知、利己价值观、利他价值观、环境责任感、自我效能感和舒适偏好度 6 个变量。政策工具则包括命令控制型政策、经济激励型政策、信息型政策及自愿参与型政策 4 类。以不同政策工具为自变量，个体心理因素为因变量，分析不同政策工具对个体心理因素的干预路径，结果见表 6-41。

表 6-41 不同政策工具对个体心理因素的回归分析

进入变量	气候问题感知			利己价值观			利他价值观		
	标准化回归系数	t	Sig.	标准化回归系数	t	Sig.	标准化回归系数	t	Sig.
命令控制型政策	0.107	3.812	0.000	–0.089	–2.543	0.011	0.050	1.645	0.100
经济激励型政策	0.011	0.351	0.725	–0.100	–2.601	0.009	0.045	1.348	0.178
信息型政策	0.325	9.310	0.000	–0.031	–0.708	0.479	0.268	7.035	0.000
自愿参与型政策	0.254	8.047	0.000	0.074	1.875	0.061	0.211	6.112	0.000
进入变量	环境责任感			自我效能感			舒适偏好度		
	标准化回归系数	t	Sig.	标准化回归系数	t	Sig.	标准化回归系数	t	Sig.
命令控制型政策	0.130	3.781	0.000	0.144	4.529	0.000	0.048	1.632	0.095
经济激励型政策	–0.016	–0.425	0.671	0.022	0.645	0.519	–0.069	–1.783	0.075
信息型政策	0.042	0.974	0.330	0.154	3.906	0.000	0.086	1.976	0.048
自愿参与型政策	0.130	3.360	0.001	0.211	5.912	0.000	–0.087	–2.186	0.029

由表 6-41 可以看出：命令控制型政策对居民的气候问题感知、利己价值观、环境责任感、自我效能感均存在显著的影响。其中，命令控制型政策对自我效能感的影响最大(β=0.144，p=0.000＜0.05)，之后依次为环境责任感(β=0.130，p=0.000＜0.05)、气候问题感知(β=0.254，p=0.000＜0.05)及利己价值观(β=–0.089，p=0.011＜0.05)。对气候问题感知、环境责任感、自我效能感均存在正向影响，说明加强命令控制型政策能够提升居民对气候问题的感知，提升个体的环境责任归属，加强个体对自己实施节能行为的信心，通过积极的心理因素的提高来增加个体的实施低碳节能行为的倾向。而命令控制型政策对利己价值观具有显著的负向效应，说明加强命令控制型政策能够减少个体的以自我为中心的价值观，继而减少由利己价值观引发的高能耗行为倾向，间接增加个体实施低碳行为的意愿。但在上节分析中发现，命令控制型政策对行为意愿、行为能力与能源消费行为低碳化之间正向关系具有负向的调节作用，命令控制型政策通过激发个体的积极心理因素而提高的行为意愿，在向行为转化过程中，其实际行为的实施效果会被削弱。

经济激励型政策对利己价值观具有显著的影响，且为负向作用(β=–0.100，p=0.009＜0.05)，说明增加经济激励型政策能够减少个体以自我为中心的价值观，继而减少利己价值观对低碳行为意愿的负向影响，从而提高居民实施能源消费行为低碳化倾向。

信息型政策对居民的气候问题感知、利他价值观、自我效能感、舒适偏好度均存在显著影响(p<0.05)，且影响方向均为正向影响。其中，信息型政策对气候问题感知的影响最大(β=0.325，p=0.000＜0.05)，之后依次为利他价值观(β=0.268，p=0.000＜0.05)、自我效能感(β=0.154，p=0.000＜0.05)和舒适偏好度(β=0.086，p=0.000＜0.05)。说明加强信息传播、宣传教育等工作能够提高居民对气候问题的认知，增加居民对环境问题为他人及社会带来的危害性的了解，进而培养个体利他价值观的形成；其次，详细且具体的节能技巧、能源消费信息也会提升个体对自身能够有效实施节能行为的信心，减少个体对生活舒适感的偏好，让居民了解到在不减少个体生活舒适度的情况下，仍然可以实施节能行为，进而减少个体对实施节能行为的抵触心理，增加个体的低碳行为意愿。

自愿参与型政策则主要激发气候问题感知、利他价值观、环境责任感、自我效能感和舒适偏好度。其中，自愿参与型政策对气候问题感知的影响最大(β=0.254，p=0.000＜0.05)，之后依次为为利他价值观(β=0.211，p=0.000＜0.05)、自我效能感(β=0.211，p=0.000＜0.05)、环境责任感(β=0.130，p=0.001＜0.05)，对舒适偏好度的影响最小且为负向影响(β=–0.087，p=0.029＜0.05)。说明增加低碳节能活动和碳标签制度能够提升个体的环境问题的认知和对环境责任意识的归属感，增强个体的利他价值观，提高个体对自我节能能力的信心，减少对生活舒适感的偏好，让居民了解到在不减少个体生活舒适度的情况下，仍然可以实施节能行为，进而提高居民实施体低碳节能行为的倾向。

6.6.3　不同政策工具对居民群体心理因素的激励作用分析

群体心理主要包含从众心理与面子意识两个因素。以群体心理因素为因变量，不同政策工具为自变量进行回归分析，分析结果见表 6-42。

表 6-42　不同政策工具对群体心理因素的回归分析

进入变量	从众心理			面子意识		
	标准化回归系数	t	Sig.	标准化回归系数	t	Sig.
命令控制型政策	0.163	4.747	0.000	0.106	2.986	0.003
经济激励型政策	0.069	1.840	0.066	0.036	0.926	0.355
信息型政策	0.048	1.128	0.259	–0.032	–0.729	0.466
自愿参与型政策	0.034	0.869	0.385	–0.063	–1.577	0.115

由分析结果可以看出，只有命令控制型政策对从众心理与面子意识有显著影响(p>0.05)，其中命令控制型政策对从众心理的影响最强(β=0.163，p=0.000＜0.05)，其次为面子意识(β=0.106，p=0.003＜0.05)。说明增加优先上牌、限行规

定等强制性手段会提高个体的从众心理和面子意识，使个体遵从大多数人或政策规定的制度的选择，减少面子意识带来的浪费行为，进而直接影响居民能源消费行为低碳化的增加。

6.6.4 不同政策工具对低碳知识和社会因素的激励作用分析

外因型自变量主要有低碳知识和社会因素两类。低碳知识主要包括系统知识、行动知识和效力知识 3 个维度，社会因素包括社会规范、社会地位和榜样示范 3 个变量。本研究以 6 个外因型自变量为因变量，不同政策工具为自变量进行回归分析，探索不同政策工具对居民个体的外因型自变量的干预路径，结果见表 6-43。

表 6-43 不同政策工具对居民外因型自变量的回归分析

进入变量	系统知识			行动知识			效力知识		
	标准化回归系数	t	Sig	标准化回归系数	t	Sig	标准化回归系数	t	Sig
命令控制型政策	0.172	5.409	0.000	0.123	3.803	0.000	0.115	3.496	0.000
经济激励型政策	0.117	3.352	0.001	0.054	1.533	0.125	0.038	1.070	0.285
信息型政策	0.173	4.368	0.000	0.108	2.716	0.007	0.120	2.960	0.003
自愿参与型政策	0.066	1.842	0.066	0.216	5.967	0.000	0.187	5.070	0.000
进入变量	社会规范			社会地位			榜样示范		
	标准化回归系数	t	Sig	标准化回归系数	t	Sig	标准化回归系数	t	Sig
命令控制型政策	0.129	3.644	0.000	0.144	4.529	0.000	0.113	3.648	0.000
经济激励型政策	0.036	0.943	0.346	0.022	0.645	0.519	0.073	2.133	0.033
信息型政策	–0.056	–1.286	0.199	0.154	3.906	0.000	0.230	5.970	0.000
自愿参与型政策	–0.097	–2.442	0.015	0.211	5.912	0.000	0.156	4.462	0.000

由分析结果可以看出：命令控制型政策对 6 类因素均存在显著的正向影响。其中命令控制型政策对系统知识的影响最强，其次为社会地位、社会规范、行动知识、效能知识，对榜样示范的影响最弱。说明政府的强制型政策会提高个体对知识、社会氛围的认知。但命令控制型政策对个体行为意愿与行为之间的关系存在显著的负向调节，因此，命令控制型政策对个体实施行为的实际作用会被减弱。

经济激励型政策只对榜样示范具有显著的正向作用(β=0.073，p=0.033＜0.05)，说明增加补贴、税收和价格等政策对提高政府官员、单位领导和公众偶像对居民的榜样力量具有正向的积极影响，通过榜样低碳节能行为的示范力量影响。

信息型政策对系统知识、行动知识、效力知识、社会地位、榜样示范等均存在显著的正向影响。其中信息型政策对榜样示范的影响最大(β=0.230)，其次依次为系统知识(β=0.173)、社会地位(β=0.154)、行动知识(β=0.120)，最后为效力知识(β=0.108)。由此说明提高信息宣传力度能够提高榜样示范对居民的影响力，同时也能够增加居民的低碳行为知识，提高其对社会地位的感知，进而提升居民实施低碳节能行的倾向。

自愿参与型政策对行动知识、效力知识、社会规范、社会地位及榜样示范均存在显著的正向影响。其中，自愿参与型政策对行动知识的影响最大，且为正向影响(β=0.216)，之后依次为社会地位(β=0.211)、效力知识(β=0.187)、榜样示范(β=0.156)。这说明增加自愿参与型的活动能够提高居民低碳节能的行动知识和效力知识，增加对社会地位的认知，强化低碳节能的榜样示范对居民的影响，进而促进居民的行为意愿向能源消费行为低碳化转变。而自愿参与型政策对社会规范的影响最小，且为负向影响(β=–0.097)，说明增强节能的自愿参与政策会减少居民来自于社会群体的规范压力，但影响程度较小。

6.6.5　不同政策工具对居民能源消费行为低碳化的可干预路径分析

综合以上的研究，本节根据实证分析结果，对不同政策工具对居民能源消费行为低碳化的可干预路径进行具体分析。

(1)命令控制型政策的可干预路径分析。

综合以上研究可以看出，命令控制型政策对居民的气候问题感知、自我效能感、环境责任感、从众心理、面子意识、社会规范、社会地位、榜样示范、系统知识、行动知识、效力知识等均具有正向促进作用，对利己价值观具有负向减弱作用。其中，气候问题感知、利己价值观、自我效能感、社会规范、社会地位、榜样示范、系统知识、效力知识均是通过行为意愿间接驱动行为的，然而，调节效应检验显示：命令控制型政策对行为意愿、行为能力与能效投资行为之间具有负向调节作用，对行为意愿、行为能力与日常节能行为之间不具有调节作用。由此可以发现，尽管命令控制型政策可以激发居民的气候问题感知、自我效能感等内在动机，增加居民的系统知识、行动知识和效力知识，强化社会规范、社会地位、榜样示范等的影响力，但其在行为生成过程中并不能加强行为意愿、行为能力向行为的转化。而环境责任感、从众心理对日常节能行为具有直接且相对较强的正向影响，面子意识对日常节能行为具有直接且较弱的负向影响。因此，运用命令型政策可以在激发居民的环境责任感、从众心理等心理动机方面扮演着重要作用。

(2)经济激励型政策的可干预路径分析。

综合上述研究可以看出，经济激励型政策对利己价值观具有负向减弱作用，对系统知识、榜样示范具有正向的激励作用，同时利己价值观、系统知识和榜样示范三个变量均通过行为意愿和行为能力间接驱动居民的能源消费行为低碳化，且经济激励型政策对行为意愿—能效、行为能力—能效、行为能力—日常均具有正向调节作用。由此说明，经济激励型政策在能源消费行为低碳化生产和强化过程中的调节作用更加显著。

(3)信息型政策的可干预路径分析。

综合实证分析结果可以看出，信息型政策对气候问题感知、利他价值观、自我效能感、舒适偏好度、系统知识、行动知识、效力知识、社会地位和榜样示范均存在正向激励作用，其中气候问题感知、自我效能感、系统知识、效力知识和榜样示范均通过影响行为意愿和行为能力间接作用于行为，舒适偏好度和社会地位负向影响行为意愿而间接作用于行为。在调节效应分析中，信息型政策对行为意愿、行为能力向能源消费行为低碳化转化的过程中均存在正向的调节作用。信息型政策对利他价值观存在较强的正向激励作用，且利他价值观对能效投资行为存在着重要影响。由此说明，信息型政策的调节作用在行为转化过程中起着主要作用。

(4)自愿参与型政策的可干预路径。

综合上述研究可以看出，自愿参与型政策对气候问题感知、利他价值观、环境责任感、自我效能感、行动知识、效力知识、社会规范、社会地位及榜样示范均存在正向的激励作用，对舒适偏好度存在负向减弱作用。其中，气候问题感知、自我效能感、舒适偏好度、行动知识、效力知识、社会规范、社会地位及榜样示范均通过行为意愿和行为能力间接驱动行为；利他价值观和环境责任感则直接作用于行为。同时，自愿参与型政策在行为意愿、行为能力转化为低碳能源消费行为上也存在显著正向的调节作用。由此可以看出，自愿参与型政策在不仅在激发心理动机、增长知识等方面扮演着重要角色，在行为的生成和强化过程中也具有重要影响。

第 7 章　不同政策工具对居民能源消费行为低碳化作用效果的仿真研究

本章在前述居民能源消费行为低碳化驱动因素理论模型和实证检验结果的基础上，运用基于 Agent 的计算机仿真建模技术，构建不同政策工具对居民能源消费行为低碳化作用效果的仿真模型。首先根据仿真目标和实证模型，对居民能源消费行为低碳化的真实系统进行了描述，设计了仿真模型中各类 Agent 的属性与行为规则，然后运用 BP 人工神经网络确定居民 Agent 的行为选择函数和行为效果感知函数及相关因素间的计算关系；最后选择 Netlogo 仿真平台对不同政策工具对居民能源消费行为低碳化的作用模型进行系统仿真。模拟在无政策干预和有不同政策工具干预情景下，居民能源消费行为低碳化的动态变化过程和结果，分析对比不同政策工具和同一政策工具在不同强度情景下对居民能源消费行为低碳化的作用机理。

7.1　基于 Agent 的建模仿真方法介绍

基于 Agent 的建模与仿真(agent-based modeling and simulation，ABMS)技术是以复杂适应性系统理论为基础，结合自动机网络模型和计算机仿真技术来研究复杂系统的一种有效方法。该方法以自顶向下和自底向上的综合方式描述与刻画现实中的复杂系统，通过对 Agent 的行为、Agent 之间的交互关系及 Agent 与环境之间的关系属性及规则的设定，结合计算机系统的仿真技术，灵活、自然地构建整个系统的宏观行为表现。基于 Agent 建模技术的主动性、自治性和智能性，使得主体具有与真实微观个体相近的决策逻辑和行为特征，并通过主体之间、主体与环境之间相互作用涌现出的宏观特性，建立微观个体与宏观方面之间的联系[329]。基于 Agent 的建模仿真技术被广泛地应用于社会学、行为科学、经济学、生物学等复杂性学科的研究中[330]。

7.1.1　Agent 的定义

目前，学术界对 Agent 的定义还未形成统一定论。Shoham[331]认为，Agent 是一个实体，它具有能力、承诺、信念和选择等精神状态。Lane 和 Mcfadzean[332]将 Agent 解释为一个计算单元，并可以对控制问题进行求解。Franklin 和 Graesser[333]

通过比较不同研究人员对 Agent 的定义(如 MuBot Agent、AIMA Agent 和 Maes Agent 等)，将这些不同的定义进行提取、糅合，得到了自治性 Agent 的定义，即自治性 Agent 是一个可以感知环境，能与环境发生相互作用，并且能够完成自身目标的系统。最为经典且被广泛接受的是由 Wooldridge 于 1994 年提出的关于 Agent 的弱定义和强定义[334]。他在 Agent 的弱定义中指出，Agent 主体应该具有以下特征。

(1) 自治性(autonomy)：Agent 在没有外在因素干预的情况下，能够控制自身行为和内部状态，保持自主运行。

(2) 反应性(reactivity)：能够时刻了解预知外界环境的变化，并根据外界环境的变化而做出相应的反应。

(3) 社会性(social ability)：Agent 相当于社会中的某个成员，可以与其他 Agent 进行交互作用。

(4) 主动性(pro-activeness)：Agent 不是单纯地随着环境的改变而改变，而是根据设定的目标做出主动的行为反应。

Wooldridge 提出的强定义是指 Agent 不仅具有弱定义的四个特征，还增加了知识(knowledge)、信念(belief)、意图(intention)、义务(obligation)、理性(rationality)等特征，使得 Agent 具有了一些人的特质。

7.1.2　基于 Agent 的建模与仿真技术的基本特征

Agent 是复杂适应系统仿真技术的基本元素，也是建模中最基本的组成单位[335]。Agent、多 Agent 系统和仿真建模技术可以互相结合使用，如基于 Agent 的建模(agent-based modeling，ABM)、基于多 Agent 的仿真(multi-agent based simulation，MABS)、多 Agent 仿真(multi-agent simulation，MAS)和基于 Agent 的建模与仿真(agent-based modeling and simulation，ABMS)等。本研究采用的是 ABMS 法，它包括 Agent、MAS 和仿真建模技术，该方法主要通过 Agent 的形式，与多种方法相结合，通过对个体行为、个体与个体之间、个体与环境之间的行为进行刻画，描述复杂系统的宏观行为。

基于 Agent 的建模与仿真技术主要有以下特征[51]。

(1) 动态性与灵活性。仿真的微观个体之间具有一定的交互作用，且个体与个体之间的交互方式是随机的。在仿真过程中可以随时达到仿真个体间的实时交互。

(2) 自下向上建模方式。在系统建模过程中强调对个体行为属性、个体与个体之间的联系，以及个体与环境之间的关系的描述，通过对微观底层行为的刻画来获得系统宏观上层行为。

(3) 微观与宏观的有机结合。基于 Agent 的建模与仿真技术是通过微观主体之间、微观主体与环境之间的交互作用，涌现出宏观的特征，为微观与宏观的有机结合提供了桥梁。

(4) 支持对主动行为的仿真。在 Agent 的建模与仿真过程中，每个 Agent 都可以接收其他 Agent 或者外界环境的信息，并根据自身属性和规则对信息进行处理。之后根据自己的目标及最优化原则不断修正自己的规则和行为，以适应环境的变化。

7.2　ABMS 的概念化框架和仿真流程

7.2.1　ABMS 的概念化框架

尽管 ABMS 方法主要应用于微观主体的仿真，但它和其他的仿真方法一样，都遵循仿真方法学的基本建模步骤，即建立自身 Agent 模型、进行仿真实验与分析和通过模型的校对来修正仿真模型。由于 ABMS 方法主要应用于复杂适应系统，所以在构建基于 Agent 的仿真建模基本框架时，要将复杂适应系统的“适应性造就复杂性”的特征考虑进去。2005 年，我国学者廖守亿等[336]通过分析 Agent 的概念、结构和研究范围，并与对象进行比较，概括出 ABMS 的主要概念思想后，提出了 ABMS 的基本概念框架（图 7-1）。廖守亿等[336]的概念化框架既可以作为 ABMS 法的研究步骤和内容的参考，又能评估已经存在的基于 Agent 的建模仿真系统的框架是否合理。

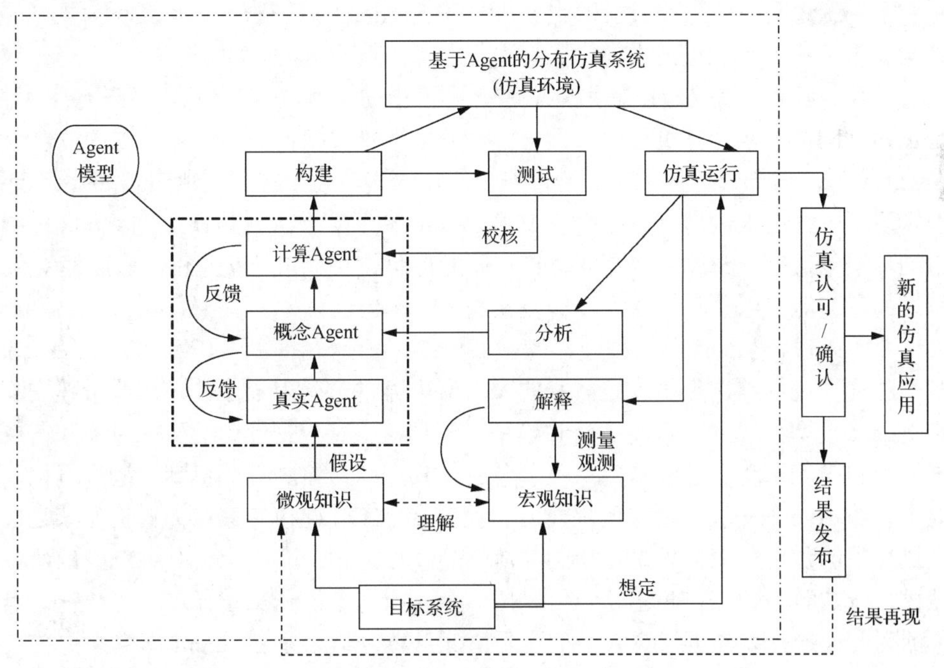

图 7-1　ABMS 概念化框架

1. Agent 模型的建立

由图 7-1 的 ABMS 概念化框架可知，Agent 模型的建立应该包括三部分：真实 Agent(领域专家)、概念 Agent(建模专家)和计算 Agent(计算机专家)。

真实 Agent 是指领域专家通过前期的问卷调查或统计数据对已建立的复杂系统进行宏观分析，从而得到对系统充分的宏观知识，通过统计规律进而把握系统的全局。与此同时，领域专家还应该对复杂系统中的个体有着充分的认识和深入的了解。领域专家只有同时具备所要研究问题的宏观和微观认识，才能将真实系统中的实体抽象为 Agent，并且定义 Agent 的行为规则和交互作用，对 Agent 的主体行为进行描述，一般采取的是非形式化的语言。研究者只有在对问题进行了长期深入的研究和实验分析后才能够找出问题中的主要矛盾，从而设计出可信和可用的仿真模型。

概念 Agent 是基于 Agent 的仿真建模中最核心的部分，也是 ABMS 方法中的难点和重点，它通常要经过无数次修改才能将真实 Agent 模型用形式化的语言准确地表达出来，以建立最终的概念 Agent 模型。概念 Agent 需要建模专家对真实 Agent 进行深入分析，设定 Agent 应该具有的规则的集合：即 Agent 可能涉及的范围和它针对环境的刺激可能做出的反应的集合；然后，根据行为的先后顺序来依次履行这些规则。概念 Agent 模型最主要的是建模专家要根据领域专家提供的信息和限制约束(自然语言表达的)定义出具体的 Agent 规则语言，包括行为规则、结构和内部状态等，进而设计出仿真系统所需的概念 Agent 模型。

计算 Agent 也是 Agent 模型建立中必不可少的一步，因为仿真建模的目的就是让建立的模型在计算机上运行出来。计算机专家要根据建模专家建立的概念 Agent 模型，选择合适的仿真平台，将形式化语言转化为计算机语言，还要将模型实现可能性的限制考虑进去[335]。计算 Agent 模型实质上就是让主体 Agent 在虚拟的环境下进行 Agent 之间及 Agent 与环境之间的交互作用及演化，进而使复杂系统的行为能够以“自下而上”的方式涌现出来。

总的来说，Agent 的详细建模过程如图 7-2 所示。基于 ABMS 方法，Agent 模型的建立过程首先是由课题研究的领域专家通过对问题描述和需求分析建立真实 Agent 模型；然后，真实 Agent 模型又经建模专家根据课题的研究目标和需要来抽象和简化系统，逐步演变为概念 Agent 模型；最终由计算机专家进行编程，成为计算 Agent 模型。前文所提及的相关领域专家、建模专家和计算机专家是建模过程中的角色分工，不是严格的互斥划分，可以由一个人担任其中一种或两种角色，或同时担任三种角色，也可以由两个人或三个人分工担任这三种角色。具体的研究问题需要根据研究人员的实际情况具体分析来建立 Agent 模型。

图 7-2　Agent 建模过程[337]

2. 仿真环境的构建

构建 ABMS 的综合环境是复杂适应系统仿真建模中必不可少的一部分。只有当 ABMS 的综合环境构建好以后，才更加节省仿真建模的时间，使领域专家减少描述复杂系统的工作量，以实现对具体仿真系统的设计与分析。ABMS 仿真环境的构建对建模者来说是至关重要的一环。

3. 模型的校核与确认

模型的校核与确认和仿真的全生命周期是一体的，实质是检验 Agent 模型的建立过程，保证模型有足够的精度。之所以 ABMS 的校核与确认方法和传统的建模方法不一致，是因为它具有宏观行为输出结果涌现的特征，大部分情况下是难以对 ABMS 进行校核与确认的。

模型的校核与确认的具体过程如图 7-3 所示，校核是指判断建模专家建立的概念 Agent 模型是否正确地转化成了计算 Agent 模型，即判断计算 Agent 的建立正确与否；确认是指验证建模专家建立的概念 Agent 模型能否准确描述涉及的复杂系统，即验证计算 Agent 的建立正确与否。关于建立的模型是否有效，一般从两个方面来进行判断：①内部确认，即判定模型的内部是否有效，验证计算 Agent 的输出是否与概念 Agent 一致；②外部确认，即判定模型的外部是否有效，判断总体仿真模型的输出结果是否与真实复杂系统一致。

目标系统
动态确认
静态确认
静态校核
计算Agent
概念Agent
动态校核

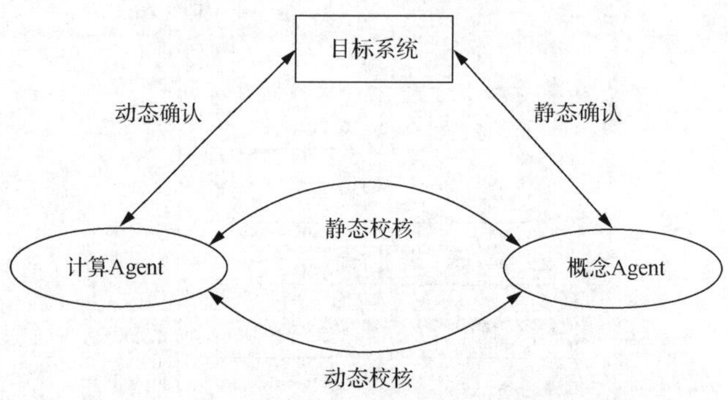

图 7-3　基于 Agent 的模型的校核与确认[335]

7.2.2　ABMS 方法的仿真流程

为了降低仿真建模的复杂程度，并提高所建模型的普适性，应该给 ABMS 法研究具体的复杂适应系统设定一个规范的流程。ABMS 方法主要包括如下五个研究步骤，具体流程如图 7-4 所示。

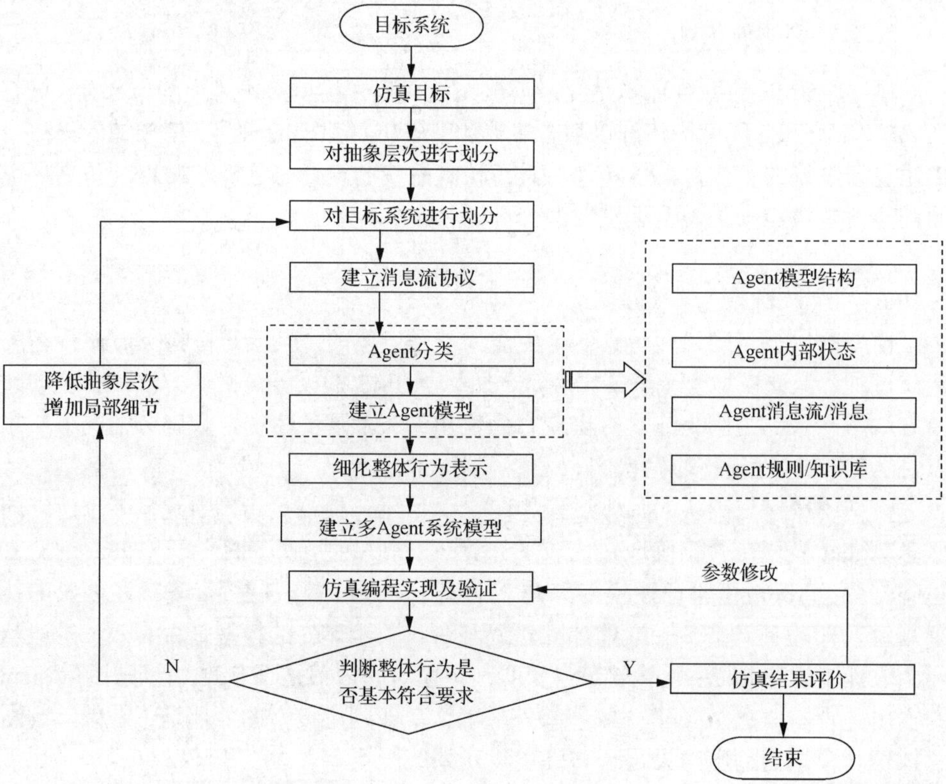

目标系统
仿真目标
对抽象层次进行划分
对目标系统进行划分
建立消息流协议
Agent分类
建立Agent模型
细化整体行为表示
建立多Agent系统模型
仿真编程实现及验证
判断整体行为是否基本符合要求
N
Y
降低抽象层次
增加局部细节
Agent模型结构
Agent内部状态
Agent消息流/消息
Agent规则/知识库
参数修改
仿真结果评价
结束

图 7-4　ABMS 的研究步骤[333]

(1) 分析具体的复杂适应系统特征和仿真需求。通过对目标复杂系统的深入分析，并且根据要达到的目标结果来确定系统的边界，进而确定 Agent 的具体形式化表达方式，最后要确定自身仿真建模系统的评价机制。

(2) 选择合理的抽象层次。这对 ABMS 研究步骤来说是至关重要的一步，这一步骤要求根据仿真建模的目标和系统信息来进行层次的选择。如果选择的层次过多或过细就会导致系统过于烦琐，使研究周期过长，无法顺利地完成仿真的目标。如果选择的抽象层次过少则会导致缺失信息，同样不能实现预期的仿真目标。

(3) 分析消息流。在对合理的抽象层次进行选择时，不能忽视对消息流的分析。如果没有消息流，那么 Agent 与环境之间就无法进行交互。因此要对传递 Agent 与环境之间的消息进行分类，确定其流动模式和格式，以及统计信息量，以此来判断是否要对抽象层次进行再分解，建立 CAS 的分析树。

(4) Agent 建模。通过前面的三大步骤，已经对复杂系统有了一个大概的设定，并且已建立了 CAS 的分析树，而 Agent 建模就相当于要对树上的每一个叶节点和非叶节点建立 Meta-Agent 和 Aggregation-Agent。要对仿真建模的时钟、输入和输出消息集合、状态集合等进行定义。

(5) 将 Ageznt 分布在几个节点计算机上。Agent 的分布通常要遵循节点间通信量最小和节点负载均衡的原则，同时要将 CAS 中的应用要求、算法及具体的硬件环境考虑进去。

7.3　ABMS 的适用性评价

本节的不同政策工具对居民能源消费行为低碳化作用效果的仿真研究主要是基于复杂适应系统理论，通过描述居民的低碳消费行为、居民与居民之间、居民与低碳政策环境之间的交互作用，构建不同政策工具对居民能源消费行为低碳化作用机理的整体构架，试图结合 ABMS 仿真技术，观察系统内居民的能源消费行为在不同政策情景下的变化，以及不同政策强度下居民行为的变化。

本节的居民能源消费行为低碳化系统具有以下特征：①居民会观察外部环境的变化，进而结合自身的需求与目标，主动选择实施不同的行为以响应外界环境的变化，因此，居民主体具有较强的主动性；②作为微观主体的居民，其社会系统是由不同认知、不同价值取向、不同行为意愿的居民个体组成的复杂系统，每个居民个体都会因为各自不同的原因而做出能源消费是否低碳和如何低碳的行为选择，因而居民系统中各居民主体的自主性、智能性和与其他居民主体之间的交互作用导致了居民整体的能源消费行为表现不同于居民个体行为的简单加和；③本书第 6 章对居民能源消费行为低碳化驱动因素作用机理的实证研究发现，居民的能源消费行为不仅受到个体内在动机的驱动，还会受到不同政策工具、产品因素等外部情境因素的调节，微观主体居民的社会系统是复杂多样的，并非简单的线性关系可以刻画；④居民低碳行为意愿是两类低碳化能源消费行为的直接前因。低碳行为意愿的激发和变化受个体心理因素、群体心理因素等的驱动，居民的低碳行为意愿向两类低碳消费行为转化的过程中，还会受到不同政策工具的调节作用；低碳行为意愿在短时间内具有相对的稳定性，但在长时间内，居民在实施低碳化的能源消费行为后，其对行为效果的感知会反向回调居民的低碳行为意愿，进而加强或减弱能源消费行为低碳化的实施。因此，居民能源消费的社会系统是一个动态的系统。

根据本节的研究目标，并结合上述居民能源消费行为低碳化系统的特征描述，选择 ABMS 方法作为本研究的仿真方法，其适用性主要体现在以下几个方面。

(1) ABMS 能够自然描述复杂系统。在由多个主体构成的复杂系统中，ABMS 可以自然描述复杂系统的属性，使模型中的主体与现实主体的概念具有较高的一致性[336]。因此，对于居民低碳能源消费行为系统这个由大量不同居民主体、政策制定主体和执行主体构成的复杂系统，ABMS 的描述能够更加接近实际情况，真实展现社会系统的属性和规则。

(2) ABMS 能够进行主动行为的仿真建模。ABMS 的仿真建模遵循一般的"刺激-反应"模型[336]，即 Agent 在受到其他 Agent 的影响和环境的刺激后，能够根据自身的内部状态和对外界环境刺激信息的处理，对外界环境及其他 Agent 做出反应，以此不断修正自身的行为规则，来适应外界环境的变化。这种模型准确的描述了"人"的行为选择的主动性特征。而在本章研究中，居民能源消费行为是否向低碳消费转变就是一个对内外刺激做出反应的主体行为主动选择的过程。因此，基于"刺激—反应"模型，运用 ABMS 能够实现本章研究中的居民 Agent 的功能行为建模，可以准确地刻画居民 Agent 的属性和能源消费行为低碳化的选择模型，为后期建模仿真提供基础。

(3) ABMS 能够实现主体之间的交互作用。ABMS 具有智能性，能够描述主体之间、主体与环境之间复杂的交互作用，实现主体的社会性特征。居民是"社会人"，对于居民的能源消费选择行为而言，居民与周围人之间的社会互动是日常消费中必不可少的，居民的能源消费行为是否向低碳化转变，不仅会受到个体内在动机的影响，还会受到周围其他人行为方式或群体压力的影响，因此，选择 ABMS 作为仿真方法，可以有效实现居民与居民主体之间的社会交互，使仿真模型与居民的真实生活状态更加符合。

(4) ABMS 能够通过描述微观行为之间的交互刻画宏观行为。ABMS 是利用自底向上的方法来构造复杂适应系统。该方法从微观主体出发，在构造微观 Agent 之间及 Agent 与环境之间的交互作用过程中，利用微观主体之间的交互作用所产生宏观的"涌现"现象，观测宏观行为的变化。因此，通过对微观主体之间的交互作用的描述，可以建立微观与宏观的联系，观测整个仿真系统的宏观行为。就本研究而言，仿真是基于对微观居民的个体行为的描述，进而构建居民与居民主体之间的交互关系，构建微观的居民主体与宏观环境(不同政策工具)之间的交互模型，通过设置居民之间的交互规则和不同的政策工具情景，观测居民群体的整体能源消费行为低碳化的涌现及其变化。因此，本节选择 ABMS 进行居民能源消费行为社会系统的仿真，能够满足本课题仿真研究的需求。

(5) ABMS 方法具有较高的灵活性。AMBS 在建模与仿真过程中，可以随时增加与删除 Agent 模型；其次，ABMS 可以利用自然语言描述 Agent 的复杂性：比如个体的学习能力、个体之间的交互规则和行为规则；ABMS 可以动态地描述聚合的层次，在自身的模型中，可采用元 Agent、聚合 Agent 和子 Agent 模型，并能把三者进行随意组合和切换，并且将微观主体仿真和计算机技术紧密结合在一起[338]。因此，利用 ABMS 方法可以灵活的描述居民 Agent 间的交互行为和行为选择过程的形成与演化。

7.4 基于 Agent 的仿真系统概念模型的构建

7.4.1 仿真研究的目标与基本思路

居民能源消费行为低碳化的驱动因素的实证研究显示：低碳行为意愿是居民实施低碳化的能源消费行为的直接前因之一。低碳行为意愿受到个体心理因素、群体心理因素和社会因素的驱动。不同政策工具作为情境因素，其对居民低碳行为意愿转化为实际行为的路径具有调节作用。居民在实施低碳化能源消费行为后的行为效果感知会对行为意愿产生回调效应。考虑到居民个体在现实生活中会与其他个体之间发生交互作用，个体的行为选择会受到周围其他人的影响，居民个体与外部环境之间也存在交互作用。通过结构方程模型和多元统计分析建立的居民能源消费行为低碳化在驱动因素模型是一个静态模型，无法判断和对比不同政策工具情景下居民群体的能源消费低碳化行为涌现及其动态变化，也无法判断居民个体之间的交互作用对行为选择的动态影响，因此，通过基于 Agent 仿真建模技术研究不同政策工具对居民能源消费行为低碳化作用机理，可以动态地模拟和预测不同政策工具对居民能源消费行为低碳化的调控能力。

本章的仿真目标是：①基于复杂适应系统理论，结合居民低碳化能源消费行为系统的实际情景，刻画和描述居民能源消费行为低碳化仿真系统的构成主体与各主体之间的作用关系，设定不同 Agent 的属性和行为规则，使居民实际的能源消费行为系统能够真实地体现在计算机仿真系统中；②以居民大样本问卷调查采集的实际数据为基础，运用 BP 人工神经网络方法构建包含居民低碳行为意愿和政策情景因素的模型，通过神经网络的训练和拟合，确立居民 Agent 的行为选择函数、行为效果感知函数及相关计算参数，为之后的仿真系统的模拟提供计算基础；③基于 Netlogo 仿真平台，模拟在不同政策工具情景下居民群体的能效投资行为和日常节能行为的涌现特征及变化趋势，判断不同政策工具对居民的低碳行为意愿和两类低碳化能源消费行为的作用效果，预测在面对政策工具类型变化和政策强度变化的情景下，居民群体的低碳行为意愿和两类低碳消费行为的变化趋势及响应特征，通过仿真系统输出的结果，比较不同政策工具在激励居民群体的低碳消费行为的有效性差异，为后续政策优化提供依据。为实现仿真目标，本节建立的居民能源消费行为低碳化仿真系统的仿真流程如图 7-5 所示。

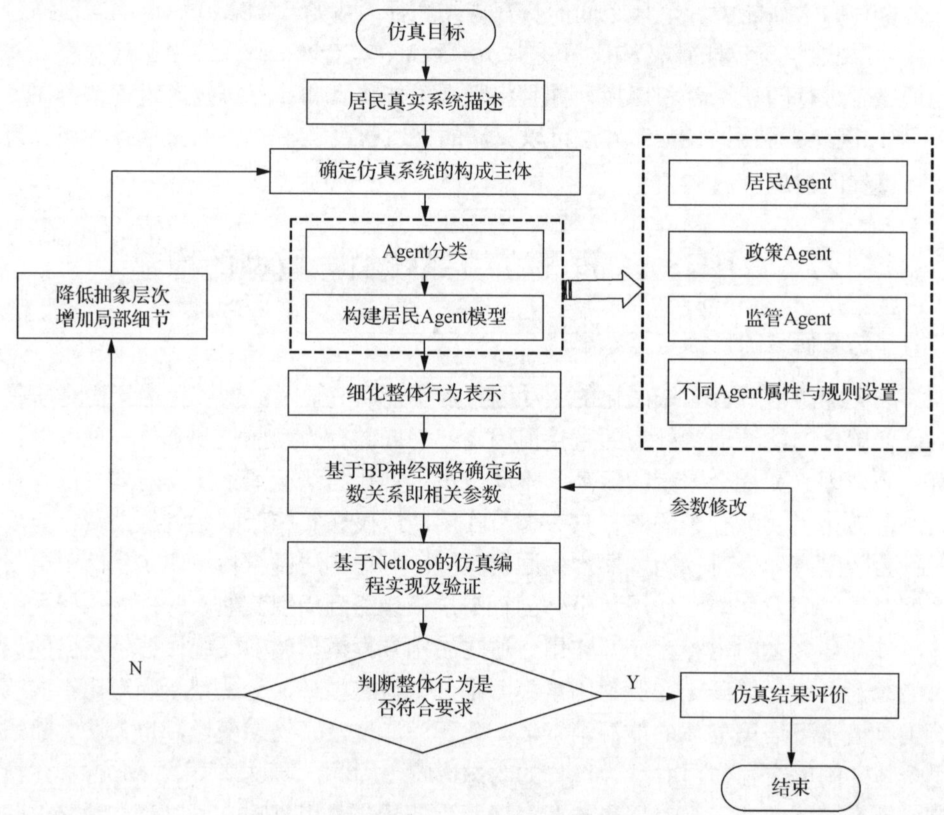

图 7-5　居民能源消费行为低碳化仿真流程

7.4.2　真实系统描述与仿真概念模型构建

准确提取与刻画真实系统中的各类元素是建立有效的仿真概念模型的基础。本节基于理论基础和文献综述(第 1 章)，利用扎根理论研究方法构建了居民能源消费为低碳化的驱动因素理论模型(第 4 章)，并进一步对构建的理论模型进行了实证检验(第 6 章)，研究发现：在居民低碳化能源消费行为系统中，居民的行为选择不仅受到内在心理的影响，也受到与他人交互作用的影响，在低碳化行为意愿转化为低碳化的能源消费行为的过程中，还受到外部不同政策的调节。因此，根据实证研究已验证的居民能源消费行为低碳化驱动因素作用机理的综合模型，提取出核心变量及其逻辑关系，确定仿真模型的抽象层次和主体构成，进而分析信息流，刻画各 Agent 的属性和行为规则，形成仿真的概念模型。

居民能源消费行为低碳化驱动因素模型的实证研究结果表明：居民主体的能源消费行为低碳化主要包括能效投资行为和日常节能行为两类行为，激发这两类行为的直接心理动因是个体的低碳行为意愿。居民个体的气候问题感知、利己价值观、自我效能感、舒适偏好度、社会规范、社会地位、低碳知识等因素都是通过低碳行为意愿间接作用于两类低碳行为的。也就是说，居民个体的内因型动机和外因型动机均会通过行为意愿反映出来。因此，提取行为意愿作为影响居民低碳能源消费行为的主要前因。

考虑到居民的“社会人”属性，个体行为决策会受到社会互动关系的影响，居民的低碳行为意愿的强弱不仅是内在动机驱动的，还是与周围居民交流互动的结果。居民主体行为意愿受人际互动关系影响的强弱，主要取决于居民对其他居民群体给予的社会压力的感知程度和居民自身从众心理的强弱。因此，本节提取社会规范和从众心理两个变量来设计居民个体与其他居民之间人际交互作用的规则。

此外，根据仿真研究目标，选择四类政策工具因素和两类低碳能源消费行为作为核心变量，由此形成仿真系统的概念模型(图 7-6)。

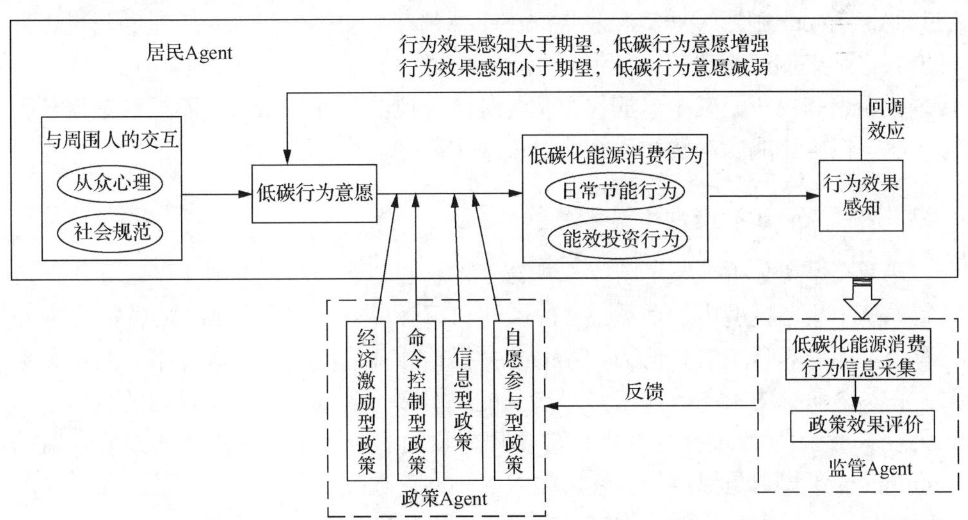

图 7-6　不同政策工具对居民能源消费行为低碳化作用机理的仿真概念模型

本节基于 ABMS 建立的居民能源消费行为低碳化的政策仿真系统概念模型，主要涉及居民 Agent，政策 Agent 和监管 Agent 三类，主要的作用机制描述如下。

在居民 Agent 中，居民主体与周围居民不断产生交互作用，该交互作用决定了居民是否会受到周围群体的影响而改变行为意愿。在交互作用的描述中，居民主体的社会规范越强，说明该居民的行为意愿越不容易受到周围居民的影响。而其内在从众心理的强弱决定了其行为意愿受到周围居民影响的调整率的大小，从众心理越强，说明居民会因周围居民影响而改变自身行为意愿的概率就会越大。其次，居民主体的行为意愿直接作用于居民的两类低碳化能源消费行为，在行为意愿转化为实际的低碳能源消费行为过程中，居民主体又会因不同外部政策情景因素的干预而调整行为的实施。行为发生之后，居民根据感知到的行为效果来判断行为效果与行为结果期望的匹配程度，如果感知到的行为效果大于行为预期，则行为意愿会增强，反之则会减弱，从而再次调整自身的行为意愿，继而形成一个动态的能源消费行为系统。

由于结构方程模型大都是运用截面调查数据对微观主体行为之间的交互作用进行静态研究，无法判断行为主体之间、行为主体与情境之间交互作用动态变化过程中“涌现”的宏观行为。因此，基于 Agent 的建模与仿真技术中设置的居民之间的交互作用能够很好地建立微观主体与宏观行为之间的联系。

在本研究的 ABMS 系统中，除了居民 Agent 之外，还有隐形的政策 Agent 和监管 Agent。政策 Agent 通过制定和发布经济激励型政策、命令控制型政策、信息型政策、自愿参与型政策等引导居民低碳行为意愿向低碳化的能源消费行为转变；监管 Agent 则通过观察和收集居民主体的行为变化信息，对政策的效果进行评价并将结果反馈给政策 Agent，政策 Agent 根据监管 Agent 反馈的信息对政策工具进行调整和优化。其中，居民主体与外部环境的交互作用通过不同政策调节行为意愿向低碳化能源消费行为转化过程来实现。

7.4.3　居民 Agent 的属性和规则设置

在真实系统分析抽练出图 7-6 所描述的仿真概念模型的基础上，需要进一步设置系统中概念模型中各个 Agent 的属性和行为规则。根据 ABMS 的特征，Agent 具有学习能力和自主选择能力，Agent 会根据外部情境的影响选择不同的行为函数。在本节研究的不同政策工具对居民能源消费行为低碳化作用机理的仿真中，居民 Agent 的行为选择受到内外部多种因素的影响，是复杂函数的结果，所以 Agent 的行为规则是根据外部环境输入的不同，选择不同的行为参数，在自身的约束条件下，最大限度地达到自身的目标，以适应外部环境的变化。

在没有外部因素影响的情况下，居民 Agent 的低碳化能源消费行为是由低碳行为意愿所决定的，因此，假设居民主体的低碳行为意愿就是其实施低碳化能源消费行为的结果期望。在理想状态下，居民个体期望等于其对行为结果的感知。但在实际情境中，居民低碳行为意愿向日常节能行为和能效投资行为转化的过程，会受到多种外部因素的影响，因而可能会发生实际的低碳化能源消费行为结果与对结果的期望出现不一致的情况。

由本研究第 6 章的实证模型可知：居民的低碳行为意愿会受到其社会规范大小和从众心理强弱的影响，这两个因素反映了人际交互影响过程中个体的行为受周围人影响的可能性。此外，在居民的低碳行为意愿转化为两类低碳化能源消费行为的过程中，作为情境因素的不同政策工具还会对行为意愿与行为之间的关系产生调节作用，政策 Agent 包括类型属性和强度属性两个特征。

居民的低碳行为意愿的强弱不仅受到人际交互的影响，还受到行为实施前对行为结果的期望和行为实施后对行为效果感知的交互影响。本研究假设当居民的行为效果感知等于其对低碳化能源消费行为结果的期望时，居民的低碳行为意愿不发生改变；当居民的行为效果感知大于其对行为结果的期望时，居民的低碳行为意愿会缓慢增强；当居民的行为效果感知小于其对行为结果的期望时，居民的低碳行为意愿会缓慢减弱。

居民 Agent 是仿真系统中的主要 Agent，本节仿真系统对居民 Agent 设置了五种属性：从众心理、社会规范、低碳行为意愿、低碳化能源消费行为、行为效果感知。居民 Agent 的属性设定如表 7-1 所示。

表 7-1　居民 Agent 的属性设定

居民 Agent 的属性	属性描述
Agent 的从众心理	HM_j
Agent 的社会规范	SN_j
Agent 低碳行为意愿初始值	$\mathrm{BI}_j^0 = f(e_1, e_2, \cdots, e_8)$
T 时刻 Agent 的日常节能行为	$\mathrm{HECB}_j^t = f_1(\mathrm{BI}_j^t, \mathrm{EIP}_j^t, \mathrm{CCP}_j^t, \mathrm{IP}_j^t, \mathrm{VP}_j^t)$
T 时刻 Agent 的能效投资行为	$\mathrm{EEIB}_j^t = f_2(\mathrm{BI}_j^t, \mathrm{EIP}_j^t, \mathrm{CCP}_j^t, \mathrm{IP}_j^t, \mathrm{VP}_j^t)$
T 时刻 Agent 的行为效果感知	$\mathrm{BEP}_j^t = f_3(\mathrm{BI}_j^t, \mathrm{EIP}_j^t, \mathrm{CCP}_j^t, \mathrm{IP}_j^t, \mathrm{VP}_j^t)$
T 时刻 Agent 的低碳行为意愿	$\mathrm{BI}_j^t = f(\mathrm{BI}_j^0, \mathrm{BEP}_j^t)$

注：HM 表示从众心理；j 表示第 j 个居民 Agent；SN 表示社会规范；BI 表示居民 Agent 的低碳行为意愿；e_1，e_2，…，e_8 表示气候问题感知、利己价值观、自我效能感、舒适偏好度、低碳知识、社会规范、榜样示范、社会地位；上标“0”表示初始时期，“t”表示第 t 个时期；HECB 表示居民 Agent 的日常节能行为；EEIB 表示居民 Agent 的能效投资行为；BEP 表示居民 Agent 的行为效果感知。

(1)居民 Agent 从众心理和社会规范的属性和规则设定。

由本研究的实证结果可知：每一位被调查者都具有不同程度的从众心理和社会规范，为了体现居民 Agent 的从众心理强弱和社会规范大小对主体间交互作用的影响，在本节构建的仿真系统中，设定居民 Agent 的从众心理和社会规范为 Agent 的自然属性，分别用 HM_j 和 SN_j 表示。假设系统中居民 Agent 的从众心理和社会规范属性为随机赋值，赋值方法为“1～5”中随机取一个整数，表示居民 Agent 的从众心理和社会规范由弱到强。居民在进行交互作用的过程中，居民的社会规范越强，越不容易受到周围其他主体的影响，居民从众心理的强弱决定了居民主体受周围居民影响而调整低碳行为意愿的概率大小，从众心理越强，表示居民越容易受到周围居民的影响而调整低碳行为意愿。每个居民 Agent 随机选择与自己周边距离小于 2 的居民 Agent，将自己的社会规范值与周围居民 Agent 进行比较，如果对方的社会规范值强于该居民 Agent，则该居民 Agent 会根据从众心理值的大小决定调整行为意愿概率的大小，居民主体的从众心理值越大，其调整行为意愿的概率也就越大。

(2) 居民 Agent 低碳行为意愿的初始值设定。

在仿真系统中，假设系统中居民 Agent 的初始低碳行为意愿随机赋值，赋值范围是“1～5”的随机一个整数，“1～5”表示居民 Agent 初始的低碳行为意愿由弱到强。

(3) T 时刻居民 Agent 的低碳化能源消费行为的属性和规则设定。

在居民 Agent 与外部环境交互的过程中，假设每一个居民 Agent 的本质无差异，外部环境变化对系统中的每一个居民 Agent 的行为选择作用效果是一样的。居民 Agent 感知到的外部政策情境因素的变化会影响居民低碳化的能源消费行为的选择，因此居民 Agent 会不断调整其行为，直到达到稳定状态。居民 Agent 的低碳化能源消费行为选择由其行为意愿所决定，同时受到外部政策情境因素的调节作用，居民 Agent 的行为选择函数可以用构建的包含低碳行为意愿和政策情境因素的人工神经网络来实现。

(4) T 时刻居民 Agent 的行为效果感知属性和规则的设定。

居民 Agent 在实施低碳化能源消费行为后会产生行为效果感知，行为效果感知表示居民 Agent 在一段时期内的主观福利提高和环保意识提升。居民 Agent 的行为效果感知由低碳化能源消费行为和政策情境因素共同决定，低碳化能源消费行为又是由低碳行为意愿和政策情境因素所决定，因此，居民 Agent 的行为效果感知函数可以用包含低碳行为意愿和政策情境因素的人工神经网络来实现。所有人工神经网络的训练数据来自于实地调查采集的真实数据。

7.5　基于 BP 人工神经网络的仿真系统计算参数的生成

居民 Agent 的行为选择函数和行为效果感知函数的确定及相关计算参数的生成可以通过 BP 人工神经网络来实现。为此可以构建包含低碳行为意愿和政策情境因素的 BP 人工神经网络。

居民 Agent 的低碳化能源消费行为和行为效果感知根据实地调查的问卷数据，运用 BP 人工神经网络进行训练，进而拟合因素之间的计算关系。为了准确有效地实现 BP 人工神经网络的拟合，采用南京迈实软件有限公司开发的迈实神经网络软件进行分析和拟合。迈实神经网络软件中包含了 5 种训练函数和 18 种激励函数，能够较好地满足构建 BP 人工神经网络的要求，此外迈实神经网络软件还具有向导型操作流程，并能够图形化神经网络结构，可以快速构建人工神经网络模型，因此具有简单易学、操作方便、可视化程度高等特点，导入和导出 Excel 数据表格的功能也更有利于数据的录入和汇总。

7.5.1　人工神经网络训练数据的录入

BP 人工神经网络包括数据训练和训练结果检验两部分，所以，需要从实际调查的采集的数据中抽出一部分作为训练数据，进行数据训练；另一部分则用于对训练结果的检验。参照张爱兵等[339]、马友平[340]及何开伦等[341]的研究，本节选取 89%的样本作为训练数据，11%的样本作为训练结果检验的数据。因此，本节从前期实证研究采集的 1339 份调查问卷中随机抽取 1200 份作为 BP 人工神经网络的训练数据，将剩余的 139 份调查问卷作为训练结果的检验数据，检验人工神经网络的拟合效果。

本研究中人工神经网络训练数据的录入界面如图 7-7 所示，五列输入列分别

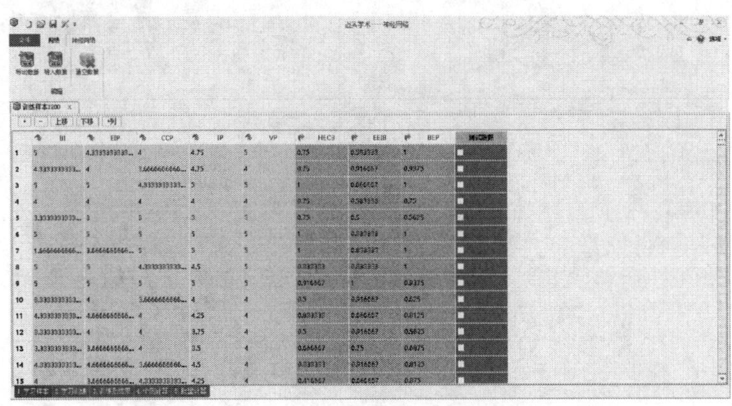

图 7-7　人工神经网络训练样本数据的录入界面

为：低碳行为意愿(BI)、经济激励型政策(EIP)、命令控制型政策(CCP)、信息型政策(IP)、自愿参与型政策(VP)，三列输出列分别为：日常节能行为(HECB)、能效投资行为(EEIB)、行为效果感知(BEP)。

7.5.2 训练样本的预处理

BP 神经网络需要对输入层和输出层的数据进行预处理，即进行数据归一化或标准化处理。数据归一化处理的合理性会极大地影响神经网络的收敛速度及性能[342]。要将训练样本进行归一化处理的原因主要有以下三个方面[343]。

(1)输入层和输出层的相关数据通常具有不同的物理意义及不同的量纲。如某一个输出数据的取值范围为 $0\sim1\times10^{6}$，另一个输出分量的取值范围为 $0\sim1\times10^{-6}$，由于两个分量的单位量纲不统一，因此两个分量具有不同的意义，以至于无法进行加减。经过归一化或标准化处理后，使得所有的输入和输出分量的取值范围定义在区间[0,1]或[−1,1]，由此数据就与其本身的计量单位无关，可以将各个输入分量在训练之初置于相同地位。

(2)BP 神经网络的激励函数大多数采用 S 型函数(Sigmoid)，它作用于神经网络的隐层和输出层。若数据未进行归一化处理，神经元的输出会因为净输入的绝对值过大而趋于饱和，从而会导致权值调整进入误差曲面平坦区。

(3)本节人工神经网络的隐藏层和输出层的激励函数都选择 Log-Sigmoid 函数(S 型函数)，由于 S 型函数为单极函数(函数图像如图 7-8 所示)，故函数的值域为[0,1]。因此，如果不对输出数据进行归一化处理，会导致数值大的输出分量绝对误差大，数值小的输出分量绝对误差小。由于 BP 神经网络的有导师学习训练方式只通过输出的总误差来对权值进行调整，因此对数据进行归一化处理会避免总误差中占份额较小的输出分量相对误差较大。

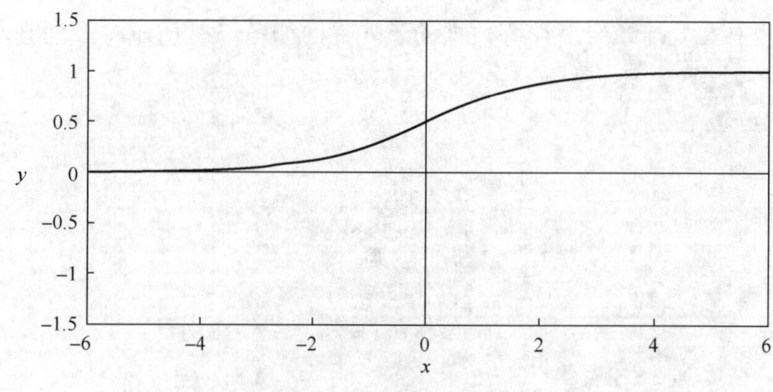

图 7-8 Log-Sigmoid 函数

目前比较常用的数据归一化处理方法主要是将输入层和输出层数据的取值范围定义在区间[0,1]，通用的变换公式为式(7-1) [343]。

$$\hat{X} = \frac{X - X_{\min}}{X_{\max} - X_{\min}} \tag{7-1}$$

式中，$\hat{X}$ 为归一化处理后的输入或输出值；X 为输入或输出数据；$X_{\max}$、$X_{\min}$ 分别为输入或输出数据的最大值、最小值。

由于本研究的实证调查问卷为李克特 5 级量表，因此 $X_{\max}=5$，$X_{\min}=1$，归一化变换公式为

$$\hat{X} = \frac{X-1}{5-1} = \frac{X-1}{4} \tag{7-2}$$

本文人工神经网络训练样本的输出列数据需要进行归一化处理，使其取值范围定义在区间[0,1]，归一化处理后的样本数据如图 7-8 所示。

7.5.3　人工神经网络的构建与训练

将训练样本数据录入软件后，对人工神经网络的训练参数设置进行设置，如图 7-9 所示，迈实人工神经网络软件会自动生成一个输入层节点数为 5、隐藏层节点数为 10、输出层节点数为 3 的人工神经网络结构模型(图 7-10)，其中，节点 5 和节点 16 为偏置节点，经过计算检验得知，偏置节点的值固定为“1”。最大迭代数设置为 100000 次，即人工神经网络的训练将在迭代次数达到 100000 次时停止，学习速率设置为系统默认值 0.70。

图 7-9　人工神经网络训练参数设置

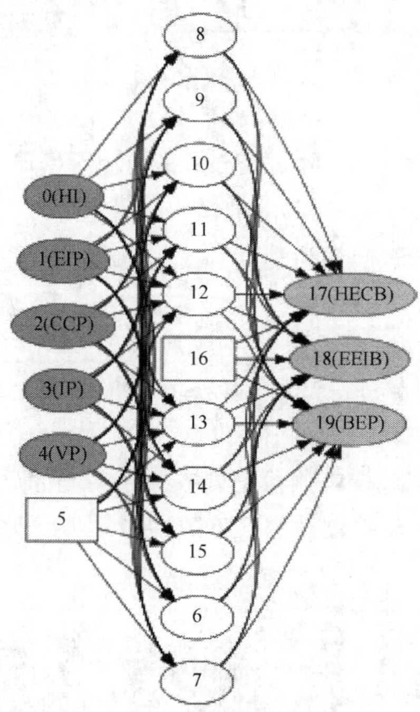

图 7-10　人工神经网络的结构模型

7.5.4　人工神经网络训练

人工神经网络训练设置完成后，点击“开始训练”按钮，经过一段时间的学习训练(训练结果如图 7-11 所示)，训练误差减小到 0.0244，神经网络的收敛效果良好，表明实际调查的数据与人工神经网络的拟合程度比较高。

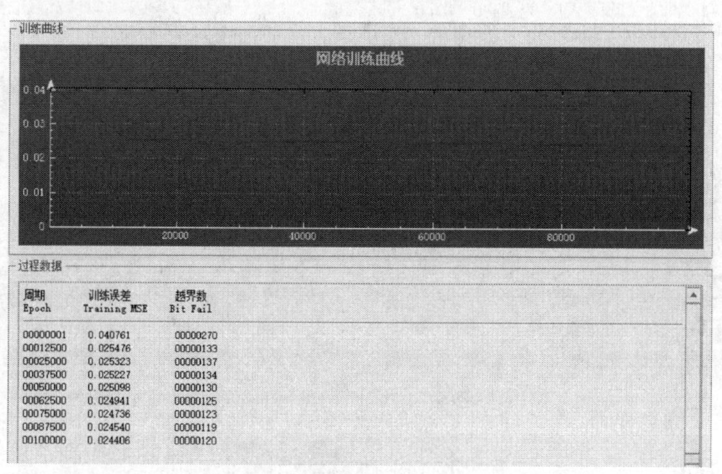

图 7-11　人工神经网络训练曲线和训练误差

人工神经网络训练完成后可以查看训练后的结果(图 7-12)。线号为输入点和输出点之间连接线的编号，输入点的编号和输出点的编号参照图 7-10，第 E 列的“值”为每条连接线的权重值，是人工神经网络训练出来的特征参数。

	A	B	C	D	E
9	网络权重值				
10	层次	线号	输出点	输入点	值
11		0	0	6	0.548755
12		1	1	6	-0.0634999
13		2	2	6	0.0744576
14		3	3	6	0.205907
15		4	4	6	0.290247
16		5	5	6	-4.99016
17		6	0	7	-0.748344
18		7	1	7	2.00952
19		8	2	7	-0.55881
20		9	3	7	0.277191
21		10	4	7	0.261444
22		11	5	7	-3.60444
23		12	0	8	0.204604

1. 学习样本　2. 学习训练　3. 训练后结果　4. 个例计算　5. 批量计算

图 7-12　人工神经网络权重值

7.5.5　人工神经网络拟合效果检验

用剩余的 139 份调查样本对人工神经网络的拟合效果进行检验，将输入值导入批量计算表格中，经过软件计算可以得到检验样本的输出值，将输出值数据导入 Excel 中，利用最大似然法得到均方误差函数[342]，计算检验样本的误差值：

$$E_{\mathrm{MSE}}=\frac{1}{N}\sum_{n=1}^{N}[t(n)-y(n)]^2=\frac{1}{N}\sum_{n=1}^{N}e(n)^2 \tag{7-3}$$

式中，$t(n)$ 为真实值；$y(n)$ 为输出值。

经过计算，检验样本的均方误差为 0.0196，低于训练样本误差，误差值较小，说明人工神经网络的训练结果(输出值)与实际调查数据(真实值)非常接近，人工神经网络的拟合程度较高，能够满足本节后续仿真研究的要求，即每一位居民的一组输入值都能通过人工神经网络计算得到一组与真实值相接近的输出值。

7.6 基于 Netlogo 平台的仿真实验运行模式设置

7.6.1 Netlogo 仿真工具介绍

目前基于 Agent 的仿真建模工具主要有圣塔菲研究所（Sanla Fe Institute，SFI）的 Swarm、麻省理工学院（Massachusetts Institute of Technology，MIT）的 Starlogo、美国西北大学（Northwestern University，NU）的 Netlogo、芝加哥大学（University of Chicago，UChicago）的 REIPast、布鲁金研究所（The Brookings Institution，BI）的 Ascape、爱荷华州立大学（Iowa State University，ISU）的 TNG Lab 等。面对众多 ABMS 仿真平台，选择适合自身研究课题的平台尤为重要。

上述 6 种仿真建模平台在设计的概念、使用流程、易用性、可扩展性、抽象性和操作平台的设置上大体是一致的，它们都注重界面的友好性和使用的交互性，且平台中的工具条可以控制模型的运行，使用平台的人也可以通过结果界面观察具体的图像。本研究通过对目前应用较为广泛的仿真平台的比较，选取 Netlogo 仿真平台为本研究的适用平台。之所以选择 Netlogo 作为本研究的仿真软件主要是因为具有三个方面的比较优势。

(1)语法简单易学，采用的是 logo 语言编程。Netlogo 实质上是对以往的仿真平台 Starlogo 和 MacStarlogo 的进一步扩展，它在功能、操作和接口上都进行了改进，目前市场上大部分仿真平台采用的编程语言是 java，编程基础薄弱的人很难上手。而 Netlogo 采用 logo 编程语言，相较于其他仿真平台来说更简单易学，因此得到许多建模者的青睐。

(2)功能完善，覆盖领域广。平台上包含大量优秀的文档和仿真模型库，适用于本研究的社会科学领域，能够对自然和社会系统进行仿真建模，适合于动态的 CAS 建模仿真，使用固定步长法来推进时间的演化。计算机专家能够让大规模的 Agent 接受行为指令并开始运作，进而研究微观的居民 Agent 的行为和 Agent 之间的交互作用，以及最终涌现出来的宏观现象。

(3)智能性高。它可以实现在网络上创建一个仿真模型，还能让现实世界中的人参与到仿真建模中。Netlogo 建立的仿真模型中的 Agent 既可以按照系统规定的行为规则进行移动，还能受控于参与仿真的人。

Netlogo 模型一般由海龟（turtle）、瓦片（patches）和观察者（observer）三部分组成。观察者能够控制瓦片、海龟及一些系统环境变量。瓦片相当于“底座环境”，所有瓦片构成一个二维网格（grid）系统；海龟即主体，可在瓦片上自由移动。海龟根据仿真对象不同可以被设定为行人、动物、车辆等个体。基于 Netlogo 仿真就是从观察者的角度设计海龟与海龟之间、海龟与瓦片间及瓦片与瓦片之间的互动规则，通过让海龟和瓦片经由这些简单的规则互动衍生出复杂的结果。

7.6.2　Netlogo 仿真平台中人工神经网络的构建

前文论述了居民 Agent 的行为选择函数和行为效果感知函数用构建的包含低碳行为意愿和政策情境因素的人工神经网络来实现，该人工神经网络通过迈实神经网络软件拟合完成后需要运用到 Netlogo 仿真平台中，在 Netlogo 仿真平台构建出的人工神经网络(图 7-13)。Netlogo 仿真平台上人工神经网络结构模型与迈实人工神经网络结构模型(图 7-10)相比，输入节点、输出节点和偏置节点的位置一一对应，隐藏层节点从上到下依次为节点“6～15”。将迈实神经网络软件训练完成的人工神经网络每条链的权重值读入 Netlogo 仿真平台的人工神经网络中，从而实现 Netlogo 仿真系统中每位居民 Agent 的一组输入值都会由人工神经网络计算得出一组输出值。

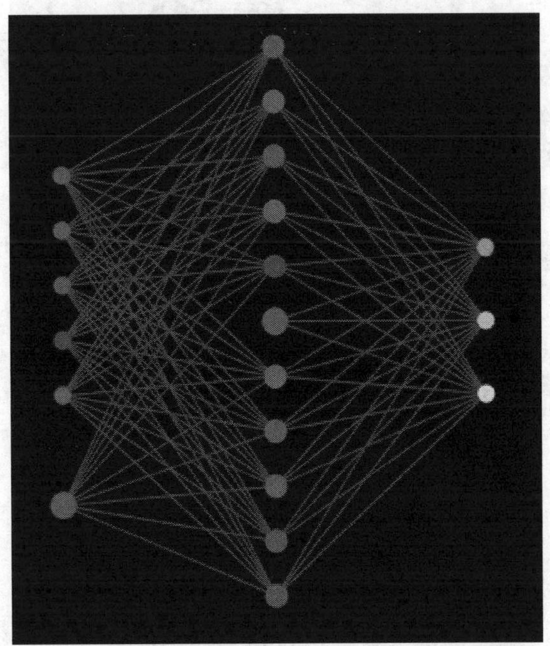

图 7-13　Netlogo 仿真平台人工神经网络结构模型

7.6.3　Netlogo 仿真平台的运行模式

本研究的仿真系统分为两种模式：基准模式和分析模式。在基准模式下设置居民 Agent 的数量，设定外部政策情境因素为无政策工具干预，不同的居民 Agent 根据自身低碳行为意愿值的大小选择相应的低碳化能源消费行为，感知行为实施后的效果。在分析模式下，通过调整外部政策情境因素，影响居民 Agent 的关于外部环境的认知，从而使居民 Agent 的行为选择做出调整。居民 Agent 的行为发生变化后，也会改变其行为效果感知，根据居民 Agent 的行为效果感知和行为结果期望的匹配程度，缓慢调整自身的低碳行为意愿，进而分析居民 Agent 在外部政策情境因素发生改变之后，其低碳行为意愿、日常节能行为、能效投资行为的变化趋势。

7.6.4 Netlogo 仿真平台中虚拟世界的设置

本节创建的 Netlogo 世界相当于现实中居民的生活环境，其中，Netlogo 世界中的瓦片就相当于居民实施低碳化能源消费行为的地点。在本仿真模型中，为了观察的直观方便，将 Netlogo 世界的大小设置为 47*43，即瓦片的数量为 2021 个。居民 Agent 随机处于世界中的任意瓦片，每个居民 Agent 的活动范围大小是瓦片总数除以居民 Agent 的总数，居民 Agent 和与自己相距距离小于 2 范围内的其他居民 Agent 按照各自从众心理和社会规范的强弱发生交互作用，调整其低碳行为意愿的大小。

7.6.5 居民 Agent 的 Netlogo 设置

1. 居民 Agent 的数量

居民 Agent 的数量可由滑动条控制，可任意设置。为了减小模型误差，使模型的拟合程度更高，并使 Netlogo 仿真平台界面中居民 Agent 的分布更加合理，本节将居民 Agent 的数量设置为 500 个。

2. 居民 Agent 的位置、活动范围

在 Netlogo 仿真系统中，根据居民 Agent 的数量，随机平均分配居民 Agent 的位置，并固定居民 Agent 的活动范围大小，在 Netlogo 中分配居民 Agent 的活动范围设置如下。

```
let n 0
  let residents-list sort-by [[scope-token] of ?1 < [scope-token] of ?2] residents
  let scope-size ceiling count patches / residents-number
  foreach residents-list
    [ask ? [set scope sublist sort patches (n * scope-size) ((n + 1) * scope-size)]
  set n n + 1]
  ask residents [move-to one-of scope]
```

3. 居民 Agent 的交互作用

前文已论述居民 Agent 与周围其他居民主体的交互方式，系统假定每个居民 Agent 是无差异的，其社会规范和从众心理大小均由系统随机赋值，赋值范围是"1～5"的随机正整数，表明从众心理和社会规范由弱到强。居民 Agent 通过与其周围居民 Agent 的日常交流活动来完成交互作用，定义每个居民主体通过其与周围人社会规范和从众心理的大小的比较来确定居民调整低碳行为意愿的概率大小。如果居民 Agent 感知到对方的社会规范强于自己，且受自身从众心理的影响，居民 Agent 的低碳行为意愿有一定概率发生变化，居民 Agent 的从众心理越强，则其低碳化能源消费行为意愿调整的概率就越大。

在本章仿真系统中，定义居民 Agent 的活动范围是与其坐标位置相距不大于 2 的瓦片集合(图 7-14)。每一位居民 Agent 通过社会网完成交互作用。在仿真系统中，让每一位居民 Agent 都位于大小为 47×43 社会网格中，每位居民 Agent 都只受到领域边长 3 以内的其他居民主体的影响，影响的大小由自身和对方的从众心理大小与社会规范强弱来决定。居民 Agent 的交互作用设置如下。

图 7-14　居民 Agent 在二维瓦片上的分布

```
let nearby-resident one-of residents with [distance myself
< 2]
   let nearby-sn [sn] of nearby-resident
   let nearby-bi [bi] of nearby-resident
   let hm-me [hm] of self
   if (nearby-sn > sn) and (random-float 1 < (hm-me - 1) / 4)
```

```
  [set bi bi + (nearby-bi - bi) * adjust-rate]]
end
```

4. *T* 时刻居民 Agent 的低碳化能源消费行为

居民 Agent 的低碳行为意愿和感知到的政策工具强度作为人工神经网络的输入，经过输入层到隐藏层以及隐藏层到输出层的正向传播，输出了居民 Agent 的日常节能行为、能效投资行为、行为效果感知值。居民 Agent 在 *T* 时刻的低碳化能源消费行为设置如下。

```
ask residents[
  ask hidden-nodes [
set in-value sum [[out-value] of end1 * weight] of my-in-links
set out-value 1 /(1 + e ^ ( - in-value))]
ask output-nodes [
set in-value sum [[out-value] of end1 * weight] of my-in-links
set out-value 1 /(1 + e ^ ( - in-value))]
  set hecb ([out-value] of output-node 17) * 4 + 1
set eeib ([out-value] of output-node 18) * 4 + 1
set bep ([out-value] of output-node 19) * 4 + 1
end
```

5. *T* 时刻居民 Agent 的行为效果感知对低碳行为意愿的回调效应

当居民 Agent 的行为效果感知值与行为结果的期望值不匹配时，会对其低碳行为意愿产生回调效应。如果居民 Agent 的行为效果感知值大于行为结果期望值，低碳行为意愿值会增大，如果居民 Agent 的行为效果感知值小于行为结果期望值，低碳行为意愿值会减小。在本节仿真系统中，将居民 Agent 经人工神经网络输出前的低碳行为意愿值作为居民 Agent 的行为结果期望值，*T* 时刻居民 Agent 的行为效果感知对低碳行为意愿的回调效应设置如下。

```
ask residents [
  set in-bi bep - bi
  set list-in-bi fput in-bi list-in-bi
  if length list-in-bi > delay-time
  [set bi bi + last list-in-bi * feedback-rate
```

```
  set list-in-bi remove last list-in-bi list-in-bi]]
end
```

7.6.6 Netlogo 仿真界面及功能

本节基于 Netlogo 仿真平台实现居民低碳化能源消费行为仿真概念模型，仿真界面包括命令区、控制区和输出区三个部分，仿真界面如图 7-15 所示

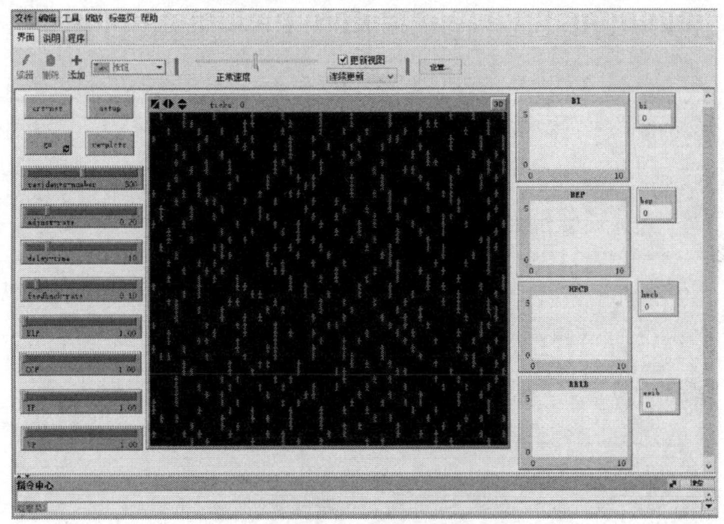

图 7-15　Netlogo 仿真界面

命令区是对系统发出动作指令使系统运行。控制区的主要功能是在运行的过程中对系统参数进行调控，通过改变系统参数值仿真不同情境下的系统输出。输出区则是系统以 2D 图或曲线给出运行过程中的各项指标，以便直观和精确地监控系统状态和观测干预结果。

整个仿真系统的运行步骤主要分为三个部分：创建人工神经网络阶段、创建居民 Agent 阶段、不同政策工具对低碳化能源消费行为作用效果的模拟阶段。创建人工神经网络阶段是调用命令区的“crt-net”命令对仿真系统进行初始化重置，并创建人工神经网络；创建居民 Agent 阶段是使用命令区的“setup”命令，将上一步创建的人工神经网络在仿真界面中隐藏，并创建位置随机分布的居民 Agent；低碳化能源消费行为模拟阶段，通过调节不同政策工具的参数控件，改变政策情情景的参数值来进行节能行为仿真模拟，观察不同政策工具参数下的输出结果变化，并与基准模式下的输出结果进行对比分析。下面详细说明各部分的功能。

1. 命令区功能设计

命令区包括“crt-net”“setup”“go”“re-plot”四个控件(图 7-14)。本节不同

政策工具对居民能源消费行为低碳化作用机理仿真的一般步骤是：首先执行"crt-net"命令，初始化仿真环境，并创建人工神经网络；第二步执行"setup"命令，初始化仿真系统中的居民 Agent；第三步执行"go"命令，运行居民低碳化能源消费行为仿真系统，观察系统输出曲线的动态变化，并能通过调整政策工具参数控件分析外部政策情景变化后相关变量的变化趋势；第四步执行"re-plots"命令，重置输出区的曲线框和数字框。

2. 控制区功能设计

仿真系统界面示意图(图 7-15)左边的 8 个控件(图 7-16)是仿真系统在基准模式下的控件参数值，具体说明见表 7-2。

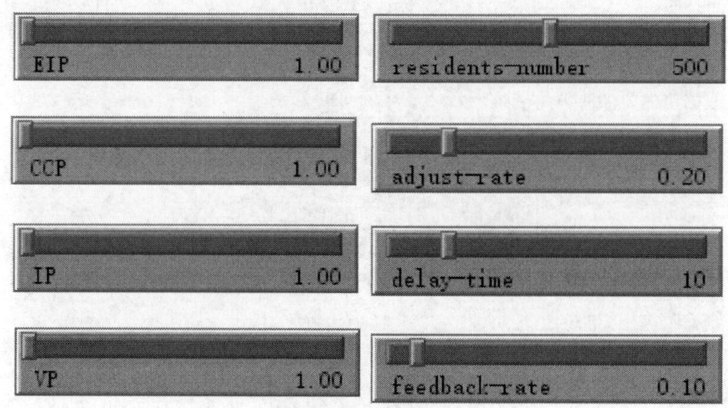

图 7-16　仿真系统中参数设计控制条

表 7-2　仿真系统中设计参数解释

控制参数	参数含义	参数取值
residents-number	居民 Agent 数量，调控仿真系统中居民 Agent 数量	0～1000
adjust-rate	调整速率，调控居民 Agent 行为意愿变化的速率	0～1
delay-time	行为效果感知对行为意愿反馈的滞后时间长短	0～50
feedback-rate	行为效果感知对行为意愿的反馈率	0～1
EIP	经济激励型政策强度	1～5
CCP	命令控制型政策强度	1～5
IP	信息型政策强度	1～5
VP	自愿参与型政策强度	1～5

本节仿真系统的政策情景因素包括经济激励型政策(EIP)、命令控制型政策(CCP)、信息型政策(IP)、自愿参与型政策(VP)。根据政策因素的调节效应检验结果，经济激励型政策(EIP)、命令控制型政策(CCP)、信息型政策(IP)、自愿参与型政策(VP)对日常节能行为和能效投资行为的路径均起到正向调节作用。设定

“1”表示各政策情景因素值最小，“5”表示各情景因素值最大，政策情景因素的参数值可从“1～5”连续变化。

“residents-number”是调整居民 Agent 数量的控制条，可调整的范围是“0～1000”。“adjust-rate”是居民 Agent 低碳行为意愿变化速率控制条，用来控制在居民 Agent 发生交互作用过程中行为意愿调整的快慢。“delay-time”是居民 Agent 行为效果感知对低碳行为意愿反馈的滞后时间控制条，用来控制行为效果感知对行为意愿反馈的滞后时间。“feedback-rate”是居民 Agent 行为效果感知对低碳行为意愿的反馈率控制条，用来控制行为效果感知对行为意愿反馈率的大小。

3. 输出区功能设计

本章仿真系统在仿真界面的右侧设计了四个曲线框和四个数字框(图 7-15)，曲线框绘制的是系统运行过程中各个时刻居民 Agent 低碳化能源消费意愿(BI)、日常节能行为(HECB)、能效投资行为(EEIB)、行为效果感知(BEP)平均值的变化曲线和各自输出结果平均值的大小。

BI 曲线框输出的曲线表示所有居民 Agent 在每一时刻低碳行为意愿平均值的变化情况，右侧的数字框输出的是当前时刻居民 Agent 低碳行为意愿平均值，低碳行为意愿值大小设定为“1～5”，表明低碳行为意愿从“非常不愿意→非常愿意”。HECB 曲线框输出的曲线表示各个时刻所有居民 Agent 日常节能行为平均值的变化情况；右侧的数字框输出的是当前时刻居民 Agent 的日常节能行为平均值。EEIB 曲线框输出的曲线表示所有居民 Agent 各个时刻能效投资行为平均值的变化情况，右侧的数字框输出的是当前时刻居民 Agent 能效投资行为平均值。行为平均值输出设定为“1～5”的连续数值，表示行为从“从未实施→经常实施”的连续变化。BEP 曲线框输出的曲线表示各个时刻所有居民 Agent 行为效果感知平均值的变化情况，右侧的数字框输出的是当前时刻居民 Agent 的行为效果感知平均值。行为效果感知平均值输出设定为“1～5”，表示居民 Agent 在实施低碳化能源消费行为后所感受到的主观福利提升和环保意识增强的强度大小。

7.7　基于 Netlogo 平台的不同政策情景模拟与居民行为响应预测

7.7.1　基准模式的设定

本研究的仿真系统将居民 Agent 的数量设置为 500 人，居民 Agent 在交互作用中低碳行为意愿调整速率(adjust-rate)设定为 0.2，即居民 Agent 与周围的居民主体发生交互作用后，如果满足行为意愿调整的条件，则会按照周围居民 Agent 与居民 Agent 行为意愿差值的 20%进行调整。行为效果感知对行为意愿反馈的滞后时间(delay-time)设定为 10，即居民 Agent 的行为效果感知对行为意愿的反馈有时间上的滞后性，滞后时间设置为 10 个 Ticks。行为效果感知对行为意愿的反馈率(feedback-rate)设定为 0.1，即居民 Agent 的行为效果感知与行为结果期望差值的 10%会反馈调节行为意愿值的大小。仿真系统控制参数如图 7-16 所示。

在基准模式下，将各个政策工具的控制参数都设定为“1”，表明无政策激励情形。运行仿真系统可得基准模式下的稳定状态如图 7-17 所示。

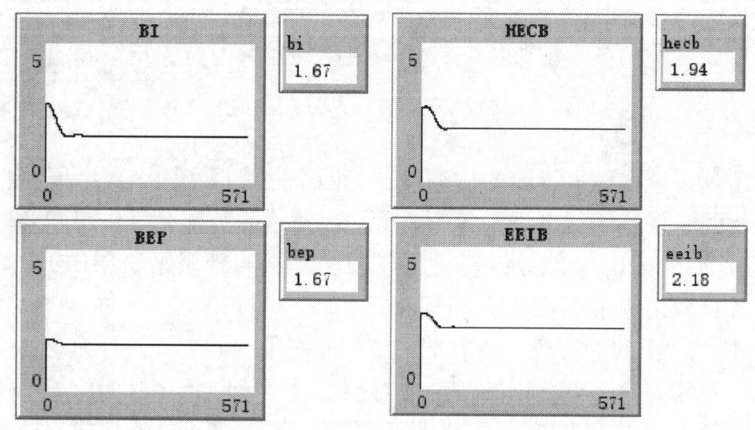

图 7-17　基准模式仿真系统输出

在无任何政策工具激励的情形下，居民 Agent 开始时低碳行为意愿平均值水平比较高，输出的日常节能行为平均值、能效投资行为平均值和行为效果感知也比最终稳定状态时高，由于居民 Agent 低碳行为意愿值是行为结果的期望输出值，当居民 Agent 行为效果感知平均值小于低碳行为意愿的平均值时，通过行为效果感知对行为意愿的反馈作用，居民 Agent 的低碳行为意愿缓慢降低。居民 Agent 的行为意愿值在人工神经网络中作为日常节能行为、能效投资行为、行为效果感知的输入，其减小也导致了三类输出值的减小，直到行为意愿平均值与行为效果感知平均值相等时，仿真系统输出趋于稳定。仿真系统经过一段时间的运行，所有居民 Agent 的低碳行为意愿平均值、日常节能行为平均值、能效投资行为平均值、行为效果感知平均值均趋于稳定，该稳定状况即为本仿真系统基准模式下的输出，居民 Agent 的低碳行为意愿(BI)和行为效果感知(BEP)平均值都为 1.67、日常节能行为(HECB)平均值为 1.94、能效投资行为(EEIB)平均值为 2.18。

7.7.2　不同政策参数设定下的居民行为仿真输出

在基准模式的稳定状态下，仿真系统操作者可以作为政策 Agent，通过调整不同政策工具参数的大小来调节居民 Agent 的低碳化能源消费行为和行为效果感知，进而又影响低碳行为意愿。不同政策工具参数对居民 Agent 低碳化能源消费行为和行为效果感知的影响由系统根据已经训练好的人工神经网络来计算。在分析模式下，通过调整不同政策工具的参数值，比较不同参数情形下输出结果与基准模式的输出结果，分析不同政策工具及同一政策工具在不同政策强度下对低碳化能源消费行为的影响。

根据第 5 章的实证分析结果，经济激励型政策(EIP)、命令控制型政策(CCP)、信息型政策(IP)、自愿参与型政策(VP)对居民的日常节能行为(HECB)和能效投资行为(EEIB)均有正向激励作用。为了模拟不同政策工具对居民 Agent 日常节能行为和能效投资行为的影响，假设政策工具参数值为“1”时为无政策干预状态、政策工具参数值为“3”时为中等政策强度、政策工具为“5”时为高政策强度。本研究仿真系统在分析模式下，依次将经济激励型政策、命令控制型政策、信息型政策、自愿参与型政策的参数值由最小值“1”调整为中间值“3”，再调整为最高值“5”，并在单独调整每一项政策工具进行仿真的过程中，其余政策工具的参数值均设定为最小值“1”。由此分析同一政策工具在不同强度下、不同政策工具在相同强度下对居民 Agent 的日常节能行为和能效投资行为的影响。

1. 将经济激励型政策设定为“3”，其余政策工具设定为“1”

在中等强度经济激励型政策下，将经济激励型政策参数值设定为“3”，其余政策工具参数值设定为“1”，仿真结果输出如图 7-18 所示。输出结果的左侧曲线是仿真系统还未调整经济激励型政策参数值时的输出曲线，即基准模式下的输出曲线，输出结果的右侧曲线是将经济激励型政策设定值从“1”调整为“3”时的输出曲线。

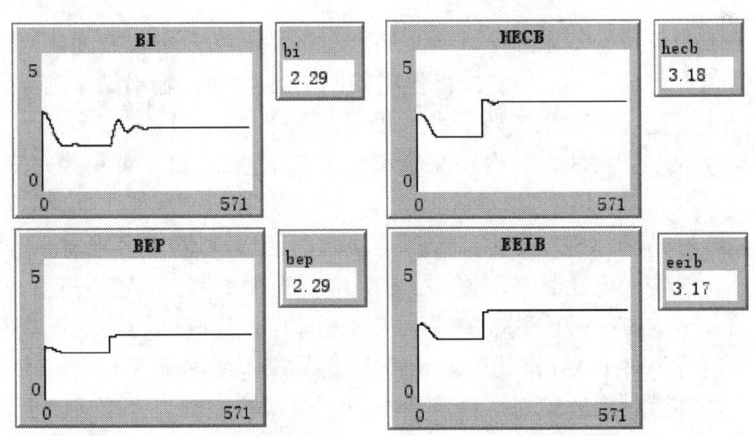

图 7-18　分析模式仿真系统输出(经济激励型政策设定为“3”，其余政策工具设定为“1”)

从系统输出结果可以看出，当没有其他政策工具的激励作用，仅将经济激励型政策从“1”调整为“3”，居民 Agent 感知到的经济激励型政策强度值在人工神经网络中作为日常节能行为、能效投资行为、行为效果感知的输入，其增大导致了这三类输出值的增大。当居民 Agent 行为效果感知平均值大于低碳行为意愿的平均值时，通过行为效果感知对行为意愿的回调效应，居民 Agent 的低碳行为意愿平均值会逐渐增大，并且在时间上有滞后性，从居民 Agent 感受到行为效果感知与行为结果输出期望值不匹配到行为意愿的改变，经历了 10 个 Ticks。居民 Agent 低碳行为意愿平均值的增大和波动，也导致了日常节能行为、能效投资行为、行为效果感知平均值的波动，最终当居民 Agent 的低碳行为意愿平均值等于行为效果感知平均值时，输出曲线趋于稳定。为了控制输出曲线的波动幅度并符合现实生活中的实际情况，经过多次检验发现当居民 Agent 低碳行为意愿调整速率(adjust-rate)设定为 0.2，行为效果感知对行为意愿的反馈率(feedback-rate)设定为 0.1 时较为合理。

右侧曲线框输出的是仿真系统经过一段时间的运行达到最终稳定状态时，所有居民 Agent 低碳行为意愿平均值、日常节能行为平均值、能效投资行为平均值、行为效果感知平均值。对比基准模式下的仿真输出，居民 Agent 的两类节能行为中，日常节能行为(HECB)平均值增长较大，从 1.94 增加至 3.18，增加了 1.24，表明中等强度经济激励型政策对居民 Agent 的日常节能行为有明显的促进作用，能效投资行为平均值增长相对较小，从 2.18 增加至 3.17，增加了 0.99，表明中等强度经济激励型政策对居民 Agent 能效投资行为也有明显的促进作用。低碳行为意愿(BI)平均值从 1.67 增加至 2.29，增加了 0.62，表明中等强度经济激励型政策能够增强居民 Agent 的低碳行为意愿，政策效应具有持久性。

2. 将经济激励型政策设定为“5”，其余政策工具设定为“1”

在高强度经济激励型政策下，将经济激励型政策参数值设定为“5”，其余政策工具参数值设定为“1”，仿真结果输出如图 7-19 所示。输出结果的左侧曲线是仿真系统还未调整经济激励型政策参数值时的输出曲线，即基准模式下的输出曲线，输出结果的右侧曲线是将经济激励型政策设定值从“1”调整为“5”时的输出曲线。

右侧曲线框输出的是仿真系统经过一段时间的运行达到最终稳定状态时，所有居民 Agent 低碳行为意愿平均值、日常节能行为平均值、能效投资行为平均值、行为效果感知平均值。对比基准模式下的仿真输出，居民 Agent 的两类节能行为中，日常节能行为(HECB)平均值增长较大，从 1.94 增加至 3.99，增加了 2.05，表明高强度经济激励型政策对居民 Agent 日常节能行为有显著促进作用，能效投资行为平均值增长相对较小，从 2.18 增加至 4.04，增加了 1.86，表明高强度经济激励型政策对居民 Agent 能效投资行为也有显著的促进作用。低碳行为意愿(BI)平均值从 1.67 增加至 3.20，增加了 1.53，表明高强度经济激励型政策能够对居民 Agent 低碳行为意愿产生长期的促进作用。

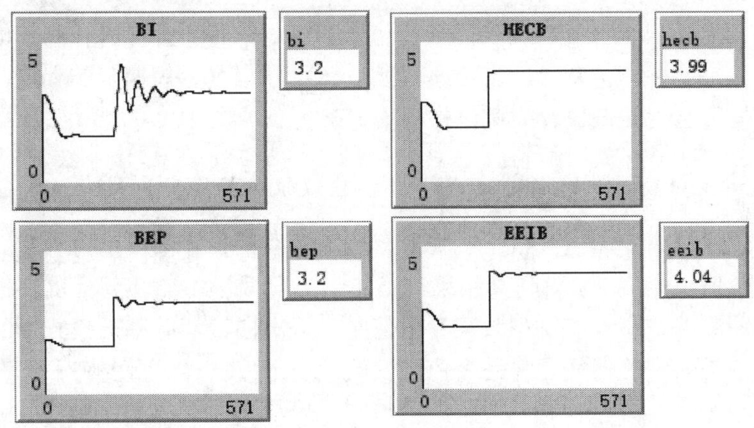

图 7-19 分析模式仿真系统输出(经济激励型政策设定为“5”，其余政策工具设定为“1”)

3. 将命令控制型政策设定为“3”，其余政策工具设定为“1”

在中等强度命令控制型政策下，将命令控制型政策参数值设定为“3”，其余政策工具参数值设定为“1”，仿真结果输出如图 7-20 所示。输出结果的左侧曲线是仿真系统还未调整命令控制型政策参数值时的输出曲线，即基准模式下的输出曲线，输出结果的右侧曲线是将命令控制型政策设定值从“1”调整为“3”时的输出曲线。

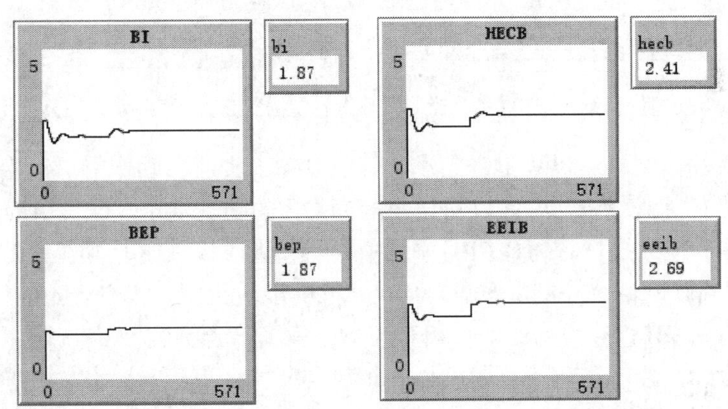

图 7-20 分析模式仿真系统输出(命令控制型政策设定为“3”，其余政策工具设定为“1”)

从仿真输出结果可以看出，当没有其他政策工具的激励作用，仅将命令控制型政策从“1”调整为“3”时，对比基准模式下的仿真输出，居民 Agent 的两类节能行为中，能效投资行为(EEIB)平均值和日常节能行为(HECB)平均值增长都较小。能效投资行为(EEIB)平均值从 2.18 增加至 2.69，增加了 0.51，日常节能行为(HECB)平均值从 1.94 增加至 2.41，增加了 0.47。表明中等强度命令控制型政策对居民 Agent 日常节能行为和能效投资行为影响都较小，促进作用不明显。低碳行为意愿(BI)平均值从 1.67 增加至 1.87，增加了 0.20，表明中等强度命令控制型政策对居民 Agent 低碳行为意愿作用不显著。

4. 将命令控制型政策设定为“5”，其余政策工具设定为“1”

在高强度命令控制型政策下，将命令控制型政策参数值设定为“5”，其余政策工具参数值设定为“1”，仿真结果输出如图 7-21 所示。输出结果的左侧曲线是仿真系统还未调整命令控制型政策参数值时的输出曲线，即基准模式下的输出曲线，输出结果的右侧曲线是将命令控制型政策设定值从“1”调整为“5”时的输出曲线。

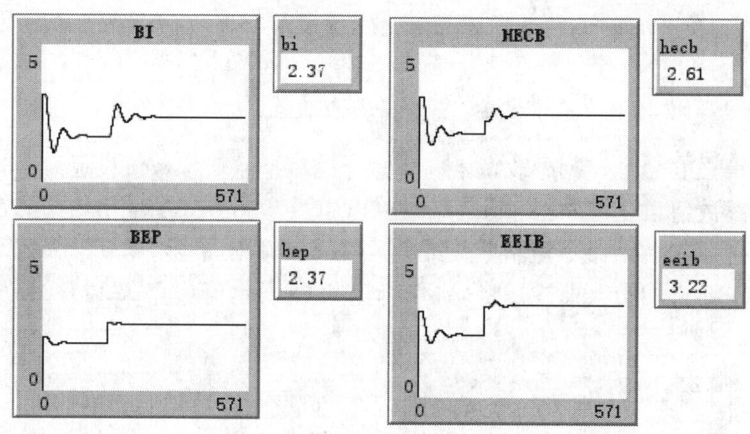

图 7-21　分析模式仿真系统输出(命令控制型政策设定为“5”，其余政策工具设定为“1”)

从仿真输出结果可以看出，当没有其他政策工具的激励作用，仅将命令控制型政策从“1”调整为“5”时，对比基准模式下的仿真输出，居民 Agent 的两类节能行为中，能效投资行为(EEIB)平均值增长较大，从 2.18 增加至 3.22，增加了 1.04，表明高强度命令控制型政策对居民 Agent 能效投资行为有一定的促进作用。日常节能行为(HECB)平均值增长相对较小，从 1.94 增加至 2.61，增加了 0.67，表明高强度命令控制型政策对居民 Agent 日常节能行为影响较小，促进作用不明显。低碳行为意愿(BI)平均值从 1.67 增加至 2.37，增加了 0.70，表明高强度经济激励型政策能够对居民 Agent 低碳行为意愿产生长期的促进作用。

5. 将信息型政策设定为“3”，其余政策工具设定为“1”

在中等强度信息型政策下，将信息型政策参数值设定为“3”，其余政策工具参数值设定为“1”，仿真结果输出如图 7-22 所示。输出结果的左侧曲线是仿真系统还未调整信息型政策参数值时的输出曲线，即基准模式下的输出曲线，输出结果的右侧曲线是将信息型政策设定值从“1”调整为“3”时的输出曲线。

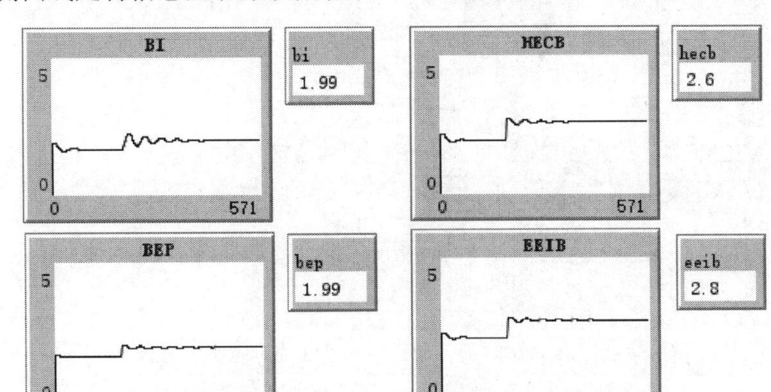

图 7-22　分析模式仿真系统输出(信息型政策设定为“3”，其余政策工具设定为“1”)

从仿真输出结果可以看出，当没有其他政策工具的激励作用，仅将信息型政策从“1”调整为“3”时，对比基准模式下的仿真输出，居民 Agent 的两类节能行为中，能效投资行为(EEIB)平均值和日常节能行为(HECB)平均值增长相差不大。能效投资行为(EEIB)平均值从 2.18 增加至 2.80，增加了 0.62，日常节能行为(HECB)平均值从 1.94 增加至 2.60，增加了 0.66，表明中等强度信息型政策对居民 Agent 日常节能行为和能效投资行为影响都较小，促进作用不明显。低碳行为意愿(BI)平均值从 1.67 增加至 1.99，增加了 0.32，表明中等强度信息型政策对居民 Agent 低碳行为意愿影响不显著。

6. 将信息型政策设定为“5”，其余政策工具设定为“1”

在高强度信息型政策下，将信息型政策参数值设定为“5”，其余政策工具参数值设定为“1”，仿真结果输出如图 7-23 所示。输出结果的左侧曲线是仿真系统还未调整信息型政策参数值时的输出曲线，即基准模式下的输出曲线，输出结果的右侧曲线是将信息型政策设定值从“1”调整为“5”时的输出曲线。

从仿真输出结果可以看出，当没有其他政策工具的激励作用，仅将信息型政策从“1”调整为“5”时，对比基准模式下的仿真输出，居民 Agent 的两类节能行为中，能效投资行为(EEIB)平均值增长较大，能效投资行为(EEIB)平均值从 2.18 增加至 3.59，增加了 1.41，日常节能行为(HECB)平均值从 1.94 增加至 3.04，增加了 1.10，表明高强度信息型政策对居民 Agent 日常节能行为和能效投资行为都有比较明显的促进作用。低碳行为意愿(BI)平均值从 1.67 增加至 2.98，增

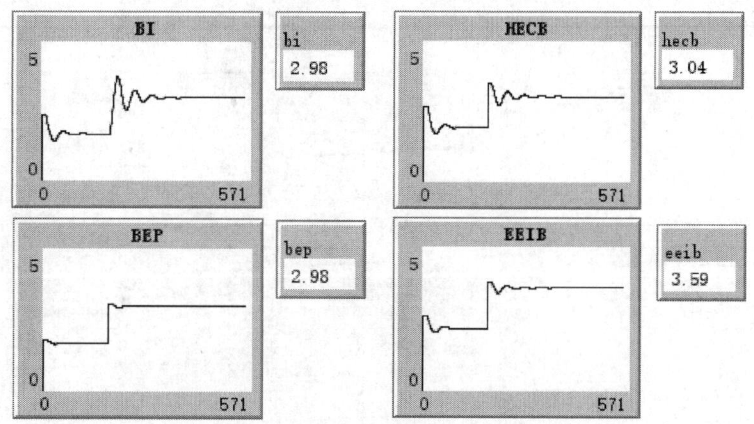

图 7-23 分析模式仿真系统输出(信息型政策设定为“5”，其余政策工具设定为“1”)

加了 1.31，表明高强度信息型政策能够对居民 Agent 低碳行为意愿产生长期的促进作用。

7. 将自愿参与型政策设定为“3”，其余政策工具设定为“1”

在中等强度自愿参与型政策下，将自愿参与型政策参数值设定为“3”，其余政策工具参数值设定为“1”，仿真结果输出如图 7-24 所示。输出结果的左侧曲线是仿真系统还未调整自愿参与型政策参数值时的输出曲线，即基准模式下的输出曲线，输出结果的右侧曲线是将自愿参与型政策设定值从“1”调整为“3”时的输出曲线。

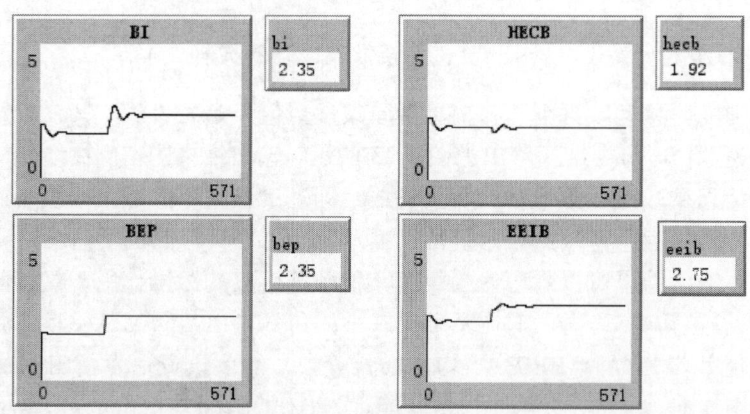

图 7-24 分析模式仿真系统输出(自愿参与型政策设定为“3”，其余政策工具设定为“1”)

从仿真输出结果可以看出，当没有其他政策工具的激励作用，仅将自愿参与型政策从“1”调整为“3”时，对比基准模式下的仿真输出，居民 Agent 的两类节能行为中，能效投资行为(EEIB)平均值增长较大，从 2.18 增加至 2.75，增加了 0.57，表明中等强度自愿参与型政策对居民 Agent 能效投资行为促进作用不明显。日常节能行为(HECB)平均值从 1.94 增加至 1.92，增加了–0.02，表明中等强度自愿参与型政策对居民 Agent 日常节能行为基本没有促进作用。低碳行为意愿(BI)平均值从 1.67 增加至 2.35，增加了 0.68，表明中等强度自愿参与型政策能够对居民 Agent 低碳行为意愿影响不显著。

8. 将自愿参与型政策设定为“5”，其余政策工具设定为“1”

在高强度自愿参与型政策下，将自愿参与型政策参数值设定为“5”，其余政策工具参数值设定为“1”，仿真结果输出如图 7-25 所示。输出结果的左侧曲线是

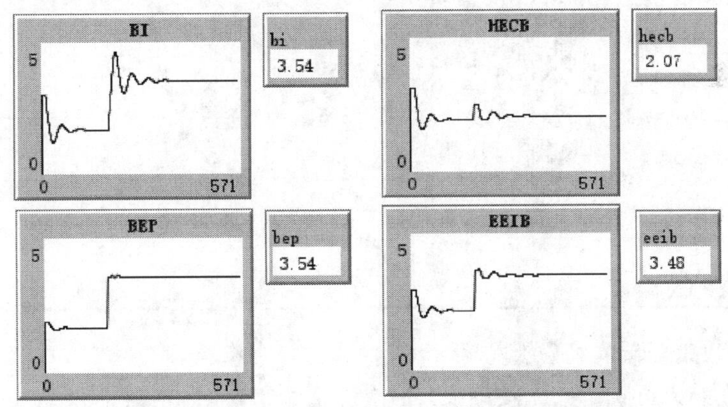

图 7-25　分析模式仿真系统输出(自愿参与型政策设定为“5”，其余政策工具设定为“1”)

仿真系统还未调整自愿参与型政策参数值时的输出曲线，即基准模式下的输出曲线，输出结果的右侧曲线是将自愿参与型政策设定值从“1”调整为“5”时的输出曲线。

从仿真输出结果可以看出，当没有其他政策工具的激励作用，仅将自愿参与型政策从“1”调整为“5”时，对比基准模式下的仿真输出，居民 Agent 的两类节能行为中，能效投资行为(EEIB)平均值增长较大，从 2.18 增加至 3.48，增加了 1.30，表明高强度自愿参与型政策对居民 Agent 能效投资行为有显著的促进作用。日常节能行为(HECB)平均值增长相对较小，从 1.94 增加至 2.07，增加了 0.13，表明高强度自愿参与型政策对居民 Agent 日常节能行为基本没有促进作用。低碳行为意愿(BI)平均值从 1.67 增加至 3.54，增加了 1.87，表明高强度自愿参与型政策能够对居民 Agent 低碳行为意愿产生长期的促进作用。

7.7.3　不同政策情景下的居民行为变化的仿真结果对比

对比基准模式和八个分析模式下居民 Agent 的低碳行为意愿、日常节能行为和能效投资行为的输出结果可以发现，不同政策工具情景的变化对居民低碳化能源消费行为有着显著的影响(表 7-3)。

表 7-3　不同政策情景对居民低碳化能源消费行为的影响

政策情景	低碳行为意愿(BI)值	低碳行为意愿增长量(ΔBI)	日常节能行为(HECB)值	日常节能行为增长量(ΔHECB)	能效投资节能行为(EEIB)值	能效投资能行为增长量(ΔEEIB)
基准模式(无政策干预)	1.67	—	1.94	—	2.18	—
中等强度经济激励型政策	2.29	0.62	3.18	1.24	3.17	0.99
高强度经济激励型政策	3.20	1.53	3.99	2.05	4.04	1.86
中等强度命令控制型政策	1.87	0.20	2.41	0.47	2.69	0.51
高强度命令控制型政策	2.37	0.70	2.61	0.67	3.22	1.04
中等强度信息型政策	1.99	0.32	2.60	0.66	2.80	0.62
高强度信息型政策	2.98	1.31	3.04	1.10	3.59	1.41
中等强度自愿参与型政策	2.35	0.68	1.92	-0.02	2.75	0.57
高强度自愿参与型政策	3.54	1.87	2.07	0.13	3.48	1.30

(1)无政策干预情景分析。

由仿真结果可见：在无政策工具激励的情景下，居民的低碳行为意愿、日常节能行为、能效投资行为的值都比较低。其中，能效投资行为略高于日常节能行为，说明在没有外部政策因素激励的条件下，居民个体实施低碳化能源消费行为的倾向性较弱，低碳行为选择上更愿意购买高能效产品，对日常生活中的节能行为实施程度相对较弱，日常习惯性行为的节能潜力还需要挖掘。

(2)经济激励型政策在不同强度政策情景下的作用对比。

与无政策工具激励的情景相比，经济激励型政策均能有效地激发居民的低碳行为意愿，促进日常节能行为和能效投资行为的增加。在中等强度政策下，经济激励型政策对居民日常节能行为的作用效果要优于能效投资行为。而高强度的经济激励型政策则对能效投资行为的作用效果要优于日常节能行为。且整体来看高强度经济激励型政策的干预对居民在日常节能行为和能效投资行为促进作用是无政策干预下的两倍。

(3)命令控制型政策在不同强度政策情景下的作用对比。

与无政策工具激励的情景相比，命令控制型政策对低碳行为意愿、日常节能行为和能效投资行为均有正向促进作用。其中，命令控制型政策对能效投资行为的作用效果要高于对日常节能行为的影响。与中等强度的政策干预效果相比，高强度的命令控制型政策对行为意愿和能效投资行为的促进作用相对较大，对日常节能行为的促进作用则显得十分微弱。

(4) 信息型政策在不同强度政策情景下的作用对比。

与无政策工具激励的情景相比，信息型政策均能有效地促进居民的低碳行为意愿、日常节能行为和能效投资行为的增加。与中等强度的政策干预效果相比，高强度信息政策干预对居民在日常节能行为和能效投资行为的作用效果都有明显的增加。但中等强度的信息干预对居民的日常节能行为促进作用的相对增长量要高于能效投资行为，而在高等强度的信息干预下，居民实施能效投资的行为要高于日常节能行为。

(5) 自愿参与型政策在不同强度政策情景下的作用对比。

与无政策工具激励的情景相比，自愿参与型政策对居民的低碳行为意愿、能效投资行为均具有正向的促进作用，但中等强度的自愿参与型政策并没有促进居民的日常节能行为的增加，反而有所降低。而在高强度政策情景下，居民的低碳行为意愿、日常节能行为和能效投资行为均有了较大的提高。

(6) 四类政策工具在中等强度下的作用效果对比。

四类不同政策工具在中等强度政策情景下对居民的低碳行为意愿、日常节能行为和能效投资行为的影响存在显著的差异。其中，自愿参与型政策对居民长期行为意愿的影响最大，其次为经济激励型政策和信息型政策，命令控制型政策对行为意愿的影响最小；对于日常节能行为而言，经济激励型政策的影响最大，其次为信息型政策和命令控制型政策，而自愿参与型政策对日常节能行为具有略微的反向影响；对于能效投资行为而言，经济激励型政策的影响最大，其次为信息型政策、自愿参与型政策，命令控制型政策的影响相对较小。

(7) 四类政策工具在高强度下的作用对比。

四类不同政策工具在高强度下对居民的低碳行为意愿、日常节能行为和能效投资行为的影响存在显著差异。其中，对于居民的长期低碳行为意愿的形成来说，高强度的自愿参与型政策的影响作用最强，其次为经济激励型政策、信息型政策，命令控制型政策的作用相对较小。对于居民的日常节能行为的而言，高强度的经济激励型政策的作用效果最好，其次为信息型政策、命令控制型政策，自愿参与型政策的作用效果最弱。对于居民的能效投资行为来说，经济激励型政策的作用效果最好，其次为信息型政策和自愿参与型政策，命令控制下政策的效果最弱。

7.7.4　“政策-行为”仿真模拟的主要结论

通过基于 Netlogo 平台运行的不同政策情景对居民能源消费行为低碳化作用效果的仿真分析，可以得到以下结论。

(1) 在无政策干预的情景下，居民的低碳行为意愿、日常节能行为及能效投资行为在长期、稳定的状态下均显示出了相对较低的倾向。

(2)对居民日常节能行为而言，四类不同政策工具不同强度的干预的作用效果存在显著的差异。总体来看，高强度政策的干预效果均显著优于中等强度的干预效果。其中在高强度的政策干预情景下，经济型政策对居民日常节能行为的作用效果最好，之后依次为信息型政策和命令控制型政策，自愿参与型政策的效果最弱。在中等强度的政策干预下，经济激励型、信息型、命令控制型政策均促进了居民的日常节能行为，而自愿参与型政策的作用效果反而有所降低。

(3)对居民能效投资行为而言，四类不同政策工具的不同强度干预均具有明显的促进作用。总体而言，高强的政策干预效果明显优于中等强度。其中经济激励型政策的干预效果最好，之后依次为信息型政策、自愿参与型政策，命令控制型政策的作用效果最弱。

(4)由于低碳行为意愿是居民实施低碳化能源消费行为的内在心理动机的直接体现。政策工具对低碳行为意愿的影响也会间接驱动行为的发生。对居民的低碳行为意愿而言，四类不同类型的政策工具的不同强度干预均存在显著的促进作用。总体来看，高强度政策的作用效果明显要优于中等程度和无政策的情景。其中，高强度的自愿参与型政策对居民的低碳行为意愿的影响最大，其次为高强度的经济型政策和高强度的信息型政策，而命令控制型政策的作用效果最差。

7.7.5 主要政策启示

(1)在长期稳定的状态中，居民的低碳意愿、日常节能行为和能效投资行为并没有表现出较高的行为倾向。外部的政策干预可以扮演重要的角色，政府及相关管理部门通过政策的制定和实施来引导和提高居民能源消费行为低碳化存在较大潜力。

(2)在四种不同类型的政策工具中，经济激励型政策对居民的日常节能行为和能效投资行为的促进作用最大，对低碳行为意愿的作用仅次于自愿参与型政策。这表明当政府通过运用市场力量以经济刺激的方式影响居民能源消费行为的经济成本时，能够有效地促进居民的低碳行为意愿向低碳能源消费行为的转化，同时也能直接激励居民实施低碳行为。因此，经济激励型政策中的补贴政策、税收政策、价格政策的作用不容忽视。

在政策干预强度选择上，中等强度的经济型政策对日常节能行为的作用效果要优于同等强度下对能效投资行为的影响。而高强度的经济型政策对能效投资行为的影响则更为明显。考虑经济型政策实施成本较高，因此对于电价、油价等对居民日常能源消费行为上，政府可以选择中等强度的干预手段来引导居民的日常节能行为。而在高能效产品和节能住宅的推广上，可以考虑加强税收和补贴的方式来引导居民的购买行为。

(3) 信息型政策对居民的日常节能行为和能效投资行为的促进作用仅次于经济激励型政策。这说明政府或管理部门在政策制定、执行、反馈过程中，为实现政策目标而采取的具有信息属性的手段、方式或途径能够促使居民主动采取低碳化能源消费行为。

在政策干预的强度选择上，高强度信息型政策对提高居民低碳行为意愿、促进居民日常节能行为和能效投资行为的作用均显著优于中等强度。考虑信息型政策的实施成本显著低于经济型政策，而其高强度的作用效果也仅次于经济型政策。综合来看，实施高强度的信息型政策是有效提高居民环保意识，促进居民主动实施行为的最佳的选择。

(4) 与其他三类政策相比，命令控制型政策对居民的低碳行为意愿的作用效果最不明显，而对日常节能行为的作用效果要优于自愿参与型政策。这说明命令控制型政策更多的是直接促进了行为的发生，但并没有提高居民主动实施行为的意识。因此，政府在制定命令控制型政策时需要考虑配合其他类型政策，以激发居民内在的自主节能意识，促进居民行为实施的主观能动性和自觉性。

在政策干预的强度选择上，相比对中等强度的政策干预，高强度的命令型政策对低碳行为意愿、日常节能行为的作用效果并没有较高的提升，其对能效投资行为的影响则更为显著一些。因此，政府在提高居民意识和日常节能行为方面，可以选用程度较低的强制性政策，而对于投资、购买节能产品上可以选用强度较高的强制性政策来引导居民的低碳消费行为。

(5) 对比四类政策工具对居民行为意愿的干预效果，自愿参与型政策对居民实施低碳节能的行为意愿具有较高的提升效果。但该政策并不能将低碳行为意愿有效地转化为低碳能源消费行为，甚至在中等强度的政策干预下，自愿参与型政策的实施反而降低的日常节能行为的实施。因此，政府在制定政策时应考虑将自愿参与型政策作为辅助政策，配合其他政策工具的实施，这样在提高居民行为意愿的同时，也能促进居民的行为意愿有效转化为实际行动。

此外，在政策的干预强度选择上，政府需要增加自愿参与型政策的强度，因为只有高强度的自愿参与型政策才更能提升居民的节能意愿，并促进行为意愿向实际行为转化。

第8章　居民能源消费行为低碳化引导政策的优化策略

本章是在第4～6章建立的居民能源消费行为低碳化驱动因素模型和第7章不同政策工具对居民低碳消费行为作用机理的仿真研究基础上，根据上述研究中不同政策的可干预路径、干预效果、“政策—行为”仿真结果，对不同类型政策工具的优化要点进行了归纳，同时借鉴第2章欧盟、美国和日本等发达国家引导居民能源消费行为的政策经验，结合第3章对我国现有四类政策工具量化评估的结果，分别提出了政策优化建议。

8.1　命令控制型政策优化策略

命令控制型政策主要包括法律法规、规章条例、强制性标准等具有强制约束力的政策工具。在第6章中通过调节效应分析和回归分析法分析了命令控制型政策对居民能源消费行为低碳化的作用机理，解析了命令控制型政策对居民的“行为意愿—行为”、“行为能力—行为”之间关系的调节作用，同时探究了命令控制型政策对居民内在个体心理因素的激励作用；在第8章中将通过Agent仿真的方法，模拟并预测命令控制型政策工具在不同强度情景下居民群体的低碳行为意愿、日常节能行为、能效投资行为的动态变化。基于上述研究，本节将在归纳总结命令控制型政策优化要点的基础上，提出了政策优化建议。

8.1.1　命令控制型政策的优化要点

1. 命令控制型政策量化评估中存在的问题

第3章对我国引导居民生活领域的低碳节能政策进行了量化评估，结果显示：近20年来，我国政府更偏好使用命令控制型政策来推进节能减排工作。在我国政府已发布的引导居民生活领域节能减排的政策构成中，命令控制型政策的数量最多，政策文本的整体效力也最大，但其实际产生的节能效果却并不显著。这种政策工具偏好与实际节能效果之间的偏差需要引起政府管理部门的高度重视。由于命令控制型政策体现的是强制性行政权力的监督与约束，缺乏对居民的主观能动性的激发，容易使居民在能源消费中出现回弹效应；此外，命令控制型政策大多针对的是企业的产品、技术、生产销售行为和公营部门等进行的监督和约束，对居民生活领域的低碳节能而言，提供的大多是环境支撑力，与居民实际消费行为不具有直接相关性，因此削弱了其对居民生活中实施节能减排行为的驱动力。

2. 命令控制型政策对居民能源消费行为作用机理的实证研究要点分析

(1)命令控制型政策对居民的“低碳行为意愿”与“能效投资行为”、“低碳行为能力”与“能效投资行为”之间的关系具有负向的调节作用。对“低碳行为意愿”“低碳行为能力”与“日常节能行为”之间的关系不存在显著的调节效应。这表明命令控制型政策工具对居民的“行为意愿”“行为能力”转化为“能效投资行为”的过程中具有减弱的作用，而对“行为意愿”“行为能力”转化为“日常节能行为”的促进作用不显著，这是因为命令控制型政策的强制性特征不利于居民的能源消费中主观能动性的激发；而且我国的命令控制型政策大多是针对企业的，直接针对居民日常生活的强制性政策较少，因此命令控制型政策对居民生活领域的节能减排而言，提供的主要是环境支撑力，因此，如何强化环境支撑力对居民节能减排的促进作用是政策优化的要点之一。

(2)命令控制型政策对居民个体的“气候问题感知”“环境责任感”“自我效能感”等内在心理动机具有显著的正向驱动作用，对居民的“利己价值观”具有制约作用；在群体心理因素上，命令控制型政策对居民的“从众心理”与“面子意识”有显著的正向影响。由于居民的“气候问题感知”“自我效能感”“利己价值观”都是通过“低碳行为意愿”间接驱动行为的，而命令控制型政策对行为意愿与能效投资行为之间的关系具有负向调节作用，这就减弱了居民的“气候问题感知”和“自我效能感”对居民的能效投资行为的正向激励作用，也同时弱化了“利己价值观”的制约作用；而居民的“环境责任感”“从众心理”“面子意识”是可以不经过中介变量直接作用于两类低碳消费行为的，由此可见，发挥命令控制型政策对居民环境责任感、从众心理和面子意识上的激励作用是政策优化过程中需要考虑的一个要点。

(3)居民的社会规范、社会地位、榜样示范及三类低碳知识(系统知识、行动知识、效力知识)等因素均受到命令控制型政策的积极影响。在四类政策工具中，命令控制型政策对社会规范的影响最大。在低碳知识上会促进居民系统知识、行动知识、效力知识的增加，还会影响社会规范等社会因素对居民行为的影响，

因此可以看出，尽管命令控制型政策可以激发气候问题感知、自我效能感、系统知识、效力知识、榜样示范、社会地位等心理动机，但其在行为生成过程中减弱了行为意愿、行为能力向能效投资行为的转化。而环境责任感、从众心理对日常节能行为具有直接且相对较强的正向影响，面子意识对日常节能行为具有直接且较弱的负向影响。因此，命令型政策在激发环境责任感、从众心理等心理动机方面的作用更为突出。

3. 命令控制型政策仿真研究的要点分析

在第 7 章“政策–行为”仿真研究中发现，命令政策型对居民的日常节能行为和能效投资行为的影响弱于其他三类政策工具。与无政策工具激励的情景相比，命令控制型政策对居民的低碳行为意愿、日常节能行为和能效投资行为均有正向促进作用。其中，命令控制型政策对能效投资行为的作用效果要高于对日常节能行为的影响。与中等强度的政策干预效果相比，高强度的命令控制型政策对行为意愿和能效投资行为的促进作用相对较大，对日常节能行为的促进作用则十分微弱。我国现有的节能政策中主要以命令控制型为主，但对于微观主体的居民来说，命令控制型政策的直接效力较小，因此，政策优化中如何协调不同政策工具对居民能源消费行为低碳化的影响需要引起政府部门的高度重视。

8.1.2　命令控制型政策的优化建议

命令控制型政策工具是政府通过行政命令及具有强制力的法律规章等对行为人的能源消费行为施加影响，控制其浪费能源、减少能源需求行为的政策措施的统称。由于国内目前与能源管理相关的命令控制型政策的管理对象都是行业和企业，还没有直接面对居民(家庭)能源消费的命令控制型政策，因此针对居民能源消费行为的命令控制型政策工具需要创新开发。因此，可以从能源消费管理机构或部门的设置、居民能源消费相关法律法规的制定与完善、企业产品层面的标准、规范、认证等制度的推进三个方面进行政策优化。

(1)完善政府能源管理机构的职责，建立直接面向居民或家庭能源消费管理的机构或部门，负责相关政策法规的执行监管和居民能耗数据的采集与管理。

第 3 章中关于政策效力的量化评估显示：我国引导居民生活领域低碳节能的政策工具的整体效力变化是通过增加政策措施的数量来驱动的。在构成政策效力的四个维度中，存在政策力度偏低、政策目标缺乏量化，政策反馈不足的问题，由此导致近 20 年来政策的年均效力水平难以有效提升。因此要强化政策目标落实，改善政策执行力，形成政策反馈机制，就需要建立相应的管理机构或者在原有能源管理机构中增加相应的职能部门与岗位，以保证政策落实中的监管到位与反馈及时。

我国目前在面对居民或家庭层面的能源消费管理(包括节能管理)的机构设置上尚处空缺，缺乏统一的居民用能和节能规划相关政策，需要政府在此基础上完善能源消费管理机构，重视对居民能源消费的管理，有针对性地加强对居民低碳节能行为的调控与引导。居民的能源消费管理在机构设置上可以以政府机构为核心，组织民间力量参与，政府机构负责制度设计和政策、规范等的制定与发布，负责相关统计数据的制度化采集。非政府组织在政府政策指导下开展政策实施及效果的跟踪、评估、舆论宣传、公众参与等工作，形成有层次、覆盖广、有管理、有跟踪、有监督、有评估、有反馈的管理体系。

不同地区居民的低碳化能源消费行为存在显著的地区空间差异，因此在管理机构设置上也需要在国家和地方层面上分级设置。国家管理机构负责国家层面指导性的制度、规范和政策的制定和政策实施的监管，地方管理机构在国家统一的制度、规范和政策下进一步细化分工、明确责任、落实责任，制定政策的实施细则和考评反馈的具体方式，同时负责地方相关家庭能耗统计数据的规范采集与管理，为政策评估与调控提供科学准确的数据基础。

(2)以《节约能源法》为核心建立和完善与居民能源消费相关的配套性法规，强化法律法规对居民生活领域节能减排的促进力度。

虽然我国从 20 世纪 80 年代起先后颁布了《节约能源管理暂行条例》、《民用建筑节能条例》、《节能低碳产品认证管理办法》和《能源发展“十三五”规划》等法律规定，但这些命令控制型政策的管理对象大多为工业行业和制造企业，强化的是产品“供给侧”的能源消费管理，而从产品消费终端“需求侧”直接面向微观主体居民的命令控制型政策很少。在已有关于引导居民低碳节能的政策中，对能效投资行为方面的制定命令控制型政策相对较多，主要是通过制定家用电器能效标准，推行节能产品认证制度，推广节能标签制度，对新能源汽车优先上牌等政策进行管理。涉及居民日常节能行为的命令控制型政策很少，只有发达地区的一、二线城市实行家用汽车限行制度，其他直接作用于居民的法规规定基本没有。同时，在执法过程中，存在比较严重的有法不依、执法不严的现象，法规的配套实施细则也不完善。因此针对居民能源消费行为的命令控制型政策工具需要创新开发。

因此，目前我国大力推进低碳节能、绿色发展的首要任务是建立和完善以《节约能源法》为核心的配套性法规，并提高法律法规体系的可操作性。不仅重视从“供给侧”的产业层面和企业层面大力推进节能减排法规政策的落实，还需要重视从“需求侧”管理的角度，发挥法律法规、标准、规范等命令控制性政策对消费行为的引导。

考虑到研究的主要对象是居民，我国针对居民能源消费的命令控制型政策较为匮乏，只是在一些政策中提及与居民能源消费相关的间接措施，所以我国政府应该针对现有能源消费政策的实施情况，善用法规，加强针对能源消费“需求侧”消费行为的引导与管理。借鉴英国 1995 年实施的《家庭节能法》，2012 年颁布《家庭使用可再生能源补助计划》等，我国可借鉴其做法，制定适合我国居民的家庭节能法律，引导居民家庭合理地进行能源消费。在居民的节能管理方面可以考虑制定一些明确标准和规范，为了保证法律、规范的实施，也必须建立严格的责任机制，对浪费能源的行为给予惩罚。在美国的节能法里，就规定对违法者可以按天按日来记罚，对个人每天可以罚 250 美元[345]，因此我国可借鉴欧美国家引导居民能源消费需求法律法规，制定出适合本国国情的居民能源消费的约束机制。

(3)推行产品碳标签制度，进一步完善能效标识、节能分级和节能认证等制度。

根据命令控制型政策工具对居民行为的情境调节作用可知，在一定程度上命令控制型政策会反向调节居民的“低碳行为意愿”、“低碳行为能力”对“行为”的影响，因此命令控制型政策在短时期内可能有效，但长期的命令控制型政策会使居民产生抵触、阻碍其实施低碳化能源消费行为，并且随着居民自身低碳行为能力的提高，命令控制型政策工具的作用减弱。因此在政策的制定过程中，命令控制型政策的直接约束对象还是应该以企业为主，通过企业的产品和企业行为对居民的消费行为形成间接影响。

具体可以在以下几个方面加强对企业产品的管理，从而引导居民进行低碳消费。

第一，循序渐进，逐步推行产品的“碳标签”制度。

碳标签(carbon label)[346]是把商品在生产、流通和消费整个生命周期中排放的温室气体排放量(碳足迹)在产品标签上用量化的指数标示出来，以标签形式告知消费者该产品的碳信息，以引导消费者选择更低碳排放的商品，从而达到减少温室气体排放的目的。

目前国外“碳标签”制度的推动机构有政府、政府支持的非营利组织、民间非营利组织和民间营利组织(企业)等，以消费者为对象的产品，要求在产品的销售外包装上印上碳标签。“碳标签”制度 2007 年才开始从英国兴起，此后日本、欧盟、美国、加拿大、韩国等国相继跟进，但整个制度体系尚处于起步阶段，无论是在理论上还是在实践方法上都存在局限性。因此我国可以根据国情展开规划，在借鉴国外经验的基础上，扬长避短，加大理论和技术研究力度，出台适合我国国情并与国际接轨的“碳标签”制度。

本研究的问卷调查中，在能效投资行为中设置了一道关于是否愿意主动购买“碳标签”产品的指标题项。结果显示，虽然我国还没有实行产品“碳标签”制度，但目前我国城市居民对“碳标签”产品已经有了一定的认知基础，并且倾向于比较愿意主动购买“碳标签”产品，尤其是在东部地区的城市，居民对“碳标签”产品的认可度较高。这说明我国推行产品“碳标签”制度已经具备了一定的民众基础，在低碳发展上可以较快地与国际接轨。

第二，进一步加强产品能效标识的管理工作。

一方面政府定期制定和修订产品能效标准和管理制定，以法规的形式监督企业执行；另一方面通过制定强制性规定或规范、要求耗能产品的生产企业在产品的销售包装上对产品的能效水平予以明确标识，通过市场选择机制加强对消费者选购低碳节能产品信息方面的支持，引导消费者更加便捷地选购低碳节能和高能效的产品。如法国在《节能电器法案》中对电冰箱、洗衣机等家用电器制订了能效标准，并实施能效标识制度；美国联邦政府在 1987 年颁布的《国家耗能器具节能法》中，对 14 种产品制定了强制性标准。在 2016 年 8 月，美国加州能源局首个颁布对计算机实行能效标准，控制台式计算机的能源浪费。日本在《合理用能法》中制订了适用于冰箱和空调等家用电器和设备的能效标准和能效标识制度，要求企业采用红色和绿色来区分产品是否达到能效标准，并每年进行更新和重新评价。

第三，规范节能产品的认证与监管工作，严格实施产品节能分级标签制度。

国家可以在制定强制性产品能效标准的基础上，建立产品节能等级评定和认证制度，强制性要求企业在产品的销售包装上明示产品在节能水平上的效能和等级，让消费者在选购耗能产品时对产品的节能性能和节能等级有明确的认知和准确的信息掌握，弥补消费者对产品耗能信息掌握的不足。从而达到有效引导消费者需求和购买行为的目标。如德国在欧盟标准的框架内对市场上销售的家用电器进行节能分级，要求商品在显著位置贴上节能等级标签，以促进电器生产商不断提高节能技术，促进消费者购买节能产品。

(4) 加大政策力度，强制对交通出行系统、已有住宅与公共物业、旅游基础设施等进行低碳节能改造，为低碳出行、低碳居住、低碳旅游等提供环境支撑。

与居民能源消费相关的命令控制型政策，在通过对企业产品行为的规制与监管间接作用于居民行为的基础上，还需要根据我国国情和发展现状，不断地探索，进行政策创新。如加强大城市公共交通体系的发展，有条件地限制化石燃料型私家车的增长和出行；随着商品房市场的发展完善，强制推广住宅节能材料和低碳技术并落实到监管中去，同时积极推进住宅采暖供热设施的改良，不断提高能效，有计划地推动已有住宅的节能改造等；针对旅游市场的发展，加强旅游设施的节能减排的标准制定、实施与监管，有计划地推动旅游设施的低碳化改造等。

8.2 经济激励型政策的优化策略

经济激励型政策主要包括节能补贴、税收减免(或增加碳税)、提高高碳型能源价格等政策。在第 6 章中，通过调节效应分析和回归分析法对经济激励型政策对居民能源消费行为低碳化的作用机理进行了分析，探究了经济激励型政策整体及补贴、税收、价格三类政策分别对居民的“低碳意愿—行为”、“低碳能力—行为”之间路径关系的调节作用，同时探究了经济激励型政策对居民个体心理的激励作用；在第 7 章中，通过 Agent 仿真的方法，模拟并预测了经济激励型政策工具在不同强度下对居民群体的日常节能行为、能效投资行为的作用效果。基于以上章节的研究，本节归纳总结了经济激励型政策的优化的要点，并针对研究结论提出了政策优化建议。

8.2.1 经济激励型政策优化要点

1. 经济激励型政策量化评估分析的要点归纳

在对我国近20年来引导居民生活领域节能减排的政策文件的量化评估中发现：经济激励型政策的效力在近10年来有了显著的增加，说明我国政府已经开始重视使用市场化手段和经济激励来促进居民生活领域的低碳节能。在政策效果评估中，经济激励型政策的节能效果最好，可以有效促进人均生活用能量的显著减少，说明在促进居民能源消费行为低碳化过程中经济激励型政策扮演着举足轻重的角色。

2. 经济型政策对居民能源消费行为作用机理的实证研究要点归纳

(1)经济激励型政策对居民的“低碳行为意愿”与“能效投资行为”、“低碳行为能力”与“日常节能行为”、“低碳行为能力”与“能效投资行为”之间的关系均具有显著的正向调节作用。其中，经济激励型政策对“低碳行为能力”与“能效投资行为”之间关系的调节作用最显著，其次是对“低碳行为意愿”与“能效投资行为”之间关系的调节作用，对“低碳行为能力”与“日常节能行为”之间关系的调节作用相对最弱。这表明节能产品补贴、增加碳税及提高电价和油价等经济型政策能够有效促进居民的低碳行为能力和低碳行为意愿转化为低碳化的能源消费行为。特别是对于激励居民购买高能效产品和节能产品等具有一次性的能效投资行为而言，经济激励型政策显示出了更加显著的正向激励作用。因此，经济激励型政策工具对激励居民节能减排的作用不容忽视。政策优化时需要进一步发挥经济激励型政策的作用，并通过政策优化促进经济型政策对居民日常节能行为的引导和促进作用，促进低碳节能生活方式的形成。

(2)经济激励型政策对“利己价值观”具有负向的减弱作用，对“系统知识”和“榜样示范”具有显著的促进作用。由此可以说明增加经济型政策，可以减少居民以自身利益的为中心的价值判断，进而削弱利己价值观对居民低碳行为意愿和低碳行为能力的影响。同时“榜样的示范力量”与“系统知识”的形成也可以通过经济激励型政策来加强。

(3)对经济激励型政策观测指标的解析中可以发现，居民对补贴政策的支持度和认同度最高，其次是对开征碳税的政策较为支持，而对通过提高电价、油价等来促进节能的政策的支持度最低，说明居民更乐意接受具有正向激励作用的补贴、优惠等收益增加型经济政策，而不是具有负向激励作用的提高电价、油价等成本增加型经济政策。

3. 经济型政策工具仿真研究的要点归纳

由基于 Agent 的“政策—行为”仿真研究的结果可以看出：四类政策工具中，经济激励型政策对居民群体的日常节能行为和能效投资行为的作用效果都是最强的。与无政策工具激励的情景相比，经济激励型政策均能有效地激发居民的低碳行为意愿，促进日常节能行为和能效投资行为的增加。在中等强度政策下，经济激励型政策对居民日常节能行为的作用效果要优于能效投资行为。而高强度的经济激励型政策则对能效投资行为的作用效果要优于日常节能行为。且整体来看，高强度经济激励型政策的干预对居民在日常节能行为和能效投资行为促进作用是无政策干预下的两倍。因此如何进一步丰富和充分发挥经济型政策对居民节能减排行为的激励作用是政策优化需要考虑的一个要点。

8.2.2　经济激励型政策优化建议

对比欧盟、美国、日本等主要发达国家针对居民节能减排的引导政策管理，政府通常设有专门的节能奖励基金，同时依靠税收优惠、财政补贴等经济激励手段来鼓励社会公众自愿降低能源消耗，而并非以行政手段强迫其参与。虽然我国也采取了财政补贴、征税等手段，但没有完善的经济激励政策管理机制，而且已有政策中直接针对居民的政策数量相对较少，而且大多是短期的活动，因此完善相关管理机制并明确职责，会更有助于经济激励政策的制定、实施与评估。

本章对经济激励型政策工具主要可以从政府基金、税收政策、补贴政策和价格政策四个方面提出建议。

(1) 设立政府基金，促进低碳节能。

居民能源消费行为低碳化需要政府通过规制管理和标准强化来引导，更需要政府在资金上的投入和支持，这需要政府在财政收入中划拨一块专项经费用于低碳节能消费的支持、促进和鼓励。如在低碳节能方面做得比较好的英国，政府设立了“碳基金”和“节能基金”。“碳基金”主要用于工业和交通方面的节能，“节能基金”主要是通过征收终端消费者的能源消费税来筹集的，目前节能基金主要用于三方面：一是节能技术的推广，二是高效节能技术的研发和示范，三是对使用高效节能技术和设备的消费者给予补贴和对遵循“能源有效利用承诺”且使用节能灯具或改进节能的家庭给予减税待遇等。在 2000 年建立“能源效率基金”每年划拨 5000 万英镑，鼓励企业和家庭购买节能设备。丹麦在 2005 年 10 月也设立了节能信托基金，对每一台节能冰箱给予补贴。

我国政府也可以考虑设置专门的“节能基金”或“碳基金”等专项基金，鼓励和支持地方政府为居民和小型工商业提供低碳节能资助，加大对低碳节能环境的改造、加强队低碳节能的设备设施改造、低碳节能行为激励等方面的支持力度，建立有效的低碳节能激励机制。对生产或使用低碳节能产品单位或个人实行奖励政策，并将这些低碳节能设备和产品纳入政府采购体系中。同时推广普及家庭能源管理系统(home energy management system，HEMS)，用 IT 技术代替人工管理家庭能源需求；建立家庭节能评价体系，对能源消费低的家庭给予基金奖励。从能源价格形成机制方面考虑，首先遵从市场对资源的优化配置原则，再利用财政税收手段予以适当的调节和激励，充分考虑两者的结合与互补。

(2) 从正向激励、反向激励和限制激励三个方面加强税收政策对居民能耗成本与节能收益的调控作用。

针对能源消费的税收政策是政府为了实现节能减排目标和任务，以税收杠杆来干预市场供求行为的措施。主要途径是对化石能源的消耗征收能源税、碳税等以提高能源的消费成本，对居民购买和使用低碳节能的产品等行为给予税收优惠、税收抵免等，通过降低节能产品的购置成本来激励消费者实施低碳化的购买行为。

税收政策包括正向激励、反向激励和限制激励三个方面。正向激励就是通过减税来提高居民实施低碳节能行为的经济收益；反向激励就是对居民的高能耗行为征税来增加居民高碳消费的经济成本；限制激励就是对居民的合理能耗量进行限制，对超额部分征税或加重税率。

税收政策是西方节能先行国家引导居民能源消费行为中普遍采用的一种政策。这些国家政府促进居民低碳节能行为的税收策略包括征税增加能源消费成本或减税降低能效投资成本。增加能源消费成本的税收包括气候变化税、能源环境税(碳税、生态税)、能源基金税、车辆消费税、房屋出租环保税等。气候变化税主要针对工商业和公共部门使用的燃料(为加热、照明或动能而消耗的电力，天然气，固体燃料或液化石油气等)征收税费；能源环境税主要是针对能源消费过程中排放的环境污染物征收的；能源基金税是向某一特定能源的所有用户征收很少的能源税，从而建立一个公共基金，用来鼓励全社会的能效投资行为。车辆消费税主要是政府根据车辆排放评定等级，对不同排量的车征收不同的税费；房屋出租环保税是向出租房屋的家庭征收 200 英镑的环保税，才可以取得房屋出租证明；德国对石油等传统能源的消费增收生态税，对汽车燃料、天然气、电能征收能源税，同时开征 CO_2 税。

降低能效投资成本的税收包括增值税、所得税和关税等，主要针对节能技术研发、节能产品与设备推广、使用清洁能源、鼓励参与各种能效计划的税费减免。如美国对新建的节能住宅、高效节能建筑设备、家电及新能源汽车实行减免税收政策。2016 年美国财政部长 John Snow 宣布的一项关于混合动力汽车税款减免指出：购买最节能车的人最多可以拿到 3400 美元的税款减免；意大利从 1998 年开始，一方面实施二氧化碳–能源税政策，另一方面政府实施的节能产品补贴及税收减免等正向激励措施；德国对国内太阳能企业实行“税收返还”政策，企业每生产 1 千瓦时的电力就会得到约 50 欧分的补贴；日本对使用列入节能产品目录的 111 种节能设备的用户实施特别折旧和税收减免优惠政策，并在 2009 年实行“绿色税制”，对新能源汽车、电动车实行减税和免税的政策。

在各种引导居民低碳消费的经济激励型政策中，我国应该加强的是能源税收体系的完善。与其他国家相比，我国的能源税收比例相对较低。在发达国家的税收中，能源税收所占的比重一般都不低，但在我国的税收收入中，关于能源税的税收收入相对较少。能源税征收比例较低反映出我国在对能源使用效率的管理上还没有引起高度重视。因此，今后我国应该进一步提高能源税的纳税范围，核算合理的能源税税率例，促进居民从消费经济性上主动考虑实施低碳消费[11]。

我国可借鉴发达国家针对能源消费的“需求侧”管理的成功税收政策体系，将能源税的类别细化，在增加能源消费税和环境税、开征碳税的基础之上，改革增值税，完善所得税，保证税收策略的两个方面顺利实施。如私家车的增多使得石油的消耗增多，因此可以改革我国汽车税制：国外的汽车税主要分三个环节，购置环节、保有环节和使用环节，我国在购置环节征税比例重于欧美等发达国家，而在使用环节则少得多，虽然在一定程度上限制了新型车辆的购买，但对已有和使用环节的税收的轻比例则不足以唤起使用者的节能意识，一般拥有者不会在乎税收的比重，所以应加大保有、特别是使用环节的税收比重。因此可调整汽车消费税的税率和征税范围、鼓励消费者购买小排量汽车，对节能环保型的汽车给予税收优惠。

(3) 补贴政策从产品购买型补贴向购买与使用环节兼顾的补贴模式转变。

购买补贴是经济激励型政策中另一种被认为是激励居民低碳节能消费的有效手段。我国现行的购买补贴制度包括惠民工程、家电下乡等，购买补贴政策能够较好地促进居民购买低碳节能产品。如英国在 2010 年开展“可再生能源供暖补贴”政策和“可再生能源电力强制收购补助计划”，规定将对使用可再生能源供暖的家庭进行补贴，使英国成为全世界首个以补贴电价的方式激励民众使用可再生能源的国家[155]。丹麦在 2005 年 10 月设立了节能信托基金，对每一台节能冰箱进行补贴；比利时政府鼓励企业主给骑自行车上班的员工发放补贴，凡是骑自行车上班者，每天给予 0.15 欧元/km 的补贴[347]；法国开展“以旧换新”活动，为选择环保的排量小的汽车的业主提供 200～1000 欧元的补贴；2012 年开展的“扶持汽车工业计划”也加大了对环保车的补贴力度。美国在 2015 年联邦税务法规中表示，联邦政府向安装太阳能电的住宅或商用建筑提供 30%的补贴；日本从 2007 年起经济产业省每年留出 380 亿日元的预算，用于补贴家庭在住宅上使用能源管理系统，采用高效热水器等[348]；2012 年日本政府批准了太阳能补贴政策，将为光伏发电提供每千瓦时 42 日元的补贴。

我国政府可根据外国经验，对因采用先进低碳节能技术及标准而使制造商生产成本增加及消费者面临的商品价格提高等问题采取政府补贴方式解决，以补贴的方式刺激居民对低碳产品和绿色能源的购买需求。如为了促进低碳节能产品市场的发展和完善，可以建立评选家电“低碳之星”、“节能之星”制度，每年对外发布一次，对购买星级产品的消费者分等级给予补贴；为了促进可再生能源的发展，可以建立对使用太阳能、风能等绿能产品的补贴制度；为了促进节能建筑的发展和居民住宅节能的改善行为，可以对节能建筑基于补贴，对于居民在已有住宅上的节能改造投资给予补贴等。此外在商品住宅建筑发展中，通过补贴制度激励居民购买装修房，逐步取消毛坯房，逐步减少住户自行装修过程中的高能耗和高排放。

(4)价格政策的建议。

在政策工具的情境效应分析中发现，作为经济激励性政策工具内一项措施的“经济成本”比“税收和补贴”具有更好的正向调节作用，因此对“经济成本”的考虑，也是经济激励型政策的一个方面。本著作的“经济成本”指标主要是以能源价格和产品使用成本来直接体现的，因此与“经济成本”对应的政策措施就是价格政策。

价格政策是通过改变产品消费的直接经济成本来引导消费行为的政策，与居民能源消费相关的价格政策包括能源价格政策和能耗产品的价格政策。能源属于必需品的范畴，因此其价格一般都有政府干预的痕迹，能耗产品的购买和使用成本则一般是通过居民的市场选择行为来体现的。

本书实证研究部分的调查结果显示：家用电器在使用过程中产生的成本和水价、电价的上涨会导致居民更加注意低碳节能，因此国家政策制定中对于低碳节能产品在促进其在性能上达到低碳节能目标的同时，也要努力促使其使用成本与维护成本的不断降低。对于水电的消费，提价策略对消费者主用节能的影响是比较大的。但水电等能源价格政策的制定不能单纯地依靠提价来节能，国外关于家庭能源消费经济因素影响的研究比较一致地认为，高收入家庭消费更多的能源，是居民能源消费的主体，提高能源价格不一定能减少高收入家庭的能源消费，却可能对低收入家庭造成伤害；而低收入家庭本身消费的能源量就很少也是必需品消费。由此可见，无差别的简单提价政策在伤害了低收入家庭的消费能力之后，未必会导致居民家庭总能耗的有效节约。因此，对于居民生活能源消费的主体——电能和天然气等，可以进一步优化和推广阶梯电价和阶梯气价政策。根据节能目标和居民消费的基本需求，因地制宜核定一定的消费定额，在额定消费量之内采取低价政策，对定额以外的非必需品能源消费采取逐级提价政策，尤其是加大对奢侈型能耗的提价力度。通过价格杠杆在调控能源消费的经济成本的同时，推动低碳节能的社会风气的形成。

8.3　信息型政策的优化策略

信息型政策主要包括节能信息宣传、能源消费反馈等信息。在第 6 章中，通过调节效应分析和回归分析的方法分析了信息型政策对居民能源消费行为低碳化的作用机理，解析了信息型政策对居民“行为意愿—行为”“行为能力—行为”之间路径关系的调节作用，同时分析了信息型政策对居民个体心理的影响；在第 7 章中，再次通过 Agent 仿真的方法，模拟并预测了信息型政策工具在不同强度下对居民群体的日常节能行为、能效投资行为的作用效果。基于上述章节的研究，本节归纳总结了信息型政策的优化要点，并针对研究结论提出了政策优化建议。

8.3.1　信息型政策优化要点

1. 政策量化评估要点分析

在对我国现有信息型政策的量化评估中发现，近 10 年来虽然各种类型政策工具的效力都有了显著提升，我国政府开始重视多样化政策工具的使用，但信息型政策的整体效力增长幅度显著弱于其他类型的政策，信息型政策的应用还没有引起政府部门的充分重视。但在不同政策工具的节能效果评估中却显示：信息型政策工具的节能效果十分显著，仅次于经济激励型政策，信息型政策通过宣传教育、普及节能知识，提升公民环保意识，激发节能行为的内在动机，对促进节能产生了显著效果，也是财务成本较低，有利于形成低碳节能长效机制的政策类型，需要在政策优化中充分发掘。

2. 实证研究中信息型政策作用机理的要点归纳

(1) 信息型政策对居民“低碳行为意愿”与“能效投资行为”、“低碳行为能力”与“日常节能行为”、“低碳行为能力”与“能效投资行为”之间的关系具有显著的正向调节作用。其中，信息型政策对“低碳行为能力”与“能效投资行为”之间的关系的调节作用最显著，调节效应值达到了 0.144，其次是对“低碳行为意愿”与“能效投资行为”之间关系的调节。这表明：宣传教育、信息反馈等信息型干预政策能够有效地促进居民的低碳行为能力、低碳行为意愿向低碳化的能源消费行为的转化，特别是对于激发消费者购买节能家电、节能设备等能效投资行为而言调节效应更显著。可见信息型政策工具是一项十分有效的措施，加大信息宣传的力度对促进居民的行为意愿和行为能力向实际低碳消费行为的转化是非常重要的。

(2) 在第 6 章的信息型政策工具对居民个体心理的作用机理的分析中可以看

到：居民的气候问题感知、利他价值观、自我效能感与舒适偏好度等个体心理因素受到信息型政策的直接正向驱动，除舒适偏好度外，其他心理因素也均通过低碳行为意愿、低碳行为能力间接驱动两类能源消费行为。由此可见，居民的气候问题感知、利他价值观、自我效能感等个体心理因素均可以通过详细、及时的信息宣传、信息反馈和社会舆论进行引导和激励。而对低碳行为意愿具有负向影响的舒适偏好度，也可以通过宣传教育等信息干预策略来矫正居民“舒适度与节能不能同时兼顾”的观点。

(3) 在信息型政策对居民的低碳知识和社会因素类变量的影响分析中可以看出，居民的系统知识、行动知识、效力知识、社会地位、榜样示范等因素均受到信息型政策的正向激励，而这些因素也都会通过居民的行为意愿与行为能力间接驱动行为。由此可见，如何运用强有力的信息宣传与教育来帮助居民获取并运用三类低碳知识，如何通过社会舆论引导居民对社会地位的认知中强化对低碳节能的认可，如何通过对低碳节能榜样的示范效应来培育低碳消费的社会风气是政策优化和设计中需要考虑的要点。

3. 信息型政策工具仿真研究的要点归纳

在基于 Agent 的“政策—行为”仿真研究的结果中可以看出，信息型政策对居民日常节能政策和能效投资政策的作用仅次于经济激励型政策的影响。与无政策工具激励的情景相比，信息型政策均能有效促进居民的低碳行为意愿、日常节能行为和能效投资行为的增加。与中等强度的政策干预效果相比，高强度信息政策干预对居民在日常节能行为和能效投资行为的作用效果都有明显的增加。但中等强度的信息干预对居民的日常节能行为促进作用的相对增长量要高于能效投资行为，而在高等强度的信息干预下，居民实施能效投资的行为要高于日常节能行为。因此，对于一直以命令控制型政策为主要促进居民节能行为的我国政府及相关管理部门而言，政策优化中应该更多地考虑增加信息型政策工具的数量和质量。

8.3.2 信息型政策优化建议

(1) 重视政策工具多样化，加强信息宣传的力度和传播媒介的多样性，激发居民的低碳行为意愿，培育低碳行为能力。

首先，从战略高度重视对居民生活领域节能减排政策的整体规划和协同引导。将引导居民节能减排作为国家整体节能减排计划中一个重要的构成部分，通过政策规划，系统地引导居民在购买、使用、处理等日常生活多个环节的节能行为，在重视政策发布数量的同时，更多地关注政策文件本身的内容效力。丰富信息型政策的内容和形式，通过信息反馈型政策的开发与优化，建立居民自身能耗与环境后果、与周围群体的直接关联性，通过后果感知和社会对比激发居民自主节能意愿，进而形成节能减排的社会风气。

其次，通过以电视、广播、报纸、互联网平台(QQ、微信、微博、易信等)为媒介，加强低碳、节能的信息宣传。如建立关于“低碳消费”“节能”“绿色生活”等官方网站，也可以通过建立“微信公众号”的形式扩大对气候变暖问题、雾霾、生态平衡破坏程度等信息的宣传，可以以“故事”“图片”“视频”等形式将环境宣传内容形象化，增强居民对环境问题的主观感受。新闻出版、广播影视、文化教育等部门和有关社会团体，应加强舆论宣传和引导，组织制作、发布成功低碳节能案例，传播低碳节能相关信息，开展典型个人或示范家庭活动，发挥榜样示范和“替代强化”作用，对浪费能源的行为予以曝光和舆论批评，对低碳节能的行为给予舆论支持，形成以低碳节能为荣、以浪费为耻社会风气，形成全社会共同低碳节能的良好社会规范[349]。

(2)增强节能知识教育，均衡知识传播结构，增加系统知识和效力知识的传播。

在信息宣传过程中，对不同类型的“知识”有不同的侧重。在实证分析结果中可以发现，不同类型的知识对居民的低碳行为意愿、低碳行为能力的影响程度是不同的，而且信息型政策对不同类型的低碳消费行为形成的促进作用也存在差异。其中系统知识对能效投资行为的促进作用更大，效力知识对日常节能行为的促进作用更大，而行动知识则对两类行为的影响不显著。通过分析对比调查问卷中居民现阶段对各类知识的了解程度中发现，居民对行为后果知识，也就是效力知识的了解程度相对较低，对系统知识的了解程度为中等，对行动知识的了解程度略高一些。在系统知识中，居民对于化石能源消耗导致大气中二氧化碳浓度上升的程度略高一些，而对什么是“低碳经济”则了解得很少。居民的这种知识结构的不合理和效力知识的缺乏，也是我国城市居民在低碳化购买行为上比使用行为上表现更积极的一个原因。因此在倡导低碳消费、构建低碳节能的信息宣传教育体系时，需要高度重视信息传播内容的设计，均衡设计知识结构，从实际技能、道德教育、法规教育等方面多管齐下，提高信息传播中效力知识和行动知识的比重，使得居民不仅知道低碳消费的意义，更能通过政府的宣传教育掌握“如何做”“怎样做更好”的知识和技能，进而推动居民在能源消费上的知行合一。

(3)建立节能目标与用能信息反馈相结合的信息机制。

我国目前涉及能源统计的年鉴有《中国统计年鉴》和《中国能源统计年鉴》，虽然各年的年鉴统计了许多能源相关的数据，但缺乏针对居民的能源消费及二氧化碳排放相关的统计数据，这一缺失直接影响到政府制定政策时对居民能源消费情况的把握不足和政策效果的无法评估。因此，加强直接针对居民生活领域用能信息的采集和管理十分重要。

本书的阶段成果论文“信息型策略对居民节能行为的干预效果研究”的研究结果显示：当为居民制定明确具体的节能目标并配合定期的信息反馈时能有效

地刺激居民实施节能行为，而且反馈信息内容中使用家庭能耗的社会对比信息比使用自家历史能耗对比的信息更有利于激励节能行为。

因此，我国政府可以建立居民能源消费信息统计和居民用能信息反馈制度，一方面可以采集居民能源消费和碳排放的真实数据提供政策研究和评估；另一方面相关管理部门可以在给予居民消费账单反馈时，可以考虑为居民提供可参考的群体节能信息，通过发挥社会对比心理的正向引导来激励公众的节能减排行为。

(4)提高节能信息的透明度，增强信息反馈的即时性和丰富性。

在第 7 章的“政策—行为”仿真分析中可以发现，提供及时有效的能源消费信息能够有效促进居民的节能行为。现阶段我国对智能电表的推广范围较小，很多地方还在使用人工催缴或以每月、两月一次的电力消费账单的方式才能获得能源消费的信息。信息传递的不完善性和不对称性阻碍了家庭对当前用电情况的认知。因此，地方政府及相关用能管理部门可以考虑根据当地的经济发展水平，建立规范且容易操作的居民用能信息定时反馈或实时反馈管理体系，充分借助互联网、短信、手机 APP 等高效、即时的信息平台和智能技术，及时将居民的历史用能信息、用水信息反馈回去，增强居民对自己节能结果的感知。同时，在反馈用水、用电信息的基础上，可以将居民的能耗信息转换成对应的环境贡献信息(如你家的当期节能量相当于减少了多少二氧化碳排放，种了多少棵树)，以此来帮助居民不仅能够即时了解自家能耗信息的变化，还能够更加直观地认知自家的能源消费情况的变化给环境保护带来了多少压力和贡献，增加居民对自己能耗行为与环境保护贡献之间的直接关联性，进而提高居民对低碳消费的感知度，提高节能减排的自觉性。

(5)增加信息反馈的多样性，在传统账单信息中增加环保贡献信息和社会规范信息，建立起消费行为与环境收益、社会认同之间的直接关联。

充分发挥信息框架在激励家庭节能中的积极作用，将事前信息宣传与事后信息反馈相结合进行信息干预设计，深入挖掘我国城市家庭的节电潜力。第 6 章实证研究显示：居民实施低碳化能源消费行为后，感知到的主观福利提高和环保意识提升均对其后续的行为意愿和行为具有显著的回调效应。因此可以在传统信息反馈只提供用电量信息和缴费信息的基础上，提供具体的、可衡量的环境贡献信息和社会规范信息，建立起节能行为与环保收益、社会认同之间的直接关联，强化行为与行为结果之间的联动关系，充分发挥结果意识和成就意识对居民节能的激励作用。

(6)实施事前宣传+事后反馈相结合的综合型信息干预策略。

本著作的阶段成果论文“信息型策略对居民节能行为的干预效果”的研究结果显示：对居民节能行为而言，事后的信息反馈比事前的宣传教育更有效。因此，实施事前宣传+事后反馈相结合的综合信息干预策略可以克服中国政府长期以来侧重实施单一事前环境教育信息宣传所带来的“态度—行为”缺口问题，为我国城市家庭不同阶段的节电行为提供助力，满足居民在实施节电行为之前有态度，有意识；在实施节能行为的过程中有参照，有动力；在实施节能行为之后有效果、有成就感的需求，进而形成主动节能的良性行为习惯。

8.4　自愿参与型政策优化策略

自愿参与型政策是指政府在某些公共问题上不干预或不直接介入，而是通过提供自愿参与的机会，提供信息服务、行为指导、活动支持、制度支持等方式来引导公众行为符合政策目标的措施总和。

在第 6 章实证研究中，通过调节效应分析和回归分析法分析了自愿参与型政策对居民能源消费行为低碳化的作用机理，探究了自愿参与型政策对居民“意愿—行为”“能力—行为”之间路径关系的调节作用，同时探究了自愿参与型政策对居民个体心理的激励作用；在第 7 章中，通过 Agent 仿真的方法分析并预测了自愿参与型政策对居民的日常节能行为、能效投资行为的干预效果，进一步挖掘了自愿参与型政策对居民能源消费行为低碳化的干预效果。在第 3 章中的第 2 节内容对自愿参与型政策的效力以及节能效果进行了评估。基于以上章节的研究，本节归纳总结了自愿参与型政策的优化要点，并针对研究结论提出了有效的政策优化建议。

8.4.1　自愿参与型政策优化要点

1. 自愿参与型政策量化评估的分析要点归纳

在对我国已经实施的引导居民生活节能政策的评估结果中发现，自愿参与型政策的整体效力最小，而且该类型政策的实际节能效果也不显著。这可能是因为我国现有的自愿参与型政策主要是通过节能宣传周等活动来营造全民参与节能的社会氛围，属于间接影响居民的认知与行为，与居民的自身利益缺乏直接关联性。因此进一步充实和开发更具有政策效力和节能效果的自愿参与型政策是政策优化的要点之一。

2. 自愿参与型政策对居民能源消费行为低碳化作用机理实证研究要点归纳

(1) 自愿参与型政策对居民的低碳行为意愿与能效投资行为、行为能力与能效投资行为之间的关系具有积极的调节作用。对行为意愿、行为能力与日常节能行为之间的关系不存在显著的调节效应。这表明自愿参与型政策工具对居民的行为意愿、行为能力转化为能效投资行为的过程中具有正向的调节作用。因此自愿参与型政策工具对居民能源消费行为低碳化具有积极的促进作用。

(2) 自愿参与型政策对居民个体的“气候问题感知”“利他价值观”“环境责任感”“自我效能感”的形成具有积极的促进作用，对居民的“舒适偏好度”具有负向减弱的作用。由此可以说明，增加自愿参与型政策能够增加个体的气候问题感知、利他价值观、环境责任感、自我效能感的心理认知，减弱居民对舒适偏好的需求，进而增加个体实施低碳节能消费的行为意愿。

(3) 自愿参与型政策对居民的行动知识、效力知识、社会规范、社会地位、榜样示范等认知心理的形成具有促进作用，其中自愿参与对居民掌握行动知识、效力知识的影响最大，说明自愿参与型政策能够改善居民的低碳消费知识，并且对个体对社会地位、榜样示范等心理认知的形成具有重要的促进作用。

3. 自愿参与型政策仿真研究的要点分析

在政策仿真分析的结果中可以发现，与无政策工具激励的情境相比，自愿参与型政策对居民群体的低碳行为意愿、能效投资行为均具有正向的促进作用，但中等强度的自愿参与型政策并没有促进居民的日常节能行为的增加，反而有所降低。而在高强度政策情景下，居民群体的低碳行为意愿、日常节能行为和能效投资行为均有了较大的提高。可见，提升自愿参与型政策的政策强度是政策优化需要考虑的一个要点。

8.4.2 自愿参与型政策优化建议

自愿参与型政策工具一般是指政府通过提供自愿参与的机会，提供信息服务、行为指导、活动倡议等方式来引导公众行为符合政策目标的措施总和。对居民能源消费行为低碳化而言，它是一种非正式的引导政策，不具有强制性的要求，主要通过道德上和情感上的引导，激励公众通过切身体验和参与，来强化节能意识，践行低碳行为，这一类政策工具强调的是政策管理对象的自愿性和参与性的。

我国的自愿参与型政策主要体现在两个方面：一是通过开展“全国节能宣传周”“全民低碳日”“地球一小时”等活动，形成全国节能的良好社会风气，促使居民参与节能活动，以此引导居民减少高碳消费的习惯；二是通过颁布《公众节能行为指南》《全民节能减排手册》《城镇居民用户节能行为指南》等知识类手册来增加居民的低碳知识，提高居民的节能意识和行为能力，提升居民实施节能行为的可行性。总的来说，我国居民自愿参与型政策相对较少，政策工具的效力也较低，居民参与低碳节能活动的意愿较低。

国外的自愿参与型政策类型丰富，政策制定较为详细。其一是制定自愿参与协议，如英国的个人津贴碳跟踪计划，对超过协议规定目标的员工给予一定的处罚，同时也为“碳足迹”少的员工发放一定的奖金；美国制定了 40 多个一级的长期节能自愿协议，包括能源之星、气候之星、绿色照明、废物能、电机挑战等；荷兰实施的长期协议、法国的自愿性环境协议等都是自愿性协议。其二是设置节能协会或听证会，如美国开展节能法规的非正式的公众听证会，为居民详细介绍了法规制定和拟议的方法，论述了与法规制定行动相关的问题，并启动了与利益相关方的互动和数据收集程序；日本成立了“节能活动推进协议会”，开办讲座、开展节能活动，如建立“无车日”，共同熄灭建筑物上的灯饰，推广使用风能，太阳能等自然清洁电力等。其三是开展节能活动，如美国将原有“夏令时”增加四周，新“夏令时”从 3 月的第二个周日到 11 月的第一个周日，长达 7 个月；日本设立“节能活动日”、“节能活动月”和“节能检查日”等，此外日本还开展“节能装”和“环保积分制度”等活动，促进居民积极参与节能行为。

因此，在结合政策优化要点、借鉴国外政策经验的基础上，提出以下建议。

(1) 提升政策强度，建立“低碳积分制”、“节能之星奖励计划”等常态化的全民参与的低碳消费长效机制。

从前文研究和政策优化要点可知：自愿参与型政策对居民的“低碳行为意愿”、“低碳行为能力”与“能效投资行为”之间的关系具有显著正向的调节作用，而且仿真研究显示，提升自愿参与型政策强度更有利于居民的低碳消费行为的群体改善。所以开展和组织自愿参与性活动对于激励居民能源消费行为低碳化仍然是一个非常有效的工具。为此，政府部门需要不断丰富低碳节能全民参与性活动的类型，除了开展“全国节能周”、“全国低碳日”等短期活动之外，还可以借鉴国外经验，推行“居民低碳消费积分制度”或“家庭节能之星奖励计划”等长效机制。通过这些制度对节在低碳节能上贡献突出的个人和家庭给予荣誉奖励或社会福利上的优先与优惠，让居民能够在日常生活中认识到自己每一种消费行为的在节能减排上的累计贡献，通过成就感激发机低碳节能的内生动机。

(2) 发挥榜样示范作用，引导全民参与低碳行动，培育低碳消费新时尚。

实证研究显示，自愿参与型政策对榜样示范效应的形成具有正向调节作用。政府管理部门可以以企事业单位或居民社区为单位，每年开展低碳社区、节能家庭、绿色机关等创建与评优活动，形成制度化的榜样示范长效机制，并对具有典型性和代表性的低碳节能榜样人物，榜样家庭，榜样社区、榜样单位等进行宣传推广，通过榜样效应引导全民参与低碳行动；还可以通过媒体选秀或媒体知识竞赛活动等方式，树立新生代榜样，激发公众，特点是年轻人对低碳活动的关注热情和模仿学习热情，培育社会性的低碳节能消费时尚。

(3) 建立健全低碳节能的教育参与体系，通过体验式学习推进公众在低碳消费上的知行合一。

由政策优化要点可以看出，自愿参与型政策能够增加个体的气候问题感知、利他价值观、环境责任感、自我效能感的心理认知，减弱居民对舒适偏好的需求，还在增长低碳知识方面扮演着重要角色，对居民的行动知识、效力知识及行为能力均具有积极的正向影响。为此，政府部门可以积极开展系统化的公众低碳教育参与活动，如通过举行低碳教育专题讲座，低碳节能知识大奖赛、社区节能技巧培训与竞赛等活动，为居民提供多方面的低碳节能教育的参与体系，并不断增加参与的便利性。通过引导居民参与低碳节能教育活动来提升其对节能环保问题的认可度和重视度，通过参与体验来激发公众的低碳行为意愿，提升低碳行动能力，促进居民在低碳消费上的知行合一。

(4)开展形式多样的青少年志愿者活动，将参与“低碳义工”情况纳入青少年教育奖励计划，从基础教育阶段培养环保价值观和低碳节能的行为习惯。

实证研究显示，环境价值观对居民的低碳消费行为具有积极的正向驱动作用，而价值观的形成主要源于个体少年时期的生活经历和成长的社会化过程。因此政府决策者和教育主管部门应该将低碳节能教育延伸到基础教育阶段，从小培育青少年积极的环境价值观和环境责任感，激发内生型低碳消费动机。教育部门可以通过开展丰富多样的青少年志愿者活动，将从事“低碳义工”活动情况纳入青少年教育奖励计划，激发外因动机。此外青少年阶段是学习掌握知识技能的敏感期，也是培养消费习惯的最佳时期。在青少年尚未形成高能耗的行为习惯之前，通过基础教育系统的磁化能力引导青少年形成低碳节能的行为习惯也是构建低碳消费的长效机制。

(5)提高居民对低碳节能政策的执行与反馈过程的参与度。

我国政策监督体系较为薄弱，针对低碳节能的监督部门基本没有。面对这样的境况，政府应该积极发挥居民的潜力，为提高我国低碳节能政策的切实执行提供保障。政府可以建立以居民为主体的监督参与体系，为居民提供能源浪费的反馈监督平台和通道，利用奖赏和公开表扬等激励手段来鼓励居民主动参与政策的监督落实之中。同时，我国也可以借鉴国外制定的政策听证会制度，让居民有机会参与到政策的制定与调整的过程中，增加居民对政策的熟悉程度和心理认同度，提高政策与居民自身利益和自我发展之间的相关性，激发居民主动参与政策监督与反馈的热情，形成社会性的低碳节能责任意识和自觉行动。

第 9 章　研究结论与未来研究展望

9.1　主要研究结论

本书研究不同政策工具对居民能源消费行为低碳化的作用机理及优化策略。首先，借鉴经济合作与发展组织的环境政策分类思想，将与居民能源消费相关的政策分为命令控制型政策工具、经济激励型政策工具、信息型政策工具、自愿参与型政策工具四个类型，并从政策工具的视角对欧盟国家、美国、日本和我国的相关政策工具进行了系统地梳理与分析，进而运用文本量化分析方法对我国近 20 年发布的居民生活领域节能引导政策的政策效力和节能效果进行了量化评估，定量分析了我国相关政策工具的现状特征和存在问题；此后运用扎根理论发展的探索性质化研究方法，构建了我国居民能源消费行为低碳化的驱动因素作用机理的理论模型；然后以理论模型为基础，开发了一套有效的变量测量工具，通过大样本居民问卷调查获取数据，运用结构方程模型和多元统计分析等量化研究方法，对理论模型进行了实证检验与修正，形成了最终模型。解析了居民能源消费行为低碳化的前因、后果与作用机理，确定了不同类型政策工具在促进居民能源消费行为低碳化过程中的可干预的路径；在此基础上，基于 Agent 的计算机仿真技术，运用 Netlogo 仿真平台建立不同政策情景下的“政策—行为”作用机理动态仿真模型，模拟并预测不同政策情景下居民群体的能源消费行为的动态变化；最后，结合我国居民能源消费行为的主要特征，不同政策工具对行为的干预路径和仿真模拟的结果，提出促进居民能源消费行为低碳化的政策优化策略。因此，主要研究结论包括四个方面。

9.1.1　关于我国引导居民能源消费相关政策现状量化评估的结论

为了评估我国政府在引导居民生活节能方面已颁布政策的政策效力和节能效果，本著作收集了我国 1996～2015 年颁布的引导居民生活领域节能行为的政策文件，将其分为命令控制型、经济激励型、信息型和自愿参与型四种类型，从政策力度、政策目标、政策措施和政策反馈四个维度建立了评估模型，对 65 项政策文件进行了政策效力量化分析和节能效果评估。主要结论和政策启示如下。

(1) 我国与居民能源消费相关政策工具的整体效力变化主要由政策发布数量驱动，政府对政策文件本身的内容效力重视不够，需要从战略高度重视对居民生活领域低碳节能政策的整体规划和协同引导。

1996～2015年，我国政府发布的引导居民生活节能的政策发布数量与各年政策整体效力呈同向变化且波动较大，而政策的年平均效力水平则变化平稳且整体较低，政策整体效力的变化主要由政策发布数量驱动，政府对政策文件本身的内容效力重视不够，政策发布的战略性和协同性尚需改进。政府部门需要从战略高度重视对居民生活领域节能减排的政策的整体规划和协同引导。将引导居民节能减排作为国家整体节能减排计划中一个重要的构成部分，通过政策规划，系统地引导居民在购买、使用、处理等日常生活多个环节的节能行为，在重视政策发布数量的同时，更多地关注政策文件本身的内容效力。

(2)已发布政策存在政策措施较多，政策力度偏低，政策目标缺乏量化，政策反馈不足的问题，政府部门需要从政策力度、政策目标、政策措施和政策反馈四个环节加强政策文件制定与发布的综合效力。

在构成政策效力的四个维度中，我国政府发布的引导居民节能的政策存在政策措施较多，但政策力度偏低，政策目标缺乏量化，政策反馈不足，导致20年来政策的年平均效力难以有效提升，不利于政策的执行落实和调整优化。因此政府在制定政策过程中需要关注政策文件的综合效力，通过更高的权力机构发布政策来提高政策力度，加强政策目标的可度量性和政策反馈环节的设置与监管，使政策在执行过程中更受重视，责任更清晰，目标更明确，调整更及时。

(3)四类政策工具的效力水平差异较大，命令控制型政策比重偏大，政府部门需要进一步推进政策工具的多样化。

第4章四种政策工具的整体效力在2006～2015年的10年间相较之前的10年均有显著提升。我国政府已经开始重视采用多样化政策工具对居民生活领域的节能减排进行引导和干预。但政策构成仍然以命令控制型政策为主，其次是经济激励型政策和信息型政策，自愿参与型政策最少。命令控制型政策所占比重过大，不利于居民生活节能中主观能动性的激发与保持。

(4)四类政策工具的政策效力与其节能效果出现显著偏差，应该充分发挥经济激励型政策和信息型政策对居民生活领域节能行为的促进作用。

我国政府更偏好使用命令控制型政策，其次才是经济激励型政策和信息型政策，而政策工具的节能效果检验却显示：命令控制型政策的节能效果并不显著，经济激励型和信息型政策的节能效果更好。这种政策工具偏好与实际节能效果之间的偏差需要引起高度重视。由于命令控制型政策体现的是强制性行政权力的约束，缺乏对居民的主观能动性的激发，容易使居民能源消费中出现回弹效应；此外，命令控制型政策对居民生活领域节能而言，提供的是环境支撑力，不是直接相关性，也削弱了其对居民生活节能的驱动力。经济激励型政策和信息型政策能够更直接地建立政策与行为的关联性，通过改变个体的意愿、价值判断和消费者的感知状况，对于促进居民生活领域节能效果更为显著。尤其是在当前的信息经济和大数据时代，如何充分发挥信息型政策对居民生活节能的促进作用应该引起我国政府部门的充分重视。

因此，政府部门需要充分发挥经济激励型政策和信息型政策对居民生活领域节能行为的促进作用。一方面通过经济激励政策加强居民能源消费成本与节能收益的直接相关性，刺激对价格敏感的消费者主动节能；另一方面，丰富信息型政策的内容和形式，通过信息反馈型政策的开发与优化，建立居民自身能耗与环境后果、与周围群体的直接关联性，通过后果感知和社会对比激发居民自主节能意愿，进而形成节能减排的社会风气。

9.1.2　关于居民能源消费行为低碳化驱动因素作用机理的研究结论

本著作基于对居民和专家的深入访谈和开放性调查问卷资料，运用扎根理论的探索性研究方法，构建了包含个体心理、群体心理、低碳知识、社会因素、情境因素、行为效果感知等27个变量的居民能源消费行为低碳化驱动机理的理论模型，然后开发了一套变量测量量表，并通过对1339个居民样本的问卷调查，实证检验并修正了居民能源消费行为低碳化的驱动因素作用机理模型。本著作将居民的低碳化能源消费行为划分为日常节能行为和能效投资行为两类，通过实证分析，得到以下结论。

(1)居民能源消费行为低碳化受到个体的低碳行为意愿、低碳行为能力和部分心理因素直接影响。

通过实证研究发现，购买行为更多地受到行为意愿的影响，使用行为更多地受到行为能力的影响。其中“低碳行为意愿”对两类行为均存在正向影响，且“低碳行为意愿”对“能效投资行为”的影响强度要显著高于“日常节能行为”；“低碳行为能力”对两类行为也均存在正向影响，且其对“日常节能行为”的影响强度则显著高于“能效投资行为”。

其次，环境责任感、利他价值观、从众心理和面子意识四个变量均对居民能源消费行为存在直接驱动作用。其中，环境责任感直接正向作用于日常节能行为和能效投资行为；从众心理直接正向作用于日常节能行为，对能效投资行为没有显著影响；面子意识直接负向作用与日常节能行为，对能效投资行为无显著影响；利他价值观则直接正向影响居民的能效投资行为，对日常节能行为不存在显著影响。

(2)个体因素大都是经由行为意愿和行为能力间接影响行为的，且影响方向和影响程度存在显著的差异。

由路径分析可知，居民的气候问题感知、利己价值观、自我效能感、舒适偏好度、社会规范、社会地位、榜样示范、系统知识、效力知识等个体因素均通过影响行为意愿和行为能力间接驱动行为。其中在对行为意愿的影响因素中，气候问题感知的积极作用最强，之后依次为自我效能感、社会规范、榜样示范、效力知识、系统知识。而利己价值观、舒适偏好度及社会地位对行为意愿均为负向影响。在对行为能力的影响因素中，自我效能感的正向作用最强，达到高等程度的影响力，其次效力知识对行为能力的影响作用达到中等程度，之后依次为社会规范、系统知识、气候问题感知，最后为榜样示范，而利己价值观、舒适偏好度对行为能力均为负向影响。

(3)不同的外部情境因素对行为意愿与行为之间关系的调节作用显著不同。

研究表明，经济激励型政策、命令控制型政策、信息型政策、自愿参与型政策、技术成熟度和便利条件对行为意愿向低碳化能源消费行为转化的过程中均存在显著的调节作用。

在四类政策工具中，经济型政策中的补贴政策、技术成熟度对行为意愿到日常行为有显著正向加强作用，而税收政策、价格政策对行为意愿向日常节能行为转化过程具有负向减弱的作用。在行为意愿向能效投资行为转化的过程中，经济激励型政策、信息型政策、自愿参与型政策、技术成熟度和便利条件对该路径具有正向加强作用，而命令控制型政策对该路径存在显著的负向调节作用。

(4)不同的外部情境因素对行为能力与行为之间关系的调节作用显著不同。

在控制其他外部因素不变的情境下，六类不同的情境因素对行为能力与行为之间的关系的调节作用存在较大的差异。在行为能力向日常节能行为转化的过中，经济激励型政策、信息型政策、自愿参与型政策对该路径均存在显著的正向调节；在行为能力向能效投资行为转化的过程中，经济激励型政策、信息型政策、自愿参与型政策对该路径存在显著的正向调节作用，而命令控制型政策对该路径存在显著的负向调节。

(5)居民的行为效果感知对行为具有显著的回调效应。

由分析结果可知，低碳能源消费行为显著影响居民对行为效果的感知，而行为效果感知不仅对能源消费行为低碳化存在着回调效应，也对行为意愿具有显著的影响。其中在实施低碳化的行为后，居民对环境质量提升的重视大于对主观福利提高的重视，同时环保意识的提升也会反过来促进居民实施低碳化的能源消费行为。由此说明，居民在实施行为后，更希望能够得到环境改善的信息，如果居民得到积极的反馈，就会增加实施低碳化能源消费行为的次数。

(6)居民能源消费行为低碳化会因为个体特征和家庭特征的不同而存在显著差异。

在对居民低碳化能源消费行为在个体特征因素上的差异性分析中发现，居民的日常节能行为只在职业类型上存在显著差异。其中，科研、教育与环境卫生领域方面的工作人员的均值最高，说明该领域的工作人员在日常生活中更加注重节能，而企业管理人员在日常节能行为中的得分最低，显示企业管理人员在日常能源使用中的节能减排还有待提高；对于能效投资行为，居民的行为在年龄和受教育水平上均存在显著差异，其他个体特征则无显著差异。在年龄上，60 岁以上及 20 岁以下居民的比其他年龄阶段的居民更倾向于购买节能家电，而 20～30 岁的居民对节能住宅、节能电器上的购买行为较少。在受教育程度上，随着受教育水平的提高，居民的能效投资行为呈减弱趋势，可见教育在环保上的关注还远远不足。

在对居民低碳化能源消费行为在家庭特征因素上的差异性分析中发现，家庭人口规模和家庭类型两个因素在能效投资行为上存在显著差异。从家庭人口规模上看，家庭人口数越多，对购买节能家电、住宅节能投资等就越重视；从家庭类型上来看，三代同堂或四代同堂的家庭更加注重购买节能电器或住宅节能投资，已婚无子女或不与子女同住的家庭则在购买高能效产品上关注不足；而家庭月收入、家庭结构、住宅产权在两类能源消费行为上均未检验出显著差异，这一结果与预期有所偏差，需要更深入的研究加以厘清。

9.1.3　关于不同干预政策对居民能源消费行为低碳化作用机理仿真的研究结论

(1) 在外部政策干预情境下，居民长期的低碳行为意愿和能源消费行为低碳化的实际倾向偏低。

仿真研究结果显示，在无外部政策干预的情境下，居民长期的低碳化行为意愿和低碳能源消费行为的实际值较低。这说明在没有外部条件的刺激下，居民由内在心理和外部情境综合作用下形成的长期稳定的低碳行为倾向和实际实施低碳能源消费行为的程度较低，其中居民实施能效投资行为的得分最高，其次为日常节能行为，而低碳行为意愿的得分最低。

(2) 四类不同类型的政策工具的不同强度干预对居民的行为意愿均存在显著的促进作用。

对于低碳行为意愿的促进来说，四类政策工具都显示出了较大的促进作用。总体来看，高强度政策情境下四类政策工具对居民低碳行为意愿的作用效果要好于中等强度的政策干预。四类政策中，自愿参与型政策对居民低碳行为意愿的影响最大，其次为经济型政策和信息型政策，而命令控制型政策的作用效果最差。

(3) 四类不同政策工具的不同强度的干预对日常节能行为的作用效果存在显著差异。

由分析结果可以看出，四类政策工具的不同干预强度对居民的日常节能行为的作用效果存在显著差异。总体来看，高强度政策对居民日常节能行为的干预效果均显著优于中等强度的干预效果。其中在高强度的政策干预情境下，经济型政策对居民日常节能行为的作用效果最好，之后依次为信息型政策和命令控制型政策，自愿参与型政策的效果最弱。在中等强度的政策干预下，经济激励型、信息型、命令控制型政策均正向促进了居民的日常节能行为的增加，而自愿参与型政策的作用效果反而有所降低。

(4)不同政策的不同强度干预对居民能效投资行为均具有明显的促进作用。

基于四类不同程度的政策工具对居民能效投资行为的情境仿真模拟结果可以看出，不同类型政策工具的不同强度对居民能效投资行为的干预效果具有显著差异。总体而言，高强度政策对居民能效投资行为的干预效果均显著优于中等强度的干预效果。其中经济激励型政策的干预效果最好，之后依次为信息型政策、自愿参与型政策，命令控制型政策的作用效果最弱。

9.2　主要创新点

本著作的创新点主要体现在研究视角、研究内容和研究方法三个方面。

1. 研究视角创新

第一，从公共政策学、环境行为学、社会心理学、实验经济学、计算机科学等多学科交叉的视角，研究了不同政策工具对居民能源消费行为低碳化的作用机理。可以改善传统经济学基于“理性经济人”假设和经济学范式开展的“政策—行为”研究中对行为主体内在心理过程及非经济性行为动机难以有效解释的局限性；第二，将我国关于节能减排问题的政策研究，从产业层面、企业层面和技术领域，延伸到微观主体居民的生活能源消费领域，拓展了资源环境政策管理的研究领域与层次。

2. 研究内容创新

第一，通过建立居民能源消费行为低碳化驱动因素作用机理模型，解析居民能源消费低碳化过程中从动机到行为的心理过程，厘清了不同政策工具在行为形成过程中主要的可干预路径，可以弥补国内关于低碳消费行为的研究中，侧重行为影响因素研究，而对不同类型政策工具对行为的干预路径缺乏系统性量化研究的不足；第二，基于 Netlogo 仿真平台建立了不同政策工具对居民能源消费行为低碳化作用效果的计算机动态仿真模型，模拟并预测了在不同政策工具情景下和同一政策工具不同强度情景下，居民能源消费行为的群体涌现特征和变化趋势，起到了“政策实验室”的作用，可以填补国内外关于公众政策作用效果的研究中，缺乏针对微观主体居民消费行为的“政策—行为”仿真研究的空白。

3. 研究方法创新

在不预设假设的前提下，通过扎根理论发展探索性的质化研究方法构建居民能源消费行为低碳化的驱动因素理论模型，再运用结构方程模型和多元统计分析等定量研究方法对理论模型进行了实证检验，增强了模型研究中变量选择的理论基础，避免了以往实证研究中依据文献提出假设构建概念模型所导致的模型对现实问题解释力不充分的不足，拓展了居民消费行为研究的方法。

9.3 研 究 局 限

本书在以下几个方面存在不足之处。

(1) 基于问卷调查的实证研究，难以避免被调查者主观报告的片面性。

实证研究通过居民问卷调查进行数据采集，调查问卷中的变量测量题项均采取的是自我报告式的。尽管自我报告式的问卷测试方法是目前学术界和实践部门的通行做法，但不可否认的是，被调查者自我报告的行为可能会与其实际生活中真实的行为之间存在偏差，或多或少地存在主观报告的片面性。

(2) 未开展多种政策工具综合使用对居民能源消费行为的仿真研究。

本书仅对在单独使用不同类型政策工具情景下和同一政策工具不同强度情景下，居民的低碳化能源消费行为的群体涌现特征和变化趋势进行了模拟和预测，但受现有条件限制和技术制约，没能开展多种政策工具综合使用情景下，居民群体能源消费行为动态变化的仿真实验。

9.4 未来研究展望

针对本书研究中的不足之处，结合在研究过程中的一些想法，未来的研究可以在以下几个方面进一步加以展开和细化。

(1) 开展随机对照现场实验研究，对比不同政策干预的实际作用效果。

与问卷调查法相比，随机对照现场实验研究是以居民家庭的实际能源消耗量(如用电量、用气量等)的数量变化为因变量，衡量在不同的外部干预策略下实验组和对照组的能耗量差异。这种研究方法采用的是客观数据，因此对政策干预效果的衡量更加真实，也可避免调查问卷测试中自我报告与真实行为的偏差。在今后的研究中，可以进一步开展不同干预政策的随机对照现场实验研究。探讨不同外部干预政策对居民节电、节气、节水等资源消费行为的干预效果，减少自我报告式的行为评估中的主观性干扰。

(2) 深化政策仿真研究，探讨多种政策组合使用的作用效果。

本书研究了在控制其他政策的情境下，不同单项政策对居民能源消费行为的作用效果，但对于综合干预下，居民的低碳化能源消费行为是否会产生更好或更差的作用的问题还未进行深入探索。因此在未来的研究中，多项政策的同时作用将会成为我们研究的重点。

(3)低碳化能源消费行为研究范围的拓展。

本书将城市居民低碳化能源消费消费行为界定为购买行为和使用行为，主要分为日常节能行为和能效投资行为两类。对居民在家居生活以外的行为关注偏少。只在使用行为中关注了上下班的交通出行行为，而居民在日常家居生活以外的行为，如居民在外的娱乐行为、办公场所行为、公共场所的行为中都有与能源消费密切相关的行为，这些行为如何低碳化，也是值得深入研究的。此外目前我国家庭正步入汽车时代，传统燃油汽车是二氧化碳排放的主要来源，居民对新能源汽车的购买与使用行为、基于移动互联技术的共享单车等低碳出行的行为等也值得深入研究。

(4)多学科整合研究的视角。

鉴于居民能源消费行为低碳化本身的复杂性。后续研究可以进一步吸收社会学、心理学、行为经济学、公共管理学、政治学、生态学、环境科学、计算机科学等领域的研究成果，以多学科整合的视角继续开展交叉研究，拓展研究的深度和广度。

参考文献

[1] 中国气象局. 2015 年中国温室气体公报. 2016. http: //www.cma.gov.cn/root7/auto13139/201612/t20161228_359554.html.

[2] 孙傅, 何霄嘉. 国际气候变化适应政策发展动态及其对中国的启示. 中国人口·资源与环境, 2014, 24(5): 1-9.

[3] BP 中国. BP 世界能源统计年鉴. (2016-04-30) [2017-10-11]. http://www.bp.com/zh_cn/china/reports-and-publications/bp_2016. html.

[4] IEA. International Energy Statistics. 2016.

[5] 中华人民共和国国务院. 中华人民共和国国民经济和社会发展第十一个五年规划纲要. (2006-03-14) [2017-10-11]. http://www.gov.cn/gongbao/content/2006/content_268766.htm.

[6] 中华人民共和国国家统计局. 2016 年中国能源统计年鉴. 北京: 中国统计出版社, 2017.

[7] Shui B, Dowlatabadi H. Consumer lifestyle approach to US energy use and the related CO_2 emissions. Energy Policy, 2005, 33(2): 197-208.

[8] 朱勤, 魏涛远. 居民消费视角下人口城镇化对碳排放的影响. 中国人口·资源与环境, 2013, 23(11): 21-29.

[9] 王建明. 消费碳减排政策影响实验研究. 北京: 科学出版社, 2016.

[10] 谢锐, 王振国, 张彬彬. 中国碳排放增长驱动因素及其关键路径研究. 中国管理科学, 2017, 25(10): 119-129.

[11] 赵晓丽, 洪东悦. 中国节能政策演变与展望. 软科学, 2010, 24(4): 29-33.

[12] 黄鑫, 陶小马. 欧美国家节能政策演变趋势及对中国的启示. 经济纵横, 2008(9): 98-100.

[13] 习近平. 决胜全面建成小康社会 夺取新时代中国特色社会主义伟大胜利——在中国共产党第十九次全国代表大会上的报告. (2017-10-27) [2017-12-22]. http://www.gov.cn/zhuanti/2017-10/27/content_5234876.htm.

[14] 夏征农. 辞海第六版. 上海: 上海辞书出版社, 2009.

[15] 伍启元. 公共政策. 台湾: 台湾商务印书馆, 1988.

[16] 桑玉成. 公共政策学导论. 上海: 复旦大学出版社, 1992.

[17] 陈庆云. 公共政策分析及其历史沿革. 行政论坛, 1995, (3): 8-11.

[18] 张金马. 公共政策分析: 概念·过程·方法. 北京: 人民出版社, 2004.

[19] 戴维·伊斯顿. 政治体系: 政治学状况研究. 马清槐译. 北京: 商务印书馆, 1993.

[20] 托马斯·戴伊. 理解公共政策. 第 11 版. 谢明译. 北京: 北京大学出版社, 2008.

[21] Hood C. The tools of government. Brain Behavior & Evolution, 1983, 42(4-5): 265-272.

[22] Peters B G, Van Nispen K M. 公共政策工具: 对公共管理工具的评价. 顾建光译. 北京: 中国人民大学出版社, 2007.

[23] 周英男. 工业企业节能政策工具选择研究. 大连: 大连理工大学博士学位论文, 2008.

[24] Raaij W F V, Verhallen T M M. A behavioral model of residential energy use. Journal of Economic Psychology, 1983, 3(1): 39-63.

[25] Van Diepen A M L. Households and their spatial-energetic practices. Searching for Sustainable Urban forms. Groningen, Utrecht, 2000, 16(3-4): 349-351.

[26] Scott D, Parker P, Rowlands I H. Determinants of energy efficiency behaviours in the home: A case study of Waterloo Region. Environments, 2001, 28(3): 75-100.

[27] Lindén A L, Carlsson-Kanyama A, Eriksson B. Efficient and inefficient aspects of residential energy behaviour: What are the policy instruments for change? Energy Policy, 2006, 34(14): 1918-1927.

[28] Barr S, Gilg A W, Ford N. The household energy gap: Examining the divide between habitual- and purchase- related conservation behaviours. Energy Policy, 2005, 33 (11) : 1425-1444.

[29] Green E C. Can qualitative research produce reliable quantitative findings? Field Methods, 2001, 13 (1) : 3-19.

[30] Egmond C, Bruel R.Nothing is as practical as a good theory: Analysis of theories and a tool for developing interventions to influence energy behaviour. Scientific Reports produced within the BEHAVE Project. Evaluation of Energy Behavioural Change Programmes Intelligent Energy-Europe (IEE) EIE, 2007.

[31] Guagnano G A, Stern P C, Dietz T. Influences on attitude-behavior relationships: A natural experiment with curbside recycling. Environment & Behavior, 1995, 27(5):699-718.

[32] Cleland J.A critique of KAP studies and some suggestions for their improvement. Studies in Family Planning, 1973, 4 (2) : 42-7.

[33] Ratcliffe J W. Analyst biases in KAP surveys: A cross-cultural comparison. Studies in Family Planning, 1976, 7 (11) : 322.

[34] Stanton B F, Clemens J D, Aziz K M A, et al. Twenty-four-hour recall, knowledge-attitude-practice questionnaires, and direct observations of sanitary practices: A comparative study. Bulletin of the World Health Organization, 1987, 65 (2) : 217-22.

[35] Laroche M, Tomiuk M A, Bergeron J, et al. Cultural differences in environmental knowledge, attitudes, and behaviours of Canadian consumers. Canadian Journal of Administrative Sciences, 2002, 19 (3) : 267-282.

[36] Ehrampoush M H, Moghadam M B. Survey of knowledge, attitude and practice of Yazd University of medical sciences students about solid wastes disposal and recycling. Iranian Journal of Environmental Health Science & Engineering, 2005, (2) : 26.

[37] Ifegbesan A. Exploring secondary school students' understanding and practices of waste management in Ogun State, Nigeria. International Journal of Environmental & Science Education, 2010, 5 (2) : 201-215.

[38] 卢献, 郑岩滨. 略论“知情意行”行为辅导模式. 教育探索, 2004, (4) : 100-103.

[39] Cialdini R B, Reno R R, Kallgren C A.A focus theory of normative conduct: Recycling the concept of norms to reduce littering in public places. Journal of Personality & Social Psychology, 1990, 58 (6) : 1015-1026.

[40] Nolan J M, Schultz P W, Cialdini R B, et al. Normative social influence is underdetected. Personality & Social Psychology Bulletin, 2008, 34 (7) : 913.

[41] Asensio O I, Delmas M A.Nonprice incentives and energy conservation. Proceedings of the National Academy of Sciences of the United States of America, 2015, 112 (6) : E510-E515.

[42] Cialdini R B, Trost M R. Social influence: Social norms, conformity and compliance. Montana the Magazine of Western History, 1998:151-192.

[43] 韦庆旺, 孙健敏. 对环保行为的心理学解读——规范焦点理论述评. 心理科学进展, 2013, 21 (4) : 751-760.

[44] Schultz P W, Nolan J M, Cialdini R B, et al. The constructive, destructive, and reconstructive power of social norms. Psychological Science, 2007, 18 (5) : 429.

[45] 于常有. 政策网络: 概念、类型及发展前景. 行政论坛, 2008 (1) : 54-58.

[46] 李玫. 西方政策网络研究的发展与变迁——从分类到政策仿真. 上海行政学院学报, 2014, 15 (5) : 58-67.

[47] 约翰. H. 霍兰. 隐秩序——适应性造就复杂性周晓牧. 韩晖译. 上海: 上海科技教育出版社, 2000.

[48] 岳婷. 城市居民节能行为影响因素及引导政策研究. 徐州: 中国矿业大学博士学位论文, 2014.

[49] 傅星. 基于复杂适应系统理论的经济仿真研究. 北京: 首都经济贸易大学博士学位论文, 2005.

[50] 谭跃进, 邓宏钟. 复杂适应系统理论及其应用研究. 系统工程, 2001, 19 (5) : 1-6.

[51] 张发, 宣慧玉, 赵巧霞. 复杂系统多主体仿真方法论. 系统仿真学报, 2009, 21 (8) : 2386-2390.

[52] 周勇. 公共政策仿真有效性研究. 哈尔滨: 哈尔滨工业大学博士学位论文, 2013.

[53] 毕贵红, 王华, 李强, 等. 基于Agent的居民环境行为动态演化与政策仿真模型. 广西师范大学学报(自然科学版), 2008, 26(1): 198-202.

[54] Anker-Nilssen P. Household energy use and the environment-a conflicting issue. Applied Energy, 2003, 76(1-3): 189-196.

[55] Poortinga W, Steg L, Vlek C, et al. Household preferences for energy-saving measures: A conjoint analysis. Journal of Economic Psychology, 2003, 24(1): 49-64.

[56] Han L, Xu X, Han L. Applying quantile regression and Shapley decomposition to analyzing the determinants of household embedded carbon emissions: Evidence from urban China. Journal of Cleaner Production, 2015, 103: 219-230.

[57] Zhang X, Luo L, Skitmore M. Household carbon emission research: An analytical review of measurement, influencing factors and mitigation prospects. Journal of Cleaner Production, 2015, 103: 873-883.

[58] He H Z, Kua H W. Lessons for integrated household energy conservation policy from Singapore's southwest Eco-living Program. Energy Policy, 2013, 55(55): 105-116.

[59] Martinsson J, Lundqvist L J, Sundström A. Energy saving in Swedish households. The(relative) importance of environmental attitudes. Energy Policy, 2011, 39(9): 5182-5191.

[60] 陈晶, 张真. 居民生活用电特征与影响机理. 统计研究, 2015, 32(5): 70-75.

[61] 高然, 张真. 生活领域能源消费的锁定效应研究——以上海市为例. 资源科学, 2015, 37(4): 733-743.

[62] Thøgersen J, Grønhøj A. Electricity saving in households—A social cognitive approach. Energy Policy, 2010, 38(12): 7732-7743.

[63] Shimokawa M, Tezuka T. Development of the"Home Energy Conservation Support Program"and its effects on family behavior. Applied Energy, 2014, 114: 654-662.

[64] Sardianou E. Household energy conservation patterns: Evidence from Greece. Graduate Program of Sustainable Development, Harokopio University, 2005.

[65] Mills B, Schleich J. Residential energy-efficient technology adoption, energy conservation, knowledge, and attitudes: An analysis of European countries. Energy Policy, 2012, 49: 616-628.

[66] Huebner G, Shipworth D, Hamilton I, et al. Understanding electricity consumption: A comparative contribution of building factors, socio-demographics, appliances, behaviours and attitudes. Applied Energy, 2016, 177: 692-702.

[67] 童泉格, 孙涵, 成金华, 等. 居民能源消费行为对居民建筑能耗的影响——以悉尼典型居民家庭为例. 北京理工大学学报(社会科学版), 2017, 19(1): 9-19.

[68] Lillemo S C. Measuring the effect of procrastination and environmental awareness on households' energy-saving behaviours: An empirical approach. Energy Policy, 2014, 66: 249-256.

[69] Abrahamse W, Steg L. How do socio-demographic and psychological factors relate to households' direct and indirect energy use and savings? Journal of Economic Psychology, 2009, 30(5): 711-720.

[70] Gatersleben B, Steg L, Vlek C. Measurement and determinants of environmentally significant consumer behavior. Environment & Behavior, 2002, 34(3): 335-362.

[71] 王建国, 杜伟强. 基于行为推理理论的绿色消费行为实证研究. 大连理工大学学报(社会科学版), 2016, 37(2): 13-18.

[72] Gärling T, Fujii S, Gärling A, et al. Moderating effects of social value orientation on determinants of proenvironmental behavior intention. Journal of Environmental Psychology, 2003, 23(1): 1-9.

[73] Ohler A M, Billger S M. Does environmental concern change the tragedy of the commons? Factors affecting energy saving behaviors and electricity usage. Ecological Economics, 2014, 107: 1-12.

[74] 肖轶楠. 基于计划行为理论的酒店顾客绿色消费行为影响因素实证研究. 干旱区资源与环境, 2016, 30(12): 204-207.

[75] Craig C A. Energy consumption, energy efficiency, and consumer perceptions: A case study for the Southeast United States. Applied Energy, 2016, 165: 660-669.

[76] Prete M I, Piper L, Rizzo C, et al. Determinants of southern italian households' intention to adopt energy efficiency measures in residential buildings. Journal of Cleaner Production, 2017, 153.

[77] Kua H W, Wong S E. Lessons for integrated household energy conservation policies from an intervention study in Singapore. Energy Policy, 2012, 47(4): 49-56.

[78] 石洪景. 基于 Logistic 模型的城市居民低碳消费意愿研究. 北京理工大学学报(社会科学版), 2015, 17(5): 25-35.

[79] Bandura A. Social foundations of thought and action: a social cognitive Theory. Journal of Applied Psychology, 1986, 12(1): 169.

[80] 芈凌云, 顾曼, 杨洁, 等. 城市居民能源消费行为低碳化的心理动因——以江苏省徐州市为例. 资源科学, 2016, 38(4): 609-621.

[81] Anthony M. Sarkis Jr. A comparative study of theoretical behaviour change models predicting empirical evidence for residential energy conservation behaviours. Journal of Cleaner Production, 2016, 141: 526-537.

[82] 吕荣胜, 卢会宁, 洪帅. 基于规范激活理论节能行为影响因素研究. 干旱区资源与环境, 2016, 30(9): 14-18.

[83] Azar E, Ansari H A, Yan J. Framework to investigate energy conservation motivation and actions of building occupants: The case of a green campus in Abu Dhabi, UAE. Applied Energy, 2017, 190: 563-573.

[84] Peschiera G, Taylor J E. The impact of peer network position on electricity consumption in building occupant networks utilizing energy feedback systems. Energy & Buildings, 2012, 49: 584-590.

[85] Mizobuchi K, Takeuchi K. The influences of financial and non-financial factors on energy-saving behaviour: A field experiment in Japan. Energy Policy, 2013, 63(3): 775-787.

[86] Ramayah T, Lee J W, Lim S. Sustaining the environment through recycling: An empirical study. Journal of Environmental Management, 2012, 102(6): 141-147.

[87] 王建明. 资源节约意识对资源节约行为的影响——中国文化背景下一个交互效应和调节效应模型. 管理世界, 2013(8): 77-90.

[88] Ek K, Söderholm P. The devil is in the details: Household electricity saving behavior and the role of information. Energy Policy, 2010, 38(3): 1578-1587.

[89] Hori S, Kondo K, Nogata D, et al. The determinants of household energy-saving behavior: Survey and comparison in five major Asian cities. Energy Policy, 2013, 52(S3-4): 354-362.

[90] Jaeger C M, Schultz P W. Coupling social norms and commitments: Testing the underdetected nature of social influence. Journal of Environmental Psychology, 2017, 51: 199-208.

[91] Young W, Hwang K, Mcdonald S, et al. Sustainable consumption: Green consumer behaviour when purchasing products. Sustainable Development, 2010, 18(1): 20-31.

[92] Peschiera G, Taylor J E, Siegel J A. Response-relapse patterns of building occupant electricity consumption following exposure to personal, contextualized and occupant peer network utilization data. Energy & Buildings, 2010, 42(8): 1329-1336.

[93] Goldstein N J, Cialdini R B, Griskevicius V. A room with a viewpoint: Using social norms to motivate environmental conservation in hotels. Journal of Consumer Research, 2008, 35(3): 472-482.

[94] Gupta S, Ogden D T. To buy or not to buy? A social dilemma perspective on green buying. Journal of Consumer Marketing, 2009, 26(6): 376-391.

[95] 清华大学建筑节能研究课题组. 社会地位结构与节能行为关系研究. 江苏社会科学, 2011, (6): 47-54.

[96] Kim S Y, Yeo J, Sang H S, et al. Toward a composite measure of green consumption: An exploratory study using a Korean Sample. Journal of Family & Economic Issues, 2012, 33(2): 199-214.

[97] 王建明. 公众资源节约与循环回收行为的内在机理研究. 北京：中国环境科学出版社, 2013.

[98] 石洪景. 低碳政策对城市居民节能行为的影响. 北京理工大学学报(社会科学版), 2016, 18(5): 42-51.

[99] 芈凌云, 俞学燕, 杨洁. 社会影响方式对公众节能行为的干预效果——基于 26 项现场实验的元分析. 北京理工大学学报(社会科学版), 2017, 19(4): 8-17.

[100] Revelt D, Train K. Mixed logit with repeated choices: Households' choices of appliance Efficiency Level. Review of Economics & Statistics, 1998, 80(4): 647-657.

[101] Cameron T A. A Nested logit model of energy conservation activity by owners of existing single family Dwellings. Review of Economics & Statistics, 1985, 67(2): 205-211.

[102] Amstalden R W, Kost M, Nathani C, et al. Economic potential of energy-efficient retrofitting in the Swiss residential building sector: The effects of policy instruments and energy price expectations. Energy Policy, 2007, 35(3): 1819-1829.

[103] Scarpa R, Willis K. Willingness-to-pay for renewable energy: Primary and discretionary choice of British households' for micro-generation technologies. Energy Economics, 2010, 32(1): 129-136.

[104] Winett R A, Kagel J H, Battalio R C, et al. Effects of monetary rebates, feedback, and information on residential electricity conservation. Journal of Applied Psychology, 1978, 63(1): 73-80.

[105] Su Q, Zhou L. Parking management, financial subsidies to alternatives to drive alone and commute mode choices in Seattle. Regional Science & Urban Economics, 2012, 42(1-2): 88-97.

[106] Sun C, Yan J. An empirical case study about the reform of tiered pricing for household electricity in China. Applied Energy, 2015, 160: 383-389.

[107] Pitts R E, Wittenbach J L. Tax Credits as a Means of Influencing Consumer Behavior. Journal of Consumer Research, 1981, 8(3): 335-338.

[108] Walsh M J. Energy tax credits and housing improvement. Energy Economics, 1989, 11(4): 275-284.

[109] Egmond C, Jonkers R, Kok G. A strategy to encourage housing associations to invest in energy conservation. Energy Policy, 2005, 33(18): 2374-2384.

[110] Brenčič V, Young D. Time-saving innovations, time allocation, and energy use: Evidence from Canadian households. Ecological Economics, 2009, 68(11): 2859-2867.

[111] 吕荣胜, 李梦楠, 洪帅. 基于计划行为理论城市居民节能行为影响机制研究. 干旱区资源与环境, 2016, 30(12): 53-58.

[112] Allcott H. Social norms and energy conservation. Journal of Public Economics, 2011, 95(9-10): 1082-1095.

[113] Baker P, Blundell R, Micklewright J. Modelling household energy expenditures using micro-data. Economic Journal, 1989, 99(397): 720-738.

[114] Berkhout P H G, Ferrer-I-Carbonell A, Muskens J C. The ex post impact of an energy tax on household energy demand. Energy Economics, 2004, 26(3): 297-317.

[115] Zhao T, Bell L, Horner M W, et al. Consumer responses towards home energy financial incentives: A survey-based study. Energy Policy, 2012, 47(8): 291-297.

[116] Ironmonger D S, Aitken C K, Erbas B. Economies of scale in energy use in adult-only households. Energy Economics, 1995, 17(4): 301-310.

[117] Fischer A, Peters V, Vávra J, et al. Energy use, climate change and folk psychology: Does sustainability have a chance? Results from a qualitative study in five European countries. Global Environmental Chage, 2011, 21(3): 1025-1034.

[118] Nesbakken R. Price sensitivity of residential energy consumption in Norway. Energy Economics, 1999, 21(6): 493-515.

[119] Belaïd F. Understanding the spectrum of domestic energy consumption: Empirical evidence from France. Energy Policy, 2016, 92: 220-233.

[120] Khanna N Z, Guo J, Zheng X. Effects of demand side management on Chinese household electricity consumption: Empirical findings from Chinese household survey. Energy Policy, 2016, 95: 113-125.

[121] Sidiras D K, Koukios E G. Solar systems diffusion in local markets. Energy Policy, 2004, 32(18): 2007-2018.

[122] Cansino J M, Pablo-Romero M D P, Román R, et al. Promoting renewable energy sources for heating and cooling in EU-27 countries. Energy Policy, 2011, 39(6): 3803-3812.

[123] Han Q, Nieuwenhijsen I, Vries B D, et al. Intervention strategy to stimulate energy-saving behavior of local residents. Energy Policy, 2013, 52(52): 706-715.

[124] Kluger A N, Denisi A. The effects of feedback interventions on performance: A historical review, a meta-analysis, and a preliminary feedback intervention theory. Psychological Bulletin, 1996, 119(2): 254-284.

[125] Fischer C. Feedback on household electricity consumption: a tool for saving energy? Energy Efficiency, 2008, 1(1): 79-104.

[126] Schwartz S H. Normative explanations of helping behavior: A critique, proposal, and empirical test. Journal of Experimental Social Psychology, 1973, 9(4): 349-364.

[127] Parker P. Who changes consumption following residential energy evalutions? Local programs need all income groups to achieve Kyoto targets. Local Environment, 2005, 10(2): 173-187.

[128] Gyberg P, Palm J. Influencing households' energy behaviour-how is this done and on what premises? Energy Policy, 2009, 37(7): 2807-2813.

[129] 申嫦娥, 田悦, 魏荣桓, 等. 财税政策对居民低碳消费行为的影响——基于北京市居民抽样问卷调查的实证研究. 税务研究, 2016(2): 98-104.

[130] Carlsson-Kanyama A, Lindén A L, Eriksson B. Residential energy behaviour: Does generation matter? International Journal of Consumer Studies, 2005, 29(3): 239-253.

[131] Heberlein T A. Conservation information: The energy crisis and electricity consumption in an apartment complex. Energy Systems and Policy, 1975, 1(2): 105-118.

[132] Steg L. Promoting household energy conservation. Energy Policy, 2008, 36(12): 4449-4453.

[133] Staats H J, Wit A P, Midden C Y H. Communicating the greenhouse effect to the public: Evaluation of a mass media campaign from a social dilemma perspective. Journal of Environmental Management, 1996, 46(2): 189-203.

[134] Ouyang J, Hokao K. Energy-saving potential by improving occupants' behavior in urban residential sector in Hangzhou city, China. Energy & Buildings, 2012, 41(7): 711-720.

[135] Komatsu H, Nishio K I. An experimental study on motivational change for electricity conservation by normative messages. Applied Energy, 2015, 158: 35-43.

[136] Sovacool B K. The importance of comprehensiveness in renewable electricity and energy-efficiency policy. Energy Policy, 2009, 37(4): 1529-1541.

[137] Coad A, Haan P D, Woersdorfer J S. Consumer support for environmental policies: An application to purchases of green cars. Ecological Economics, 2009, 68(7): 2078-2086.

[138] Kelly G. Sustainability at home: Policy measures for energy-efficient appliances. Renewable & Sustainable Energy Reviews, 2012, 16(9): 6851-6860.

[139] Cools M, Brijs K, Tormans H, et al. Optimizing the implementation of policy measures through social acceptance segmentation. Transport Policy, 2012, 22(3): 80-87.

[140] 芈凌云, 杨洁. 中国居民生活节能引导政策的效力与效果评估——基于中国 1996-2015 年政策文本的量化分析. 资源科学, 2017, 39(4): 651-663.

[141] Vedung E. Public policy and program evaluation. Administrative Science Quar terly, 1997, 44(2): 160-161.

[142] Kirschen E S. Economic policy in our time. North-Holland Pub. 1964.

[143] Lowi T J. Four systems of policy, politics, and choice. Public Administration Review, 1972, 32(4): 298-310.

[144] Salamon L M. Rethinking public management: Third-party government and the changing forms of government action. Public policy, 1981, 29(3): 255-275.

[145] 曹原. 政策工具发展历史及其分类探讨. 现代商贸工业, 2009, 21(13): 43-44.

[146] 迈克尔·豪利特, M. 拉米什. 公共政策研究: 政策循环与政策子系统. 庞诗等, 译. 北京: 生活·读书·新知三联书店, 2006.

[147] 朱春奎. 政策网络与政策工具: 理论基础与中国实践. 上海: 复旦大学出版社, 2011.

[148] 杨洪刚. 中国环境政策工具的实施效果与优化选择. 上海: 复旦大学出版社, 2011.

[149] OECD, Paris (France) eng. 环境管理中的经济手段. 北京: 中国环境科学出版社, 1996.

[150] Podgornik A, Sucic B, Blazic B. Effects of customized consumption feedback on energy efficient behaviour in low-income households. Journal of Cleaner Production, 2016, 130: 25-34.

[151] 冯建中. 欧盟能源战略: 走向低碳经济. 北京: 时事出版社, 2010.

[152] 姚向君, 王革华, 田宜水. 国外生物质能的政策与实践. 北京: 化学工业出版社, 2006.

[153] 程春华. 欧盟新能源政策与能源安全. 中国社会科学院研究生院学报, 2009(1): 113-118.

[154] 王涛. 英国：采取多项措施, 促进建筑节能. 市长决策要参，2007(44)：21.

[155] 姚玥. 英国发展低碳经济的政策措施及其启示. 经济研究导刊, 2016(2): 68-69.

[156] 周新军. 欧盟低碳交通战略举措及启示. 中外能源, 2012, 17(11): 6-14.

[157] 丁峰. 英国计划到 2032 年大幅降低碳排放.（2016-7-01）[2017-10-03]. http: //news. xinhuanet. com/world/2016-07/01/c_1119148020. htm.

[158] 张斌. 德国《可再生能源法》2014 年最新改革解析及启示. 中外能源, 2014, 19(9): 34-39.

[159] 乔玮, 李冰峰, 董仁杰, 等. 德国沼气工程发展和能源政策分析. 中国沼气, 2016, 34(3): 74-80.

[160] 刘艳斌. 关于节能减排及保障机制的思考//福建省科协学术年会计量分会场. 福州, 2011.

[161] 潘明军. 2030 年德国将禁止出售传统内燃机汽车.（2016-06-20）[2017-10-04]. http: //auto. sina. com. cn/news/2016-06-20/detail-ifxtfrrc3982066. shtml.

[162] 王文骏. 德国新世纪城市节能住宅设计初探. 城市建筑, 2010(1): 9-13.

[163] 孟浩, 陈颖健. 德国 CO_2 排放现状、应对气候变化的对策及启示. 世界科技研究与发展, 2013, 35(01): 157-164.

[164] 桑东莉. 德国可再生能源立法新取向及其对中国的启示//中国法学会能源法研究会 2009 年会. 秦皇岛, 2009.

[165] 佚名. 德国能源转向的最新进展及未来行动计划评析(2014)//德国发展报告(2015). 北京：社会科学文献出版社.

[166] 邢继俊, 黄栋, 赵刚. 低碳经济报告. 北京：电子工业出版社, 2010.

[167] 中国央视网. 法国力促建筑降能耗.（2012-04-27）[2017-09-11]. http: //news. cntv. cn/20120427/102531. shtml.

[168] 张婧竹. 法国新能源政策及影响(1990-2015). 北京：北京外国语大学硕士学位论文, 2016.

[169] 碳排放交易网. 法国提出新法案推动可再生能源发展.（2014-08-07）[2017-09-11]. http: //www. tanpaifang. com/qingjienengyuan/2014/0807/36321. html.

[170] 姚良军, 孙成永. “绿色证书”与“白色证书”. 杭州: 我们, 2010, (4): 55-56.

[171] 经济日报. 欧盟大力投资能源基础设施建设.（2015-08-31）[2017-09-20]. http: //paper. ce. cn/jjrb/html/2015-08/31/content_255207. htm.

[172] 中华人民共和国商务部. 欧洲联通基金确认 11 个克罗地亚重点项目.（2016-07-26）[2017-10-05]. http: //www. mofcom. gov. cn/article/i/jshz/zn/201607/20160701366499. shtml.

[173] 新浪财经. 欧盟正酝酿出台电动车汽车推广方案.（2016-10-17）[2017-10-20]. http: //finance. sina. com. cn/stock/hkstock/marketalerts/2016-10-17/doc-ifxwvpaq1521024. shtml.

[174] 赵敏. 欧盟欲推行电动车辆碳信用额而非碳配额.（2017-10-17）[2017-10-21]. http: //ent. sina. com. cn/zz/2017-10-12/doc-ifymvece1746865. shtml.

[175] 常红. 欧盟公布未来 14 年能源发展新规划草案.（2016-12-27）[2017-10-23]. http: //world. people. com. cn/n1/2016/1227/c1002-28980786. html.

[176] 张通. 英国政府推行节能减排的主要特点及其对我国的启示. 经济研究参考, 2008, 12(7): 2-8.

[177] 杨彬. 英国 4 月起执行新汽车消费税. 中国汽车报, 2009-04-12.

[178] 温源远, 李宏涛, 朱留财. 英国推动经济向低碳转型. 环境教育, 2009, (8): 30-33.

[179] 黄德林, 邵月, 陈宏波. 节能减排取石攻玉——发达国家全民参与环保对我国的启示. 环境保护, 2011, (12): 64-66.

[180] 高辉清, 钱敏泽, 郝彦菲. 建立促进绿色消费的政策体系——日、德经验与中国借鉴. 中国改革, 2006, (8): 44-46.

[181] 华凌. 德国议会通过生态税法修正案. 河南林业, 2003, (1): 60.

[182] 郇公弟. 新能源产业蔚然成林，新能源公司接踵成立德发动“绿色引擎”谋经济复兴.（2009-08-18）[2017-10-26]. http: //www. envir. gov. cn/info/2009/8/818111. htm.

[183] 王芳. 国外典型国家建筑节能政策比较及其对我国的启示. 北京：华中科技大学硕士学位论文, 2008.

[184] 驻德国经商处. 3 月份德国消费者价格指数同比上涨 21%.（2011-04-13）[2017-10-26]. http: //de. mofcom. gov. cn/article/jmxw/201104/20110407496466. shtml.

[185] 中国节能网. 国外新能源和节能政策和启示.（2007-06-07）[2017-10-26]. http: //www. ce. cn/cysc/ztpd/2007/jp/sjjn/200706/07/t20070607_11639645. shtml.

[186] 赵怀勇, 何炳光. 公共财政体制下政府如何支持节能——欧盟、英国和法国的运作模式、启示与借鉴. 重庆理工大学学报, 2004, 18(2): 1-23.

[187] 钢管天下. 英国公司减碳新举措给减碳员工发奖金.（2010-02-04）[2017-10-05]. http: //www. pipew. com/news/detail. asp?id=267210.

[188] 中国产业信息网. 美国汽车尾气污染防治的政策实践.（2013-10-21）[2017-10-29]. http: //www. chyxx. com/industry/201310/221605. html.

[189] 杨勇, 曹睿. 美国节能减排的主要做法. 中国能源, 2010, 32(4): 40-42.

[190] 刘长松. 美国交通部门控制温室气体排放政策的演变及启示. 节能与环保, 2013, (11): 46-48.

[191] 人民网. 美国政府发布《清洁电力计划》最终法案. (2015-08-04) [2017-10-29]. http: //world. people. com. cn/n/2015/0804/c157278-27406243. html.

[192] 王山山. 中美确立2020年后减少碳排放具体目标. 中国经济周刊, 2014, (45): 81.

[193] 环保网. 美国出台重型车排放新标准计划到 2027 年减排二氧化碳 11 亿. (2016-09-08) [2017-11-01]. http: //www. gepresearch. com/82/view-366060-1. html.

[194] 新华社. 加州通过美国首个计算机能效标准. (2016-12-15) [2017-10-28]. http: //news. xinhuanet. com/2016-12/15/c_1120124876. htm.

[195] 吉林省税务学会课题组. 对节能减排税收政策的研究. (2009-09-23) [2017-10-29]. http: //www. ctax. org. cn/cti/xsjl/jjss/200909/t20090923_589503. shtml.

[196] 王丹, 马晓滨. 美国建筑节能对我国的启示. 黑龙江科技信息, 2009, (9): 240.

[197] 刘助仁. 部分发达国家推动节能减排的主要经验及对我国的启示. 中国发展观察, 2007, (11): 56-59.

[198] 李绍萍, 郝建芳, 王甲山. 国外低碳经济税收政策经验及对中国的启示. 生态经济(中文版), 2015, (8): 102-108.

[199] 刘世俊, 王志刚. 美国节能政策. 电器, 2014, (2): 69-71.

[200] BNEF. 美国清洁能源政策动态. (2016-01-14)[2017-11-01]. http://www.tanpaifang.com/qingjienengyuan/ 2016/0114/50033. html.

[201] 李国栋. 美国节能措施方案. 电力需求侧管理, 2008, 10(6): 73-74.

[202] 原国家经贸委资源节约与综合利用司赴美节能培训班. 美国的节能政策和管理模式及对我国的启示(下). 节能与环保, 2003(9): 6-10.

[203] 李鑫颜. 美国政府力促交通业节能减排. 商用汽车新闻, 2011, (41): 21.

[204] 中国能源报. 美国首次以白宫名义发布电动汽车扶持政策. (2016-10-17) [2017-10-27]. http: //www. in-en. com/article/html/energy-2257444. shtml.

[205] 沈克明. 纽约政府如何补贴穷人住房. 新财经, 2006, (8): 80-81.

[206] 邹佩花. 美联邦政府供30%补贴美企免费装太阳能系统. 能源研究与利用, 2015, (2).

[207] TechTarget数据中心. Energy Star：能源之星. (2009-07-30) [2017-10-29]. https: //searchdatacenter. techtarget. com. cn/whatis/9-21982/.

[208] 工标网. 美国能源部修订关于住宅用水加热器等产品的节能标准. (2007-03-07) [2017-11-02]. http: //www. csres. com/info/22701. html.

[209] 中国新能源网. 日本新能源政策及发展现状与趋势. (2011-02-24) [2017-10-28]. http: //www. china-nengyuan. com/news/6585. html.

[210] 任之于. “基本计划修正案”凸显日本能源安全意识. 中国石化, 2010, (6): 48-50.

[211] 罗丽. 日本《全球气候变暖对策基本法》(法案)立法与启示. 上海大学学报(社会科学版), 2011, 18(6): 58-68.

[212] 李晴, 石龙宇, 唐立娜, 等. 日本发展低碳经济的政策体系综述. 中国人口资源与环境, 2011, 127(s1): 489-492.

[213] 邵冰. 日本低碳经济发展战略及对我国的启示. 北方经济, 2010, (7): 27-28.

[214] 李国志. 日本发展低碳经济的财政政策及借鉴. 当代经济管理, 2014, 36(1): 94-97.

[215] 王新, 李志国. 日本低碳社会建设实践对我国的启示. 特区经济, 2010, (10): 96-98.

[216] 陈柳钦. 日本的低碳发展路径. 环境经济, 2010, (3): 37-41.

[217] 佚名. 日本节能政策及经验. 节能与环保, 2008, (3): 46-48.

[218] 王庆一. 市场经济国家的节能激励政策措施. 节能与环保, 2000, (3): 38-46.

[219] 陈柳钦. 日本如何推进建设低碳社会(下). 节能与环保, 2010, (9): 21-24.
[220] 井志忠, 陈立欣. 日本的节能措施、成效与启示. 外国问题研究, 2008, (4): 15-22.
[221] 中国碳排放交易网. 日本 2015 年度减排温室气体 3%仍未达成目标. (2016-12-07) [2017-10-28]. http: //www. tanjiaoyi. com/article-19870-1. html.
[222] 中华人民共和国国家统计局. 国际统计年鉴. 北京: 中国统计出版社, 2015.
[223] 陈甲斌. 我国现行节能政策述评. 中国能源, 2003, 25(3): 28-30.
[224] 中华人民共和国可再生能源法. 北京: 法律出版社, 2005.
[225] 中华人民共和国节约能源法. 北京: 法律出版社, 2016.
[226] 中华人民共和国国务院. 国务院关于印发"十二五"节能减排综合性工作方案的通知(国发〔2011〕26 号). 2011, 08, 31.
[227] 中华人民共和国大气污染防治法. 北京: 中国法制出版社, 2015.
[228] 财政部, 国家税务总局. 关于减征 1. 6 升及以下排量乘用车车辆购置税的通知(财税[2009]12 号). 2009, 12, 22.
[229] 财政部, 国家税务总局, 工业和信息化部. 关于节约能源使用新能源车船车船税政策的通知(财税[2012]19 号). 2012, 03, 06.
[230] 财政部, 国家税务总局. 关于光伏发电增值税政策的通知(财税[2013]66 号). 2013, 09, 23.
[231] 中华人民共和国国务院. 国务院办公厅关于印发 2009 年节能减排工作安排的通知(国办发〔2009〕48 号). 2009, 07, 19.
[232] 中华人民共和国财政部. 关于"十三五"新能源汽车充电基础设施奖励政策及加强新能源汽车推广应用的通知. 2016, 01, 11.
[233] 国家发展改革委. 国家发展改革委关于提高电力价格有关问题的通知. 2008, 06, 19.
[234] 国家发展改革委. 国家发展改革委关于建立健全居民生活用气阶梯价格制度的指导意见. 2014, 03, 20.
[235] 国家发展改革委. 国家发展改革委关于降低燃煤发电上网电价和一般工商业用电价格的通知. 2015, 12, 27.
[236] 国家发展改革委. 国家发展改革委关于印发北方地区清洁供暖价格政策意见的通知. 2017, 09, 19.
[237] 中华人民共和国国务院. 国务院关于印发"十三五"节能减排综合工作方案的通知(国发〔2016〕74 号). 2016, 12, 20.
[238] 中华人民共和国国务院. 国务院关于加快发展节能环保产业的意见(国发〔2013〕30 号). 2013, 08, 01.
[239] 张国庆. 公共政策分析. 北京: 复旦大学出版社, 2004.
[240] 斯图亚特・内格尔. 政策研究: 整合与评估. 刘守恒, 张福根, 周小燕, 译. 长春: 吉林人民出版社, 1994.
[241] Lichfield N, Kettle P, Whitbread M. Introduction-evaluation in the planning process. Evaluation in the Planning Process, 1975, 2(1): 313-315.
[242] Dye T R, 鞠方安, 吴忧. 自上而下的政策制定. 北京: 中国人民大学出版社, 2002.
[243] 陈振明. 政策科学——公共政策分析导论(第二版). 北京: 中国人民大学出版社, 2003.
[244] Vedung E. Public policy and program evaluation. Administrative Science Quarterly, 1997, 44(2): 160-161.
[245] 威廉.N·邓恩. 公共政策分析导论. 第 4 版. 谢明, 伏燕, 朱雪宁, 译. 北京: 中国人民大学出版社, 2011.
[246] 宋国君, 马中, 姜妮. 环境政策评估及对中国环境保护的意义. 环境保护, 2003, (12): 34-37.
[247] 陈庆云. 公共政策分析. 北京: 中国经济出版社, 2000.
[248] United States. Centers for Disease Control and Prevention [CDC]. Office of the Director. Office of Strategy and Innovation. Introduction to program evaluation for public health programs: A self-study guide. Atlanta Georgia Cdc Aug, 2005.
[249] Yuan C, Liu S, Fang Z, et al. Research on the energy-saving effect of energy policies in China: 1982-2006. Energy Policy, 2009, 37(7): 2475-2480.

[250] He K, Lei Y, Pan X, et al. Co-benefits from energy policies in China. Energy, 2010, 35(11): 4265-4272.

[251] Chen C C. An analytical framework for energy policy evaluation. Renewable Energy, 2011, 36(10): 2694-2702.

[252] 朱宁宁, 朱建军, 刘思峰, 等. 我国政府建筑节能政策(措施)的实施效果评价. 中国管理科学, 2008(S1): 576-580.

[253] 吴滨. 中国有色金属工业节能现状及未来趋势. 资源科学, 2011, 33(4): 647-652.

[254] Wang Z, Qin H, Lewis J I. China's wind power industry: Policy support, technological achievements, and emerging challenges. Energy Policy, 2012, 51(C): 80-88.

[255] 程时雄, 柳剑平. 中国节能政策的经济增长效应与最优节能路径选择. 资源科学, 2014, 36(12): 2549-2559.

[256] 陈立中, 李郁芳. 汽油价格、税收政策与乘用车市场的微观选择行为——基于需求侧、供给侧和节能减排效应估计. 中国工业经济, 2011(8): 15-24.

[257] 张国兴, 高秀林, 汪应洛, 等. 中国节能减排政策的测量、协同与演变——基于1978-2013年政策数据的研究. 中国人口. 资源与环境, 2014, 24(12): 62-73.

[258] 彭纪生, 仲为国, 孙文祥. 政策测量、政策协同演变与经济绩效: 基于创新政策的实证研究. 管理世界, 2008(9): 25-36.

[259] Libecap G D. Economic variables and the development of the law: The case of western mineral rights. Journal of Economic History, 1978, 38(2): 338-362.

[260] Daugbjerg S B, Kahlmeier S, Racioppi F, et al. Promotion of physical activity in the European region: content analysis of 27 national policy documents. Journal of Physical Activity & Health, 2009, 6(6): 805-817.

[261] Murphy L, Meijer F, Visscher H. A qualitative evaluation of policy instruments used to improve energy performance of existing private dwellings in the Netherlands. Energy Policy, 2012, 45(11): 459-468.

[262] 张国兴, 张振华. 我国节能减排政策目标的有效性分析——基于 1052 条节能减排政策的研究. 华东经济管理, 2015(11): 88-95.

[263] Liao Z. The evolution of wind energy policies in China (1995-2014): An analysis based on policy instruments. Renewable & Sustainable Energy Reviews, 2016, 56: 464-472.

[264] 纪陈飞, 吴群. 基于政策量化的城市土地集约利用政策效率评价研究——以南京市为例. 资源科学, 2015, 37(11): 2193-2201.

[265] Harmelink M, Nilsson L, Harmsen R. Theory-based policy evaluation of 20 energy efficiency instruments. Energy Efficiency, 2008, 1(2): 131-148.

[266] 薛立强, 杨书文. 论政策执行的"断裂带"及其作用机制——以"节能家电补贴推广政策"为例. 公共管理学报, 2016(1): 55-64.

[267] 孙锌, 刘晶茹. 家庭消费的反弹效应研究进展. 中国人口·资源与环境, 2013, 153(S1): 11-15.

[268] Cools M, Moons E, Janssens B, et al. Shifting towards environment-friendly modes: profiling travelers using Q-methodology. Transportation, 2009, 36(4): 437-453.

[269] 陈向明. 质的研究方法与社会科学研究. 北京：教育科学出版社, 2000.

[270] 王建明. 公众低碳消费行为影响机制和干预路径整合模型. 北京：中国社会科学出版社, 2012.

[271] 范明林. 质性研究. 上海：格致出版社, 2009.

[272] Naresh R P. The creation of theory: A recent application of the grounded theory method. Qualitative Report, 1996, 2(4): 1-13.

[273] Ajzen I. The theory of planned behavior. Organizational Behavior and Human Decision Processes, 1991, 4(50): 179-211.

[274] Guagnano G, Stern P, Dietz T. Influences on attitude-behavior relationships. Environment & Behavior, 1995, 27: 699-718.

[275] Hoch S J, Deighton J. Managing what consumers learn from experience. Journal of Marketing, 1989, 53(2): 1-20.

[276] Wilson C, Dowlatabadi H. Models of decision making and residential energy Use. Annual Review of Environment & Resources, 2007, 32(1): 169-203.

[277] Newsted P R, Huff S L, Munro M C. Survey Instruments in Information Systems. Mis Quarterly, 1998, 22(4): 553-554.

[278] 何军. 研究设计与论文写作: 经济管理类大学生科研训练指导. 北京：科学出版社, 2011.

[279] Schwab D P. Construct validity in organizational behavior. Research in Organizational Behavior, 1980, 2: 3-43.

[280] Bentler P M, Chou C. Practical issues in structural modeling. Sociological Methods Research, 1987, 16(1): 78-117.

[281] Fowler, Floyd J, 蒋逸民. 调查问卷的设计与评估. 重庆：重庆大学出版社, 2010.

[282] Lindén A L, Klintman M. The formation of green identities-consumers and providers//Individual nad Structural Determinants of Environmental Practice, 2003.

[283] 中华人民共和国科学技术部社会发展科技司. 全民节能减排实用手册. 北京：社会科学文献出版社, 2007.

[284] 中华人民共和国国务院. 国务院办公厅关于严格执行公共建筑空调温度控制标准的通知(国办发〔2007〕42号), 2007.

[285] 张先锋, 姜允珍. 低碳生活知识读本. 武汉：湖北科学技术出版社, 2010.

[286] 杨志. 推开低碳经济之窗. 北京：经济管理出版社, 2010.

[287] 芈凌云. 城市居民低碳化能源消费行为及政策引导研究. 徐州: 中国矿业大学博士学位论文, 2011.

[288] Chan R Y K. Determinants of Chinese consumers' green purchase behavior. Psychology & Marketing, 2001, 18(4): 389-413.

[289] Stern P C, Dietz T, Abel T, et al. A value-belief-norm theory of support for social movements: The case of environmentalism. Human Ecology Review, 1999, 6(2): 81-97.

[290] Pieters R G M. Changing garbage disposal patterns of consumers: Motivation, ability, and performance. Journal of Public Policy & Marketing, 1991, 10(2): 59-76.

[291] 孟艾红. 城市居民低碳消费行为影响因素的实证分析. 中国城市经济, 2011(23): 75-78.

[292] Dunlap R E, Liere K D V, Mertig A G, et al. Measuring endorsement of the new ecological paradigm: A revised NEP scale. Journal of Social Issues, 2013, 56(3): 425-442.

[293] Sherer M, Maddux J E, Mercandante B, et al. The self-efficacy scale: Construction and validation. Psychological Reports, 2011, 51(2): 663-671.

[294] Ajzen I. Perceived behavioral control, self-efficacy, locus of control, and the theory of planned behavior. Journal of Applied Social Psychology, 2002, 32(4): 665-683.

[295] O'Cass A, Mcewen H. Exploring consumer status and conspicuous consumption. Journal of Consumer Behaviour, 2004, 4(1): 25-39.

[296] Archibald P S, Harold R H, Audrey N T. Selected predictors of responsible environmental behavior: An analysis. Journal of Environmental Education, 1986, 17(2): 31-40.

[297] Frick J, Kaiser F G, Wilson M. Environmental knowledge and conservation behavior: Exploring prevalence and structure in a representative sample. Personality and Individual differences, 2004, 37(8): 1597-1613.

[298] Hsu S J, Roth R E. An assessment of environmental literacy and analysis of predictors of responsible environmental behaviour held by secondary teachers in the Hualien area of Taiwan. Environmental education research, 1998, 4(3): 229-249.

[299] 郑晓明, 方俐洛, 凌文辁. 社会规范研究综述. 心理科学进展, 1997, 15(4): 17-22.

[300] 沈悦, 郭品. 基于网络外部性理论的新能源汽车消费偏好实证研究. 西安交通大学学报(社会科学版), 2015(3): 40-46.

[301] 孙岩, 刘富俊. 城市居民能源购买行为影响因素的实证研究. 生态经济(中文版), 2013(10): 65-67.

[302] 孙岩. 居民环境行为及其影响因素研究. 大连: 大连理工大学博士学位论文, 2006.

[303] 杨洪刚. 中国环境政策工具的实施效果及其选择研究. 上海: 复旦大学博士学位论文, 2009.

[304] 杨树. 中国城市居民节能行为及节能消费激励政策影响研究. 合肥: 中国科学技术大学博士学位论文, 2015.

[305] McCalley L T. From motivation and cognition theories to everyday applications and back again: The case of product-integrated information and feedback. Energy policy, 2006, 34(2): 129-137.

[306] Gulbinas R, Taylor J E. Effects of real-time eco-feedback and organizational network dynamics on energy efficient behavior in commercial buildings. Energy & Buildings, 2014, 84(84): 493-500.

[307] Chung S S, Poon C S. A comparison of waste-reduction practices and new enironmental paradigm of rural and urban Chinese citizens. Journal of Environmental Management, 2001, 62(1): 3-19.

[308] Barr S. Household waste management: Social psychological paradigm in social-psychological context. Environment and Behavior, 1995, 27(6): 723-743.

[309] Aydinalp M, Ugursal V I, Fung A S. Modeling of the space and domestic hot-water heating energy-consumption in the residential sector using neural networks. Applied Energy, 2004, 79(2): 159-178.

[310] 江苏省统计局，江苏统计年鉴 2015. http: //www. jssb. gov. cn/2015nj/nj18. htm.

[311] 徐州市统计局，2015 年四季度全体居民人均可支配收入(元). (2016-4-011)[2017-11-21]. http: //tj. xz. gov. cn/TJJ/sjfb/20160411/004008_f2505370-e2ff-471d-b499-8c7e66f0fa2d. htm.

[312] 中国统计局, 2015 年国民经济和社会发展统计公报. (2016-02-09)[2017-11-21]. http: //www. stats. gov. cn/tjsj/zxfb/201602/t20160229_1323991. html.

[313] 吴明隆. 问卷统计分析实务: SPSS 操作与应用. 重庆：重庆大学出版社, 2010.

[314] 黄晓治, 孔庆民. 管理学的实证研究方法入门. 北京：机械工业出版社, 2014.

[315] Hair J F, Black W C, Babin B J, et al. Multivariate data analysis. Upper Saddle River, NJ: Prentice hall, 1998.

[316] Henson R K, Kogan L R, Vacha-Haase T. A reliability generalization study of the teacher efficacy scale and related instruments. Educational and Psychological Measurement, 2001, 61(3): 404-420.

[317] Haynes S N, Richard D C S, Kubany E S. Content validity in psychological assessment: A functional approach to concepts and methods. Psychological Assessment, 1995, 7(3): 238-247.

[318] 王建明. 消费者资源节约与环境保护行为及其影响机理. 北京：中国社会科学出版社, 2010.

[319] Nunnally J C, Bernstein I H. Psychometric theory. American Educational Research Journal, 1994, 5(3): 83.

[320] 王济川, 王小倩, 姜宝法. 结构方程模型: 方法与应用. 北京：高等教育出版社, 2011.

[321] Mardia K V. Measures of multivariate skewness and kurtosis with applications. Biometrika, 1970, 57(3): 519-530.

[322] Mardia K V, Foster K. Omnibus tests of multinormality based on skewness and kurtosis. Communications in Statistics-theory and methods, 1983, 12(2): 207-221.

[323] Kline R B, Santor D A. Principles & practice of structural equation modelling. Canadian Psychology, 1999, 40(4): 381.

[324] Himes J M, Hungerford H R, Tomera A N. Analysis and synthesis of research on responsible environmental behavior: A meta-analysis. Journal of Environmental Education, 1987, 18(2): 1-8.

[325] Ajzen I. From intentions to actions: A theory of planned behavior//Kuhl J, Beckman J. Action Control: From Cognition to Behavior, Heidelberg: Springer, 1985.

[326] Triandis H C. Values, attitudes, and interpersonal behavior. Nebraska Symposium on Motivation, 1980, 27: 195-259.

[327] 冯彩铃, 樊立三, 时勘. 高校毕业生求职自我效能、求职期望、求职意向与求职行为的关系. 人力资源管理. 2009, 21(8): 23-29.

[328] 张红兵, 贾来喜, 李潞. SPSS 宝典. 北京：电子工业出版社, 2007.

[329] 毕贵红. 固体废物综合管理系统演化与调控模型研究. 昆明: 昆明理工大学博士学位论文, 2008.

[330] 邓宏钟, 王军民, 谭跃进. 基于多智能体的整体建模仿真方法在经济系统中的应用研究. 计算机应用研究, 2001, 18(10): 24-26.

[331] Shoham Y. Agent-oriented programming. Artificial Intelligence, 1993, 60(1): 51-92.

[332] Lane D M, Mcfadzean A G. Distrubuted problem solving and real-time mechanisms in robot architectures. Engineering Application intelligence, 1994, 7(2): 105-117.

[333] Franklin S, Graesser A. Is it an Agent, or Just a Program: A Taxonomy for Autonomous Agents//Internal workshop on Agents Theories Architections, and Languages, Springer-Uerlag, 1997.

[334] Wooldridge M, Jennings N R. Intelligence agents: Theory and practice. Knowledge Engineering Review, 1994, 10(2): 115-152.

[335] 廖守亿, 王仕成, 张金生. 复杂系统基于 Agent 的建模与仿真. 北京：国防工业出版社, 2015.

[336] 廖守亿, 陆宏伟, 陈坚, 等. 基于 Agent 的建模与仿真概念化框架. 系统仿真学报, 2006, 18(s2): 616-620.

[337] 李群. 仿真模型设计与执行. 北京：电子工业出版社, 2010.

[338] 廖守亿. 复杂系统基于 Agent 的建模与仿真方法研究及应用. 长沙：国防科学技术大学博士学位论文, 2005.

[339] 张爱兵, 陈建, 王正军, 等. BP 网络模型和 LOGIT 模型在森林害虫测报上的应用初报——以安徽省潜山县马尾松毛虫为例. 生态学报, 2001, 21(12): 2159-2165.

[340] 马友平. 基于人工神经网络的日本落叶松生长量研究. 湖北民族学院学报(自科版), 2006, 24(4): 343-347.

[341] 何开伦, 包秀莉, 刘志学. 基于 BP 神经网络的工业园区废弃物物流系统模糊评价研究. 重庆理工大学学报(社会科学), 2017, 31(10): 37-50.

[342] 何树红, 杨博, 戴明爽基于动态递归神经网络的洪水灾害损失预测. 经济师, 2014(5): 16-19.

[343] 马锐. 人工神经网络原理. 北京: 机械工业出版社, 2010.

[344] 邹修明, 杨赛, 孙怀江. 零误差密度函数准则的 BP 神经网络学习研究. 淮阴师范学院学报(自然科学版), 2010, 09(4): 322-325.

[345] 耿保民, 李金凤. 节能规制政策的国外经验启示. 技术与创新管理, 2008 (05).

[346] 胡莹菲, 王润, 余运俊. 中国建立碳标签体系的经验借鉴与展望. 经济与管理研究, 2010, 3: 16-19.

[347] 王聪聪. 比利时人骑车上班政府发补贴. 中国青年报, 2011, 2.

[348] 邹佩花. 美联邦政府供 30%补贴美企免费装太阳能系统. 能源研究与利用, 2015(2).

[349] 窦义粟, 于丽英. 国外节能政策比较及对中国的借鉴. 节能与环保, 2007(1): 26-29.

附录　正式调查问卷

问卷编号：______　　时间：___月___日　　地点：______________

城市居民低碳消费行为调查问卷

尊敬的先生/女士：您好！

本次调查的目的是为了了解城市居民低碳消费行为的实际情况。问卷的全部结果仅供学术研究专用，我们将恪守科学研究的道德规范，问卷信息绝不做其他任何用途。请您仔细阅读以下各部分问题，在相应的位置打√即可。衷心感谢您的合作！

一、请根据您日常的行为，勾选出与您的做法最接近的选项(打√即可)

序号	项目	每次如此	大多如此	约半如此	偶尔如此	从没如此
1	离开房间时，随手关灯					
2	家电不使用的时候，主动关闭电源(关掉开关)					
3	使用空调时，夏季温度设定不低于26℃，冬季温度设定不高于20℃，以节约用电					
4	我会主动向朋友、熟人宣传低碳节能方面的知识或技巧					
5	当看到有人做有损环境的行为时，我会主动劝阻					
6	在日常消费中，我尽量与周围大多数人保持一致					
7	我常常会购买同事或朋友都买的产品					

二、请根据您日常的行为，勾选出与您的做法最接近的选项(打√即可)

序号	项目	是	否	不确定
1	根据能耗等级购买节能家电			
2	在选择家庭采暖设备时，我很看重能耗大小			
3	在住宅的装饰、装修中，尽量选择节能环保型材料			
4	在购买住宅时，我很看重有低碳节能设计的(如集中供暖、自然采光、自然通风等)			
5	我周围的大多数人都认为应该在生活中采取节能减排措施			
6	我感到越来越多的人开始崇尚低碳消费			
7	浪费能源的行为会受到周围人的谴责			

三、请根据您自身的判断和想法，勾选出一个您认为最恰当的选项(打√即可)

序号	项目	非常同意	较同意	不确定	不同意	很不同意
1	我是否购买低碳节能产品，取决于该产品技术是否成熟					
2	只有技术成熟的低碳产品才能给生活带来真正的实惠和好处					
3	政府的优先上牌政策能促进新能源汽车的发展					
4	政府的强制性规定，对促进公众低碳节能的效果会更好					
5	政府的限行规定，有利于减少汽车尾气排放					
6	媒体和社区的宣传让我意识到低碳节能的重要性					
7	如果知道自家能耗比周围人都多，我会注意节能					
8	如果我能及时收到家中能耗的信息提醒，我会更注重节能					
9	提供含有历史能耗对比信息的账单，更有利于节能					
10	有政府补贴，我更愿意购买低碳节能产品					
11	如果政府开征碳税，我会比以前更注意低碳消费					
12	油价、电价提高时，我会更注意节油节电					
13	如果开展“低碳社区”创建活动，我愿意尽一份力					
14	如果实行产品“碳标签”制度，我会主动购买低碳产品					
15	我支持通过加税减少高碳产品的消费					
16	我支持通过补贴推广低碳产品					
17	低碳消费给我带来经济的节省					
18	当我为环境改善付出了努力会有幸福感					
19	实施低碳行为之后，我会更加关注空气质量					
20	周围越来越多的人开始关注蓝天绿地					

四、请根据您自身的判断和想法，勾选出一个您认为最恰当的选项(打√即可)

序号	项目	非常愿意	比较愿意	一般	不愿意	很不愿意
1	今后，我会注意电器不用时关掉电源，而不是让其待机					
2	明年，我也会参加“地球一小时”的全球熄灯一小时活动					
3	我愿意成为社区的低碳节能宣传志愿者					

五、请根据您对相关知识的了解情况，勾选出一个您认为最恰当的选项(打√即可)

序号	项目	很熟悉	知道很多	知道一些	听说过	不知道
1	二氧化碳等温室气体的过度排放是全球气候变暖的主要原因之一					
2	“低碳经济”是一种以“低排放，低能耗，低污染”为特征的经济发展模式					
3	煤、石油、天然气等的大量消耗使大气中的二氧化碳浓度不断上升					
4	频繁开关冰箱门，会增加冰箱的耗电量					
5	家电处于待机模式依然耗电					
6	节能灯比白炽灯省电 60%～80%					
7	住宅门窗使用双层玻璃或中空玻璃，比用普通玻璃更节能					

六、请根据您的实际情况，勾选出一个您的做法最接近的选项(打√即可)

序号	项目	每次如此	大多如此	约半如此	偶尔如此	从没如此
1	对于低碳节能的新知识，我很快就知道该如何应用					
2	对别人介绍的低碳节能小窍门，我能很好地应用于自己的生活当中					
3	我会自己开发出一些可以节能减排的生活小窍门					
4	如果我尽力去做一件事情，我总是能够达成目标					
5	在节能减排遇到麻烦的时候，我总是能够想到解决的办法					
6	我相信以我的才智，我能应付很多出乎意料的事情					

七、请根据您自身的判断和想法，勾选出一个您认为最恰当的选项(打√即可)

序号	项目	非常同意	较同意	不确定	不同意	很不同意
1	当前高能耗、高排放导致的气候问题已经非常严重					
2	我一直都非常关注气候变暖，空气污染等问题					
3	雾霾等空气污染问题已经严重影响到我们的日常生活					
4	保护环境类法规限制了我的选择和个人自由					
5	保护环境会减少就业机会					
6	环境污染对公众健康的影响比我们意识到的更糟糕					
7	一个国家产生的污染会威胁到其他国家(地区)的人					
8	生态环境容易受到破坏，应该注重维持生态平衡					
9	低碳节能，人人有责					
10	把吃剩的饭菜打包带走，会让人觉得尴尬					

续表

序号	项目	非常同意	较同意	不确定	不同意	很不同意
11	骑普通自行车出行会觉得没面子					
12	我乘坐公交、地铁等公共交通工具出行比较方便					
13	购买低碳或节能产品很方便					
14	夏季，在室内只要感到热，我就会开空调					
15	平时我不太关注能源消耗，该用就用了					
16	买东西时，我更在意产品所体现的身份地位					
17	我不想因为低碳而牺牲对生活品位的追求					
18	政府官员树立榜样会促进低碳消费					
19	如果单位领导带头示范，会促进低碳消费					
20	公众人物在低碳消费上没有起到榜样作用					
21	您享受过节能产品或新能源产品的补贴政策优惠					
22	您接触过“低碳(节能)教育或低碳(节能)宣传”					

八、请根据您对相关政策的了解情况，勾选以下选项(打√即可)

序号	项目	很熟悉	知道很多	知道一些	听说过	不了解
1	您了解“阶梯电价政策”吗？					
2	您了解新能源汽车的补贴和减免购置税政策吗？					
3	您了解“高效节能家电补贴政策”吗？					

基本信息

1. 您的性别：　□男　□女
2. 您的婚姻状况：　□已婚　□未婚
3. 您的年龄：　□20岁以下　□20～30岁　□31～40岁　□41～50岁　□51～60岁　□60岁以上
4. 您的学历：　□初中及以下　□高中、中专或技校　□大专或本科　□研究生(硕士或博士)
5. 您的职业：　□政府部门工作人员　□一般工人或服务人员　□企业管理人员　□工程技术人员　□科研、教育和环境卫生领域的人员　□退休及家庭主妇　□其他
6. 您的家庭每月可支配收入：　□2000元以下　□2000～5000元　□5000～10000元　□10000～20000元　□20000～50000元　□50000元以上
7. 您的家庭常住人口数目是：　□1人　□2人　□3人　□4人或4人以上

8. 您的家庭类型：	□独居	□已婚，无子女或不与子女同住	
	□三口之家	□两代家庭(已婚夫妻与父母同住)	
	□三代同堂或四代同堂		
9. 您家中是否有12岁以下的儿童?	□是	□否	
10. 您家中是否有退休的父母或祖父母同住?	□是	□否	
11. 您的居住类型：	□短期租房住(1年以下)	□长期租房住(1 年以上)	□住自家产权房

问卷到此结束，再次衷心地感谢您的合作！